财经应用文写作
（第3版）

付家柏 ◎ 主编

清华大学出版社
北京

内 容 简 介

本书主要对财经应用文写作的基础理论知识、基本写作技能和在工作生活中经常使用的应用文文本知识进行了系统的介绍。本书在编写过程中着重突出基本理论知识表述的通俗性、文本知识介绍和例文的结合性、实践技能提升同能力训练练习的配套性等特色。

本书可作为经济类本科院校及高职院校应用写作课的配套教材，也可作为社会工作者的参考用书和自学用书。

本书封面贴有清华大学出版社防伪标签，无标签者不得销售。
版权所有，侵权必究。举报：010-62782989，beiqinquan@tup.tsinghua.edu.cn。

图书在版编目(CIP)数据

财经应用文写作/付家柏主编.—3版.—北京：清华大学出版社，2023.5(2025.7重印)
ISBN 978-7-302-63615-1

Ⅰ.①财… Ⅱ.①付… Ⅲ.①经济—应用文—写作 Ⅳ.①F

中国国家版本馆CIP数据核字(2023)第094058号

责任编辑：张 伟
封面设计：汉风唐韵
责任校对：王荣静
责任印制：丛怀宇

出版发行：清华大学出版社
网　　址：https://www.tup.com.cn,https://www.wqxuetang.com
地　　址：北京清华大学学研大厦A座　　邮　编：100084
社 总 机：010-83470000　　邮　购：010-62786544
投稿与读者服务：010-62776969,c-service@tup.tsinghua.edu.cn
质量反馈：010-62772015,zhiliang@tup.tsinghua.edu.cn
课件下载：https://www.tup.com.cn,010-83470332
印 装 者：三河市人民印务有限公司
经　　销：全国新华书店
开　　本：185mm×260mm　　印　张：19.75　　字　数：449千字
版　　次：2014年2月第1版　2023年6月第3版　印　次：2025年7月第6次印刷
定　　价：59.00元

产品编号：097136-01

第 3 版 前 言

"财经应用文写作"是经济管理类高校相关专业的一门公共基础课,也是财经工作者经常要面临的一种写作实践。为适应社会主义市场经济建设和发展的需要,紧随知识经济的新时代,编者本着与时俱进、继承创新的原则,在第 2 版的基础上修订为第 3 版。其中审计报告、财务分析报告、资产评估报告等章节由江西财经大学会计学院程琳教授完成;规章制度、经济新闻章节由付昱完成;其他章节及全书统稿由付家柏教授完成。

本书的创新之处有三个方面:一是依法行文的文书(其中包括合同、公文)均依据最新颁布的法律法规文件,约定俗成的文书均吸收了财经应用文写作界最新的研究成果;二是适时收编了个别新出现的文体;三是所有例文均选自报纸、杂志、相关教材,以及财经管理部门的一些新的案例。同时,编写过程中还注重突出以下特色。

(1) 针对性。本书选择的文本,一是针对在校学生的应用情况;二是针对财经管理专业的应用实际;三是针对学生面向社会的求职工作实际。

(2) 专业性。本书整个写作理论和知识的介绍主要是依托在财经实践活动中经常使用的文种来展开,如计划、合同、审计报告、咨询报告、预测报告、财务分析报告、决策报告等,专业知识和行业规则相关内容要求明显,有鲜明的专业特色。

(3) 操作性。本书在系统介绍文本知识时,尤其强化了对应用文操作性和规范性相关知识点的把握,并配有大量旨在提高学习者实践能力的练习。

(4) 示范性。写作的模仿性决定了范文阅读的重要。本书有好文的评,取其经;有病文的改,避其误;有拟文的写,得其道。丰富各样的例文全方位助力写作实践。

在编写本书过程中,编者参阅了国内的相关教材、专著以及报刊和网络上的相关资料,并吸收了其中的某些成果及例文,在此特作说明并深表谢意。

由于编者水平有限,书中难免存在疏漏之处,恳请同行专家以及广大读者提出批评意见。

编 者
2022 年 2 月

目 录

第一章　总论 ... 1
第一节　财经应用文写作的含义、特点及作用 ... 1
第二节　财经应用文写作的思维规律 ... 5
第三节　财经应用文写作的基本要素 ... 9
第四节　财经应用文的写作过程 ... 16
第五节　财经应用文写作的文本构成 ... 20
思考与练习 ... 27

第二章　党政机关公文 ... 28
第一节　党政机关公文的概念和特点 ... 28
第二节　党政机关公文的作用和种类 ... 29
第三节　党政机关公文的格式及其标准 ... 32
第四节　党政机关公文的行文 ... 36
第五节　党政机关公文的语体特点 ... 39
第六节　几种常用公文的写作 ... 42
第七节　阅读与评析 ... 48
思考与练习 ... 58

第三章　计划 ... 64
第一节　计划的概念和特点 ... 64
第二节　计划的作用和种类 ... 65
第三节　计划的格式及写法 ... 66
第四节　撰写计划应注意的事项 ... 67
第五节　阅读与评析 ... 68
思考与练习 ... 73

第四章　总结 ... 75
第一节　总结的概念和特点 ... 75
第二节　总结的作用和种类 ... 77

第三节 总结的格式及写法 ·· 79
第四节 写总结应注意的事项 ·· 82
第五节 阅读与评析 ·· 83
思考与练习 ··· 85

第五章 调查报告 ·· 88

第一节 调查报告的概念和特点 ·· 88
第二节 调查报告的作用和种类 ·· 90
第三节 调查报告的调查程序和调查研究的方法 ·· 92
第四节 调查报告的格式及写法 ·· 94
第五节 写调查报告应注意的事项 ·· 96
第六节 阅读与评析 ·· 97
思考与练习 ··· 100

第六章 规章制度 ·· 102

第一节 规章制度的概念和特点 ·· 102
第二节 规章制度的作用和种类 ·· 103
第三节 规章制度的层次和程序 ·· 105
第四节 规章制度的格式及写法 ·· 107
第五节 写规章制度应注意的事项 ·· 109
第六节 阅读与评析 ·· 110
思考与练习 ··· 113

第七章 经济消息 ·· 114

第一节 经济消息的概念和特点 ·· 114
第二节 经济消息的作用和种类 ·· 115
第三节 经济消息的内容要素和价值要素 ·· 117
第四节 经济消息的格式及写法 ·· 119
第五节 经济消息的媒体结构及特征 ·· 126
第六节 写经济消息应注意的事项 ·· 128
第七节 阅读与评析 ·· 129
思考与练习 ··· 130

第八章 合同 ·· 135

第一节 合同的概念和特点 ·· 135
第二节 合同的作用和种类 ·· 137
第三节 签订合同的程序 ·· 140

第四节　合同应当具备的一般条款 …………………………………… 142
第五节　合同的形式、文本及写法 …………………………………… 145
第六节　订立和履行合同应注意的原则事项 ………………………… 147
第七节　阅读与评析 …………………………………………………… 147
思考与练习 ………………………………………………………………… 150

第九章　求职信与述职报告 …………………………………………… 152

第一节　求、述职文的概念和特点 …………………………………… 152
第二节　求、述职文的作用与种类 …………………………………… 153
第三节　求、述职文的格式及写法 …………………………………… 155
第四节　写求、述职文应注意的事项 ………………………………… 157
第五节　阅读与评析 …………………………………………………… 158
思考与练习 ………………………………………………………………… 162

第十章　经济评论 ………………………………………………………… 163

第一节　经济评论的概念和特点 ……………………………………… 163
第二节　经济评论的作用和种类 ……………………………………… 164
第三节　经济评论的格式及写法 ……………………………………… 165
第四节　写经济评论应注意的事项 …………………………………… 170
第五节　阅读与评析 …………………………………………………… 171
思考与练习 ………………………………………………………………… 174

第十一章　毕业论文 ……………………………………………………… 176

第一节　毕业论文的概念和特点 ……………………………………… 176
第二节　毕业论文的作用和种类 ……………………………………… 177
第三节　毕业论文的选题 ……………………………………………… 178
第四节　毕业论文的格式及写法 ……………………………………… 179
第五节　写毕业论文应注意的事项 …………………………………… 181
第六节　阅读与评析 …………………………………………………… 181
思考与练习 ………………………………………………………………… 189

第十二章　经济预测报告 ………………………………………………… 190

第一节　经济预测报告的概念和特点 ………………………………… 190
第二节　经济预测报告的作用和种类 ………………………………… 191
第三节　经济预测报告的写作程序和预测方法 ……………………… 193
第四节　经济预测报告的格式及写法 ………………………………… 195
第五节　写经济预测报告应注意的事项 ……………………………… 197

思考与练习 ··· 198

第十三章　可行性研究报告 ·· 199

　　第一节　可行性研究报告的概念和特点 ··· 199
　　第二节　可行性研究报告的作用和种类 ··· 200
　　第三节　可行性研究报告的格式及写法 ··· 202
　　第四节　写可行性研究报告应注意的事项 ··· 204
　　第五节　阅读与评析 ·· 205
　　思考与练习 ··· 207

第十四章　经济决策方案 ··· 208

　　第一节　经济决策方案的概念和特点 ·· 208
　　第二节　经济决策方案的作用和种类 ·· 210
　　第三节　经济决策方案的程序和方法 ·· 212
　　第四节　经济决策方案的格式及写法 ·· 214
　　第五节　写经济决策方案应注意的事项 ··· 216
　　第六节　阅读与评析 ·· 217
　　思考与练习 ··· 222

第十五章　经济活动分析报告 ·· 224

　　第一节　经济活动分析报告的概念和特点 ··· 224
　　第二节　经济活动分析报告的作用和种类 ··· 225
　　第三节　经济活动分析报告的分析方法 ··· 227
　　第四节　经济活动分析报告的格式及写法 ··· 228
　　第五节　写经济活动分析报告应注意的事项 ·· 230
　　第六节　阅读与评析 ·· 231
　　思考与练习 ··· 234

第十六章　财务分析报告 ··· 235

　　第一节　财务分析报告的概念和特点 ·· 235
　　第二节　财务分析报告的作用和种类 ·· 236
　　第三节　财务分析报告的格式及写法 ·· 237
　　第四节　写财务分析报告应注意的事项 ··· 239
　　第五节　阅读与评析 ·· 242
　　思考与练习 ··· 243

第十七章　审计报告 … 244

- 第一节　审计报告的概念和特点 … 244
- 第二节　审计报告的作用和种类 … 245
- 第三节　审计报告的格式及写法 … 247
- 第四节　写审计报告应注意的事项 … 249
- 第五节　阅读与评析 … 250
- 思考与练习 … 251

第十八章　资产评估报告 … 253

- 第一节　资产评估报告的概念和特点 … 253
- 第二节　资产评估报告的作用和种类 … 254
- 第三节　资产评估报告的编制程序和要求 … 255
- 第四节　资产评估报告的格式及写法 … 257
- 第五节　写资产评估报告应注意的事项 … 258
- 第六节　阅读与评析 … 259
- 思考与练习 … 262

第十九章　企业管理咨询报告 … 263

- 第一节　企业管理咨询报告的概念和特点 … 263
- 第二节　企业管理咨询报告的作用和种类 … 264
- 第三节　企业管理咨询报告的格式及写法 … 266
- 第四节　写企业管理咨询报告应注意的事项 … 267
- 思考与练习 … 268

第二十章　策划报告 … 269

- 第一节　策划报告的概念和特点 … 269
- 第二节　策划报告的作用和种类 … 270
- 第三节　策划报告的构成和写作格式 … 271
- 第四节　写策划报告应注意的事项 … 274
- 思考与练习 … 275

第二十一章　经济纠纷诉状 … 277

- 第一节　经济纠纷诉状的概念和特点 … 277
- 第二节　经济纠纷诉状的作用和种类 … 278
- 第三节　起诉状的格式和写法 … 280
- 第四节　答辩状的格式和写法 … 283

第五节　写起诉状、答辩状应注意的事项 ················· 284
第六节　阅读与评析 ················· 285
思考与练习 ················· 287

第二十二章　申论 ················· 289

第一节　申论的概念和特点 ················· 289
第二节　申论考试的试题结构 ················· 290
第三节　申论写作的相关文体 ················· 291
第四节　申论应试 ················· 292
第五节　申论写作应注意的事项 ················· 295
思考与练习 ················· 295

参考文献 ················· 302

第一章

总　论

21世纪的到来,加快了经济全球化和数字化转型。市场主体多元和业务活动复杂多变的特点非常明显,这给财经应用文写作带来广阔的发展前景。财经应用文写作对经济建设、规范管理、科学决策将发挥越来越大的作用,是当代财经工作者必须掌握的重要管理手段,也是财经类高校、管理类高校及大专高职类院校学生必修的一门具有应用性和实务性的基础课。

第一节　财经应用文写作的含义、特点及作用

一、财经应用文写作的含义

财经应用文写作是应用文写作的一个分支。如果说应用文写作是研究应用文写作方法和规律的一门应用性的写作学科,那么财经应用文写作就是研究财经应用文写作方法规律和技能的应用性学科。这门学科的主要任务是阐明财经应用文的概念、特点、分类及其写作规律。财经应用文是指在财经活动中形成、发展起来和在财经工作中经常使用的应用文。它是记录财经活动实践者成果的载体。然而在进行财经应用文写作时,总是关系到作者、作品、读者以及作品所反映的财经活动等多个写作要素。财经应用文写作的任务就是研究这些要素在整个写作活动中表现出的特点、规律及处理技巧。

财经应用文写作作为应用文写作的分支,它和抒情性写作最大的区别是应用性含义得到了特别的强化。这主要表现在三个方面:一是使用性主体,指从事财经应用文写作的主体是这种书面文字材料的直接使用者或间接使用者,这个使用者既可以是从事财经工作的行政管理单位、社会团体,也可以是财经工作领域以外的从事财经活动的单位和个体。主体的社会性、团体性得到了强化,而个性得到了弱化,这就使文章内容的表现过程中,不能有个性张扬的感情抒发,而应完全遵从客观性和写实性的冷静表现。二是实用性价值,指财经应用文写作所形成的文字书面材料,能帮助人们解决具体问题,处理具体的事务,提供决策依据,咨询业务信息,具有很强的实用性价值。三是惯用性格式,指财经应用文写作所形成的文字书面材料,在长期的写作实践过程中,逐步地约定俗成或法定而成一种规范惯用的形式,这种格式的形成大大提高了财经应用文写作的方便性和频率,极大地拓展了财经应用文写作的应用对象和范围。

二、财经应用文写作的特点

财经应用文写作是写作学和经济学交叉的一门边缘学科,这门学科既要遵循写作学

的理论，具备一般文章所具有的特点，如观点鲜明、结构严谨、层次清晰、轻重分明等，但同时又要切合经济学的实际，二者相辅相成、密切结合，形成了这门学科独有的特点。

（一）真实性

这是财经应用文写作内容表现的根本要求。无论是财经应用文写作的通用文书还是财经应用文写作的专业文书，在内容上都应是真实的，所反映的事件、处理的事务、表现的时间、引据的数字都应完全真实可靠，和实际情况没有出入，绝不允许任意编造、弄虚作假；另外，财经应用文写作反映财经活动中的客观事物不能只停留在表面的真实，还应反映财经实践活动的客观规律，应是一种本质上的真实。否则，即使写的确有其事、其人、其数据，但因这些人、事、数据只是客观规律的外在表现，而没有反映事物的本质，同样也会造成财经应用文写作内容的失真。

（二）客观性

这主要指财经应用文写作主体反映财经活动内容的态度。在反映内容的态度上，作者应客观表现，如实地反映财经业务活动中各种事物、事件、问题、数据等，不能人为主观去夸大、缩小，甚至虚构想象，导致财经应用文写作的失真，从而在客观管理实施中造成失误。这点尤其要引起财经应用文写作者的注意，一定要审慎行事，客观真实地反映财经业务活动中的每一件事、每一情况或每一问题，万不可随心所欲，否则将会造成反映信息失真、决策失误，引起不良的后果。

（三）社会性

财经应用文写作所反映的财经活动，不是孤立、单一的现象，而是和财经业务以外的事物密切联系的社会现象。由此，财经应用文写作所体现的管理效应，不只是发生在个人与个人双向碰撞之间，而是调停国家、集体、个人、民营、外资多者之间的关系，是一种多向碰撞之间的效应体现。所以，财经应用文写作所反映的内容是整体意向和个人意向、全局意向和局部意向的科学综合反映，是管理者与被管理者的心理因素、行为因素、利益因素、文化因素的多层包容。

（四）功用性

这是财经应用文写作作为管理手段在作用上的必然要求。财经应用文写作"以实告人"，旨在务实办事、解决实际问题。那么，它的作用是体现在文章之外的法人地位、权威上，还是通过写作过程中所提出的意见、措施、办法、对策、建议等文章的内容来实现？一般而言，文章之外只是施"事"的主体，重在"施"；文章之内是"施"的客体，重在"事"。"施"只是手段，"事"才是目的。可见功用性的好坏强弱主要体现在内容上，因内容错讹，施之也无益。缘于此，财经应用文写作反映之事就必须是指挥功能、约束功能、监督功能、协商功能、规范功能等多种功能的集合体，不然就会失去它的作用。

(五)层次性

财经应用文写作对财经信息的反映并不是杂乱无章的,而是具有鲜明的层次性:从信息的来源传递看,有决策层信息、管理层信息、作业层信息;从信息发展变化来看,有超前性信息、发展性信息、成熟性信息、滞后性信息;从信息包容的面看,有单一性信息和综合性信息。所以,在财经应用文写作应用信息时,就要根据不同层次结构的信息来对客观事物进行判断,以便捕捉到最准确、真实、适时的信息。

(六)程式性

程式性的特点主要表现在财经应用文写作的载体的格式、用语、文种、语体、布局,甚至各种标记、用纸、装订、排版、行文程序等都有大致相同或相近的样式,有大体统一的要求。

财经应用文写作程式性形成的原因主要有两个:一是约定俗成,即在长期写作过程中,部分格式、用语、布局代代相传,互相效仿,从而被大家认同,形成社会公认的模式,如调查报告、总结、计划、毕业论文、消息等。二是"法定使成",主要指通用公文和具有法律性的一些文种,由权力机关以法律法规形式对文种、格式和操作程序等加以认定,并在管辖范围内普遍执行。如2012年4月中共中央办公厅、国务院办公厅颁布的《党政机关公文处理工作条例》(以下简称《条例》)就对15种公文格式做了规定,是每个公文写作者都必须遵守,不得违背的。

(七)简约性

财经应用文写作的功用性,决定了其语言的简约性。语言的简约性主要表现在概念清楚、详略得当、轻重分明、说理明确、表意简明上。简约性是现代社会财经应用文写作的要求,篇幅短小、简洁明了才能满足现代经济生活快节奏、高效率的需要。语言的简约性要求作者选用内涵丰富的词语、少花笔墨、多用直笔、通俗易懂。

(八)专业性

财经应用文写作的最终成果就是各种财经应用文,财经应用文主要运用于财经领域的各管理部门,它反映的内容主要是具体的财经业务活动,表现出显著的专业色彩。例如,经济活动分析的全过程需要大量运用数据来说明。在生产、分配、交换、消费的各个环节,小至一个企业的资金、成本、利润、产值、消耗等,大至一个国家的国民经济计划安排和社会发展的预算、产业比例设置等,都要运用数据来监测、鉴定和衡量,都要运用统计、财务、会计、财政、税收、金融、投资等相关专业知识进行分析和预测。

专业性特点的另一方面是指财经应用文写作专业化程度。现在民间各种从事财经应用文写作的组织实体得到了迅速发展,如各类咨询公司、理财公司、律师事务所、会计师事务所、审计师事务所、调查公司等都是由高素质、专业性的专职人员来为从事财经活动的各种顾客提供服务。财经应用文写作的专业化、社会化、服务化是未来发展的方向。

（九）政策性

财经应用文写作产生于财经业务活动的需要，而又直接受财经业务活动的制约。国家机关、社会团体、企事业单位和其他经济组织的财经业务活动，都是在国家的财经法规、规章、政策的指导下进行的，作为反映财经业务活动的财经应用文必然要以国家的财经法规、政策作为依据。财经应用文写作的内容要符合国家财经政策法规，不存在相左的东西。同时，财经应用文写作的过程就是对国家财经政策的宣传、贯彻和落实，诸如法规性通知、意见、规章制度等。财经应用文写作成果本身就是某一政策的载体。由此可见，财经应用文写作的内容具有很强的政策性。

三、财经应用文写作的作用

随着我国市场经济日益发展，国内市场同国际市场的相互融合、相互衔接、相互影响的依存度明显增强，市场中不同的经济实体、企业公司、投资主体之间的财经业务活动也日趋频繁，人们对财经应用文写作表现出前所未有的重视。他们会运用各种财经应用文帮助自己处理财经业务活动和财经活动中发生的各种关系，研究财经领域中的理论和实践问题。不难看出，财经应用文写作在社会主义市场经济建设中及经济全球化的背景下发挥着越来越大的作用。

（一）有助于科学决策、防范风险

财政、金融、投资是现代市场经营中最活跃、最具风险的因素，其和各经济实体的生产经营密切相关，和人们的生活紧密相连，所以，从财经的职能部门到市场中的各个经营实体开展具体的财经业务活动，诸如借贷资金、投放债券、开发产品、个人投资等，都要进行周密的计划、深入的调查及科学的分析、前瞻性的预测，以保证某项决策的科学性和准确性，防范市场风险。这些内容大都要通过财经应用文来加以体现，这说明财经应用文是形成科学决策、防范市场风险的有效手段。

（二）有助于规范行为、提高效率

市场经济是一种有序的经济，是讲究效率的经济，任何无序无效的经营实体都将在激烈公平的市场竞争中被淘汰出局。各经济实体和政府服务职能部门在市场中开展财经业务活动都要讲究规范性和效率性原则，都要遵循国内、国际市场的惯例准则来规范自己的活动行为，并在规范管理、规范经营的基础上提高自身的工作效率，绝不能随心所欲、杂乱无章地从事财经业务活动。而财经应用文写作中的法规性公文、规章制度、审计报告、合同、经济纠纷诉状都将在这方面起到积极作用。

（三）有助于宣传政策、传播信息

财经应用文写作中有不少文体，如"决定""通知""通报""条例"等本身就是政策载体，是用来宣传党和国家的方针政策以及表彰先进、批评错误、推广经验，并以此端正和统一人们的思想认识、规范人们的行为、增强人们市场经营的法制观念和工作责任感，推动我国社会主义市场经济持续有序地发展。

另外,财经应用文写作在传播过程中,由于其载体集中储存了主体收集的各种财经管理信息,将对财经应用文写作的受体传递大量的资讯和信息,以及各种经济情报。财政、经济管理的现代化首先应是财经信息管理的现代化,在开展具体财经业务活动时,摄取、处理、收集、掌握各种财经信息是最重要的环节,而信息传播的起点是人的思想和语言。所以,财经工作人员如果没有掌握财经写作这种工具,用语言文字把科学的思维成果表述出来,则无论采取任何传播手段来传播财经信息都是不可能的。

(四) 有助于沟通联系、开发智能

财经应用文是加强上下级联系的纽带,也是和市场中各经济实体进行财经业务联系的有效工具。例如,上下级间的上情下达、下情上报,各单位之间的信息交流、经验交流,各经济实体之间的业务往来,都要通过相应财经应用文写作的载体来进行联系。

财经应用文写作是一种复杂的精神活动,是一种智能产品,其写作过程包括选材、构思和表述三个步骤。在这些步骤中,必须充分调动写作主体的感受能力、想象能力、分析能力、判断能力、结构能力和语言能力,在写作主体各种智能因素和非智能因素的共同作用下,才能使感性认识上升到理性认识,使原汁原味的材料抽象出规律性的观点,使内在构思变为具体有据、有理、有序、有言的写作成果。毋庸多言,整个写作实践过程有利于智能的开发。

第二节　财经应用文写作的思维规律

一、思维形式

文章是思维形式和方法的反映,思维形式和方法的运用是文章作者首先碰到的问题,贯穿在写作的全部过程中,并在文章中显现出来。文章的成败优劣取决于思维形式和方法,所以古人说"行成于思"。文章有抒情和应用两大类,无论写这两类中的任何体裁、文体、文种,首先碰到的就是写作的思维路径的选择。一般而言,抒情性写作采取形象化路径思维,允许抽象,但更强调写作主体的主动性、随意性和联想性。而应用写作恰恰相反,基本上都是逻辑化路径思维,立根于形式逻辑是其主要特点,要求朴素、平实,陈述中摒弃多线索纷繁,叙述时无须细节,过程与结果(或结论)要求直露,不求读者回味与咀嚼,准确、简洁成为应用文体的共性,追求的是写实和客观。财经应用文写作尤其要清楚其逻辑思维形式所表现的因果思维、构成思维、过程思维和程度思维四种思维方法。

(一) 因果思维

因果思维是逻辑思维中一种最基本的基础思维方法,所谓因果思维,就是在写作时去解剖、追究事物与事物之间相互制约、相互生成、相互决定的内在联系,并针对某种事物现象分析出来的若干原因背景功能进行总体上的概括性把握。因果思维主要解决"为什么"的问题。这是财经应用文写作主体必须具备的思维方法。写作主体必须有针对性地对某

些财经现象、问题,诸如产品市场销量的下降或上升、产品价格的上升或下降、企业现金流量的增加或减少等进行原因性探索,才有可能提出解决问题的措施和对策。因果思维的操作模式,依照事物客观存在的过去、现在、将来的三种时态,针对某种现象结果表现为"原因背景分析→功能鉴定→对应措施"三梯度的操作思路。

第一梯度的"原因背景分析"主要包括两个方面:一是对事件存在的结果、现象状态产生的历时性、过程性原因的追问、探索、追溯;二是对事件存在的结果、现象状态所依存的大背景进行探究、追问,这是共时性原因的分析。写作主体只有从历时性和共时性两个方面去思考,才能获得真知和深知。

第二梯度为"功能鉴定",主要是对财经领域某种事件存在的结果或某类现象状态直接或间接的正负影响的推断和前瞻。因为任何事物现象必然会对后继事物的发展产生一定的影响和作用,或正面,或反面,或侧面,或积极,或消极,或平极。因果思维不能只停留在追根溯源的第一梯度上,而是有思维的梯度上升,能高瞻远瞩,抢占战略的制高点,未雨绸缪,防患于未然,变被动为主动。它可为思维进入第三梯度做好准备。

"对应措施"是因果思维的最高梯度。对应措施的获得来源于对原因、背景、功能思维后所采取的一种对应行动,即通过这种对应行动来遏制消解负面因素(原因、背景)所产生的负面影响,或者通过对应行动来催化、促成正面因素(原因、背景)所产生的积极影响。这正好符合管理的意义,财经应用文写作作为一种管理手段,因果思维的运用是其最主要而不可或缺的思维方法之一。

(二)构成思维

如果说因果思维是为了解决认识现象的"为什么"和"会怎么样"的内部联系的细部问题的话,那么构成思维则是为了解决认识对象事物的本身"是什么"和"有什么"的细部构成问题。因果思维重在对事物本身的存在现象与事物之间的关系展开、明晰,而构成思维则是对事物本身的内部构造展开化、放大化、清晰化,旨在深入、细致、完整地知道事物存在的现象的全部内涵以及内部构成元素的特征特点,从而彻底认识这个对象的内容和形式。

财经应用文写作中,构成思维是不可或缺的思维方法,尤其是在应用文中对某些内容需要说明的时候必须用到它,即对应用文反映的事物、现象、信息、事项、程序、因素来阐明它们的结构、类型、层次时。如就财经应用文的形式而言,其特别讲究文章结构的规范化组合,对不同文种、文体都有约定或法定的结构要素,呈现出极鲜明的构成思维特色。就财经应用文写作的客体因素而言,构成思维总是要运用到诸如产品的结构分析、消费者结构分析、投资者主体结构分析、市场结构分析及信息材料的组织构成分析当中,而都应直接地、清晰无误地把某种事物的结构层面写实性地展现在受众面前,让读者在结构层面找出特点,以把握事物的规律。

构成思维的表现形式大致有两种,即静态构成思维和动态构成思维。

静态构成思维主要针对事物对象整体空间的构成元素、因素、结构进行分析,并在分析的基础上概括出规律。它一般强调类型和结构的分析与综合。因为我们面对某种浑整纷杂的对象事物,要研究某种大类事物的特征时往往有"老虎吃天,无从下口"之感。如我们把庞杂对象进行类型的细分和结构的抽象,通过小类型的局部结构的分别考察,就很容易寻觅到整体事物的全部特征规律的内涵。写作过程中选择材料、运思谋篇时禁忌"面面俱到""求全求大"而强调"以小见大""以一当十""窥斑见豹",就是讲究构成思维的类型结构的分析和综合。

动态构成思维就是对事物对象整体构成层次、角度的分析。它是由表面到里面、由浅层至深层对整体事物、反映对象的特征进行时间、空间、角度变换来分析、观察、推理、概括、抽象,从而获得对整体事物、反映对象的总体性质、原理的认识,表现出鲜明的变动性、推进性和生长性的特点。

(三) 过程思维

显然,凡是要对某个事物、某种现象、某项工作产生、发展、演化、演变(完结)的历史过程以及其发展过程的内在规律进行研究,都必须对全过程进行分析、推理、判断和综合,从而得到某种规律性启示。现实生活中,任何事物的历时性和空间性都是它存在的状态。历时性的过程思维,就是对事物的历史发展、演变过程和运动环节的解剖、分解,从而发现事物在各个历史发展演变阶段和运动环节的特殊状态、特征、规律,并在此基础上对各个历史发展演变阶段和运动环节的规律、特征进行比较、归纳、整合、概括,以达到对事物的一般性原理和规律的认识。

过程思维的基本路径,主要是历史分析和环节分析。

历史分析就是一种纵向思维的方法,考究事物的历史演变及在演变过程的每个阶段表现出的运动状态特征和规律。这在财经应用文写作中评价某项工作,了解经济运行态势及某种经济行为的发展变化上都得到了广泛的运用,最有代表性的就是不同时期阶段的数据比较。

环节分析主要是对某种事物运动过程中的细节进行考察,通过对运动过程中的各个细小阶段、环节所表现出来的特殊性的把握,从而达到对整个事物运动过程中一般性原理、规律的准确把握。例如,我们去评价某一企业的经营特色时,无法马上看清该企业的基本经营理念。于是我们有必要对企业经营行为的全过程进行环节性的细分,发现企业经营行为的全过程包括生产、分配、交换、消费等环节,从这些环节中去分别概括出企业的经营特征,就可以对企业整个的经营过程有一个完整、全面、准确的认识。

(四) 程度思维

因果、构成和过程三种思维方法,其实就是逻辑性、空间性和时间性的分析。这三者也就是所谓的"定性分析"。然而,事物存在的状态和性质,除了"质"这一维之外,还有"量"(数量)另一维。尤其是财经应用文写作,其客体内容都是以财经领域的活动业务为主,计量的分析特别重要。而程度思维就是对事物的强弱、作用的大小、发展的快慢、水平的高低、关联的疏密、范围的大小的辨析与区别,其本质是一种数量分析。

在财经应用文写作中,不仅要对客观事物进行功能、原因、性质的构成、阶段的分析,还要对事物的数量、程度状况有全面的了解,这样才能避免主观随意性。通过大数据和云计算手段对数量的比较计算、性质程度的分析、空间存容量的测度,准确地把握事物的规律,抓住主要矛盾,解决主要问题,保证决策无误,管理制胜。

二、思维方法

美国著名写作学专家唐纳德·奎得曾指出:"在整个写作过程中,写作和思维是同时产生的,写作的过程也就是思维的过程。"明言语言生成的活动是一种写作的思维的活动过程。但是,任何写作(抒情写作、应用写作)都不是在抽象的真空状态下进行思维,而是在十分具体的当下语境状态下进行思维的。财经应用文写作切合其特殊的读者对象、时效地域、写作功能、文种格式、写作意图、文章主旨,使其具有强烈的主体同性,即以实告人,管理、决策的工具手段非常明显,这就决定了财经应用文写作以逻辑的思维方法为主。但在行文过程中所采用的思维方法是多样的,一般包括四种:一是形式逻辑思维方法,如归纳、演绎、分析和综合的方法;二是辩证思维方法,如人们常说的对立统一、一分为二;三是现代科学思维方法,包括信息方法、控制方法、系统方法等;四是创造性思维方法,这是财经应用文写作最具活力、最重要、最应提倡的思维方法。财经应用文写作的思维方法以形式逻辑思维方法、创造性思维方法为主,同时也不排斥辩证思维方法和现代科学思维方法,这里就不一一列举,下面仅对创造性思维方法进行介绍。

创造性思维方法是指人们通过有目的、有计划地深入探索,运用已有的经验和智能,解决前人所未解决的问题,获得前人所未有过的研究成果的思维。其思维由逆向思维和同向思维两个方面组成。

逆向思维,亦称发散思维。这是围绕一个中心问题,从不同的方向、不同的途径,不拘常规、广泛地展开思考,尽可能提出更多的设想方案、见解的一种思维方法。这种方法在计划的制订、决策方案的设计、经济趋势的运行预测、某项活动的策划、管理咨询中都将广泛地运用。

同向思维,亦称集中思维或聚焦思维。这是在逆向思维提出的各种设想、方案、见解的基础上,通过分析、比较、综合,选择出最佳方案的一种思维方法。

逆向思维和同向思维是创造性思维方法中相辅相成的两个方面,二者缺一不可。只有广泛的发散思维活动,而没有分析、比较、综合的集中思维,很难形成最佳思维结果,也找不到最佳方案或最新创意。相反,如果只有同向思维、思路趋同、思想受到约束便成类型,就很难提出众多的最优化的方案以供选择。在财经应用文写作过程中,往往将二者配套加以运用,逆向思维为写作主体去寻找客观规律提供了充分的选择依据,为形成鲜明的个性奠定了想象基础,而同向思维则使逆向思维的成果得以确认和提升。财经应用文写作可以说是逆向思维和同向思维不断循环往复的过程,其最终的归宿就是对客观事物规律的准确表达,把思维成果变为实践成果。

三、思维要求

(一)思维的立体性要求

财经应用文写作是一种传播或传递。在写作中只有坚持立体思维,才能抓住事物的联系本质,避免思维的直线和单向,对表述对象进行全方位思考,才能接得过来、传得出去。

(二) 思维的客观性要求

效果要求应用文合情、合理、合时、合地,做到"合"字,就要求思维的客观性。应用文写作存在"上中下"或者"左中右"关系,它是"中"的一环。尊重客观,就不能离开"上下、左右"的存在实际,就不能忽视社会的、生活的、时代的环境条件。一般地说,思维产生构思,构思产生作品,把思维的触角真正置身于客观的人、客观的事,尊重他们,才能表现他们,达到应用文写作的预期效果。

(三) 思维的集中性要求

抒情性的写作,主题可以多向性,那是为客观鉴赏;应用文写作的主旨只允许有一个:不可以产生歧义。应用文写作需要多向思维,但不是放纵恣肆、形散神聚,而是将纷繁、散杂的信息与思路进行筛选、集中、概括,通过提炼、组合,聚焦于主旨,否则受文者或阅读者会不知所措、无所适从。

(四) 思维的深刻性要求

思维影响文章表现的境界高低、制约性强弱、规范性大小。应用文写作思维的深刻性表现在对事物认识的深度和广度上,表现在对事物发现和捕捉的敏锐上,表现在对效果的预测和估计上。思维的深刻恢宏与写作主体知识博大相关,知识面广,思维场就大,写作悟性就好。因此,作者应不断加强自身的政治素养、文化素质、生活阅历各方面的修炼和修养。

第三节 财经应用文写作的基本要素

写作实际上是处于一种"无"和"有"的轮动之间,就是从"无"到"有"的过程。在写作过程中,"无"和"有"有两个层面的含义:在第一个层面,"无"是指没有观念规定性的生活现象,"有"是指从生活现象中生成的价值取向规定性的"立意""主旨";在第二个层面,"无"指没有形式规定的"立意""主旨",而"有"则是指具有书面语言形式规定性的材料载体。这种"有无"的轮转、传递过程中,无论是接受主义美学的"作家—作品—读者"三角的互动关系的解析,还是传播主义者的"主体—客体—载体—受体"循环关系的四要素界定,都说明不管什么写作活动的产生都要解决四个问题,即谁来写、写什么、怎么写和给谁看。正是这四个相互依存、相互制约的写作要素,构成了一个严密的写作场系,而这个场系的四个极角就是主体(作者)、客体(写作描述的对象)、载体(书面的语言形式系统)和受体(读者),简称写作的四个基本要素。

一、主体

财经应用文写作的主体就是财经应用文的作者,在写作活动中起主导性的作用。由于财经应用文这一特殊的文章样式,其作者也是特殊的。正确地把握财经应用文作者的特殊性,可以更好地探求财经应用文写作的规律,以及把握财经应用文与其他文章的区别,从而写出准确、规范、有价值的应用文。

(一) 主体的特点

与抒情写作相比,财经应用文写作的主体具有以下特点。

1. 多元性

抒情写作的主体绝大多数是自然人个人作者,从写作动机、目的、写作的过程到写作任务的完成都是代表个人,并由个人独自完成。而财经应用文写作的主体呈多元化主体的特点:一是个体作者,即应用文的署名者是个人,并且文章内容也完全代表个人,如个人写的调查报告、学术论文、财经消息及代写的诉状等。二是群体作者,即指两个以上的作者形成一个"群体",从事某一相同实际"需要"的写作活动。例如,调查报告的写作主体往往是调查组,可行性研究报告是项目组,审计报告是审计组或评估组,综合性工作总结是秘书组,经济学术论文是课题组,等等。群体作者一般各有分工,各司其职,同时又朝着相同的目标迈进,其主要是应对较为复杂的应用文写作活动。例如,某大学写一篇工作总结,可由几位秘书共同撰写,各人分别承担教学、科研、人事、后勤等块,然后合并,遂成学校全面总结。三是法定作者,即写作形式上的主体是那些依法成立并能以自己的名义行使权利和承担义务的单位或个人。应用文的署名是以机关(或企事业单位、社会团体、各类组织、各种独立的法人机构等)或者机关中某个单位的名义出现,有时也以领导成员个人名义出现。但以领导成员个人名义出现,并不代表是由其亲自撰写文稿,同时,以领导成员个人名义发文,并非以私人身份出现,领导人是经过选举,或由上级委任批准的,因而是以其所在机关单位法定领导人身份行使职权的一种表现。

2. 服务性

财经应用文写作的主体完成某项写作,实际上绝大多数情况都是为他方提供一种服务,服务于领导,服务于某法人单位,服务于某项业务的正常开展,服务于经济规律的探寻,服务于社会。在某种程度而言,财经应用文写作的作者是一个服务人。所以,财经应用文写作不能像文学作品那样,可以根据自己的好恶、意图任意发挥、感情用事,而必须遵照法人代表或某一管理层、领导层的宗旨意图来写,必须遵循客观实际的规律,必须用政策意识、法规意识、职业道德意识、社会意识来规范和约束自己的写作活动,以提供最优的服务。

3. 智能性

财经应用文写作主体以逻辑思维和创造性思维为主,其必须具备逻辑思维能力,有较高的理论修养和丰富的财经专业理论知识,智能性特点非常明显。不管是群体作者、个人作者还是法定作者,都应具备观察力、记忆力、想象力、思维力、采集能力、立旨能力、结构能力、表达能力和修改能力等智能力,否则,是无法完成财经写作这一复杂而艰巨的写作任务的。

(二) 主体的作用

财经应用文写作一般都采用"传→受"为主的由上而下的传递模式,这就决定了主体在这个传受过程中占有中心的地位,起着主导作用。

在财经应用文写作的传受过程中,主体、客体、载体、受体相互依存、相互吸引、相互制约,都发挥着各自独有的、不可替代的作用,但客体、载体、受体只有依附主体才能产生效用。客体必须通过主体的内化、意化才能转化为财经应用文的主旨内容;载体必须通过主体的使用,才能转化为财经应用文的语言表达形式;受体必须通过主体的关注,才能转化为财经应用文的管理效应。主体的中心地位和主导作用还表现在三个方面:一是指挥写作行为;二是认知客观规律;三是创造精神产品。

二、客体

写作客体是指客观现实,是写作主体认识、表达和传播活动的对象。财经应用文写作客体是指主体反映的对象,即财经领域的具体活动或财经信息资料。客体形态可以表现为原生性客体(财经实践活动)和再生性客体(记录财经实践活动的信息资料)。原生性客体是信息本源,是客体的主要内容。随着新经济时代的到来,财经应用文写作的整个写作观念、思维形式、内容、传播方式都在发生前所未有的变化,这种变化也决定了财经应用文写作信息客体具有个性化的特征。

(一) 客体的特点

1. 真实、时效并重

财经实践活动是直接和客观事物连在一起的未经加工的信息形态,有其自身的规律,是客观存在的。其过程记录、报表以及其他信息资料是第一手真实情况的反映。不过财经实践活动过程的每一个环节都是相对独立的阶段,其产生的信息都有相对特定的时效。前一个环节是后一个环节的准备,后一个环节是前一个环节的继续。要保证信息的真实性反映,就应及时捕捉,才会有真实可言,否则信息的真实性也会随着时间变化而迁延。因此,写作客体具有真实、时效并重的特色。

2. 传递加快、效率提高

从理论上说,财经应用文写作信息应该反映代理人的工作状况和工作业绩,是对代理人财经实践活动过程的反映。因此,财经应用文写作信息主要是由代理人提供的。由于计算机和通信技术的进步,网络平台在各级行政机关、企事业单位的建立,网络处理信息的气候的形成,财经应用文写作信息处理和传递的速度大大加快,效率迅速提高,而成本却相对低廉,从而为扩大信息处理和传递范围,及时、准确、充分地处理和传递各种信息提供了可能。

3. 公共化程度提高

由于网络平台的建立、电子化企业和电子化政府的产生,财经应用文写作信息具有"公共物品"的属性,某个用户(写作主体)对财经应用文写作信息的使用并不降低其他用户对其使用的效用,即财经应用文写作信息可以被多个用户多次使用,而不影响其效用。如当财经信息公布后,现实潜在的决策者、管理者、投资人、债权人、合同当事人、客户及职工可免费获取,并享受其带来的经济利益。

4. 质量要求越来越高

财经应用文写作的主要职能就是向各级法人组织尤其是向经济实体外部利害关系人

提供信息和向所有者报告受理责任履行的情况。财经应用文写作信息的使用者最关心的是信息质量。从决策者有用角度看,在当今经济竞争环境中,投资人和管理者最关心的是决策中所需要的现实价值信息,而不是历史成本数据,要求提供的信息必须具有预测价值、反馈价值和及时性,这样方可避免或减少由于决策失误而造成的投资和信贷风险。

5. 使用价值明显

财经信息可以为信息提供者使用,通过对外公布也可以提高企业的市场地位和管理当局的声誉。信息使用者通过对财经信息的分析,可以减少环境的不确定性,从而降低决策的经济成本和风险,提高决策的经济效益和收益。另外,财经写作信息的使用具有一定经济后果,容易导致不同的决策行为,反过来又会增加或损害其他相关方面的利益。例如虚假的会计信息可能会误导资金投向,影响资本市场的资源配置和国家的宏观调控。

(二)客体的作用

写作客体是财经写作的客观对象,是财经领域从事具体财经业务者的实践活动,它是产生写作活动的物质基础,是写作材料的丰富矿场,是主体运思的根据,也是检验写作成果是否准确地反映财经规律的根本标准。

(三)客体操作原则

写作客体并不是都能转化为写作内容,只有那些精华部分才能成为写作内容的材料。材料是激发写作动机的重要因素,是形成主旨、观点的基础,是表现主旨、观点的支柱。在把客体转化为具体写作内容时,应把握以下操作原则。

1. 表层反映和深层揭示

提高财经应用文的质量的一个重要问题,就是要在揭示事物本质上下功夫,把深层次的东西挖掘出来,寻找出规律。撰文者不仅要眼观六路、耳听八方,还要善于分析,透过现象看本质。切忌停留在信息的表层意识上,本末倒置,贻误大局。

2. 分割性和综合性

事物的发展变化一般都是通过不同的现象来表露发展轨迹,以众多单个的现象来完整事物的概貌,这就要求在进行信息处理时不囿于单个信息处理和分析,分裂信息内在的必然联系,而应分类综合、全面多方位地分析事物的发展趋势,只有综合地看问题,才能把握事物的来龙去脉,做到微观透视、宏观总览。

3. 局部性和宏观性

现代市场经济往往着眼于宏观全局性战略,不因局部变化而伤大局,讲究长期行为。由此,在分析客体信息时,要始终胸有全局、手有典型,不限于一时一事一地之得失,使各财经实践主体具有长远战略。

4. 一般性和典型性

财经应用文写作作为一种决策手段和管理工具,它所反映的内容不能眉毛胡子一把抓,而应有侧重点,善于抓住典型信息,这样才能把住事物发展变化的趋势,增强决策指挥的准确度和灵敏度。

5. 滞后性和超前性

财经应用文要想给决策者提供新的思路并使之具有预见性,就要大量捕捉、运用超前性信息,剔除陈旧、历史性、滞后性的信息,见微知著,从细微处发现事关全局性的问题。

6. 单向思维和立体思维

财经应用文写作是规律性、技术性和业务性很强的一项工作。现代企业经营针对市场经济全球化、国际化、多变化的形势,务必要求写作主体掌握立体思维方式,注意思维的系统性和创造性,既能把事物放在系统中加以观察,从而揭示市场经济系统运动的规律和功能特征,又能够举一反三、触类旁通,尽量减少决策的趋同和盲目。

三、载体

财经应用文写作的载体,就是财经应用文写作的物化成果,是内容、结构和语言的有机构成系统。

(一)载体的特点

1. 议"理"重在写"事"

财经应用文写作在内容反映上,目的在于探明事理,为在具体管理中解决问题、处理事务、谋划决策提供操作依据,但其在探明事理(规律)的过程中,往往是以事明理,重在写事,轻单纯地抽象议论和概括。载体中一般有事据、事因、事由、事理等内容的反映要求:①"事据"要清楚。15种公文及其他财经应用文所反映的管理事务,一般都应事出有据。这点很重要,因为它是公文撰写者行文的依据,同样也是管理中操作的依据。然而在实际写作时有些作者往往忽视这点。例如:"为了搞好2022年度的工作,经厂党委行政研究讨论,决定制订如下计划……"这则例文中很明显的问题就是制订计划的依据不得而知。这样的计划拿到工作中去执行,执行者就会质疑制订计划的依据是什么,计划中的生产指数和指标又是源于什么基础,不具有说服力,更不具备管理效力。这种计划只是建立在主观意识的决策之上,不具有科学性和可行性。计划如此,在行政公文的起草及预测报告、决策报告、经济活动分析报告、调查报告等反馈性和洞测性特点强的管理文书撰写时也都应有一个清楚的科学依据。②"事因"要分明。财经应用文写作反映事物时,有时也必须有一个分析过程,交代清楚事件的因果关系。如没有分析就得出结论、作出判断,便会使人觉得突兀,造成因果不明或有果无因的现象。科学管理就是要发现问题、分析问题、解决问题、避免错误,引以为鉴。例如,某高校工作总结面面俱到地列举了十个方面的做法:挂牌教学、实行学分制、从严考勤、集体备课、交教学日志、建立题库、以老带新、增加教学投入、改善教学设施和严格考试。上述十个方面的做法,且不说其界定不严、有所重复,至少可以看出作者为了展开内容,只是停留在就事论事的表面来罗列做法,而没有深入一笔写出这些做法的目的、原因及其所产生的效果。只管做、不管效果的管理盲动色彩非常明显,这种应用文是很难找到事物的规律和特点的,更谈不上对财经实践活动的正确认识。③"事由"要完整。具有指挥性和控制性的行政公文以及合同、条例、章程、规定、办法等,要求其反映事项、事务、事情全面完整。由于它们直接用于管理中去处理事务、协商事项、规范行为、协调关系、解决问题,在内容上必须准确全面,不得顾此失彼、有半点疏漏。譬如,人们最熟悉、运用最普遍的会议通知,总是在会议期限、会议时间、报到时间及其他方面出差错,交代得不清不明,给与会者带来诸多不便,甚至影响了会议的召开。又如合同的写作,合同当事人往往模糊合同有效期限、合同订立期限、合同履行期限的界定和区别,更有甚者对于合同标的的数量和质量要求、违约责任等主要内容也疏漏不全。当合同发生纠纷时,就无从分清双方的责任,也就无法保证合同的正常履行。所以,事由陈述时一要全、二要清、三要准,切忌草率马虎从事,导致载体表达系统的失效。④"事理"要透辟。为了不就事论事,财经应用文写作还应狠下由此及彼、由表及里的这番开掘事物的功夫,写出事物的特点,摸清规律。这样才能从本质上准确地认识管理中出现的新事物、新现象和新问题。尤其像调查报告、预测报告、分析报告、咨询报告、总结等反馈性文体如只停留在现象的罗列、事项的简单陈述、做法的列举上,就会造成管理者、经营者、投资者众多的决策失误。例如企业生产往往出现投资过热、一窝蜂现象,重复生产和产品结构趋同明显,在很大程度上都是调查、分析、预测不准确、不全面所造成的。

2. 表意重在有"序"

载体作为财经应用文写作的成果,它同样要表达作者的写作意图及观点,锤旨表意,以指导具体的财经实践活动。但财经应用文写作者意旨的表达并不像文学作品那样可以随心所欲,方式多变,或隐或显,或曲或直,或明或暗,不求规则、只求方圆,而是有次序、有模式地把作者的写作意图呈现出来,有其独有模块组合和标识。例如,公文的版头、文中、版记有:十几个项目的标识,计划内容的四要素,综合性工作总结内容的四要素,合同正文内容的六要素,财经新闻内容的五要素,等等。从载体的整个表现系统而言,财经应用文基本上都是"开头(根据)→正文(分析)→结尾(结论)"的基本表述模式。财经应用文写作强化意图观点的有序表达,目的是便于受体准确、完整地理解接收写作主体的基本旨向,便于把书面内容转化为管理实践,便于把基本精神转化为操作规范。

3. 遣词重在写"实"

财经应用文写作以实告人,这就决定了财经应用文写作语言属于实务性语体。其在语言上表现出三个方面的特色:一是高度概括,要极其简明地对客观事物进行叙述、说明和论事;二是实用,不用积极修辞,一般用消极修辞,力求平实、准确、简练、规范;三是为了准确得体地交流业务、传递信息、总结经验、宣传财经政策、探讨财经问题,经常使用大量的专业术语、习惯用语、数字、图表等语言。

(二)载体的作用

财经应用文写作与其他写作活动一样,自始至终都需要载体作为工具。载体在构思阶段是炼旨、谋篇的中介,在行文阶段是传播思想的媒介,在实现写作现代化中是创造人工语言符号的基础。

四、受体

阅读活动是写作活动的重要组成部分,写作活动的成效必须通过阅读活动来体现。只有受体与主体建立和谐化的关系,应用文的功效才得以体现。财经应用文写作的受体是财经应用文的读者,在整个写作过程中是信息传播、思想交流的接受者。财经应用文的写作主体只有强化"读者特色",才能最大限度地增强财经应用文"谋划管理""精于决策""用于事务"的功效,有意识地从接受状态考察财经应用文的本体意识,也才能使财经应用文写得更实、更有针对性。

（一）受体的特点

1. 信息接受的功利性

财经应用文写作的主体是因"需"写作的,主要是因具体的财经管理事务的需要。同理,财经应用文写作的受体也是因"需"而阅读,即为了达到与主体交流、获取信息、应对事务、处理问题的目的。所以,财经应用文受体的阅读功利性非常强,其阅读财经应用文的出发点明确而具体,不像阅读文学作品只是一种精神上的抽象的审美愉悦。

2. 信息接受的特定性

文学作品的阅读鉴赏,它的信息接收者面向任何一个读者,一般没有特指对象。但财经应用文的信息接受,有具体指向性的对象,有特定的受体。例如公文中都有主送对象和抄报(送)对象的界定,这实际上是规定了某份行政公文的特定阅读对象,不是这个范围的读者都应排除在外。其他的应用文如审计报告、资产评估报告、工作总结、合同、财务分析报告、诉状都有其特定的阅读对象。财经应用文强调信息接受的特定性,目的在于保证应用文解决问题、处理事务、颁布法规的效能。因为受体特定,才有可能做到认真阅读、及时准确处理,使财经应用文充分发挥应有的作用。

3. 信息接受的时效性

文学作品的最高境界是"垂诸文而为后世法",即让后人去学习他们的作品,从中获得教育。财经应用文则不然,载体中的信息需要读者在最短的时间内接受,其应时、应事的特点明确,一旦时过境迁,其直接作用往往即刻失去。只有以最快的速度阅读财经应用文,办理文中涉及事项,其功效才能发挥。因此,财经应用文的受体必须讲求时效性的阅读意识。

4. 信息接受的直接性

财经应用文对读者产生的作用是直接的,读者对财经应用文的理解和把握也应该是直接的。直接性阅读意识体现在：受体对财经应用文传递的信息的认同是单一的,一位读者或多位读者对应用文的理解应该完全一样。受体对财经应用文的理解是直观的,没有讳饰的文句、朦胧的意境等。财经应用文的阅读者在认知信息的同时,还要直接去实现文本的功用,或亲自办事,或督促他人办事。应用文的读者,实际上是财经应用文文本功能的直接实践者。

（二）受体的作用

受体在财经应用文的写作过程中虽然不起主导性的作用,但对整个写作活动的影响也是十分明显的：①写作载体的具体功效只有通过受体才能真正发挥和体现；②受体是写作传播的终点,同时也是写作传播的起点,写作主体只有积极反馈受体对应用文文本功用好坏的评价,才能保证传播活动不断递升发展,否则将导致传播活动的失效和终结。

第四节　财经应用文的写作过程

财经应用文的写作过程,是指财经应用文写作动机的产生到写作实物表达的过程。写作过程应从两方面加以体现:一是写作客体的需要过程,亦即为什么要写作;二是写作主体的物化过程,亦即写作主体如何写作。这里从写作主体的物化过程着笔,兼论写作客体的需要过程。

一、"知"——财经应用文写作的起因

文学的创作动机是主观需要,是作家胸中思想的流露和倾泻,而财经应用文写作虽然不能完全排除这种"一吐为快"的宣泄,但总体来说,主体创作欲望的体现呈现出弱化的态势,写作的活动更多是客观的需要,是一种遵从意识的冷静流露。

作为管理决策、处理日常问题、应对事务的文章,财经应用文写作的客观动因如下。

(1) 管理决策。财经应用文可以作为经营决策、实施管理、临民治事的一种有效工具。大量的法定公文和专业性财经应用文体即担负着此项职能。

(2) 处理日常问题。在财经实践活动中,矛盾和问题层出不穷,有时需要处理大量而繁杂的实际问题,需要对解决问题或布置工作进行总结、计划、安排、办理、调查、指示,财经应用文则充当了处理问题的工具。

(3) 应对事务。在财经领域的行政机关、企事业单位、社会团体,为了协调关系、通晓事务、业务往来,还得去应对各种不同的场面和事务,可借助财经应用文这一形式来满足法人组织之间的各种交往、交际的事务性需要,如通知、合同、评估报告、审计报告、诉状等都是这种需要的产物。

客观需要是写作的动因,但真正意义上的财经应用文写作,还要通过写作主体即作者去实现。这既说明了财经应用文写作被动性、制约性的特点,又说明了财经应用文写作过程首先是"知",即首先必须观察客观对象、了解客观需要、领会写作意图。"知"的过程实际上是调研、认识、熟悉、把握实际情况的过程,从一定意义上说,财经应用文写作质量的高低、内容的行否等,与写作主体的"知"的深广度、真实度是密切相关的。

"知"的过程首先是受意,即接受授意,文章成果的出世是接受指令的结果。指令的主体可以是具体的人,也可以是组织机构和社会细胞的实体。写作主体只有去迎合他、他们或它们的要求,才能全面认知写作意图和需要,准确把握写作的目的。

"知"还要求全面、细致、反复地去观察写作活动中的各种现象、各个事件,了解事实本身的来龙去脉,尽可能地占有真实、全面、完整的写作材料。这就要求财经应用文作者首先主动地带着问题和领导意图深入财经工作的实际中去调查研究,获取各种管理信息,同时发现管理中出现的新动向、新经验、新典型、新观点、新做法和新现象。潜入实践中去观察财经活动中的各种事务,及时发现决策施之于管理中的效应及其产生的新矛盾、新问题。观察时写作主体还要事先有目的、事中有计划、事后有梳理,广泛积累,才有效果。其次,写作主体要广泛听取管理工作中的各种意见、建议、呼声,尤其要善于听取来自管理层和作业层的各种批评及与决策层完全相左的建议,以利于及时调整工作中出现的不足和

错误,保证决策的准确性、科学性和民主性。再次,写作主体要经常带着想法思路、观点到工作实际中去征求被管理者的意见,善于提出问题,引人思考,集思广益,把管理者和被管理者的智慧集中到决策之中来。最后,写作主体要能够将实际和理论相结合,对于工作中出现的问题、矛盾,能对症下药,切中要害,有对策,有措施,有方法。

二、"思"——财经应用文写作的孕成

有了起因,只是有了写作的动机;占有素材,只是具备了将客观需要物化的基础;财经应用文写作的主体必须对客观需要的素材进行仔细分析研究,才能写出高质量的财经应用文。

"思"的关键是立意定旨。写作主体对大脑中的感知信息进行逆向或同向的分析、比较、抽象、概括等思维活动,把感性认识上升为理性认识,从而形成正确的观点,并进行立意定旨。立意定旨是认识的能动发展过程,是写作主体与写作客体的高度统一。

"思"的过程最终要厘清思路,对财经应用文可能涉及的内容之间的逻辑联系要厘清,包括对各种事务的轻重缓急、主次先后乃至表达的角度、文章的层次都要认真思考。"思"的过程要注意以下几个原则:一是要注重整体,全面认识事件、现象;二是要符合人们的认识规律,注重客观事物的连贯性、完整性;三是要符合写作对象本身的特征和发展变化规律。

"思"的方法是研究和分析,可以进行综合比较分析、重点分析、反复分析,从定性与定量、因与果、静态与动态等方面揭示事实的真相和事物发展的客观规律,从而提高财经应用文写作的质量。

三、"织"——财经应用文写作的物化

所谓物化,就是指用文字将客观需要和思辨分析表达出来的过程,它是财经应用文写作由萌发期、模糊期到明朗期的重要转变。

物化的过程是"织"的工作,包括文种选择、模式确认、提纲设计、成文表达、修改几个部分。

(一) 文种选择

文种选择即最后确认财经应用文写作所用具体文种的过程。与文学创作不同,财经应用文写作特别强调它的合格要求,所以首先必须选定文种,再根据客观需要和特定文种格式完成应用文体的写作。

文种选择的依据,一是要认真分析行文意图和行政效率,如同是用于人事任免的行政公文,有命令、议案、决定、通知。命令往往以个人名义发布,用于高层行政机关;议案一般用于由人大或人大常委会任免的事项;决定用于中层干部的任免;通知用于基层一般干部的任免。掌握了发文主体和写作意图,选择文种就方便了。二是根据行文方向,如上行文中的行政公文只能用请示、报告;平行性行政公文只能用函或意见。三是按照文种特性。如知照规范类只能用通知、通告、公告;反馈类的只能用总结、调查报告;决策预测类的只能用活动分析、预测报告、决策报告、可行性研究、咨询报告;涉法类的只能用合

同、诉状;监督类的只能用评估报告、审计报告。四是权职范围和隶属关系。有的文种是特定部门或人员才能使用的,如公告、议案、合同、诉状等就不能随意乱用;有时请示解决某个问题,但由于隶属关系不同,在使用文种上也不同,请示只用于相隶属上下机关之中,而不相隶属机关只能用公函。

(二)模式确认

模式是指事物的标准样式。财经应用文的模式即其相对固定的范本或通用形式。选择了文种只是模式化的第一步,而不同的文种下,文本的模式又表现出异常的复杂性和差异性。

模式确认首先要选定行文结构,这在后文将做介绍;其次要确认是用文章式还是条目式写法,内容之间的标示级序应是几层;最后要确认文本组成、段落层次、勾连缩结的形式和用语等。

(三)提纲设计

编写提纲不是每位财经应用文作者都必须完成的任务,也不是每篇应用文都要使用。但设计提纲可以帮助初学者写好财经应用文。

提纲设计所要考虑的是财经应用文主要内容和次序,以及部分内容的主次及其之间的内在逻辑联系。提纲设计有详略之分,在写作时宜细不宜粗,这样便于应用文的表达。同时,许多财经应用文还可以用提纲提请集体讨论。提纲的撰写对于重大的、重要的、内容复杂的财经应用文写作尤其重要,它有助于把问题想得更周到、更全面,便于集思广益、博采众长。

提纲设计的形式很多,其中的图表法和条文法最为常见。图表法即通过画图列表来展示文章的思路,厘清财经应用文的逻辑关系。条文法主要是用简要的话语将构思过程分条列项记录下来。下面以××省关于严厉打击制造假冒伪劣产品的通知图表提纲形式作为例示,如表1-1所示。

表1-1 ××省关于严厉打击制造假冒伪劣产品的通知

内容	摆情况	找危害	下结论
总	××省制假售假活动严重	这种活动扰乱了正常的市场秩序	必须严打
分	如:××县 ××市 ××镇	(1)侵犯了名牌产品的合法权益 (2)给消费者带来经济损失和人身健康的损害 (3)市场短期行为对经济的发展有巨大的负面影响	(1)严禁生产 (2)加大市场查处力度 (3)吊销生产和经营执照 (4)施之法律手段

无论是图表提纲结构还是条文式结构,其层次之间所构成的关系都可能有两种形式,即直接推论(纵深式递进结构)和并列分论(进层式并列结构)。

(四)成文表达

成文表达即指用有条理的结构、规范化的语言把构思过程予以物化的过程。

首先,把内容表达成文要选择合适的表达方式。财经应用文写作最常用的表达方式有叙述、说明和议论。

叙述主要是把事情的来龙去脉表达清楚的一种方式。在财经应用文写作中,叙述主要用来介绍情况、交代问题、陈述过程。叙述常用的方式有顺叙、倒叙、插叙及平叙。财经应用文写作在使用叙述时应注意以下几点:一是在叙述方法的使用上,财经应用文以顺叙为主,很少使用倒叙、插叙等表现手法。二是在叙述人称的选择上,财经应用文较为客观,以第一、第三人称居多,很少用第二人称。但在批复、复函中,第二人称的现象较为常见。三是在叙述内容的把握上,财经应用文的叙述必须坚持实事求是的原则,不允许有任何夸大或失真。四是在叙述形式的确定上,叙述往往采用概叙和详叙相结合的手法。叙述不仅要交代清楚,而且要线索清楚,既要有对事物本质的精辟概括,又要有对能凸显主旨的内容的生动细致的展现。

说明是以客观地解说事物、剖析事理和介绍对象为内容,使人明白了解并认识的表达方法。财经应用文写作中常使用的说明技法有介绍性说明、解释性说明、定义说明、分类说明、举例说明、比较说明和图表说明等。财经应用文写作中的说明顺序主要有三种:一是以时间为序;二是以空间为序;三是以逻辑关系为序。

财经应用文写作使用说明方法时,一般侧重于三个方面:一是对事物性质、特点的概括。如"节约资源和保护环境是我国的一项基本国策"。二是对事物范围、构成、类别等的介绍。如:"人民币有下列情形之一的,不得流通:(一)不能兑换的残缺、污损的人民币;(二)停止流通的人民币。"(《中华人民共和国人民币管理条例》)。三是说明完成某项任务的措施和发文机关或人员的制文意图与主张。

议论是阐明事理、发表意见、提出措施、表明观点的一种表述方法。财经应用文写作的议论服从于主旨的需要,一般不做理论上的深入探讨或见解上的争鸣,不要多方面、多角度地反复论证同一个观点,不追求完整性,只要抓住要害,将观点说破点透即可。在财经应用文写作中,议论既可以用论据直接论证论点或者否定错误论点,也可以用排他方法,用论据证明与论点相矛盾的反论点的虚假性,从而推出论点的真实性。财经应用文写作中常用的议论方法有例证法、引证法、归纳法、比较法、因果法及演绎法。财经应用文中的议论一般不宜太长,要恰如其分、恰到好处,要防止出现事大理小或事小理大的不协调现象,防止出现事实与道理"两张皮"的情况。

其次,财经应用文写作表达成文,必须遵守文种本身的规范制度,如合同、审计报告、评估报告、诉状必须以事实为依据,以法律为准绳,形式必须合格,内容必须合法;党政公文必须严格按照公文的行文规定及法定格式来操作。

最后,财经应用文写作的表达成文还需选择合适的语体、准确的语言和范式。如引用上级公文,一般先引公文标题,再引发文字号,不能颠倒。财经应用文还有固定的开头语、过渡语和结语,如"现将有关事项通知如下""当否,请批复""专此报告""专此函复""谨启""鉴于……""为了""谨电致贺"等,这些词语在写作时必须仔细揣摩、细心体会。

(五) 修改

修改是财经应用文写作的最后一道工序,是提高文稿质量的一个重要环节。事实上,写作主体在写作的全过程中，需要不断对财经应用文的主旨、材料、结构、语言进行增、删、改、调，使财经应用文从内容到形式都更加完美。之所以要在写作过程中对财经应用文进行修改，主要是因为：一是人们对问题，尤其是对新问题的认识都有一个过程，写作主体也不例外。同时，不少撰文作者所领会的与发文机关所要求的往往有差距。二是财经应用文写作的成文表达时间较短，又是受命而作的产物，制作的被动性强，往往起始时有"意不称物"的缺陷。三是财经实践活动内涵丰富，非常复杂，写作主体难免挂一漏万。四是财经应用文的规范性、严肃性较强，必须对其字斟句酌。

财经应用文修改的对象主要有三个方面。

一是内容方面的修改。其包括修改主旨、修改观点和修改材料三个方面。修改主旨首先要看财经应用文的主旨是否正确，是否与党和国家的方针政策相抵触，是否同国家的法律法规相矛盾，还要看主旨是否准确、鲜明。修改观点主要看财经应用文中的观点和提法是否准确与科学，能否清楚地表达行文意图等。修改材料主要是看材料是否真实，是否能充分地支撑文章的中心观点。

二是形式方面的修改。其包括修改布局、修改格式等。修改布局主要是看财经应用文结构和安排是否得当，是否在必然的位置，布局是否合理，分段是否得当，起承转合是否自然，详略安排是否均衡等。修改布局涉及修改层次颠倒、上下脱节、详略失宜、段落重滞、处置不当等问题。修改格式主要是修改财经应用文中不合乎要求的文种、文号、标题等财经应用文文本组成部分及其位置，使其更加规范。

三是处理方面的修改。其主要指行文关系和程序是否正确。如：文种的选择是否合适；发文主体与受文对象的关系是否规范；批转、转发、印发、转呈等程序是否正确，有无混淆等。

总之，财经应用文修改的对象很多，包括写作者、审定者、会签者、签发者等。修改的形式也很多，如送专家审定、会议讨论、个人修改等，不一而论。

第五节　财经应用文写作的文本构成

文本，本是对使用多种语言文字的同篇文书的区分。财经应用文写作的文本，是指用某种语言写成的一篇完整的财经应用文。一篇规范完整的财经应用文，一般由主旨、材料、结构和语言四要素构成。主旨，主要是解决言之有理的问题；材料，主要是解决言之有物的问题；结构，主要是解决言之有序的问题；语言，主要是解决言之有法的问题。这四个要素相互作用，形成有机整体。

一、主旨

李渔在《闲情偶寄》中曾云："古人作文一篇，定有一篇之主脑。"财经应用文也不例外。作为行文的灵魂，财经应用文的主旨是写作意图的体现，是写作主体对某一事物所持的态度、看法和主张。与文学作品相比，财经应用文的主旨往往是"意在笔先"，主题先行，在动手写作之前主旨即已产生。从主旨形成的过程看，财经应用文主旨酝酿时间短，特别注意时效性。从主旨在文本中的体现过程看，财经应用文主旨的限定性强，而且往往是集体智慧的结晶,是群体思维的结果,是撰写者、领导、上级意图、受体利益、社会生活实际等多方面的反映。

财经应用文主旨的确立:一是立足于国,从维护国家最高利益的高度来确立主旨。写作主体的理论、主张、政策、主意、办法、措施等,都要有利于我国社会主义市场经济的发展,有利于我国经济生活的良性循环,有利于经济效益的提高。二是立足于法,依照国家法律法规及有关方针政策的规定确立主旨。法律法规是财经应用文写作的依据,方针政策是法律法规的具体体现。写作主体所提出的、所分析的、所解决的问题,必须符合法律法规及方针政策的要求,做到观点正确、原则分明。三是立足于行,依照客观实际确立主旨。写作主体的意见、主张、办法、措施等,要建立在实事求是的科学基础之上,如实反映客观实际情况,在实践中切实可行。四是立足于新,根据事物的特征确立主旨。事物是在不断变化的,确立财经应用文的主旨,就要研究新形势,归纳出新经验,总结出新方法,提出新措施。只有这样,才能使写作主体的观点具有超前性。

财经应用文的主旨除了在立意上有上述四点要求外,在表达上也有其特殊要求。

一是正确客观。作为应对事务、临民治事的管理工具,财经应用文要在具体工作中去处理解决问题,要求具有良好的信守功能。所以,财经应用文的主旨必须正确、客观:首先要做到正确,防止违背法律法规、以权压法的文字出现;其次要真实客观地反映发文者的意图,尊重事实本身,防止主观臆断、妄加评判。

二是鲜明直露。直白显露,这是文学的大忌,但财经应用文的主旨必须鲜明直露。表现句式,多用判断句,直截了当地在文章的显要位置表达出来,或篇首亮旨,或篇中明旨,或篇末显旨,以更好地集中受众的注意力,节省读者的阅读时间,最大限度地提高应用文的效用。

三是单一集中。财经应用文的主旨单纯明确、单一集中,要围绕一个问题、一项工作、一件事情,集中力量把要说的主旨说得鞭辟入里,不能四面出击、面面俱到。那种主次不分、贪大求全的做法,只能"意多乱文",让受众无所适从。

二、材料

清代学者章学诚在《文史通义·文理》中提出了"夫立言之要在于有物"的主张,强调写文章的关键在于要有材料。材料是财经应用文确立主旨、形成观点的依据,也是支撑主旨的基石。

财经应用文中的材料,指作者从实际生活和工作中收集、提取以及写入文章的事实和依据,即感性形态的具体材料和理性形态的抽象材料。在这些材料形态的变化过程中,写作主体要重视三个环节:材料的收集、材料的选择和材料的使用。

(一)材料的收集

如果说主旨是财经应用文的灵魂,那么材料就是文章的血肉。写作主体不收集积累材料,就根本写不出任何文章。所以,写作主体必须在日常生活中有目的、有计划地去收集与本人或本部门切实相关的材料。要收集这些相关材料,必须运用观察、调查、查阅等方法。

观察是一种有目的、有计划、有组织的知觉过程。它是写作主体摄取信息、获得感知、丰富想象的主要途径。财经应用文写作的主体在从事财经工作的过程中,必须培养良好的观察力,时刻注意周围发生的一切,尤其是把观察重点放在财经业务活动的特点、规律以及财经工作的效益上。写作主体要培养良好的观察力,首先必须充当管理者,要亲自参与配合领导决策管理,并在管理的实践中去亲身体验领会管理中出现的问题、事项规律,了解管理决策的全过程。其次要有必要的知识储备,财经知识的储备不必多言。除此之外,还应有管理学、经济学、社会学、心理学、统计学、数学和秘书学等多种学科知识的储备。最后,应掌握观察方法,注意观察的顺序和角度,以及观察的广度和深度,要随时记录,及时整理,分析比较,抓住特征。

调查是为了认识和解决某一问题而了解情况。调查和观察一样,都是获取原始信息的手段。财经应用文写作中常见的调查方法有传统调查方法、统计调查方法和计算机采集法。传统调查方法即过去经常采用的普遍调查、典型调查、抽样调查、问卷调查等。统计调查方法是指有组织地收集各种统计资料,并对其进行分析研究的方法。计算机采集法是利用计算机采集原始信息,其数据的及时性与精确性是人工统计无法比拟的。

财经应用文写作中的查阅通常是采集性阅读,这是一种间接获取写作信息资料的感知方式。查阅资料包括传统的对书刊资料、文献的泛览与精读,也包括现代的网上阅读。查阅资料也是一种获取材料信息的重要途径,并要求对阅读的信息进行摘录、分类,归纳整理成材料笔记。

(二)材料的选择

材料是阐述主旨的依据,材料的收集积累讲究一个"多"字,但不能把所有收集的材料都写进文章中去,这就有一个材料的选择取舍问题。一般而言,材料的选择讲究一个"严"字,并不是多多益善、面面俱到,而是要以一当十。具体应围绕以下原则来选材。

1. 要选择真实准确的材料

任何文章的材料都源于生活,但因文体不同、文章的功用不同,对材料的处理、加工也就不同。财经应用文的材料以事实性材料为基础,它包括财经活动中真实发生或存在的事物(事件、人物、地点、时间),也包括问题、数据、政策、法令等,总的来说,应准确无误,不能随意编造,否则将有损财经应用文功用的发挥,严重的将带来巨大的负面影响。讲材料的真实,不仅是指材料是实实在在发生和客观存在的,还指材料的细节必须符合生活的原貌,符合事实本身的某方面特征。有时候,材料是存在的,但用在某个文本中则可能是不真实的,如张冠李戴、移花接木等。

2. 要选择典型的材料

财经实践活动体现的客观内容是多方面的,故财经应用文的材料也是相当多的。在写作财经应用文时,只有选择那些最具代表性、最准确揭示事件本质的材料,才能使文章言简意赅,更有表现力,这就要求财经应用文所选用的材料具有典型性。当然,财经应用文材料的典型性是相对的,要因时、因地、因人、因文的不同有所区别。也许有的材料在这篇文章中是典型的,但到了另一篇文章中则不够典型,甚至会成为赘述。因此,还必须充分考虑到财经应用文材料的针对性,要做到主旨和材料的统一。

3. 要选择新颖的材料

新颖的材料是指符合实际需要，符合市场经济运行发展的大趋势，能解决实际问题的，与热点、难点、要点、疑点、重点密切相关联的各种材料。财经领域中的新问题、新情况、新经验、新矛盾层出不穷，只有使用了这些新颖的材料，财经应用文才具有吸引力、感染力，才能切实地解决新问题、指导工作。

（三）材料的使用

材料的使用是财经应用文材料运用中的最后一个环节，它直接关系到文章主旨的表现，一定要高度重视。材料的使用重在一个"活"字，它要能活灵活现地表现出文章的主旨，让受众一目了然。在材料的使用中，一是要决定不同材料和同类材料叙述、说明的先后顺序；二是要确定材料叙述说明的详略程度。只有把住了以上两点，才能保证财经应用文写作中，材料虽多，但有主有次、有详有略、疏密相间、配置均匀。

三、结构

结构是作者根据主旨需要，同时为了更好地表现主旨，对文中各个部分的先后次序做合理的安排和筹划过程。也就是说，通过构思找到表现主旨的完整而严谨的结构形式，从而对材料进行妥善的安排，即如何安排层次、段落，如何过渡、照应，如何开头、结尾等。这里只对结构类型和要求进行介绍，其他内容在具体文种中各有介绍，此处不再赘述。

（一）结构的基本类型

财经应用文的结构形态一般有以下五种。

1. 总分式

总分式指一篇文章由两三个部分内容组成的逻辑结构关系。这种结构形态在财经应用文中使用比较普遍。①先总后分式，即开头先点出主旨，统领全文，然后分头表述。如在布置安排某项工作的带有指示性的行政性通知中往往先总说某项工作开展的意义和目的，后分条项标示如何做的具体内容。②先分后总式，即先讲情况、根据、缘由等，然后总述主旨。这种结构形态多见于请示、公函、通报、经济活动分析报告、审计报告、述职报告等。③总分总式，即先总述再分述，最后予以总结。这种结构形态常见于揭露问题的调查报告、工作总结、财务分析报告等。

2. 篇段合一式

篇段合一式亦称一段式，即全篇只有一个自然段。由于内容少而简单，不便分开，往往采用一段式的写法。它主要出现在行政公文的某些文种中，如发布法规性文件的命令（令）、转发和批转文件的通知、批复、公函等。

3. 并列式

文章中几个层次之间的关系是平行的和并列的，这样的结构方式为并列式，也称横式结构。这在总结、咨询报告、分析报告中比较常见。例如对财务状况，可以从资产、负债、利润、成本、费用等诸方面展开具体分析，这几个方面的内容就是并列关系。

4. 递进式

递进式指以时间为顺序，或由现象到本质、从因到果等逻辑关系为顺序，逐层深入展开的结构形式，也称纵式结构。例如开头提出问题，而后剖析研究问题，再找出原因得出结果，最后提出解决问题的办法或建议，就是一种从因到果的递进式。

5. 条法体例式

这种结构可以从两个方面去理解：一是一般文章的分条列项式；二是法规、规章类文件的内在条法式。

（二）结构的基本要求

1. 逻辑性

财经应用文写作是对客观事物的真实反映。因此，文章内容的结构形式必须符合客观事物的发展规律，各层次之间前后上下的连接有其必然性，与主旨有内在的逻辑联系，不能相互矛盾，这样才能准确反映文章的主旨。否则，结构杂乱无章、言之无序，就会令人难以理解，达不到行文的目的。

2. 完整性

结构安排要有逻辑性，首先要保证结构的完整。例如公文的写作，要有标题、主送机关、正文、落款等。正文的结构中又要有开头、主体、结尾、结束语等部分。任何一个部分都不能缺少，不能顾此失彼、残缺不全，造成结构的不完整，影响文章内容的表达。

3. 严密性

严密性是指文章中层次段落的划分要恰当，组织严密、联系紧凑、脉络清楚，这样才能顺理成章、浑然一体。

结构的逻辑性、完整性和严密性三者是紧密相连的，不完整，无法严密；不严密，也不会有较强的逻辑性，这三者内在是统一、不可分割的。如果写作主体写作时出现结构不完整、组织散乱、逻辑性差的情况，这表明写作主体对于事物认识得不够，整个行文的思路并不清晰。写作主体应尽快调整写作行为，深入实际，摸清具体情况，加深对客观事物的认识，切忌听之任之、出笔不慎，从而影响写作质量，甚至在管理中带来不良效果。

四、语言

语言是人类思维、交际的重要工具，也是进行写作、表达内容、构成文章的物质手段。文章的结构需用语言去组织，材料需用语言去表述，主旨需用语言去显示。只有通过语言这个物质外壳，主旨、材料、结构等文本要素才能变成有形的东西。财经应用文写作使用的语言是用来处理事务、沟通信息的一种直接交际性的语言系统，有其鲜明的个性特点和表现要求。

（一）特点

财经应用文语言讲究务实和规范，是典型的事务性语体，这种事务性语体有以下几个方面的特点。

一是介词多，修饰性词语少。在财经应用文中，为了说清事由、讲明道理、引用文件、表明目的、界定范围、规范行为,常常使用较多的介词,这在公文中更为突出。例如公文的标题,大都用"关于"这一介词引出。而在公文正文中,介词使用就更多了。例如:"鉴于当前走私、套汇牟取暴利,盗窃公共财物,盗卖珍贵文物和索贿受贿经济犯罪活动猖獗,对国家社会主义建设事业和人民利益危害严重,为坚决打击这些犯罪活动,兹决定如下。"其中的"鉴于、对、为、兹"等都是介词。在财经应用文中常用的介词有以下几种。

(1) 表示关联、范围的有"关于"。
(2) 表示对象、关联的有"对、对于、将"等。
(3) 表示依据的有"依据、根据、遵照"等。
(4) 表示目的的有"为了、为"等。
(5) 表示状态方式的有"按照、参照、比照、通过"等。
(6) 表示处所、方向的有"从、向、在"等。
(7) 表示时间的有"自从、兹、自、于、当"等。
(8) 表示原因的有"由于、由、鉴于"等。
(9) 表示比较的有"比、跟、同"等。
(10) 表示排除的有"除了、除"等。

而一些修饰性词语则较少在财经应用文中用到,尤其是一些比拟、联想、象征等语言基本不用。

二是专用词多,语气词少。财经应用文要涉及财政、金融、保险、税务、证券、外贸等业务内容,而这些行业有其专用的业务术语。例如资金、净资产、利润、负债、损益、信托、抵押、市盈率、资本金、股东、索赔、免税、预算、投资、费用等。只有熟悉掌握本范围内的专业用语,才能更好地反映专业情况,写好财经应用文。但在财经应用文中语气词(感叹词)基本不用,如"吗、呢、啊、呀、啦、哪、喳"等,这些语气词在文学创作中为抒情的需要经常使用,而财经应用文以实告人,不需以抒发感情来打动受众。

三是习惯用语多,口语少。相对其他文体而言,习惯用语在财经应用文中使用得多一些,这是因为财经应用文注重语言的规范、庄重、严谨、简洁、方便,许多用语相沿相袭,成了财经应用文的惯用语,主要包括以下内容。

(1) 称谓用语(如我局、你厂、贵公司、该行等)。
(2) 开端用语(如按照、根据、关于、为了、对于、兹因、鉴于、据悉、据反映等)。
(3) 表达用语(如即办、同意、当即执行、坚决贯彻等)。
(4) 经办用语(如经研究、经批准、经请示××同意等)。
(5) 过渡用语(如为此、对此、据此等)。
(6) 总结用语(如总之、总而言之、综上所述等)。
(7) 结尾用语(如为要、为盼、为荷、特此函达、专此报告、当否、请批复等)。

这些习惯用语,是为了适应表达内容需要形成的,它们各司其职,已经习惯成自然,是财经应用文的一种特定语词现象。

在财经应用文中,基本不用口语,这是因为口语欠庄重、太随便、不严谨,有时意思不明确。例如:"帮帮忙、好不好、好得不得了、野路子、真爽、瞎搅和、让我想一想、拎不清"等。这些口语显然不十分严肃,有碍内容的表达。

四是数量词多,模糊语少。财经应用文中为了对实事有一个量度表现,写作时常使用大量的数量词来反映事物的数量指标和数量关系,揭示客观规律。在财经应用文中经常使用的数词有基数、序数、分数、倍数、概数五类。使用数词时要注意两个问题:一是要清楚数词的基本概念及其运用中的区别,如"二"和"两"、"倍"和"番"、"倍数"和"百分数"、"绝对数"和"相对数"等。一般而言,绝对数是反映事物在一定时间、地点和条件下的总规模和总水平的数值,又称总量指标,在调查研究、编制计划、总结工作、分析经济活动时都要运用绝对数。相对数是把两个绝对数对比以后抽象出来的数字,即社会经济现象和发展过程中两个相互联系的指标数值的比率。例如计划完成的百分数就是用实际完成数与计划数对比之后计算出来的。二是要清楚数字分界。说明数量变化时,要把"增"与"增到"、"减"与"减到"、"以上、以下"的数字分界表述清楚。"增"或"减"后边的数字所表示的量,不包括原有数量,"增到"或"减到"后边的数字则包括原有数量。

财经应用文通常很少用模糊性语言,因模糊性语言用得太多会影响财经应用文对各种事物反映的准确性,也将影响财经应用文的具体操作,以致丧失财经应用文的功效,所以像"大概、大约、差不多、几乎、左右、以来、以后"等模糊词语在文中应尽量少用或不用。

(二) 要求

作为事务性语体的财经应用文,在语言表达上有以下四个方面的要求。

1. 准确

财经应用文具有很强的政策性和实践性,它要求语言必须准确:事实要准,不走样;数字要准,不估测;论断要准,不含糊。同时,还要注意分寸,表述周密;不用模棱两可的词语,避免错字、别字、漏字,讲究使用标点符号。

2. 简洁

财经应用文既要言之有物,又要简明扼要,用最少的话将内容说得清清楚楚、明明白白。清代散文大家刘大櫆在《论文偶记》中谈道:"文贵简。凡文笔老则简,意真则简,辞切则简,理当则简,味淡则简,气蕴则简,品贵则简,神远而含藏不尽则简,故简为文章尽境。"这就要求写作主体在运用语言时,要情真、意切、理当,扫除一切空泛浮华的套话、空话、大话,删去一切多余的字、词、句、段,尽量使字、词、句、篇简约化。

3. 朴实

财经应用文语言朴实是指文章要通俗易懂、朴实无华。如故作艰深、装腔作势,就会令人望而却步,影响行文效果。如梁代沈约曾有言:"文章当从三易:易见事,一也;易识字,二也;易读诵,三也。"这就强调写文章要大众化、通俗化,对于财经应用文切忌用半文半白语、用溢美之词、用晦涩之句,它追求文从字顺。如此,文章成果传播的范围就广,影响就大,领会内容就易,贯彻执行就畅。

4. 规范

财经应用文语言的规范是指行文必须符合国家有关规定。比如说:标点符号的用法,运用名称应注意的事项,运用时间和数字时应注意的事项,简化字的使用,缩写语和简称的注意事项,主题词的选用,以及有些专业文书写作的规定用语等,都必须统一按规定使用、照章办事,不得各行其是,以免造成混乱,贬损财经应用文写作的质量,影响它的具体功效。

思考与练习

一、填空题

1. 财经应用文写作是_____和_____交叉的一门边缘学科。
2. 财经应用文写作其自身独有的特点有_____、_____、_____、_____、_____、_____、_____、_____。
3. 财经应用文写作的思维要求主要包括_____、_____、_____和_____。
4. 财经应用文写作由_____、_____、_____和_____四个基本要素构成。
5. 财经应用文写作的过程中"思"的环节,它的关键是_____,它的过程是_____,它的方法是_____。
6. 财经应用文写作的文本要素主要包括_____、_____、_____和_____四要素。
7. 主旨,主要是解决_____的问题;材料,主要是解决_____的问题;结构,主要是解决_____的问题;语言,主要是解决_____的问题。

二、根据下列各个句子的意思,填写合适的字词。

1. (　　)法律监督职能,保证法律正确(　　)。
2. (　　)销售渠道,(　　)竞争能力。
3. 这篇审计报告,内容(　　)备,体式(　　)。
4. 上海制笔行业最近对全国铅笔市场的(　　)表明,上海生产的铅笔仍(　　),全国铅笔的需求已达(　　)状态,但部分地区和企业仍然在盲目发展,这一(　　)应引起有关部门的(　　)。

三、简答题

1. 应如何理解财经应用文写作的具体含义?
2. 程度思维在写作中的功能是什么?
3. 过程思维在写作中的功能是什么?
4. 写作主体的特点是什么?

四、对下列应用文句子表达上的优缺点进行说明,并对表达不准、不全的地方加以修改。

1. 余干县发出通知,表彰乡镇级小学教师。
2. 有些干部看书只看皮,看报只看题,红头文件看大意,其他锁在抽屉里。
3. 在地区与地区之间,尚存在生猪数量多寡不等的现象。
4. 经过调查,其中一半以上的智力出现衰退,而其中三分之一的智力衰退十分严重。
5. 在法庭宣告他无罪释放后,他的党籍、工作、生活等,均无人问津。

五、分析题

1. 结合一篇应用文,分析作者是如何运用构成性思维的。
2. 试对因果思维的梯度层次进行分析。
3. 财经应用文的语言属于事务性语体,试援用具体的材料,对其特色做分析。

第二章

党政机关公文

第一节 党政机关公文的概念和特点

一、党政机关公文的概念

公文即公务文书的简称,通常有广义和狭义之分。广义的公文是指党政机关、社会团体和企事业单位在处理公务时形成的文书。它包括所有的通用公文和专用公文。狭义的公文一般指行政机关公文。

二、党政机关公文的特点

党政机关公文具有以下四个特点。

(一)政治性

公文是管理国家、处理政务不可缺少的一种工具,具有传达贯彻党和国家的方针政策、处理公务的重要职能,同党和国家的政治经济密切相关,涉及全国人民的根本利益,具有鲜明的政治性。各级行政公文必须传达党和国家的方针政策,保证各项方针政策的实施。

(二)法定性

党政机关公文由法定机关制发,代表法定机关的意图,在法定机关的权限范围内具有法定的权威和约束力,因此法定性是其最显著的特点,具体表现在以下几个方面。

1. 法定的作者

公文的作者只限于依法成立并能以自己的名义行使权利和承担义务的组织及其法定的负责人。公文的草拟者不能视为公文的作者。

2. 法定的办理程序

发文办理包括草拟、审核、签发、复核、缮印、用印、登记、分发等程序;收文办理包括签收、登记、审核、拟办、承办、催办等程序。公文的形成和处理必须符合法定的职权范围和规定程序。

3. 法定的权威性

公文作者和办理程序的法定性,赋予了公文法定的权威和效力。公文一经正式发布,有关单位和个人必须遵守或执行。

(三) 规范性

党政机关公文是应用文中规范性很强的文体。《党政机关公文格式》以及《条例》对公文的种类、格式、行文规则、办理方法等做了严格的统一规定,任何制文机关不得乱造滥用。这种体式上的规范性,有助于迅速高效地制作公文,准确地传达发文机关意图,为公文处理科学化、规范化和现代化提供了基本条件。

(四) 时效性

党政机关公文是为完成某项工作或针对公务活动中某个具体问题而制定的,因而具有特定的效用性,有时简称为现行效用或时效。行政机关公文是应公务活动而制作,提出问题、意见,表明立场、态度,回答咨询、质疑,记载情况、精神等,都要及时、迅速、明确。它在现行工作中形成、使用,在特定的时间期限内具有效力。

第二节 党政机关公文的作用和种类

一、党政机关公文的作用

党政机关公文的基本作用是维系公务活动的正常开展。具体来说,党政机关公文有以下几个作用。

(一) 法规与准绳

党政机关公文是依法行政、依法管理的体现形式。法律、法令和法规规章都要通过公文(如命令)来发布,不少党政机关公文都有具体实施办法、行为规则,必须坚决执行和遵循,这些都是机关公文法规与准绳作用的体现。

(二) 领导与指导

公文是上级机关对下级机关进行领导与指导的重要工具,是机关开展公务活动的重要依据和行动纲要,"按红头文件办"的内涵也说明了此点。上级机关对下级机关发出通知、决定、批复等,布置工作,施行政措施,领导和指导下级。一般来讲,有行政隶属关系的上级公文对下级起具体领导作用,上级业务指导机关的公文则对下级职能机关起业务指导作用。

(三) 晓谕与宣传

晓谕作用具体表现为知照、启示作用,如公告、通告和通报。宣传作用系承袭公文法规与准绳作用、领导与指导作用而来。一些公文传达贯彻党和国家的方针政策,承载领导机关的意图和指示,本身就是宣传材料,是宣传教育的依据或纲领。一些批评性通报或惩处性决定,虽然公布行政处罚措施,也因其包含的期望意愿而起到教育和鉴戒作用。

（四）联系和沟通

公文是机关进行公务联系、情况交流的工具。所有机关公文，都是公务活动联系的手段，各种公文四通八达，党政机关才能政令畅通，从而实现行政管理的有序化、规范化。沟通是狭义的联系，公文的沟通作用主要表现在互通情报、交流经验、平衡关系、协调矛盾等方面，用作沟通的公文主要有通告、通报、报告、请示、批复、意见、函、纪要等。

（五）记载与凭证

公文是开展公务活动的依据，也是公务活动的真实记录。受文机关可以根据公文安排工作、制订措施，还可以根据已存档的公文了解以往的公务活动情况。这样，各项工作才能有据可查、有案可考。

公文的五个作用并非每份公文都完全具备，但一份公文必然具有其中的某些方面。

二、党政机关公文的种类

根据《条例》的规定，党政机关的公文有如下15种。

（一）决议

决议适用于会议讨论通过的重大决策事项。

（二）决定

决定适用于对重要事项或者重大行动作出安排，奖惩有关单位及人员，变更或者撤销下级机关不适当的决定事项。

决定具有指令性和约束性，它提出的规范和作出的安排都必须认真贯彻执行。决定可以由会议通过后发布，也可以由领导机关直接制定发布。

（三）命令（令）

命令（令）适用于：依照有关法律公布行政法规和规章（发布令）；宣布施行重大强制性行政措施（行政令）；嘉奖有关单位及人员（嘉奖令）。

根据《中华人民共和国宪法》，国家主席、人大常务委员会委员长、国务院总理、国家各部门、县以上各级人民政府有权发布命令，其他机关和人员（军事机关除外）不得发布命令。

（四）公报

公报适用于公布重要决定或者重大事项。

（五）公告

公告适用于向国内外宣布重要事项或者法定事项。

公告一般以国家名义发布，有时也授权新华社发布。因其发布级别高，内容又是国内外关注的重大事项,所以使用范围限制比较严格,表述也极其庄重;又因其需通过报纸、电台、电视台、网络等新闻媒介发布,所以具有一定的新闻性。

(六)通告

通告适用于公布社会各有关方面应当遵守或者周知的事项。

(七)意见

意见适用于对重要问题提出见解和处理办法。

意见作为行政公文文种,始于1996年印发的《中国共产党机关公文处理条例》,2001年1月1日起实施的《国家行政机关公文处理办法》增添了意见文种。从行文关系看,意见可作为上行文,上级机关对下级机关提交的意见视同请示性公文处理;意见可作为下行文,下级机关对上级发来的意见应遵照执行或参照执行;意见也可作为平行文,提出的看法供对方参考。

(八)通知

通知适用于批转下级机关的公文,转发上级机关和不相隶属机关的公文,传达要求下级机关办理和需要有关单位周知或者执行的事项,任免人员。

(九)通报

通报适用于表彰先进、批评错误、传达重要精神或者情况。

(十)报告

报告适用于向上级机关汇报工作、反映情况,答复上级机关的询问。

(十一)请示

请示适用于向上级机关请求指示、批准。

(十二)批复

批复适用于答复下级机关的请示事项。

(十三)议案

议案适用于各级人民政府按照法律程序向同级人民代表大会或人民代表大会常务委员会提请审议事项。

(十四)函

函适用于不相隶属机关之间商洽工作、询问和答复问题、请求批准和答复审批事项。

(十五)纪要

纪要适用于记载、传达会议情况和议定事项。

第三节　党政机关公文的格式及其标准

公文格式就是公文的外在表现形式,包括公文的各要素项目在文中的编排,也包括公文用纸、排版、字号、印刷和装订等方面的要求。2012年6月,国家质量监督检验检疫总局和国家标准化管理委员会(职责现整合组建和划入国家市场监督管理总局)正式发布了《党政机关公文格式》(GB/T 9704—2012),将我国的党政机关公文格式纳入国家标准体系。下面即以《条例》和《党政机关公文格式》为依据,对公文的格式要素组成和编排要求加以介绍。

公文的各要素划分为眉首、主体、版记三部分。置于公文首页红色分隔线以上的各要素统称眉首;置于公文首页红色分隔线(不含)以下至末页首条分隔线(不含)以上为主体;置于末页首条分隔线以下的各要素统称版记。

一、眉首

眉首又称文头、版头,位于文件首页上方,约占首页版面的1/3,包括公文份数序号、秘密等级和保密期限、紧急程度、发文机关标识、发文字号、签发人六要素。

(一)公文份数序号

公文份数序号是公文印制份数的顺序编号。序号一般用阿拉伯数码标识于公文版心的左上角第1行。"绝密""机密"公文应当标明份数序号。标识份数序号有利于公文的登记、分发和掌握其走向,便于更好地管理秘密等级较高的公文。

(二)秘密等级和保密期限

涉及国家秘密的公文应当标明秘密等级和保密期限。秘密等级分"绝密""机密""秘密"三级。秘密等级和保密期限用"★"隔开。

(三)紧急程度

按公文送达和办理的紧急程度,公文可分为"特急"和"加急"两种,紧急电报有"特提""特急""加急""平急"四种。紧急程度一般顶格标识在版心左上角。如需同时标识份号、秘密等级与紧急程度,秘密等级顶格标识在版心左上角第2行,紧急程度顶格标识在版心左上角第3行。

(四)发文机关标识

发文机关标识由发文机关全称或规范化简称后加"文件"组成,如"国务院文件""××人民政府文件""××大学文件"等,用套红大字居中印在公文首页上部,故公文俗称"红头文件"。对一些特定的公文(如函)可只标识发文机关全称或规范化简称。联合行文时应将主办机关名称排前,其他机关依次在下方整齐对应排列。"文件"二字置于发文机关名称右侧,上下居中排布,也可以单独用主办机关名称。

（五）发文字号

发文字号由发文机关代字、年份、发文顺序号组成，简称文号。如"国办发〔2021〕5号"。其中年份、顺序号用阿拉伯数码标识；年份应标全称，用六角括号"〔〕"括入；序号不编虚位，不加"第"字。

发文字号一般在发文机关标识下居中排布。在机关代字之后，可加上一个"发"或者"文""函"等字。命令只有顺序号，没有机关代字和年份，如"中华人民共和国主席令第68号"，其发文时间在落款中反映。

一份公文只有一个发文字号。几个机关联合发文，只标注主办机关的发文字号。

（六）签发人

上报的公文需标识签发人或会签人的姓名，平行排列于发文字号右侧。以本机关名义制发的上行文，由主要负责人或主持工作的负责人签发。如果有多个签发人，主办单位签发人姓名置于第1行，其他签发人姓名从第2行起在主办单位签发人姓名之下按发文机关顺序依次排列。

二、主体

公文主体通常由公文标题、主送机关、公文正文、附件说明、附件、成文时间、公文生效标识和附注等要素构成。

（一）公文标题

公文标题是对公文主要内容的概括及文种的标示，一般由发文机关名称、发文事由和公文种类三个基本要素组成。事由的概括要准确、简明。文种选择要恰当。公文标题中除法规、规章名称加书名号外，一般不用标点符号。如：《国务院关于东北地区振兴规划的批复》，"国务院"是发文机关名称，"东北地区振兴规划"是事由，"批复"是公文种类。发文事由前习惯加上介词"关于"。

根据文种特点和具体情况，也可省略其中一两个要素。如《关于加强工程咨询管理工作的通知》，由发文事由和文种组成，省略了发文机关。又如《国家税务总局公告》《中华人民共和国主席令》，由发文机关和文种组成，省略了事由。

（二）主送机关

主送机关是指公文的主要受理机关，负责办理或答复公文中的事项。置于标题之下正文之上，顶格书写，类似普通信件的抬头。上行文只能有一个主送机关。下行文如主送机关较多的，可采用概括性的统称。如："各省、自治区、直辖市人民政府，国务院各部委、各直属机构。"凡直达公众的公布性及法规性公文，如公告、命令（令）、通告等，一般不标明主送机关。

(三) 公文正文

正文是公文的核心部分。比较复杂的公文的正文都有开头、主体和结尾三部分。

1. 开头

常见的开头方式有以下几种。

(1) 目的式。常使用"为了……"或"为……"等词语写明发文的目的。如《国务院关于开展第一次全国经济普查的通知》的开头：

为适应经济和社会发展需要，并与国家编制五年计划更好衔接，推进国民经济核算与统计调查体系的综合配套改革……

(2) 根据式。开头先写明行文所依据的方针、政策、法规或事项，以增强公文的权威性和说服力，常用介词"根据""遵照""按照""依照"领起。如《财政部关于完善省以下财政部管理体制有关问题的意见》的开头：

根据《国务院关于印发所得税收入分享改革方案的通知》(国发〔2001〕37号)要求，各省、自治区、直辖市和计划单列市人民政府要结合所得税收入分享改革，完善所属市、县的财政管理体制……

(3) 缘由式。通过介绍情况、提出问题或明确意义，使受文者了解行文的缘由。如《教育部关于进一步加强高等学校学生公寓管理的若干意见》的开头：

近两年来，随着高等学校后勤社会化改革的迅速推进，各高等学校对原有的校内学生公寓采用了新的管理模式；各地、各高等学校积极利用社会资金，通过各种渠道，运用社会化的办法，在校外建设了一批由一所或几所高等学校共同使用的学生公寓。较大地改善了学生的生活和学习条件，受到了高等学校师生的普遍欢迎。但在对学生公寓的管理方面，逐渐暴露出一些新的矛盾和问题，必须引起高度重视，认真加以解决。

(4) 转发式。各级机关批转下级公文或转发公文，已经形成相对固定的格式。

前者如《国务院批转财政部关于完善省以下财政管理体制有关问题的意见的通知》的开头：

国务院同意财政部《关于完善省以下财政管理体制有关问题的意见》，现转发给你们，请认真贯彻执行。

后者如以下格式：

现将《××局关于……的通知》转发给你们，请认真贯彻执行。

(5) 直陈式。公文开篇不陈述任何理由，也不交代背景，而是直截了当地把事项写出来。如《国务院关于修改〈中华人民共和国专利法实施细则〉的决定》的开头：

国务院决定对《中华人民共和国专利法实施细则》做如下修改……

以上五种开头方式是公文的基本开头方式。其他开头方式均可从这五种基本方式中演化出来或归入这五种方式。

2. 主体

主体是正文的核心，是表达公文基本内容的部分。内容充实、中心突出、表意明确、条理清楚是对所有主体部分的写作要求。

3. 结尾

常见的结尾有以下几种。

（1）说明式。对有关事项做进一步交代，以利于执行。如"本通告自公布之日起生效""凡与本指示的规定不一致的，今后以本指示规定为准"等。

（2）祈请式。在报告、请示等上行文中，常用"妥否，请批复""以上意见，如无不妥，请批转各地贯彻执行"等祈请语结束。

（3）期望式。在下行文结尾中常提出要求和希望，敦促受文者及时办理，如"以上各点，望遵照办理""以上规定，望遵照执行"等。还有一些结尾，文字略长，常用"为……作出贡献""为实现……而奋斗"等号召性词语结尾，也属于期望式结尾一类。

行文简洁，收束有力，是对所有公文正文结尾的要求，也有一些公文自然收束，不加结尾。

（四）附件说明

附件说明是指公文附件的顺序号和名称。如有附件，"附件"两字在主件正文下空1行左空2字标识。公文只有一个附件，只需标注其名称，不标序号。如有两个或两个以上的附件，则应使用阿拉伯数码标明序号（如"附件：1.××××××"）。附件名称后不加标点符号。

（五）附件

附在主件之后，对主件起补充、说明作用的文字或材料叫作附件。它主要包括：随文转发或报送的文件，随文颁发的规章、制度、报表、名单等。公文列入了附件，则附件与公文具有同等的效力。

公文如有附件应当另面编排，并在版记之前，与公文正文一起装订。

（六）成文时间

成文时间，一般来说也是公文的生效时间，原则上应以签发人签发的日期为准，联合行文以最后签发人的签发日期为准，电报以发出日期为准，会议通过的文件以会议通过的日期为准。成文时间大多数写在公文正文右下角，用阿拉伯数字表达；决定、通告、纪要等公文则写在公文标题之下，用括号标注。

（七）公文生效标识

公文生效标识是公文生效的凭证，具体表现为加盖印章。单一机关制发的公文在落款处不署发文机关名称，只标识成文时间，并在成文时间右空4字居中，端正地加盖发文机关印章。联合行文需加盖3个以上印章时，应将各发文机关名称（可用简称）排在发文时间和正文之间。以机关领导个人名义落款，要在姓名前冠以职务，并加盖领导人印章。

（八）附注

附注是指对公文的传达范围、使用注意事项等情况的说明。如有的公文需注明发至哪一级,有的公文需注明可否张贴或登报。附注居左空2字加圆括号标识在成文时间的下一行。

三、版记

公文的版记部分通常由抄送机关、印发机关和印发时间等要素构成。

(一)抄送机关

抄送机关指除主送机关外需要执行或知晓公文的其他机关,应当使用全称或者规范化简称、统称。抄送要从实际需要出发,不能乱抄乱送。抄送应在主题词的下一行、左空1字标识。

(二)印发机关

印发机关是指具体主办、制发公文的部门,一般是发文机关的办公室或秘书室。它应在抄送机关之下(无抄送机关则在主题词之下)、左空1字标识。

(三)印发时间

印发时间以公文付印的日期为准,用阿拉伯数码标识,与印发机关同居一行位置,右空1字。

以上是按眉首、主体、版记顺序排列的行政机关公文的主要构成要素。限于篇幅,本章主要介绍了公文要素标识的一般标准,一些公文的特定格式(信函式格式、命令格式、纪要格式)及公文用纸、排版、装订、表格等格式标准就不一一介绍。

第四节 党政机关公文的行文

党政机关公文的行文指公文处理过程中各机关以本机关名义拟制公文向受文机关运行的环节。行文对拟制公文而言,关涉文种选择、内容取舍及用语分寸等;对公文运行工作而言,关涉发文受文机关的形象及工作效率,影响到公文事项能否顺利办理。公文在行文过程中必须依据正确的行文关系,遵守必要的行文规则。

一、行文关系

行文关系是机关单位之间的组织关系和业务关系在公文运行中的体现。行文关系主要有以下四种类型。

(1)领导与被领导关系:同一组织系统中的上、下级机关之间形成的行政隶属关系。如国务院与国务院各部委及各省、自治区、直辖市人民政府,在行文上构成有隶属关系的上行文和下行文的关系。

(2)指导与被指导关系:同一组织系统中的上级业务主管部门与下级业务主管部门之间业务指导关系。如财政部与各省财政厅,在行文上构成指导与被指导的上行文和下行文的关系。

（3）平级关系：同一组织系统中同级机关或部门之间形成的关系。如省人民政府所属各厅、局之间构成平行的行文关系。

（4）不相隶属关系：非同一组织系统的任何机关或部门之间形成的关系。如某省党委与某县政府之间。

二、行文方向

行文关系决定行文方向。行文方向是以发文机关为立足点向不同机关运行的去向，一般分为以下三种。

（1）上行，指公文向上级机关单位运行。行政公文的上行文主要有报告和请示。

（2）下行，指公文向下级机关单位运行。如命令、决定、通知、通报、批复等。

（3）平行，指公文向同级或不相隶属的机关单位运行。如函、议案等。

三、行文方式

行文方式指行文的方法和形式。根据行文方向和实际工作需要，行文方式可以从不同的角度划分。

（一）按行文对象的隶属关系划分

（1）逐级行文：向直接上级或者直接下级行文，是上行文和下行文的基本、常用的行文方式。

（2）越级行文：越过自己的直接上级或直接下级行文。越级行文主要在上行文中使用。只有在规定的特殊情况下，下级机关才能采取越级行文方式。

（3）多级行文：向直接上级并呈非直接上级或者向直接下级并转非直接下级的行文。其主要在下行文中使用，如国务院的文件直接发至县团级。

（4）普发行文：向所属各机关及其部门、单位一次性行文，主送机关使用泛称。

（5）通行行文：向隶属机关和非隶属机关以及社会群体一次性泛向行文。

（二）按行文对象主次划分

（1）主送。与行文内容关系最密切、要负责处理回复或贯彻执行的机关，应定为主送机关。

（2）抄送。与行文内容关系不十分密切，但需了解行文内容，不负责处理或贯彻执行的机关，应列为抄送机关。

（三）按发文机关划分

（1）单独行文。单独行文指公文只有一个制发机关。一般情况下，公文都采用单独行文的方式。

（2）联合行文。联合行文指公文由两个或两个以上的机关或部门共同行文。

四、行文规则

行文规则是公文制发和运行中的具体规定或准则。遵守行文规则,有利于保证公文的有序运转,提高行政工作效率,发挥公文的法定效用。

(一)确有必要,注重效用

《条例》第十三条规定,行文应当确有必要,讲求实效,注重针对性和可操作性。机关行文要牢牢把握精简原则,发文要坚持尽可能少,避免文牍主义。在精简的基础上讲求高效,即及时、准确、安全地拟文、行文,最大限度地发挥公文在公务活动中的实质作用。

(二)根据隶属关系和职权范围行文

机关行文关系根据隶属关系和职权范围来确定。隶属关系指本级机关在其组织系统中与上级机关的被管辖关系,与下级机关的管辖关系,是确定行文方向和选择文种的重要依据。

(三)联合行文规则

可以联合行文的机构为:同级政府;同级政府各部门;上级政府部门与下一级政府;政府与同级党委和军队机关;政府部门与相应的党组织和军队机关;政府部门与同级人民团体和具有行政职能的事业单位。

联合行文应当确有必要,行文的机关或部门必须同级。联合行文应该明确主办部门,并协商一致。

(四)主送与抄送规则

关于主送:下行文根据需要可以主送多个机关。上行文只能主送一个机关,不能多头主送。请示一般只写一个主送机关,需要同时送其他机关的,应用抄送形式;受双重领导的机关应根据公文内容写明主送机关和抄送机关;除上级机关负责人直接交办的事项外,不得以机关名义向上级机关负责人报送"请示""意见"或"报告"。

关于抄送:向下级机关的重要行文,应同时抄送直接上级机关;上级机关向受双重领导的下级机关行文,必要时应抄送其另一上级机关;下级机关因特殊情况必须越级请示,应抄送被越过的上级机关;上级机关越级向下级机关行文时,可抄送受文机关的直接上级。

不应抄送的情况为:请示不得抄送下级机关;与公文办理无关的单位不必抄送;接受抄送的机关不必向其他机关转抄、转送。

(五)请示的行文规则

(1)一文一事。请示要求一事一请,内容单一明确。
(2)单头请示。请示只能主送一个上级机关,不能多头主送。如果需要,可以抄送有关机关。除领导直接交办的事项外,请示一般不直接送领导个人。

(3) 不越级请示。请示一般不能越级,如因特殊情况或紧急事项必须越级请示,要同时抄送越过的直接上级机关。

(4) 不得抄送下级机关。请示行文时不得同时抄送给下级机关。

(5) 报告中不得夹带请示事项。

第五节　党政机关公文的语体特点

语体是因不同语境限制而形成的使用语言的风格特点的综合体系。党政机关公文语体特点既是公文外在表现特征,又是公文写作时应该遵循的规范。党政机关公文以其特有的政策性、法定性、严重性、实用性区别于其他文种,在语言表达上主要有准确、平实、庄重、简洁的特点。

一、准确

《条例》明确规定草拟公文要直述不曲、表述准确、字词规范、标点正确。表述准确牵涉问题较多,与公文语言表述有着直接的关系。公文用语是否准确,从某种意义上看是公文质量高低、价值大小的一个重要衡量标准。

(一) 用词准确,表意周密

1. 恰当地选用近义词

近义词的恰当选用能将词语间的细微差别揭示出来,同时也能丰富公文的表达体系,使公文达到准确而典雅的高境界。请看下例:

社会中的腐败思想会腐蚀我们的干部队伍,损害我们党、政府、军队的肌体和国家的信誉,毒化人们的思想,污染社会风气,破坏经济建设……

上例中"腐蚀""损害""毒化""污染""破坏"5个动词用得恰到好处。从大意来看,5个词在语句中有"破坏"的意义,但拟稿者巧妙置换词句,从不同角度说明经济领域中严重犯罪的恶果,认识全面,表述周密。

2. 避免使用歧义词语

公文写作中要避免使用歧义词语,因为一旦理解上产生歧义,公文的权威性和法定性就无法实现。要避免产生歧义,一是所用词的内涵同要表达的意图应完全一致;二是对词的外延要做明确而恰当的限制,使表述无懈可击。

3. 用词褒贬得当

褒贬得当指赞扬或贬斥某一行为时,词语的情感色彩与要褒贬的内容相对应。褒义词贬用,贬义词褒用,褒贬与事实在程度上有差异,都属于褒贬失当,损害公文意思的准确表述。

(二) 句式严密,表意清晰

1. 大量使用介宾结构

公文中介宾结构运用频率很高。它们在公文语句中一般做状语、定语,从目的、范围、对象、依据、手段、方式等各方面对被表达对象和内容进行修饰、限定,从而使表意精确和严密。

2. 合理使用复句和复杂的单句

公文陈述政策、法令、法规、指示等必须准确无误,各种判断、推理所引出的论断、结论都持之有据、合乎逻辑,这表现在用词造句上就需要多使用复句和复杂的单句。单句表达趋于复杂化,即修饰限制性附加成分——定语和状语被扩大化与复杂化。例如:

禁止在天安门广场进行任何形式的有损国家声誉、扰乱公共秩序、妨害公共安全、有碍市容观瞻的一切活动。

上述句子"活动"前有多个定语,从而限定了被禁止活动的形式和内容的范围,使公文具有明确的内涵,强化了操作性。复句使用在公文中俯拾皆是,因为复句表意周密、容量大,能有效地界定概念,完整地反映判断推理的过程,从而将事情和事理叙述得具体而严密。

3. 有时使用插入语

插入语可用于句子的首、中、尾各部分,起到注释、列举和强调的作用,能增强表意的明确性。例如:

各级各类学校特别是中小学、师范院校要继续把说好普通话、写好规范字、提高语言文字能力作为素质教育的重要内容。

这里"特别是中小学、师范院校"一句即为插入语,起强调作用,以引起受文者的关注和重视。

(三)讲究逻辑,布局严谨

文句准确是公文表意周全的基本保证。公文表述严谨,特别讲究逻辑,要求交代清楚、说理透彻、布局紧凑。公文层次间逻辑关系十分紧密,层次与层次之间体现出事物的内在联系,如总分关系、并列关系、递进关系、点面关系、因果关系、主次关系、正反关系等。严谨布局,整体表述才更准确,也易于形成公文庄重的风格。

二、平实

公文写作务实,着力点放在陈述情况、说明问题和讲清道理上。公文信息传递要明白易懂,语言表达就形成朴实、平易、通俗的特点。

(一)用语朴实,词义通俗

公文平实,首先表现在语言朴素。具有象征、比喻、比拟、夸张等形象色彩、描写作用及主观情调的词语,一般少用或不用。尽可能采用常见的字词,不用生僻字词,以免造成阅读的障碍。

(二)少用描绘,直陈其事

1. 少用或不用描绘手段

郭沫若说过:"写文章要老实一点,朴素一点,看到什么,想到什么,就写什么,要使文章生动,我想少用形容词是一个秘诀。老实一点,是做到准确的好办法。不一定要苦心孤诣地去修辞。"此话对公文写作很有借鉴作用。公文刻意抒写、着力描绘,其结果是华而不实、弄巧成拙。

2. 多使用陈述句和肯定句

陈述句直陈其事,语意直接、简明,易于读者理解,所以在公文中被大量使用。肯定句的使用由公文的权威性和法规性等特点所决定。公文语气肯定,行文利落,有助于形成公文文风朴实、发令权威、处事果断的风格。

三、庄重

公文是规范和准绳,公文语言必须具有庄重的风格。

(一)使用规范化的书面语言

公文书面语言要求具有严肃、简洁、庄重的特征。使用规范化的书面语言,一方面要求草拟公文时慎用方言、外来词语、行话,杜绝乱改词和生造词语,主要使用普通话的语汇,坚持字、词的规范化,不使用不规范或有歧义的简称;另一方面要求名称、时间、标点、数字等书写规范。

这些是公文庄重性的重要表现。例如,对名称的使用,一般是同一文中前后一致、提法规范。如果需用简称,则要用习惯化简称。标注时间一般不用简写,而且要用公历,一般用阿拉伯数字;特殊情况下用中国干支纪年。

(二)适当运用文言词语和句法

适当运用文言词语和句法,既有助于公文简洁、凝练,又能增强庄重、典雅的公文色彩。如毛泽东1941年1月20日因皖南事变而拟写的《中国共产党中央革命军事委员会命令》中的一段:"国民革命军新编第四军抗战有功,驰名中外。军长叶挺,领导抗敌,卓著勋劳;此次奉令北移,突被亲日派阴谋袭击,力竭负伤,陷身囹圄。"文中使用一些文言词语和句法,使句式简洁、情感凝重。

公文常用的一些文言句式,使意思表达重点突出、要言不烦,从而形成简明扼要、严肃典雅的行文风格。如公文中常用"值此……之际""请予……为荷""希即……为要"等,表意简练,风格凝重,易于为人接受。

(三)大量采用专用词语

长期的公文写作实践,形成了一套相对稳定的专业词语,反映了公文的行文关系和工作程序。写作时,根据文种需要酌情选用,使公文庄重严肃。例如:经办用语"经""业经";开头用语"根据""为了""由于";引叙用语"今接""前接""收悉";综合用语"为此""据此";祈请用语"请""望""希";称谓用语"本(局)""贵(厅)";表态用语"应""应予";拟答用语"同意""按照执行";征询用语"是否妥当""意见如何";祈复用语"请批示""请批复";批转用语"转发""核阅";结束用语"为感""特此通知";等等。这些专用词语在长期运用过程中已定型化和规范化,不允许随意用其他同义词替代,已成为人们传递信息的习惯用语,能很好地反映公文内容和行文关系的特点。

四、简洁

公文是办事的依据,炼字惜墨如金,用词反复斟酌,为求以精少的文字表达尽可能多的内容,用语简洁有力,风格洗练明快。

(一)词语简略

1. 大量使用缩略语

缩略语把一些必要信息压缩成简短的语言,符合效率原则,在公文中广泛运用。如"人大"指"人民代表大会","清华"指"清华大学","赣"代表"江西"。

缩略语的使用应注意以下几点:①约定俗成;②不能引起歧义;③不能生造或硬造;④要合情合理,合乎读者心理习惯,情调自然,容易上口;⑤法规性强的公文应尽量少用。

2. 适当使用文言词汇

文言词汇往往具有言简意赅的特点,特别是已经成为公文习惯用语的文言词汇,在公文中适当使用,可使语意简明扼要、内涵丰富。

(二)句式简洁

1. 句式简练

公文大量使用成分共用句,既简省词语,又紧凑练达。如:建立和完善有关语言文字工作的体系。此句共用宾语。

公文还使用省略法,将不言自明或常识性的词语、成分或句子省去,但并不影响整句意义的完整和周密,反而使文句精练。公文多采用无主句,省略不言而明的主语。一些特殊句式和表述也体现了句式简洁。如:"凡……者,须遵守以下规定""通告如下"等。

2. 内容单一,纲目分明

内容单一指主题单一、集中,重点突出。大多数公文文种都要求一文一事,在表述上,公文常采用开宗明义的写法,将行文目的、依据和要求等直截了当地提出。文中部分如内容较复杂,常采用分条列项写法,或用概括性的小标题,以使公文纲目清楚,这也成为公文明确性和简洁性的一个标志。

第六节 几种常用公文的写作

一、通告

通告具有法规性、政策性、广知性的特点。各级行政机关、团体、企事业单位都可发布通告。

(一)通告的种类

(1)法规性通告:国家政府职能部门根据有关法律、规定制定的强制性行政法规。

(2) 知照性通告：政府机关或企事业单位告知公众某种事项或要求被通告者办理一些例行事项的通告。

（二）通告的写作

1. 标题

通告的标题，可由发文机关、事由、文种三部分构成，如《国务院关于保障民用航空安全的通告》。有时还可使用省去发文机关或事由的省略式标题，如《中华人民共和国公安部通告》。还有的通告标题只有文种"通告"两字。

2. 正文

通告正文一般由通告的缘由、通告事项和结尾构成。缘由阐明发布通告的目的、依据或意义，要求简单明了。缘由的后面常用承启用语"现通告如下""特作如下通告"。通告事项写明具体的规定和要求等，多数分条列项写，要求具体明确，注意内容的条理性和表意的严密性。结尾或提出要求，或指明执行时间等，一般以"特此通告"收束。

通告一般不需写出受文机关和读者对象。

二、通知

通知对发文机关没有任何限定，适用范围广，是各级机关单位使用最普遍的文种之一。

（一）通知的种类

1. 批转、转发性通知

批转性通知用于批准并转发下级机关的公文。转发性通知用于转发上级机关、平级机关和不相隶属机关的公文。被批转或转发的公文成为通知的附件。

2. 发布性通知

发布性通知是指用于发布（印发、下达）条例、办法等行政法规和其他重要的文件。

3. 指示性通知

指示性通知可用于对下级布置有关工作、传达上级指示和安排，让下级机关办理或执行。

4. 知照性通知

知照性通知可分为三种：①会议通知，用于通知召开会议的有关事项。如：《××市工商银行关于召开会计决算编审工作会议的通知》。②一般事务通知，用于向下属告知需要周知的一般性事项。如机构的设置、变更与撤销、印章启用与废除、节假日安排等。③任免通知，用于任免和聘用干部或下达任免事项。如《××局关于×××等同志职务任免的通知》。

（二）通知的写作

1. 标题

通知的标题，一般由发文机关、事由和文种三部分构成。事由是通知主要内容的准确、简要概括，可在文种前加上"重要""紧急""联合""补充"等词语。通知还可采用省去发文机关或事由的省略式标题。

2. 正文

通知种类不同,正文写法也有差别。

(1) 批转、转发性通知。正文一般由批转、转发的内容和执行要求两部分组成。批转性通知要写明批转机关名称和态度,再加被批转公文的发文机关名称和标题,然后提出简要的执行要求。转发性通知直接写被转发公文的机关名称和标题,然后提出执行的要求。有的通知还对转发公文内容进一步阐发,强调所涉及问题的重要意义,提出执行的具体措施和要求。

(2) 发布性通知。发布性通知与转发性通知的写法类似。

(3) 指示性通知。正文一般由发文的缘由或目的、通知的具体事项和执行要求三部分组成。开头部分写发通知的意义或存在的问题,有的写通知的依据和任务。常用"现就有关事项(问题)通知如下""特通知如下"等承启语引出下文。中间部分一般分项写通知内容,如处理问题的原则、方法及具体措施,布置工作的内容、要求、标准等,内容要写得明确具体、条理清晰、切实可行。结尾部分写贯彻落实事项的要求和希望,可作为通知事项的最后一项,列项写出执行的具体要求,或以"特此通知,望认真贯彻执行"等常用结束语收束。

(4) 知照性通知。正文一般比较简单。开头简要说明通知的目的或依据,然后简明交代告知的有关事项。会议通知的内容一般包括会议名称、会议内容、起止时间、会议地点、参加人员、报到事宜及有关要求等。

三、通报

通报通过将典型事例、重要的工作情况予以及时发布,发挥教育引导作用。

(一) 通报的种类

(1) 表扬性通报:用于表彰先进集体、先进个人,介绍先进经验,以宣传典型、推广经验。如《江西省公安厅关于好民警邱娥国先进事迹的通报》。

(2) 批评性通报:用于批评错误或不良倾向,通报事故,以吸取教训,引以为戒。如《国务院办公厅关于××部分市(县)乱集资乱收费问题的通报》。

(3) 情况通报:用于传达重要精神或情况,以便上情下达,协调工作。如《关于全国干线公路养护与管理工作检查情况的通报》。

(二) 通报的写作

通报正文一般有以下内容:①通报事实。这是通报的原因和依据,要交代通报当事人姓名、单位、事件发生的时间、经过、结果等。②分析与评价。从事实出发适当予以评论分析,指出重要意义或严重后果,揭示本质性问题。③通报决定。提出对被通报者的表彰或惩处办法。④提出希望要求。或写学习先进,再创佳绩;或写引以为戒,防止类似事件发生;或提具体意见,指导今后工作。

通报写作内容要准确无误,通报事件或问题应具有典型性。因此,通报叙述情况要客观,分析问题要实事求是,评判定性要慎重、准确。发现情况要及时通报,充分发挥通报的教育引导作用。

四、报告

报告有利于上级机关了解掌握下级机关的工作及其他情况。

(一)报告的种类

报告按内容和性质可分为以下三种。
(1)工作报告:用于向上级机关报告本单位工作进展情况、存在的问题和主要的经验。
(2)情况报告:用于向上级机关反映重要情况、突发的重大事故或问题。
(3)答复性报告:用于答复上级机关的询问或回复上级的批办件。

(二)报告的写作

工作报告的正文重在汇报工作。开头概述工作开展总的情况,然后用"现将××情况汇报(报告)如下"一类过渡语引出主体部分。主体是报告的核心,陈述具体情况,如工作进展情况、成绩和经验、问题与不足、意见或打算等。

情况报告的正文一般包括情况或问题发生的原因、经过、情况分析、处理意见和建议等。情况概述应实事求是,分析应客观具体,建议应切实可行。

答复性报告一般先交代写作缘由,即写明针对上级提出的什么问题或询问的事项,再具体作答。

报告结尾常用"特此报告""专此报告""请审阅"等词。

报告写作要中心明确、内容可靠、针对性强、叙述简明,不能夹带请示事项。

五、请示

(一)请示的种类

(1)请求指示的请示:下级机关在工作中遇到无章可循的新情况、新问题时,请求上级指示;对有关方针、政策和上级机关发布的规定、指示有疑问,需要上级机关给予解答。如《××省财政厅关于〈会计人员职权条例〉中"总会计师"是行政职务或是技术职称的请示》。

(2)请求批准的请示:为增设机构,增加编制,上项目,要资金、设备等而请求上级机关审核、批准的请示。如《关于请求追加我省自然灾害救济款的请示》。

(3)请求批转的请示:政府职能部门提出相关问题的处理意见和办法,却无权直接要求平级机关和不相隶属机关照办,可用请示的方式要求上级机关审定批转给有关部门执行。

(二)请示的写作

1. 标题

请示的标题由发文机关、事由和文种三部分构成。其中发文机关可以省略,事由部分一般不能省略。事由概括时一般不应出现"申请""请求"之类词语,避免与"请示"之意重复。

2. 正文

请示的正文一般由请示缘由、请示事项和请示结尾三部分组成。

请示缘由即请示事项的背景、原因和依据,应写得充分、具体、合理、清楚。

请示事项即请求上级机关指示、批准、帮助解决的具体事项。请示事项要明确具体,切忌模棱两可,让上级难以答复。

请示结尾通常以征询期复性的结语结尾,如"妥否,请批复""当否,请批复""以上意见当否,请批复""以上请示如无不妥,请批转有关部门执行"等。

六、批复

批复是与请示相对应的下行文。

(一)批复的种类

批复按内容性质主要有同意性批复、否定性批复和解答性批复三种。

(二)批复的写作

1. 标题

批复的标题常见的形式有如下两种。

(1)三项式:由发文机关、事由、文种三部分组成,如《国务院关于东北地区振兴规划的批复》。在标题的事由一项中,可以明确表示对请示事件的意见和态度,也可在文种前加上"给"请示机关的字样。

(2)省略式:省略发文机关,标题由事由加文种组成,如《关于××乡人民政府申报兴建工业园问题的批复》。其中事由部分不能省略。

2. 正文

批复的正文一般包括批复依据和批复意见两部分。

批复依据先引叙对方来文(包括对方来文日期、标题和文号)并以"收悉"两字结束。如:"你局《关于××××的请示》(×局〔2021〕1号)收悉"。接着用过渡语"现批复如下"引出批复意见。

批复意见是对请示事项表明态度,作出明确答复。同意性批复较简单,一般只需表示同意。否定性批复一般需阐述不同意的理由。解答性批复根据情况做具体的解答,内容可繁可简;有的批复在答复后还提希望和要求。结尾为"特此批复"等语。

批复的写作要态度明确、语气肯定、言简意赅。

七、函

函的使用范围广,行文灵活简便。

(一)函的种类

(1)按性质,函可分为公函、便函。

(2) 按行文方向,函可分为发函(也称去函)、复函。

(3) 按内容和作用,函可分为以下几种。

① 商洽函:用于不相隶属机关之间商洽工作,如商调人员、洽谈业务等。

② 询问函:去函的一种,用于向有关部门询问具体问题。

③ 请批函:用于无隶属关系的机关向业务主管部门请求批准某一事项。

④ 答复函:复函的一种,用于回复机关收到的商洽函、询问函、请批函。

⑤ 告知函:去函的一种,用于告知受文机关或单位某项具体事宜,不需要对方回复。

(二) 函的写作

1. 标题

(1) 三项式:标题由发文机关、事由和文种三部分组成,如《××公司关于选派技术人员进修的函》。

(2) 省略式:省略发文机关或事由,如《关于征求对加快道路运输发展的若干政策意见的函》。

2. 正文

函的正文一般包括缘由、事项和结语三部分。开头交代函的目的、根据或原因等。复函应说明来函收悉情况,先引用对方来函的标题或发文字号或发文日期,如"你单位××年×月×日函悉"。主体提出商洽、请求、询问或答复请批的具体事项。要写得具体明确、条理清楚、直陈其事。结尾根据不同情况可用"请予函复""特此函告""特此函复""此复"等语。

3. 写作要求

函要求一事一文,内容单一集中,不枝不蔓。用语简洁明快、恳切实在。语气应力求平和,谦恭有礼。要摒弃不必要的客套、无须讲的道理、空洞的套话。

八、纪要

纪要对大型或重要会议的基本情况、讨论的事项和决议加以综合概括与反映,以达到通报会议精神、统一认识、指导工作的目的。

(一) 纪要的种类

按会议的内容与方式,纪要主要分为办公会议纪要、工作会议纪要和座谈会议纪要等。按会议的性质和作用,纪要可分为决议型会议纪要和情况型会议纪要。

(二) 纪要的写作

1. 标题

纪要的标题常见的有以下两种。

(1) 单行标题:一般由会议名称或议题加文种组成,如《省科技创新工程领导小组第二次会议纪要》。

(2) 双行标题:正题概括会议的主要内容或精神,副题补充说明会议名称等情况,如《探讨新时代文学的发展——中国当代文学研究会学术讨论会纪要》。

2. 正文

纪要正文一般分为开头、主体和结尾三部分。

(1) 开头是总述，概述会议基本情况，包括会议召开的时间、地点、参加人员、会议议题等，有的写上会议的背景、依据、目的和意义等。

(2) 主体是分述会议的主要精神，内容主要包括会议议定的事项、提出的要求等。通常可采用综合式、条项式和摘要式等结构形式。层次段落的开头常使用习惯用语，如"会议认为""会议强调""会议要求""会议同意""会议号召"等。

(3) 结尾一般写落实纪要的措施，提出希望，发出号召。

纪要写作时要将会议内容分门别类地整理，集中会议讨论的实质意见和主要精神，使之系统化、条理化和理论化，重点、要点突出。

第七节　阅读与评析

[例文一]

南昌市人民政府关于机关事业单位和城乡居民社会保险费交由税务部门征收的公告

政府便函〔2018〕139号

根据国税地税征管体制改革相关部署，自2019年1月1日起，南昌市行政区域内机关事业单位缴纳的社会保险费和城乡居民基本养老保险、城乡居民基本医疗保险交由税务部门征收。现将有关事项公告如下：

一、机关事业单位应于每月25日前，向税务部门申报缴纳社会保险费。其中，个人缴费部分，由用人单位根据社会保险费政策规定代扣代缴，并在规定时限内向税务机关缴纳。

二、城乡居民基本养老保险和城乡居民基本医疗保险交由税务部门征收后，原则上维持原有缴费方式和银行、社区、村组、学校等单位代收渠道不变。各级税务部门要进一步优化缴费服务，提升缴费人缴费体验，逐步为缴费人提供"实体、网上、掌上、自助"等多元化缴费渠道，并及时向社会公告。

三、跨年度缴纳的城乡居民基本医疗保险，自2019年4月1日起交由税务部门征收。

2018年12月27日

【评析】　这是一篇发布性公告。发布的内容是税务部门向机关事业单位居民征收社会保险费。公告的标题采用发文机关加文种的方式，正文直述公告的缘由目的、公告对象，然后作出简明的事项说明。此类公告往往内容单一，表述简明而庄重。

[例文二]

南昌市人民政府关于2018年度南昌市市长质量奖和提名奖授奖的决定

洪府发〔2019〕21号

各县(区)人民政府、开发区(新区)管委会，市政府各部门：

为深入实施质量强市、名牌兴企战略，引导激励各类组织加强质量建设，弘扬工匠精神，经申报推荐、组织评审、征求意见、社会公示等程序,市政府决定:授予江西联创光电科技股份有限公司、益海嘉里(南昌)粮油食品有限公司"2018年度南昌市市长质量奖";授予中至数据集团股份有限公司、江西林恩茶业有限公司"2018年度南昌市市长质量奖提名奖"。

希望受表彰的组织(企业)珍惜荣誉、再接再厉,继续探索创新先进的质量管理经验、方法和模式,发挥好示范引领作用,在新的起点上再创佳绩。全市各行各业和各类组织要以先进为标杆、优秀为榜样,发挥跟、追、赶、超精神,坚持质量第一,切实履行质量主体责任,加强质量品牌建设,不断提高质量发展水平,为决胜全面建成小康社会,建设富裕美丽幸福江西"南昌样板"作出新的更大贡献。

各县(区)、开发区(新区)、各部门要坚持以习近平新时代中国特色社会主义思想为指导,深入贯彻落实习近平总书记视察江西时重要讲话精神,全力做好"资源整合、功能融合、力量协同"三篇文章,大力实施质量强市战略,加快推进高质量跨越式发展,奋力谱写新时代南昌发展新篇章。

2019年7月3日

【评析】 这是一篇告知性决定。决定的标题之下标注了文号。正文先简要写明决定缘由,然后写出决定事项,提出希望,发出号召。全文结构完整、层次清晰。

[例文三]

南昌市人民政府关于对活禽经营市场实行暂时休市的通告
政府便函〔2017〕50号

为进一步加强全市人感染H7N9疫情的防控工作,根据《中华人民共和国传染病防治法》《中华人民共和国突发事件应对法》《突发公共卫生事件应急条例》等相关法规和江西省关于加强人感染H7N9禽流感防控工作的要求,决定对全市所有活禽经营市场实行暂时休市。现将有关事项通告如下:

一、休市范围:全市范围内所有活禽经营场所。

二、休市时间:2017年2月22日至3月7日,共14天。

三、休市要求:市场举办者和经营者必须严格遵守本通告规定,坚决禁止任何活禽进入市场,清空存栏,切实做好市场的彻底清洁、消毒工作。

特此通告

2017年2月20日

【评析】 这是一篇知照性通告。标题采用了三要素齐全的完整式标题。正文第一段简要写明了通告的依据,第二段点明了通告事项和通告的要求,并以"特此通告"结尾。本文内容明了、要求明确、语气肯定、便于执行。

[例文四]

南昌市人民政府关于表扬南昌市2017—2018年度
无偿献血先进单位和先进个人的通报
洪府字〔2019〕24号

各县(区)人民政府,各开发区(新区)管委会,市政府各部门:

2017年以来,在市委市政府领导的正确领导下,在社会各界的大力支持下,我市无偿献血事业得到了较快发展，涌现出一大批积极参与、关心支持无偿献血事业的先进单位和先进个人。为激励全社会积极参与无偿献血公益活动，进一步推动我市无偿献血事业深入发展，根据《中华人民共和国献血法》和《全国无偿献血表彰奖励办法（2014年修订）》的规定，经市政府研究，决定对南昌市中级人民法院等76个先进单位和万华忠等470名无偿献血先进个人通报表扬。

希望受表扬的单位和个人戒骄戒躁，再接再厉，继续为我市无偿献血工作作出新的贡献；希望全市人民向先进学习，弘扬中华民族团结、友爱、互助的传统美德，推动南昌市无偿献血工作再上新台阶！

附件：南昌市2017—2018年度无偿献血先进单位和先进个人名单

2019年7月29日

【评析】 这是一篇表彰性通报。其内容与写法体现了表彰性通报的特点和要求。标题采用了三要素齐全的完整式标题。正文首先概述了发文的缘由，即表彰所涉及的对象及其事项。接着说明通报决定，最后提出希望和号召。

[例文五]

×××市关于对利用电子邮件发送商业信息的行为进行规范的通告
×府字〔2020〕19号

为促进我市网络经济健康发展，保障电子邮件收件人的合法权益，创造公平的市场竞争环境，我市决定依法对利用电子邮件发送商业信息的行为进行规范。特通告如下：

一、因特网使用者利用电子邮件发送商业信息应本着诚实、信用的原则，不得违反有关法律法规，不得侵害消费者和其他经营者的合法权益。

二、因特网使用者利用电子邮件发送商业信息，应遵守以下规范：

（一）未经收件人同意不得擅自发送；

（二）不得利用电子邮件进行虚假宣传；

（三）不得利用电子邮件诋毁他人商业信誉；

（四）利用电子邮件发送商业广告的，广告内容不得违反《中华人民共和国广告法》的有关规定。

三、对违反上述规定的因特网使用者，市场监督机关将做如下处罚：

（一）对违反本通告第二条第一项的，将责令其停止发送该商业信息；对后果严重或屡教不改的，将支持被侵权的收件人诉诸法律的请求，并依据有关法律法规对违规责任人予以处罚。

（二）对违反本通告第二条第二项、第三项的，将依据《中华人民共和国反不正当竞争法》的有关规定予以查处。

（三）对违反本通告第二条第四项的当事人，将依据《中华人民共和国广告法》的有关规定予以查处。

四、在消费者权益受到损害并向市场监督机关提出申诉后，市场监督机关将依据《中华人民共和国消费者权益保护法》及《××市实施〈中华人民共和国消费者权益保护法〉办法》对违法者予以查处。

五、本通告自公布之日起实施。

2020年4月16日

【评析】 这是一篇法规政策性的通告。标题采用了三要素齐全的形式,事由概括准确、明晰。正文开头言简意赅点明制发通告的目的,沿用惯用承启语"特通告如下"引出具体的规定。主体部分第一条总写:因特网使用者利用电子邮件发送商业信息的总原则和要求;第二条对应遵守的规范分条列项说明;第三、四条提出了对违反规定者的处罚;第五条对通告的生效时间做郑重说明。全文语言庄重、简练、有力,干净利落,层次分明,逻辑严密。

[例文六]

芜湖市人民政府办公室关于调整城乡低保等社会救助保障标准的通知

芜政办秘〔2020〕42号

各县(市)、区人民政府,皖江江北新兴产业集中区、经济技术开发区、长江大桥开发区、高新技术产业开发区管委会,市政府各部门、各直属单位,驻芜各单位:

根据《安徽省民政厅关于调整提高2020年最低生活保障标准的通知》(皖民社救函〔2020〕60号)、《民政部办公厅关于进一步做好特困人员救助供养有关工作的通知》(民办便函〔2019〕213号)、《关于调整2019年度特困人员救助供养标准的通知》(皖民社救函〔2019〕189号)、《安徽省财政厅、民政厅关于调整我省六十年代精减下放退职职工有关救济政策的通知》(财社〔2010〕66号)要求,结合我市社会经济发展和市场物价水平,经市政府第67次常务会议研究决定,现就提高我市城乡最低生活保障、特困人员供养、六十年代精减下放退职职工救济政策等社会救助保障标准通知如下:

一、将我市市区及芜湖县、繁昌县、南陵县最低生活保障标准由662元/月提高到710元/月,无为市由618元/月提高到662元/月。

二、2020年度我市特困人员供养基本生活标准按照不低于2019年度当地城乡居民人均消费性支出的60%且不低于当地低保标准的1.3倍确定;照料护理标准按照不低于基本生活标准的10%确定。具体标准由各县(市)、区结合实际情况自行制定。

三、六十年代精减下放退职职工救济标准调整为572元/人/月执行。

新标准自2020年7月开始执行。

市发改委(物价局)、市民政局、市财政局等部门要加强对城乡居民基本生活必需品价格的监测,密切关注居民消费价格指数变动情况,及时启动社会救助和保障标准与物价上涨挂钩的联动机制,切实保障困难群众的基本生活。

2020年7月16日

【评析】 这是一篇知照性的通知。标题采用了三要素齐全的完整式标题。正文第一段简要写明了通知的依据和通知事项,第二段说明具体标准、执行时间及相关措施。本文内容明了、标准明确、语气肯定、便于执行。

[例文七]

×市办公厅转发省发展改革委等部门关于加快推行合同能源管理
促进节能服务产业发展意见的通知

市办发〔2019〕25号

市属各单位、各直属机构、省驻市部门:

省发展改革委、财政厅、税务总局《关于加快推行合同能源管理促进节能服务产业发展的意见》已经省人民政府同意,现转发给你们,请认真贯彻执行。

2019 年 4 月 15 日

【评析】 本文是一份批转性通知。正文主要写明批转机关名称和态度,再加被批转公文的发文机关名称和标题,然后提出惯用的执行要求:请认真贯彻执行。本文是规范化的简短写法。此类通知如有特别强调的必要,也可增加批示内容,针对批转公文所涉及问题的重要意义做进一步的强调,提出执行的具体要求。

[例文八]

关于发布《加强我市科技兴国即个人成果奖励处理办法》的通知

市发〔20××〕23 号

各市区人民政府、各直属机构:

现发布《加强我市科技兴国即个人成果奖励办法》,经市人民政府同意,自20××年1月1日起施行。原施行的《我市科技成果转让及奖励办法》同时废止。

20×× 年 12 月 24 日

【评析】 这是一份转发性通知。正文也是规范化的简短写法。直接写明被转发的文件名称,同时含有受权行文的说明:"经市人民政府同意"。然后说明生效时间,再附上被取代的文件的废止说明。此类通知已经形成了较固定的模式结构:"现将××××(文件标题)转发(印发)给你们,请认真贯彻执行""××部门××××(文件标题)已经××同意,现转发给你们,请认真贯彻执行"。正文内容一般简洁明了、规范庄重。此类通知主要发挥法定的程序性的告知作用。其重点往往不在正文本身,而是所批转、转发、发布的文件。

[例文九]

××市商务局关于我市百货大楼重大火灾事故的报告

××省商务厅:

××××年2月20日上午9点40分,我市百货大楼发生重大火灾事故,市消防队出动15辆消防车,经4个小时的扑救,火灾才被扑灭。这次火灾除消防队员和群众奋力抢救出部分商品外,百货大楼三层楼房一幢及余下商品全部烧毁。时值开门营业不久,顾客不多,加之疏散及时,幸未造成人员伤亡。但此次火灾已造成直接经济损失792万余元。

经查明,此次火灾是因电焊工×××违章作业,在一楼电焊铁窗架时电火花溅到易燃货品上引起的。另外,市商务局领导对上级领导机关和公安消防部门的安全防火指示执行不力,百货大楼安全制度不落实,许多安全隐患长期未得到解决,电焊加固铁窗,本应停止营业,为了利润,竟边营业边作业,忽视了安全工作,这也是造成火灾的原因之一。

火灾发生后,市人民政府召开了紧急防火电话会议,严肃指出了我市发生火灾的严重性,批评了我局不重视安全工作的错误倾向。我局×××副局长带领有关人员赶到现场调查处理。市商务局领导在市委、市政府领导下,组织力量对财产进行清理,百货大楼职工在总结教训的基础上,在街道路口增设摊点,以缓和市场供应。公安机关对事故责任者×××已拘留审查,市委、市政府在分清责任的基础上,对有关人员也视情节轻重,进行严肃处理：给予专管安全工作的百货大楼党委副书记、副总经理×××撤销党内外职务、开除党籍、开除公职的处分，并交司法部门依法处理；撤销百货大楼党委书记和市商务局党组成员、市百货大楼总经理×××的职务；撤销百货大楼副总经理×××、营业部经理×××的职务。

  这一次火灾事故，是我省商业系统历史上最大的一次，损失严重，影响很坏，教训深刻，充分暴露了我市商业安全工作上还存在不少问题，有的地区安全制度不落实，检查不认真，隐患整改不力，缺乏针对性的防火措施，我们平时深入了解不够，检查督促不严。为了吸取教训，防止类似事故发生，已根据我市实际，多次用视频、电话、简报通知各地引起注意，并定于4月20日召开全市商业安全工作会议，制订下一步安全工作方案，切实把我市商业系统安全工作抓紧、抓好。

  专此报告

××××年4月15日

  【评析】 这是一篇事故性的情况报告。先直接陈述火灾事故发生的时间、地点、救火情况以及造成的损失情况；接着揭示事故发生的原因；然后对事故的后续处理结果予以详细的呈报；最后在自我反思事故教训的基础上，作出下一步开展有关工作的汇报。全文逻辑严谨、思路清晰、语言简练、剖析客观、认识深刻。

[例文十]

关于请求追加我市自然灾害救济款的请示

××省人民政府：

  今年我市自然灾害频繁，损失严重。上半年我市十多个县(乡)遭受寒潮、霜冻、龙卷风、冰雹和洪涝灾害；下半年第二、九、十五、十六、十八、二十三号强台风先后在我市三个县登陆，台风伴随暴雨，造成洪涝灾害，损失严重。据统计，全市受灾人口×××人，死亡×××人，伤×××人，倒塌房屋×××间，受灾粮食作物×××公顷，通信设施和工商业等损失也很严重。因灾直接经济损失×××亿元。夏糖减产×××吨，初步估算秋粮减产×××吨。省人民政府对我市灾情非常重视，今年已经拨给我市救灾款×××万元；11月5日我市赴省汇报后，省人民政府初步确定再增拨给×××万元救灾款。我市各级部门正按照省人民政府的指示精神，安排好补助的经费，继续部署救灾救济工作，广泛发动群众生产自救。但是由于受灾面积广、人口多，需要救灾救济款数额大，无法全部解决灾区群众的困难。鉴此，除继续发动灾民生产自救和依靠各级地方政府财政支持外，恳请省人民政府再拨给我市冬令救济款××××万元。

  妥否，请批复。

2021年8月29日

  【评析】 这是一份请求批准的请示。该请示的理由分两层，首先以"今年我市自然灾害频繁，损失严重"总起，再用概括性的事实和具体数据加以分别说，准确简要地反映出损失的严重性。然后在客观说明以得到救灾款项的基础上，再一次强调"受灾面积广、人口多，需要救灾救济款数额大"，使"追加拨款"的请示事项水到渠成、顺理成章。这份请示理由具体充分、在情在理，请示事项明确具体。语言简练得体，语气客观委婉，结语规范。

[例文十一]
南昌市人民政府关于同意南昌轨道交通 2 号线（后通段）开通试运营的批复
洪府字〔2019〕18 号

市交通运输局：

你局《关于南昌轨道交通 2 号线（后通段）开通试运营的请示》（洪交文〔2019〕29 号）收悉。鉴于南昌市轨道交通 2 号线（后通段）已通过了由市交通运输局委托中国船级社质量认证公司组织的运营基本条件评审，且对专家评审报告中提出的"试运营前必须完成整改项"已全部整改到位，具备了试运营基本条件。经市政府研究，同意南昌轨道交通 2 号线（后通段）投入试运营。请认真组织实施并督促运营单位市轨道交通集团履行职责，确保运营安全。

此复

2019 年 6 月 27 日

【评析】 这是一份南昌市对市交通运输局上呈的请示作出肯定性的答复的批复。全文可分批复依据和批复意见两部分。批复依据即批复习惯性的开头：先引叙请示的标题和发文字号，再加"收悉"两字。批复主体在给予肯定性答复的基础上，对运营基本条件进行认定。最后以简短有力的要求结束。全文简明扼要、条理分明、意旨清晰。

[例文十二]
江西省人民政府办公厅关于同意湘东工业园调整区位的函

省发展改革委：

你委《关于恳请批复湘东工业园调整区位的请示》（赣发改开发区〔2022〕331 号）收悉。经省政府研究，现函复如下：

一、同意湘东工业园调整区位。湘东工业园总体规划面积仍为 860.6 公顷，其中从原核准规划面积中调出 79.09 公顷，等量调入面积 79.09 公顷，调整区位后的四至范围及拐点坐标以省自然资源厅审核为准。

二、湘东工业园要立足新发展阶段、践行新发展理念、构建新发展格局、推动高质量发展，认真贯彻落实省委、省政府关于促进开发区改革和创新发展的实施意见精神，按照布局集中、项目集聚、产业集群、资源集约、政策集成的要求，着力推进重大项目建设、培育壮大特色产业、完善配套服务功能，不断提高综合实力和竞争能力，努力打造成为助推区域经济高质量发展的强引擎和增长极。

三、湘东区政府要切实加强组织领导，扎实稳妥推进开发区加快发展。规划建设必须符合土地利用总体规划、城乡规划、环境保护规划、水资源综合规划等相关专项规划和生态保护红线相关要求。要依法依规做好土地、林地征收征用和失地农民补偿搬迁工作，认真落实各项环境保护、安全生产和风险防范措施，严格保护耕地和永久基本农田，切实保护和节约水资源。

四、省发展改革委要会同省直有关部门加强对湘东工业园建设情况的指导服务和监督管理，及时发现解决存在的问题，促进开发区高质量跨越式发展。

2022 年 4 月 29 日

【评析】 本文是一份复函。虽然针对的是一份请示,但省人民政府授权办公厅回复,因此采用了复函。正文的写作类似于批复,过渡承启语改为"现函复如下"。

[例文十三]

芜湖市人民政府办公室关于引导全社会加大研发投入的实施意见
芜政办字〔2020〕19号

各县(市)、区人民政府,皖江江北新兴产业集中区、经济技术开发区、三山经济开发区、高新技术产业开发区管委会,市政府各部门、各直属单位,驻芜各单位:

为贯彻落实《安徽省全面建成小康社会补短板工作领导小组关于引导全社会加大研发投入的意见》(皖小康〔2020〕2号)等文件精神,进一步引导全社会加大研发投入,结合我市实际,提出实施意见如下。

一、总体要求

深入贯彻习近平新时代中国特色社会主义思想,全面落实习近平总书记关于科技创新的重要论述精神,坚持问题导向、实效导向,坚持市与县(市)区、开发区上下联动,各部门协同推进,激发部门、载体、高校、科研院所、企业、研发平台加大研发投入的积极性,确保全市研究与试验发展经费支出(以下简称R&D经费支出)及研究与试验发展经费支出占地区生产总值比例(以下简称R&D投入强度)稳步增长,科技创新对经济高质量发展的支撑作用进一步增强。

二、主要目标

力争到2020年底全市R&D投入强度达到3.58%。到2025年R&D经费投入显著增长,投入结构更加优化,投入强度位居全省前列,科技创新综合实力明显提升,为国家创新型城市建设提供强力支撑。

三、重点工作

1.突出精准施策。完善市科技创新政策,在支持对象上,重点聚焦企业、高校院所、市重点科研创新平台等创新主体;在支持政策上,采取正向激励、多元支持、分类考核等方式综合施策;在政策实施上,横向联动,上下互动,形成合力。

2.优化资源配置。各县(市)区政府、开发区管委会,各有关部门和单位要把科技作为财政资金支出重点领域,持续加大财政科技投入力度,确保拨付的财政科技资金,按规定比例用于研究与试验发展。市科技局会同有关部门每年发布全市"研发双50强企业"名单。金融机构要引导金融资本加大对高新技术企业、科技型企业的支持力度,优先支持R&D投入强度高于全市平均水平的企业。税务部门要依法落实研发费用加计扣除政策,引导企业加大研发投入。鼓励社会捐赠支持R&D投入,依法落实公益性捐赠税前扣除政策等。

3.坚持统筹推进。市科技创新创业工作领导小组负责统筹推进全市引导全社会加大研发投入工作,不定期召开会议,研究部署和统筹协调全市加大R&D投入工作。建立R&D投入工作服务制度,将R&D投入重点创新主体纳入"四送一服"联系包保服务名单,开展专项行动,实现服务全覆盖,指导纳统对象依法依规做到应统尽统。

四、支持措施

1. 对R&D经费支出排名全市前50名且不低于500万元并保持正增长的规上企业，R&D支出强度(即R&D经费支出/主营业务收入)排名全市前50名且不低于5%并R&D经费支出不低于500万元的规上企业，分别给予前10名各50万元奖励、后40名各30万元奖励。同一企业按就高原则不重复奖励，奖励资金用于实施研发项目。所需资金市与县(含无为市、皖江江北新兴产业集中区、芜湖县、繁昌县)按2∶8的比例分担；市与区(含经济技术开发区、长江大桥开发区)按4∶6比例分担。(责任单位：市科技局、市财政局；配合单位：市统计局)

2. 支持高新技术企业、规模以上工业企业、规模以上服务业企业、农业龙头企业和特级建筑企业等建立研发机构、开展研发活动。对R&D经费支出强度高于上一年度全市平均水平的企业，优先支持申报国家、省级、市级计划项目和企业技术中心、重点(工程)实验室、工程(技术)研究中心、工业设计中心、新型研发机构、"一室一中心"、市重点研发创新平台等研发平台。(责任单位：市发改委、市科技局、市经信局、市住建局、市农业农村局、市国资委、市产业创新中心)

3. 大力引导高校、科研院所加大应用基础研究投入，加强产学研合作，促进科技成果转化。将高校、科研院所、市重点研发创新平台的研发投入、创新绩效等作为重点学科建设、科技资源分配和绩效评价考核等工作的重要指标，引导加大有效研发投入。鼓励在芜高校、科研院所、市重点研发创新平台联合企业开展横向课题研究(含企业自立研发项目)，横向科研经费按合同由高校院所、市重点研发创新平台、企业自主管理、规范使用，对实际到账100万元及以上单个项目，可视同市科技计划项目。对R&D经费支出增长明显的市重点研发创新平台，在科研条件、科研项目等方面给予优先支持。(责任单位：市科技局、市发改委、市教育局、市财政局、市产业创新中心)

4. 发挥各级各类产业基金、风险投资基金、天使投资基金、科技成果转化引导基金等金融资本的杠杆作用，促进银企联动、投贷结合，加大对高新技术企业、科技型企业的支持力度，优先支持R&D经费支出强度高于上一年度全市平均水平的企业。对R&D经费支出强度大且保持正增长的科技型企业，金融机构加大企业上市挂牌支持力度。(责任单位：市发改委、市科技局、市地方金融监管局、芜湖银保监分局、市建投公司)

5. 优化财政金融资源配置导向，持续加大财政科技投入力度，按照财政事权和支出责任做好预算安排，确保"两个只增不减"(即R&D经费支出只增不减，R&D经费支出强度只增不减)。进一步完善芜湖市扶持产业发展政策体系，修订《关于加快推进芜湖市国家自主创新示范区建设的若干政策规定》，加大对高新技术产业、科技型中小企业的支持力度，引导企业自主创新。〔责任单位：各县(市)区人民政府、开发区管委会、市财政局、市科技局〕

6. 规模以上企业和各类研发平台申报市级及以上重点研发计划、省科技重大专项、数字经济、合肥综合性国家科学中心、高技术产业发展专项经费、"三重一创""科技创新""制造强省"等财政科技相关资金，要求其上年度R&D经费支出强度不低于省、市规定标准。确保拨付的各级各类财政科技相关资金，按省、市规定比例用于研发。(责任单位：市发改委、市科技局、市经信局、市生态环境局、市住建局、市农业农村局、市水务局、市文

旅局、市卫健委、市国资委、市体育局、市财政局、市产业创新中心）

7. 将R&D经费支出强度作为对市属企业、特级建筑企业、市级以上研发平台和创新基地考核评优的重要内容，推动各行业R&D经费支出、R&D经费支出强度持续增长。（责任单位：市发改委、市科技局、市经信局、市生态环境局、市住建局、市农业农村局、市水务局、市文旅局、市卫健委、市国资委、市体育局、市产业创新中心）

8. 推行企业研发准备金制度，指导企业建立健全研发费用辅助账或专账，将获得的各级财政科技扶持资金纳入研发投入统计，推动项目研发投入单独列账、单独核算。鼓励高校、科研机构建立健全研发费用财务制度。（责任单位：市发改委、市科技局、市经信局、市生态环境局、市住建局、市农业农村局、市水务局、市文旅局、市卫健委、市国资委、市体育局、市统计局）

9. 加强对财政科技投入流向研发的统计分析，采取有力措施，确保全市R&D经费投入总额和强度持续增长。加大对研发创新成果转化和产业化的引导支持力度，做好技术合同认定和科技成果登记。（责任单位：市发改委、市科技局、市经信局、市国资委、市产业创新中心，配合单位：市财政局、市统计局）

10. 统筹我市全社会研发投入统计工作，协调数据的上报和联合发布，对全市研发投入主要统计数据进行监测、分析、评估论证，实现统计信息共享和预测预警联动。继续新增符合条件的单位纳统，做到应纳尽纳。（责任单位：市统计局）

五、保障措施

1. 加强责任落实。各县（市）区、开发区要高度重视R&D经费投入提升工作，作为"一把手"工程，结合实际制定推进工作方案，建立相应的引导全社会加大研发投入工作机制，定期召开会议进行专题研究部署，实化细化政策措施，抓好全面贯彻落实。市有关部门要按照职责分工，密切配合、通力协作、统筹衔接，明确专人负责，落实各项工作保障。〔责任单位：各县（市）区人民政府、开发区管委会，市科技创新创业工作领导小组成员单位〕

2. 加强宣传培训。统计部门要指导各县（市）区、开发区，各有关部门和单位强化对本辖区和本系统、本行业研发投入专业知识的宣传和培训，提高研发投入工作水平，同时督促调查对象依法依规做到应统尽统；各县（市）区、开发区，各有关部门和单位要积极配合税务部门，加强对企业研发费用加计扣除、固定资产加速折旧、高新技术企业所得税减免、科技创新进口税收减免等优惠政策的宣传、培训，指导企业和高校院所掌握政策及申报流程、做好研发费用归集工作。〔责任单位：各县（市）区人民政府、开发区管委会，市科技创新创业工作领导小组成员单位〕

3. 加强考核评估。加大考核力度，将R&D经费支出、R&D经费投入强度情况纳入对各县（市）区、开发区、市直有关部门和单位年度目标绩效考核，强化对研发投入指标动态监测和督查推进。对县（市）区、开发区引导全社会加大研发投入情况予以通报，对考核排名靠前的，在市级项目资金安排等科技资源配置上给予优先支持。加强对研发投入的分析研判，及时研究解决发现的问题，推进各项措施落实。（责任单位：市政府督查办、市科技局，配合单位：市统计局）

2020年9月10日

【评析】 本文是一份意见。作为下行文,这篇意见阐明了工作指导原则和基本要求,观点明确,内容具体,体现了完整的实施过程,格式规范,重点突出,对下级工作具有现实的指导意义。但意见只具有指导性,不具有操作性。

思考与练习

一、填空题

1. 2012年7月1日起实施的《党政机关公文处理工作条例》规定15类公文中,可作为下行文的有 _____、_____、_____、_____、_____、_____、_____、_____、_____、_____、_____。
2. 构成公文标题的三个基本要素是 _____、_____ 和 _____,根据文种的特点和具体情况,也可省略其中一两个要素。
3. 公文主体部分主要由公文标题、_____、_____、_____、_____、_____、_____ 和附注等项目组成。
4. _____适用于公布社会各有关方面应当遵守或者周知的事项,而_____适用于向国内外宣布重要事项或者法定事项。
5. 可用于奖励表彰性的公文有 _____、_____、_____。
6. 公文的各要素划分为 _____、_____、_____ 三部分。
7. 公文的行文关系主要有 _____、_____、_____、_____ 四种。
8. 公文在语言表达上主要有 _____、_____、_____、_____ 的特点。

二、判断题

1. 向上级请求指示、批准,提出意见或者建议,汇报工作,用报告。( )
2. 联合行文,应标注所有发文单位的发文字号。( )
3. 请示与报告的行文时间有很大不同,请示只能事前行文,而报告则可制发于事前、事中和事后。( )
4. 印章的位置应在正文的左下方,不压正文与日期。( )
5. 向一切有审批权的机关请求批准时均应写"请示"。( )
6. 公文落款要写出法定机关名称的全称或通用简称。( )
7. 公文的印发机关即指发文机关指定的印刷单位。( )
8. 下级机关在职权范围内的工作不必请示上级,可以自主行文。( )
9. 请示行文,如有抄送,不分上级、平级、下级,一律称"抄送"。( )
10. 请以国务院办公厅的名义转发下则公文:《太原市关于城市大气环境治理的意见》。( )
11. 依照法律规定,县级人民政府无权使用命令(令)发布决定。( )
12. 行政公文的成文日期,是指公文文稿的完成时间。( )
13. 公文的作者就是起草公文者。( )
14. 向外公开宣布事项的行政机关公文有公告、通告和布告。( )
15. 纪要要求有闻必录。( )

16. 公文印制时间就是发文时间。　　　　　　　　　　　　　　　　（　）
17. 全局性、政策性的问题由机关办公厅(室)行文,可以简化公文行文手续。（　）
18. 联合行文指以两个或两个以上的机关或部门的名义共同行文。　　（　）
19. 接收抄送公文的机关可以向其他机关转抄、转送接收到的抄送公文。（　）

三、改错题

1. ××市人民政府关于春耕生产的命令(公文标题)
2. 关于《普通高等学校学生管理条例》的通知(公文标题)
3. ××省财政厅批转财政部加强基本建设拨款管理工作的通知(公文标题)
4. 关于学校机构调整问题的请示(公文标题)
5. ××大学转发教务处《2021年教学工作要点》(公文标题)
6. ××公司关于《××集团联系购买中央空调设备的函》的复函(公文标题)
7. ××市人民政府关于对市广播电视局《关于征用土地的请示》的批复(公文标题)
8. 市财政局关于控制行政经费的请示报告(公文标题)
9. 关于拆除××周边违章建筑的请示函(公文标题)
10. ××县公安局关于偷猎国家珍稀野生动物的通告(公文标题)
11. ××县人民政府关于同意建立集贸市场给县市场监督管理局的批复函(公文标题)
12. 县农业农村局××同志工作安排问题的通知(公文标题)
13. 关于发展山区经济,争取五谷丰登、六畜兴旺的意见(公文标题)
14. ××市财政局关于搞好会计证验证工作提高验证效率的通知(公文标题)
15. ××工厂为××同志奋力灭火而发的通报(公文标题)
16. ××乡关于××同志的通报(公文标题)
17. 关于解决××水库超标运行及副坝溢洪造成损失问题的报告(公文标题)
18. ××县人民政府关于恳请解决救灾资金的报告(公文标题)
19. ××研究院关于拟在2022年下半年建立中心化验室,需要增添部分仪器设备,请批准从××费中开支的请示(公文标题)
20. 你市在给建设银行××市分行的批复××字〔2019〕22号中……(公文语句)
21. 你区×政〔2021〕×号《关于建立阿尔金山国家级自然保护区的请示》收悉。(公文语句)
22. 你行川农会(2021)×号"关于银行被抢被盗被骗被贪污等追回款项处理有关问题的请示"收悉……(公文语句)
23. 你协会《关于科协应积极兴办科技开发企业的请示》(〔2020〕科协发综字××号)收悉……(公文语句)
24. 基本上完成了全年生产计划的30％。(公文语句)
25. 省委、省政府决定,从2021年起,有组织、有计划地从省直机关中选派中青年干部到基层锻炼两年至三年以上。(公文语句)
26. 从大量观测事实中告诉我们,要掌握天气的连续变化,最好每小时都进行观测。(公文语句)

27. 张勤私扩院基、无偿占用职工劳力盖私房的问题至今仍未得到成功解决,更没有受到任何处分。(公文语句)

28. 三年当中,这个县的粮食总产量,以平均每年递增百分之二十的速度,大踏步地向前发展。(公文语句)

29. ……不得损害国家主权、安全和社会公共利益。(公文语句)

30. 截至月底报名的人数多达 200 人左右。(公文语句)

31. 由于我们厂领导做到了"三带头",广大职工开展了"四查四比四对照",全厂出现了"五多五少"的新气象。(公文语句)

32. 收到此函,务必在×月×日前派员前来洽谈,不得有误。(函的结束语)

33. 此通知当否,请各地在执行中提出意见。(通知结束语)

34. 发通告目的是:严肃税收法规,维护国家利益,促进个体经济和集贸市场健康发展。(公文开头语)

35. 特此报告,请批转给有关部门。(报告结束语)

36. (2017)江财字 2 号(发文字号)

37. (2018)国函字 01 号(发文字号)

四、评改公文

[原文一]

关于要求拨给赴粤参观学习所需经费的报告

县政府、王副县长:

根据××检察分院二〇一九年四月二十日下发的《关于组织县(市)院检察长赴粤参观学习的通知》中的要求:"参观时间拟定五月中旬,经费由单位承担,每人预交五千元,在五月初将此经费汇分院办公室。"为解决此经费,我院研究预交罚没款五千元。请财政局给予驳回五千元。

当否,请批示。

××县人民检察院(印)
2019 年 4 月 27 日
送财政局

[原文二]

××县商务局关于要求调配计算机信息管理专业毕业生的报告

××县人事、教育局:

目前,我局仅有大专毕业生 10 名,大部分是财会及其他专业毕业。人才不足和专业失衡的状况,严重影响了我局的发展。根据当前形势发展的需要,为进一步加强商业管理,我局急需计算机信息管理专业人才。恳请考虑从今年的高校毕业生中,择优调配所需专业人才至我局为盼。

当否,请批示。

××县商务局
2012 年 5 月 6 日

[原文三]

关于表彰市××公司实现"安全生产年"的通报

市属各企业：

  为确保企业生产和人民生命财产安全，我市××公司从各方面采取有力措施，花大力气抓各项安全生产制度的贯彻落实，并建立了安全生产各级岗位责任制，××××年实现全年无重大生产和伤亡事故，成为我市标兵企业。为此，市政府决定给予市××公司通报表扬，以资鼓励。

  市政府号召全市各企业学习市××公司的先进经验，结合企业实际，建立和健全安全生产岗位责任制，抓好安全生产，争创标兵企业，为把我市安全生产提高到一个新水平而努力。

  特此通报

××市政府（印章）
××××年×月

[原文四]

中国××银行××市××区办事处
关于发现类似"变相货币"的报告

（2019）×银字第××号

市分行：

  最近，我区××中学用校办工场结余资金，发给教职工每人500元商品，原拟统一购买，后应教职工要求，改为自行选购。由该校与中百×店商妥，将款1 020元一次付给，教职工凭校方"介绍信"至该店选购商品。

  据了解，××中学共开出"介绍信"204张，约定每张作价5元，写明"凭信向中百×店选购商品"，上有编号、教职工姓名，但未写明金额，并规定二月十二、十三两天有效。这204张"介绍信"已在规定日期内购齐销毁，故未见到实样。

  我们根据总行关于"禁止发行变相货币，不准以任何票券代替人民币在市场流通"的规定，先后向中百×店、××中学指出，上述"介绍信"虽未写明金额，实质上属于"变相货币"，是违反国家规定的，这两个单位都保证今后不再违反。××中学财务同志还表示责任在该校，希望不要责怪中百×店。

  特将情况报告如上。

2019年3月8日
（印章）

[原文五]

协 商 函

××厂：

  贵厂女工孙××与鄙厂宣传干事金××，是一对恩爱伴侣，两人苦于相隔两地、鸳鸯分飞。双方感情受煎熬不说，还加重了家庭负担，年迈双亲随女方缺人照料而苦不堪言，幼弱儿女随男方缺少母爱而目不忍睹。这实在是现代生活的一幕大悲剧！

  鉴于以上实际情况，双方都曾多次提出，希望把两人调在一起，结束这种牛郎织女的生活,以使一家团聚、合家欢乐。我们是社会主义国家,工人是国家的主人,工人的疾苦就是我们的疾苦。从革命的人道主义出发,我们决定同意金××调往贵厂,或请你们同意孙××调往鄙厂。两者任选其一,你们意下如何?

[原文六]
关于要求解决××中学生产实习基地的
紧 急 通 知

县人民政府:

  为实现中学办学方向上的转轨,发展职业技术教育,教育部计划将一批办学条件好、效益高的职业高中,通过检查评比确认为省级重点职业高级中学。据悉,××分到的指标是两所,而且明显的意向是将其中一所落实到少数民族县。为此,××地区行署将我县××中学作为确认对象向区人民政府提出申报,区教委职教处×处长一行六人,受区人民政府委托,将根据××地区行署的申报,于本月18日到××复查。

  由于此次确认省级重点职业中学关系到学校的办学格局及上级部门的重点投资,因此各地竞争激烈。根据以往的检查评比,我县职中均因生产实习基地不足被扣分。作为一所以林业、养殖和多种经营为长线骨干专业的职业中学,生产实习基地的必要性不言而喻,而自治区的复查迫近,更使生产实习基地的解决成为燃眉之急,望县政府及时研究解决。(须于12月16日下文)

××县教育局
2020年×月×日

五、写作题

1. 近来,某校教学区不断有外来机动车辆驶入,学校因工作需要(如运送教学设备)也有车辆驶入教学区。驶入教学区的车辆,有的超速行驶,有的鸣喇叭,还有的在露天体育场地停车,打破了教学区的宁静,干扰、妨碍了正常的教学。为解决这一问题,请以学校的名义拟写一份通告。标题自拟。

2. 请根据表2-1和表2-2提供的信息,代××省财经学校向省财政厅拟写一份请示文稿,并代省财政厅予以肯定性的回复。

表2-1 2019年在校学生变化情况

1月在校生人数	7月毕业人数	7月招生人数	净增总量	现有设备所能解决人数
1 000	300	500	200	50

表2-2 2020年需增设备价格

设备名称	电脑	电视	架子床	桌椅	黑板	…
数量	50	20	50	50	2	…
单价/元	3 000	2 000	100	100	100	…

3. 某县市场监督管理局接到上级部门关于对食品加工行业的卫生状况进行一次全

面检查的通知,拟于10月中旬召开全县食品加工行业负责人会议。会期两天,地点为县某酒店。请根据以上情况拟制一份会议通知。

4. 某省第十届大学生运动会由××大学承办,但该校没有网球比赛场地,需借用××师范学院的网球场地。请你代该校向××师范学院拟发公文,征询此事。

六、简答题

1. 公告和通告的不同主要表现在哪些方面?
2. 按行文方向对公文进行分类的意义是什么?
3. 请示和报告有哪些联系与区别?
4. 公文的行文规则主要有哪些?

第三章

计　　划

第一节　计划的概念和特点

一、计划的概念

所谓计划，即机关、团体、企事业单位以及个人对一定时限内需要实现的目标和为此而采取的具体行动，预先作出大致安排的一种应用文体。无论是单位还是个人，无论办什么事情，事先都应有个打算和安排。有了计划，工作就有了明确的目标和具体的步骤，就可以协调大家的行动、增强工作的主动性、减少盲目性，使工作有条不紊地进行。

《礼记·中庸》中说："凡事预则立，不预则废。""预"，也就是事先打算、安排的意思。有了计划，工作就能有条不紊地进行，就能提高自觉性、减少盲目性，成功的可能性就大；相反，事先没做任何打算和安排，或者安排不周，工作就有可能遭受挫折，甚至归于失败。

计划主体是多层次的，计划的对象也是多层次的，因此计划有个人计划、家庭计划、企业计划和国家计划等。作为计划法所涉及的计划，是处于宏观层次的国家计划，而且侧重于经济计划。当计划被用作经济活动的调节手段，并与国家的职能和权力结合起来，就形成了国家经济计划。

计划的时态是指将来的某一时限。计划是面对未来、设计未来。计划的时限可长可短，但对制订计划的时间而言，必须是"将要到来"或者"刚刚到来"。

计划的内容包括两个大项：一是确定工作目标；二是针对完成所定工作目标而采取的各种具体行动。计划是应用写作研究的重要文体之一。它是一个使用得非常广泛的用语，在不同场合的含义可能不完全相同。

二、计划的特点

（一）整体观念与局部设想的高度统一

计划是本地区、本单位、本部门为自己的未来而设计的蓝图，是本地区、本单位、本部门的共同行动纲领。它关系到国家的整体利益和自身的局部利益。任何一份行之有效的计划，都必须以党和国家的路线、方针和政策为依据，从国家利益、社会利益出发，结合本地区、本单位、本部门的实际情况和具体特点，把整体观念和局部设想一致起来。

(二) 多方谋划与择优从善的和谐一致

计划的实质是决策,制订计划的过程实际上是决策的过程。一般来说,计划包括四个要素:制订计划的依据,规定计划的目标,实施计划的措施和方法,完成计划的步骤。在制订计划的过程中,这四个要素的具体内容并不是随意确定的,必须经过慎重的抉择,而且也只有这样,才能分清主次、先后、轻重、缓急,使各个方面关系处理得妥帖。没有多个可行方案的比较,没有择优从善的眼力,一份好的计划就不可能产生。

(三) 开拓进取与务实求精的双向沟通

计划是对未来的设计,立足于发展,制订计划必须具有开拓进取的精神。同时,计划又是对现实的革新,不能不面对现实、抓住关键,制订计划必须具有务实求精的态度。因此,制订计划必须把这两者紧密结合起来,做到计划未来不忘现实可能性,面对现实又要立足于发展。

第二节 计划的作用和种类

一、计划的作用

计划已经成为人们正确认识和把握客观规律的重要手段,其主要作用如下。

(一) 增强预见性,减少盲目性

计划是对现实发展趋势的预见和规划。有了计划,领导和群众对本地区、本单位、本部门的未来发展目标就有了共识,就能明了该做什么、达到什么要求,以及怎么去做。否则,对未来发展前景心中无数,甚至漆黑一团,工作就难免偏离方向,或者内部因各自为政而发生摩擦。

(二) 增强主动性,减少被动性

工作中有些单位和部门不太注意制订工作计划,总是事到临头,手忙脚乱。有了计划,领导和群众就知道该做什么与怎么做,从而充分利用时机,克服困难,绕过暗礁,为完成既定目标而积极努力,勇往直前。

(三) 增强规定性,减少随意性

各种工作都是由量变到质变而逐渐发展变化的,工作计划就是这一规定性的正确反映。正因为这样,计划提供了工作标准,可以作为检查和总结工作的尺度。一般来说,计划执行得好,工作前进的幅度也就大。如果没有计划,工作如何进展,哪些做得对,哪些做得不对,都不得而知。如此工作就会随心所欲,瞎抓一气,最后功亏一篑。

二、计划的种类

"计划"是一个十分宽泛的文种概念,其种类较多,"计划"只是个总称。目前常见的

"安排""打算""规划""设想""方案""要点""意见"等，都属于计划一类，可以看作计划的别名。不过在使用这些名称时应当注意它们之间的细微区别。"安排""打算"适用的时间较短，内容比较具体。"规划"适用的时间较长、范围较广，内容比较概括。"设想"是初步提供参考的计划。"方案"着重于拟定工作的进程、步骤和方法。"要点""意见"适用于领导机关在安排工作、交代政策、指示方法时使用。

从不同的角度，可将计划分为不同的种类。

（1）按内容划分，有行政工作计划、企业经营计划、财务工作计划、劳动工作计划、学习计划等。

（2）按范围划分，有国家计划、地区计划、单位计划、个人计划等。

（3）按内容的繁简划分，有综合计划、单项工作计划。

（4）按时间的长短划分，有长期计划、中期计划、短期计划。

（5）按作用划分，有指令性计划和指导性计划。

（6）按结构形式划分，有条文式计划和表格式计划、条文与表格兼用式计划。

第三节　计划的格式及写法

从内容上看，不论什么形式的计划，都应包括制订计划的依据、规定计划的目标、实施计划的措施和方法、完成计划的步骤四个要素。计划的类型虽多，但其结构形态只有两种：一种是以文字为主的条文式，另一种是以数字为主的表格式。

一、工作计划多用条文的形式表述

这种格式的特点是通过书面文字分条列项地把整个计划的内容反映出来，格式一般包括三个部分。

（一）标题

标题一般包括制订计划的单位名称、计划期限、计划内容、计划的种类，如《××财政局2022年工作计划》。个人制订的计划，标题可省略制订计划的单位部分。有些单项计划标题中可没有执行计划时间部分。如果是"征求意见稿"或"讨论稿"，则要求在标题后面或标题下面用括号注明。

（二）正文

正文主要说明制订计划的依据和思路、计划确定的目标以及如何实现该目标，一般包括下列内容要素。

（1）计划依据：说明制订计划的根据或说明编制计划的指导思想，或概括介绍前一阶段完成工作计划的基本情况。

（2）计划目标：指计划要求达到的目标，是计划的核心、出发点和落脚点。根据需要与可能，提出计划期限内必须完成的任务目标。

（3）计划措施：为完成计划目标所必须做的工作项目及其实施方法，是实现计划的保证。一般写明应该做什么以及如何做的原则性要求。

（4）计划步骤：实施和完成计划需要一个过程，无论是计划目标的实现还是工作项目的完成，都是分步进行的。必须对计划目标、工作项目进行分解，从而划分出若干阶段，对各个阶段的人、事和检查标准作出合理部署。

（三）落款

落款一般包括两个项目：制订计划的单位名称、制订计划的日期。如单位名称已在标题处出现，则落款处可以省去。

二、业务计划多用表格的形式表述

这种格式的特点是，把计划内容数字化，即通过一系列数字，把计划的目标和任务比较具体地展示出来，并用必要的文字加以较为详细的说明。这种格式的计划常应用于经济行业。

业务计划文字说明部分的结构，一般包括以下内容。

（1）标题。一般要在标题中写明计划应用的时间、经济业务的性质，并在后边写上"编制说明"或"说明"字样，如《2020年经济效益说明》《××地区2019年信贷差额包干计划编制说明》。如计划不够成熟，可在标题后面注上"（草案）"或"（试行方案）"字样。

（2）前言。前言中阐明编制计划的主导思想和方针政策依据，扼要说明编制计划的客观基础。

（3）前期计划完成（或预计完成）情况。对前期计划情况做一简要分析，使人明了编制本期计划的起点状况。

（4）本期计划安排。写明本期的计划指标，并与前期相比，说明本期各项计划指标确定的根据。撰写时要运用准确的数据和典型的事例。

（5）措施、方法和要求。简要分析实行计划的有利因素和不利因素，提出完成计划的方法、措施和要求，以保证计划的顺利实施。

（6）署名和日期。如编制说明的封面上没有署名，则可在文字说明末尾标明制订计划单位的名称，然后写明制订计划的日期。

第四节 撰写计划应注意的事项

撰写计划，需要面对各种错综复杂的矛盾，在对立中求得统一。具体来说，撰写计划应处理好以下几种主要矛盾。

一、既要全面规划，又要重点突出

计划是对未来的全面设计，要面对全局，面对各单位、各部门、各方面工作，要通过计划的实现，使各方面工作都有所前进，出现新的面貌。因此，在撰写计划时，必须考虑到各方面的利益，作出全面的规划。同时还要看到，在实际工作过程中，总是有轻重缓急之分的，不能等量齐观地平均使用资源与力量。某一计划期限内，只能突出其中某些地位重要和亟待解决的事项,把其作为重点,并用来带动全盘。

二、既要目标清晰,又要措施得力

撰写计划是从明确计划目标开始的。计划目标必须完整准确、表述清晰。只有这样,才能正确设计具体行动,确定保障目标实现的措施。措施要避免笼统和一般化,要找出推动全局工作、实现计划目标的关键环节、关键工程和关键事项。做什么,怎么做,有哪些要求,必须立足于计划目标的实现,写得具体而得力。

三、既要有领先性,又要有可行性

计划目标、计划措施要与时俱进,具有领先性。只有这样,才能在激烈的市场竞争中保持自身的优势。同时又要合于自身的现实状况,脚踏实地,不能操之过急,提出过高的要求。因此,撰写计划时,计划目标的定位、计划措施的选择,既要视野开阔,看到地区、国内以及国际的先进水平,又要从实际出发,通过具体的部署与运作,逐渐地同先进水平接轨,并不断提升。

四、既要充分酝酿,又要善于决策

撰写计划不能只是由文秘人员关起门来冥思苦想、"妙笔生花",而是要发动群众,充分酝酿。如何推动全局,计划指标以多高为宜,怎样保证计划目标的实现,这些问题,群众看得最清楚,要让他们关心整体利益,献计献策。主意多了,办法多了,还要善于决策,择善从优。

第五节　阅读与评析

[例文]
芜湖市新能源和智能网联汽车产业发展行动计划(2021—2023年)

为抢抓汽车产业电动化、智能化、网联化发展战略机遇,优化提升我市汽车产业结构,推进新能源和智能网联汽车创新发展,根据《新能源汽车产业发展规划(2021—2035年)》《智能汽车创新发展战略》《安徽省新能源汽车产业发展行动计划(2021—2023年)》《安徽省智能汽车创新发展战略实施方案》等文件精神,结合我市实际,制订本行动计划。

一、发展目标

瞄准全省打造世界级万亿汽车产业集群,全力体现芜湖担当、贡献芜湖力量,争当排头兵。到2023年,全市新能源和智能网联汽车实现产业规模国内领先、核心零部件优势凸显、创新能力不断提升、产业生态持续完善的发展态势。

(一)产业规模国内领先。强化"双招双引",推进实施一批新能源和智能网联汽车领域重大项目。引进培育2家以上有重要影响力的整车企业以及10家以上关键零部件单项冠军、"专精特新"冠军企业和小巨人企业。新能源和智能网联汽车产业总产值占全省比重达50%以上。

(二)核心零部件优势凸显。抢抓周边整车产业发展机遇,巩固提升我市新能源和智能网联汽车零部件配套优势,着力打造国内知名的关键核心零部件产业集群。零部件产业占据省内整车企业配套市场份额的35%以上。

(三)创新能力不断提升。加快建设省新能源和智能网联汽车产业研究院,新能源和智能网联汽车领域新增省级以上各类研发创新平台20家以上;核心技术攻关取得突破,实施揭榜挂帅和关键技术攻关项目10个以上,关键零部件及整车集成应用技术水平进入全国第一梯队。

(四)产业生态持续完善。培育优化新能源和智能网联汽车研发、设计、制造、测试、应用等全产业生态,新能源和智能网联汽车基础设施持续完善,涌现出一批智能网联汽车示范和典型应用场景。

二、重点任务

(一)打造世界级产业集群。

1. 支持重点企业"垂直崛起"。支持整车企业以纯电动汽车为主导,以(插电)混动汽车为补充,扩大产销规模、争取"双积分"红利,实现规模效益双提升。支持企业开展跨界合作,鼓励进入资本市场,助推企业做大做强、"垂直崛起"。设立垂直崛起奖,对全市经济作出突出贡献且爆发式增长的百亿元企业,按"一事一议"给予企业管理团队一次性专项奖励。(市经信局、市发改委牵头,市投促中心、经济技术开发区、高新技术产业开发区、三山经济开发区管委会按职责分工负责)

2. 加大"双招双引"力度。发挥新能源和智能网联汽车产业链链长制机制作用,加强与省新能源和智能网联汽车产业推进组对接联系,聚焦行业头部企业、大院大所,有针对性开展产业链招商、委托招商、以商招商、高层次人才团队招引;鼓励存量企业通过兼并重组、产业延伸、技术改造等多种形式扩大经营规模、新增项目投资,力争招引百亿元项目3个以上、50亿元以上项目10个以上。对新引进新能源和智能网联汽车产业项目,按实际设备投资额最高20%给予补助。重大项目实行"一事一议"政策。(新能源和智能网联汽车产业推进工作组各成员单位,各县市区政府、开发区管委会按职责分工负责)

3. 打造核心零部件产业基地。加快推动动力电池、智能驾舱、线控底盘、车载显示等重大项目建设,培育10家以上关键零部件单项冠军、"专精特新"冠军企业和小巨人企业,打造立足安徽、辐射全国的高端关键核心零部件产业基地。对新认定为国家级"专精特新"小巨人企业、省级"专精特新"冠军企业,按国家级、省级奖励的20%给予一次性奖补。(市经信局、市发改委、市投促中心牵头,各县市区政府、开发区管委会按职责分工负责)

4. 争创国家智能网联汽车先进制造业集群。充分发挥集群发展促进机构作用,举全市之力争创以经开区为主体、各县市区协同发展的国家智能网联汽车先进制造业集群。对创建成功的国家先进制造业集群,给予集群所在地政府最高1000万元奖补,给予集群发展促进机构连续三年每年不超过100万元补助。(市经信局、经济技术开发区管委会牵头,市投促中心、市发改委、市科技局按职责分工负责)

5. 壮大省新能源汽车重大新兴产业基地。充分发挥高新区主体作用,进一步壮大产业规模、提升技术水平、增强品牌影响力,提升省新能源汽车重大新兴产业基地发展水平。对基地新建项目、企业并购、研发投入、产业链招商等,按照《芜湖市战略性新兴产业发展专项资金扶持政策》予以专项支持;按照省发改委年度考核评估结果,根据省财政厅最终下达金额,由省、市、县三级按照1∶0.5∶0.5配比,最高给予基地5 000万元奖励。(市发改委、高新技术产业开发区管委会牵头,市经信局、市科技局、市投促中心按职责分工负责)

(二)提升产业创新能力。

1. 打造创新平台。支持皖江江北新兴产业集中区加快推进省新能源和智能网联汽车产业研究院建设。加快建设企业技术中心、工业设计中心、制造业创新中心、产业创新中心、技术创新中心等研发创新平台,新增省级以上各类研发创新平台20家以上。推动国家新能源和智能网联汽车检验检测中心等公共服务和产业孵化平台建设。对新认定的国家级创新平台给予最高400万元一次性奖励;对新认定的省级创新平台给予最高100万元一次性奖励;对市重点研发创新平台,给予研发投入最高30%的补助。(皖江江北产业集中区、市发改委、市经信局、市科技局、市产创中心、市市场监管局按职责分工负责)

2. 攻克核心技术。强化整车集成技术创新。以纯电动汽车为主攻方向,聚焦整车智能能量管理控制、集中式电子电气架构、轻量化等关键技术,提高新能源和智能网联汽车整车综合性能。构建关键零部件技术和产品供给体系。聚焦线控底盘、驱动电机与电力电子、新一代动力电池与管理系统、软件与车规级芯片、高精度传感器等关键技术研发,提升核心零部件供给能力。加大智能网联核心技术攻关。加快汽车雷达和视觉处理、智能座舱、V2X通信、高精度地图及定位、高算力平台等技术攻关和应用。支持(插电)混合动力汽车和燃料电池汽车的研发和技术攻关。对列入安徽省"工业强基任务表""关键技术攻关目录"并通过评估考核的企业,给予省级实际奖补20%的一次性补助;对重大科技项目按其当年项目研发投入的50%给予补助,单个项目资助最高可达1 000万元。(市科技局、市发改委、市经信局按职责分工负责)

3. 推进"芯""车"协同发展。加强与省"芯""车"协同发展工作推进小组沟通衔接,建立车规级芯片等关键零部件备份清单。围绕MCU、通信类、IGBT等紧缺芯片,开展"双招双引";支持整零协同、产学研合作,联合开展技术攻关;搭建产需对接平台,加快汽车芯片国产替代。对列入省级首批次新材料、首版次软件、首台(套)装备目录的汽车芯片产品,按产品单价(货值)的15%,分别给予研制单位、应用企业最高300万元奖励,对获得省奖励资金的给予20%配套补助。(市经信局牵头,市发改委、市科技局、市投促中心,各县市区政府、开发区管委会按职责分工负责)

(三)加快产业赋能升级。

1. 加快智能化改造。支持智能制造仿真、管理、控制等核心工业软件开发和集成,推进智能技术在新能源和智能网联汽车研发设计、生产制造等关键环节的深度应用。到2023年,培育省级智能工厂和数字化车间30家以上。对获得省级智能工厂、数字化车间的,按照省级奖励的20%给予一次性奖补。(市经信局牵头,各县市区政府、开发区管委会按职责分工负责)

2. 开展工业互联网赋能。支持重点企业打造跨行业、跨领域的"双跨型"工业互联网平台,逐步构建面向垂直行业的标识解析二级节点。鼓励汽车零部件中小企业上平台、用平台,推动工业互联网改造,提升数字化、智能化水平。具体按照省、市工业互联网专项政策予以支持。(市经信局牵头,各县市区政府、开发区管委会按职责分工负责)

3. 塑造品质品牌。引导企业加强设计、制造、测试验证等全过程可靠性技术开发应用,健全产品全生命周期质量控制和追溯机制。推动企业牵头或参与国家标准、国际标准制(修)订。实施增品种、提品质、创品牌行动,持续提升品牌影响力。对入选"精品安徽"中央媒体集中宣传推介的企业,按全部广告推介费用的30%给予支持。(市市场监管局、市经信局牵头,各县市区政府、开发区管委会按职责分工负责)

(四)加快基础设施建设。

1. 加强充换电设施建设。出台《芜湖市新能源汽车充电基础设施建设方案》,建成适度超前、布局合理、车桩相随、智能高效的充电基础设施体系。公共建筑及社会停车场库配建不低于停车位的20%;居住类建筑配建停车位全部预留建设安装条件,公共停车位配建的充电桩不低于10%。推进既有居住小区充电设施建设。完善新能源汽车充电服务价格政策,健全完善建设运营服务体系。企业建设并经市住建部门组织验收合格的公共智能充电设施,按充电桩充电功率给予一次性建设补贴,符合条件的再给予市级运营补助。新建公用和专用充电桩7 500个、居民自用充电桩8 000个。探索实施换电模式。按照《芜湖市区加氢站布点规划(2021—2030年)》,建设布局合理的加氢设施。(市发改委、市住建局牵头,市经信局、市科技局、市自然资源和规划局、市市场监管局,各县市区政府、开发区管委会按职责分工负责)

2. 加快智慧交通设施建设。制定《芜湖市智能网联汽车道路测试与示范应用管理规范(试行)》,建设智能网联汽车示范线5公里以上,建设芜湖港—综保区智慧疏港大道。开展智能汽车车路协同测试及规模化示范应用,初步实现"人车路云"高效协同。实施一批智慧道路建设工程,构建集感知、通信、计算等能力于一体的城市级智慧化道路基础设施环境,建设智能化、信息化运营体系。加快推进中国(安徽)自由贸易试验区芜湖片区创建智慧城市基础设施与智能网联汽车协同发展试点,依托疏港大道及衡山路,打造无人驾驶货运通道,以便快速、便捷、智能地连接朱家桥港区与综合保税区。(市发改委、市交通运输局、市住建局、市公安局、市数据资源局、市经信局,各县市区政府、开发区管委会,自贸区芜湖片区管委会按职责分工负责)

(五)优化产业生态。

1. 打造智能网联汽车应用场景。支持汽车整车企业与互联网、5G通信等企业跨界合作,推进高级别自动驾驶示范区建设。探索智能网联汽车在接驳公交、物流、环卫清扫等特定行业,以及矿区、园区、景区、机场、火车站、港口、综保区、停车场等特定区域的场景应用。(市经信局、市发改委牵头,市科技局、市交通运输局、市公安局、市住建局,各县市区政府、开发区管委会,自贸区芜湖片区管委会按职责分工负责)

2. 推广应用新能源汽车。贯彻落实工业和信息化部等15部门出台的《推动公共领域车辆电动化行动计划》,公共领域新增及更新车辆中新能源汽车比例达到相关要求。自2021年起,市内新增及更新的公务用车新能源汽车比例不低于30%,邮政、物流配送领域新增车辆比例不低于50%,且每年均在上年度基础上提高10个百分点;新增及更新的市区公交车辆、机要通信用车和老干部用车全部使用新能源汽车;其他区域公交车辆,全市市政、环卫、旅游景区、港口机场内(不包括应急车辆)新增及更新新能源汽车比例不低于80%。积极推进新能源汽车在巡游出租车、网约车、租赁车领域的推广应用,推进老旧车辆提前淘汰更新为新能源汽车。加强A00级新能源汽车推广,研究给予新能源汽车购车用车财政补贴、运营补贴、充电设施建设补贴、路权通行、减免部分停车费用等政策。(市科技局牵头,市财政局、市发改委、市住建局、市交通运输局、市公安局、市经信局、市市场监管局、市邮政管理局、市机关事务管理局、市城市管理局,各县市区政府、开发区管委会按职责分工负责)

3. 健全汽车服务体系。加快提升汽车金融服务水平,引导汽车企业打造智能服务平台,推动产业链向高端服务领域延伸。建立完善新能源汽车动力电池回收、梯次利用和固废处理体系,规范新能源和智能网联汽车回收拆解和回收利用行为,提升产品全生命周期价值。支持重点企业建设汽车后市场及循环产业园,培育汽车产品生产者责任延伸试点企业、新能源汽车动力蓄电池回收利用区域中心企业(站)。(市地方金融监管局、市商务局、市发改委、市经信局、市科技局,各县市区政府、开发区管委会按职责分工负责)

三、保障措施

1. 加强组织保障能力。成立与新能源和智能网联汽车产业链链长制相匹配的工作领导小组,统筹新能源和智能网联汽车产业发展相关工作,领导小组办公室设在市经信局、市发改委,负责综合协调工作。交通、科技、商务、住建、自然资源和规划、公安、财政、国资、邮政管理、城管、应急管理、市场监管、机关事务管理、金融监管等市直相关部门及各县市区政府各负其责、各司其职,协同推进我市新能源和智能网联汽车产业高质量发展。重大事项报请市领导专题协调。(市经信局、市发改委牵头,市直各相关部门,各县市区政府、开发区管委会按职责分工负责)

2. 发挥行业组织作用。统筹发挥市新能源汽车产业协会、市智能网联汽车产业协会等行业组织作用,搭建产业发展公共服务平台。吸收政府、企业、科研机构、高校院所、海内外高层次专业人才,组建新能源和智能网联汽车专家委员会。强化行业自律,加强行业宣传,组织技术论坛、行业峰会,营造良好氛围。(市经信局牵头,市发改委、市科技局、经济技术开发区、高新技术产业开发区管委会按职责分工负责)

3. 发挥政策引导作用。设立规模不低于100亿元的新能源和智能网联汽车产业发展基金。用足用好省"新能源汽车产业创新发展和推广应用""制造强省"等政策,加大"智造名城""国家自主创新示范区""战略性新兴产业发展"等市级专项政策支持力度,对重大项目按照"一事一议"给予支持。(市发改委、市经信局、市科技局、市财政局、市投促中心、市建投公司,各县市区政府、开发区管委会按职责分工负责)

4. 推动人才队伍建设。通过柔性引才等形式,加大人才引进力度,建设人才飞地,加快推进长三角G60科创走廊芜湖产业创新中心,重点引进新能源和智能网联汽车产业急需紧缺人才,满足产业发展需要。大力支持校地合作,创新校企联合培养模式,发挥市人才发展集团平台作用,加强本地高校电子、软件、控制算法、造型、设计等专业学科建设,订单式培养专业化技能人才。(市人才办、市人社局、市教育局、市产创中心、市人才发展集团按职责分工负责)

本文件中所涉及政策奖补条款如遇政策调整,按新政策执行。

【评析】 本文是一份意见。本文前言部分是典型的公文开头模式:目的兼依据式开头,"为抢抓汽车产业电动化、智能化、网联化发展战略机遇",根据《新能源汽车产业发展规划(2021—2035年)》,既是政策文件性的依据,又是执行上级文件的现实需要。主体内容中提出当年工作任务,目标明确具体。详细说明实现这些目标的措施与方法,思路清晰,条理清楚,实事求是,为实现计划提供了保证。正文内容具体、结构合理、层次分明。

思考与练习

一、填空题

1. 四项式计划的标题包括_____、_____、_____、_____。
2. 时间长、内容广且比较概括的计划是_____。
3. 计划的内容要素是计划目标、_____、_____、_____。
4. 领导机关安排工作、交代政策、指示方法时一般使用_____和_____。

二、选择题

1. 古人云:"运筹于帷幄之中,决胜于千里之外",这里的"运筹帷幄"反映了管理的_____。
　　A. 指导职能　　　B. 计划职能　　　C. 控制职能　　　D. 领导职能
2. 制订计划要在深入细致调查研究的基础上进行,确定的目标措施必须量力而行,因此,计划应具有_____特点。
　　A. 预见性　　　B. 导向性　　　C. 可行性　　　D. 主观性
3. 工作计划的核心是_____。
　　A. 计划的依据　　　　　　　　　B. 计划的目标
　　C. 实施计划的方法、措施　　　　D. 完成计划的步骤
4. 下面可以使计划圆满完成的是_____。
　　A. 把大目标分解成小目标　　　　B. 追求目标的完美
　　C. 不受别人的干扰　　　　　　　D. 不修改原定计划
5. 着重于拟定工作的进程、步骤和方法的计划指_____。
　　A. 方案　　　B. 要点　　　C. 安排　　　D. 设想

三、判断题

1. 决策的实质就是在多个备选方案中选择一个最佳方案。　　　　　　(　　)
2. 计划就等于制订目标。　　　　　　　　　　　　　　　　　　　　(　　)
3. 计划目标越高、越好,越能调动职工群众的积极性。　　　　　　　(　　)
4. 计划的措施、方法是整个计划的核心和关键。　　　　　　　　　　(　　)
5. 衡量一项计划的质量,主要是依据计划的精度高低。　　　　　　　(　　)

四、简答题

1. 为什么说计划的实质是决策?制订计划的过程是对一个方案进行选择的过程吗?
2. 如何确定一份计划的目标?

五、写作题

结合本学期学习任务,制订一份个人学习计划。

六、改错题

下文是摘录于某投资公司一份商业计划的文字:

研究显示,一般人随着年龄的增长,用于运动锻炼的时间逐渐减少,而看电视的时间逐渐增多。在今后的20年中,城市人口中老年人的比例将有明显的增长。因此,本公司应当及时地售出足量的"达达运动鞋"公司的股份,并增加在"全球电视"公司中的投资。

请分析上述论证在概念、论证方法、论据及结论等方面的有效性,指出其错误所在。

第四章

总　　结

第一节　总结的概念和特点

一、总结的概念

所谓总结,就是对过去一定时期内的实践活动或某一方面的工作进行回顾、分析、评价后所写的一种书面文体。总结作为人们认识客观事物、掌握客观事物规律的一种手段,对于人类社会的发展是必不可少的。立足过去,着眼未来,通过已然实践活动的分析,作出判断以及肯定成绩和经验、发现缺点和问题,明确工作方向,更好地指导未然的实践活动。诚如毛泽东审改周恩来准备向第三届全国人民代表大会第一次会议做的《政府工作报告》时所指出,"人类总得不断地总结经验,有所发现,有所发明,有所创造,有所前进",可以看出总结是伴着人类文明的诞生而诞生,人类文明的发展历史,就是人们不断总结经验的历史过程。总结对人类、对社会、对单位和个人都是非常重要的。但要把总结写好,并不容易,尤其是要写出有价值的总结,难度更大。

总结的难,主要难在两个方面:一是"总",它要对已然的实践活动进行事实的汇总;二是"结",它要对汇总的事实进行分析研究从而得出规律性的结论。只有事实,便成材料的堆砌;只有结论,便成干巴巴的几条筋,这都不叫总结。事实是结论的依据,结论是事实的总括;两者互相依存、相得益彰,是谓总结。要能够达到这种程度,并非易事。但如果掌握了写总结的一些基本要领,经过多次实践,完全可以把总结写好。

二、总结的特点

(一)目的的指导性

无论法人组织或个人写总结要达到什么目的,都必须写作前有考虑、写作时明白、写作后做鉴定。一般意义上讲,总结的目的,就是更好地认识世界、解释世界、寻找规律,从而能动地去改造世界。社会中的每一个法人主体或个人,都会从自身的实践中去找到正面的经验或反面的教训,最直接、最主要的目的就是指导今后的实践活动,而不是其他。

(二)事实的准确性

总结是从事实出发,并对客观事实进行结论式的认识,是一个感性认识上升到理性认识的过程。事实确凿,总结出来的经验、教训才能体现出客观过程的本质,才有指导意义;

否则,就只能把人们的认识引入歧途,用以指导实践,将对工作造成损失。事实的准确性,不仅指事实的客观存在,还指总结所依据的事实必须典型且具有普遍意义,体现出事物的本质和主流。

(三) 概括的正确性

总结的效用不单是提出事实,告诉读者做什么、做得如何,更重要的是揭示出为什么这样做、这样做的普遍意义何在。这就必须在事实的基础上进行理论的概括。对于同一类事实,可以从不同角度概括,也可以从表象或本质概括。要保证概括的正确性,首先,要从指导实践的效用角度去概括。有些总结依据的事实是真实的,运用的方法也对,但角度不对,脱离了总结经验和教训旨在发挥指导工作的效用,概括出的观点和实际工作牵强附会,让人不知所云。例如,关于产品市场营销情况的总结,把概括的重点放在证明资金使用效率先进性上;写教学工作总结,把概括的重点放在知识分子是我国经济建设的重要力量上。这样的总结空泛无力,毫无实际效用。其次,要从揭示事物的内在联系的角度去概括。也有些总结,角度正确,但没有抓住问题的实质,流于事实的表面现象,导致概括观点欠深、欠全、欠佳。如总结企业提高经济效益的工作,概括出要加强企业全体职工勤劳吃苦思想教育的经验,这虽然重要,但从全局出发,提高企业的经济效益关键点并不在此,而在于建立一个奖勤罚懒、充分调动职工积极性的竞争机制、激励机制和分配机制。由此可见,从指导工作效用入手,揭示事物的本质,才能保证总结结论概括的正确性,是成功的总结必须具备的重要特点。

(四) 内容的条理性

总结往往反映一个阶段的工作,时间跨度大,牵涉的工作内容繁多。所以,总结在表达内容时应层次分明、清楚明了,特别强调分门别类的条理性。它不同于记叙文讲究时间、空间协调,也不同于议论文,追求概念、判断推理的逻辑统一,只强调事实和结论的协调统一。有些总结,虽未明确地说出条目,但各层次汇集事实、概括观点的条理性仍然是非常清楚的。

总结作为一种文章体裁,有区别于其他文体的个性特征。这种特征,有的显而易见,有的难以辨别,特别是与之相近似的某些文体,只有认真比较,才能加以区别。另外,我们通过相关文体的比较,从而更清楚、更全面地认清、掌握、总结这种应用文的特点,避免在具体运用、操作中出现差错。

第一,总结同公文报告的比较。工作总结同公文中的汇报工作的报告相比较,两者都是以回顾过去一段工作为基础,来全面系统地陈述情况。它们的区别是:①公文报告代表发文机关的意见,直接具有行政效力;总结不用公文形式表现,不具有行政效力;②公文报告以陈述事实为主,较少议论;总结则夹叙夹议。③公文报告在回顾的基础上,也要扼要地提出下一段的工作思路和方法等;而总结主要是通过回顾工作,着重总结经验教训引出规律性的东西。

第二,总结同调查报告的比较。总结和调查报告,在写法上既有很多的相同点,又有许多不同点。其相同点主要有:①就事论理,无论是一篇总结还是一篇调查报告,既不能就事论事,也不能就理论理,只能通过就事论理起到验证政策、总结经验、肯定成绩、克服缺点、掌握规律、指导全局的作用;②用事实说话,两者材料性非常强,都要通过具体的情况、做法、事例来说明主旨,揭示规律;③要以一定的方针政策为依据。其不同点有:①目的不同。调查报告有较强的新闻性,是为了针对现实生活中迫切需要回答的问题及已发生的重大事件写的;总结是常规性的工作制度,一项工作完成或工作告一段落,就要对情况进行总结,以便找到经验规律,指导今后的实践。②取材范围不同。总结,主要取材于本地区、本部门、本单位的事务活动,即必须是从实践者亲身经历范围内取材;调查报告是信息收集,它可以横向联系,从超出调查对象以外的范围收集材料来说明问题。③角度不同。调查报告是非当事人的观察分析,要用第三人称;总结是当事人对自己工作的回顾分析,要用第一人称,属自我评估。④写作手法不同。总结着重论述怎样从实践中获得规律,常有较多的分析,对事实情况、过程常用概括的方法表述;调查报告则以陈述事实为主,引用具体材料较多,它要明显地反映某种事物、某项工作、某种现象,以及某个事故"起因→发生→结局→后果"的发展脉络,过程感较强。

第三,总结同计划的比较。总结和计划属于日常管理工作中的常规性应用文,也可以说是对应性的文种,因为它们实际上反映了一项工作或一段工作管理的起始过程:在工作进行之前应未雨绸缪、精心谋划、周密安排,预期性地把工作做得更好;在工作结束后,应回过头对做过的工作或事先计划执行的情况进行回顾检查,找到规律,以利今后把工作做得更好。所以从某种程度讲,总结是对计划实施情况和计划的科学程度的评估,是对执行计划主体的实践活动的一种理性认识,而下一阶段的计划要根据总结评估来制订。由此,不难发现计划与总结之间相互对应、相互依赖、相互制约,完整地反映了一个管理周期,也同时反映了"计划(实践)→总结(认识)→再计划(再实践)→再总结(再认识)"永不间断、无限循环的认识规律。具体而言,总结和计划的相同点主要表现在以下几方面:①从依据看,都以实践内容为基础;②从写作目的看,都是揭示事物的本质,找出规律;③从内容反映看,都需要高度的概括性和系统性;④从表达方式上看,都以叙述说明为主,兼有议论,不用描写和抒情。它们的区别是:①写作时间不同。计划制订于事前,要解决"做什么""怎么做"的问题;总结形成于事后,要回答"做了什么""做得怎样"的问题。②作用方式不同。计划一经批准,对计划期和计划单位的工作有直接的约束作用;总结即使成为正式文件,也主要起提高认识的作用,间接对今后工作产生影响。③反映角度不同。总结是对已完成的工作进行回顾、评价,反映的内容是固定的;计划则是对未来工作进行预测,反映的内容是相对灵活的。所以,总结写作应不留余地,深入分析,找到规律;计划写作应留有余地,考虑不测因素,具有弹性。

第二节　总结的作用和种类

一、总结的作用

(一)总结是获得正确认识的必由之路

从唯物主义认识论出发:"一个正确的认识,往往需要经过由物质到精神,由精神到物质,即由实践到认识,由认识到实践这样多次的反复,才能够完成。"(毛泽东,《人的正确思想是从哪里来的?》)任何单位和个人对自身实践活动进行回顾,写成总结都是一个由实践到认识,再由认识能动地去指导实践的过程,可以使我们把感性认识上升为理性认识,把实践上升为理论,有利于实践主体透过现象去发现客观活动中的规律,从而形成正确的认识。

(二)总结是科学有效的工作方法

总结是一个工作周期或管理活动周期结束的理论概括,有利于今后实践活动开展得更好,这实际上是一种科学有效的工作方法。它的科学有效性表现在三个方面:一是有利于科学决策。俗话说:"前车之覆,后车之鉴。"客观事物复杂多变,工作中的偏差、失误在所难免。通过认真总结,"吃一堑,长一智",就能提高决策的科学水平。二是有利于做好各项工作。在经济转型时期,市场经济发展迅速,国内市场和国际市场接轨的速度加快,新生事物层出不穷,这就要边实践边总结,提高工作的自觉性、科学性,避免工作的盲目性和随意性,尽量少走弯路,减少损失,推动工作向前发展。三是有利于充分调动积极性。总结可以通过表扬和批评,鼓励先进,奖励后进,最大限度地调动人们工作的积极性。

(三)总结是对政策、方针、决策的检验

我们的一切工作都是贯彻党和国家政策、方针的过程,而具体单位实体的决策,是把国家方针、政策和本地区、本部门的实际情况有机结合,进一步科学化、具体化的实施过程,政策、方针的正确与否,实施把握准确与否,最终要由实践来证明。总结虽不是法定的公务文书,没有行政效力,但却受到各类各级单位及其决策者的重视,原因在于此。

二、总结的种类

总结是一个统称,在日常工作、学习中还有"小结""情况""体会""回顾"等名称。它的种类繁多,划分方法也各有所异。

(1)按内容划分,有工作总结、生产总结、经营总结、劳动总结、学习总结、思想总结等。

(2)按内容繁简划分,有综合性总结、专题性总结。

(3)按范围划分,有地区总结、部门总结、单位总结、个人总结等。

(4)按时间划分,有年度总结、半年总结、季度总结、月份总结、阶段总结等;另外,还有两年工作总结、三年工作总结、五年工作总结以至十年工作总结。

总结的种类虽有上述分法,但事实上,一篇总结的内容,往往涉及性质、范围、时间等几个方面。从实际情况看,为推广某一经验和做法,通常使用专题性总结。如某一单位在某一个时期各方面的工作的成绩均较显著,则多采用综合性总结;如某一个方面的工作很突出、很有特色,则采用专题性总结。在此,就综合性总结和专题性总结做较详细的介绍。

(一)综合性总结

综合性总结又称全面总结,是单位部门或个人对一定时期内各项工作的全面回顾,它

涉及的面广、问题多、时间长。如《××省2021年国民经济和社会发展计划执行情况》，它的内容要涉及各个行业、各个经济层面、各个社会主体、各个地区，是对××省该年度宏观性、全面性的综合反映。写这种总结时，既要顾及全面，又要注意突出重点，主次分明、中心突出，并要具有较强的分析问题和判断问题的能力。

（二）专题性总结

专题性总结是对某一方面的工作或某一问题所进行的专门总结，侧重于经验，故又称经验总结。这种总结的内容比较集中、单纯，也更具体、细致、深刻，针对性较强。如《从抓成本核算入手加强企业管理工作》《我们是如何管好用活流动资金的》等，都是就某一项工作、某一项决策所形成的总结，均属专题性总结。

写专题性总结，重点在"专"，如若不"专"，写出的总结往往就变成不全不专的"两不像"。为了使总结体现"专"，就要集中笔墨，写深写透，概括规律，突出特色，能对其他单位有一个指导、启迪、借鉴、参考的作用，切忌泛泛而谈。

第三节 总结的格式及写法

一、总结的结构类型

总结在长期的写作实践中，已基本形成了人们惯用的一些结构类型。其最典型的结构主要有以下几种。

（一）板块式结构

这是总结的基本体式，也是一种传统格式，按"情况—成绩—经验—问题—建议"的顺序分部分叙述。这种结构把全篇按照内容的不同分成若干块，简明清晰，整体性强。它通常采用下面的程式顺序安排板块。

（1）基本情况部分。这部分是总结的开头，主要概括介绍总结的对象、范围、目的、背景、工作进程、工作任务等。

（2）成绩和经验部分。这部分是总结的主要内容，应写明具体成绩、典型事例、统计数字，并应相应地进行理论化、抽象化，概括出规律性的东西，是总结写作的难点、重点所在。

（3）问题和教训部分。这部分主要写工作中还存在哪些不足，或尚待解决的问题以及工作中的主要教训。

（4）打算和建议。这部分主要写今后的工作努力方向和打算，并提出相应的合理性建议。

上面四个内容，还被称为工作总结的"四要素"，这种结构形式常常运用于综合性总结。

（二）条文式结构

这种格式把从大量材料中概括出的观点，按递进或并列形式列成若干条文，每一个条文,就是一个观点,所统领的材料,必须与观点密切关联。条文之间依总结的内容性质和主次轻重进行排列。如毛泽东的《三个月总结》就是采用的条文式写法。全文共19条,详细地总结了1946年7月全国规模的内战爆发以来,3个月战争的一系列情况和经验;把过去、现在、将来、成绩、经验、教训、形势、任务、意义几方面综合、穿插在一起,有事例、有分析、有结论。条文式总结行文简要、独具一格、别开生面,打破了条块结合的传统程式。但是条文式写法难度较大,若弄得不好,会造成条文之间分离,似一盘散沙,故以少用为宜。

(三) 小标题式结构

这种格式以若干小标题起领全篇的每一部分。这种格式形式多样、写法灵活。小标题往往是经验成功的原因,或者是工作的阶段性标志。如《我们是如何管好用活流动资金的》一文把主要经验用小标题的形式概括出来,层层展开,脉络十分清晰。小标题式结构比较适用于专题性总结。

(四) 阶段式结构

分阶段总结,即把人们工作或经历的整个过程分成几个阶段,分别说明每个阶段的成绩、经验和教训,并注意怎样从较低阶段推进到较高阶段,从而使读者对整个工作进程有一个全方位、整体性的了解,进而把握住某项工作的特点及规律。如《书记动手,全党办企业》一文,是一篇介绍沿海发达地区如何抓办乡镇企业的工作的经验总结。文章按"从不懂到懂""从少数人会到多数人会""从镇干部办企业到群众办企业"三个阶段来组合整个总结的结构,通过工作进程的顺序、事物内在联系安排材料的特点非常明显,是典型的阶段式结构。

(五) 比较式结构

这种写法有两种格式。一是先立标准后对照比较,发现不足,提出改进意见。《××省建设银行2021上半年住房信贷业务检查情况》就是采用先在前言中标立标准——这次检查的范围、内容、方法、要求,告示于前;然后通过检查,发现了四个方面的问题;最后针对问题提出相应改进意见。这种写法多用于工作检查性总结。二是纵横比较,即历史性比较和先进性比较。通过历史性先后比较,看总结主体具体业务工作的进展性情况,水平是提高还是降低,业绩是前进还是落后;通过横向的先进性比较,看总结主体业务工作发展情况,水平是领先还是落后,速度是快还是慢,规模是大还是小。

(六) 贯通式结构

全文紧紧围绕主旨,总结事态发展的全过程,文字前后贯通,按"主旨—做法—效果—体会"一气呵成。如《"拿来主义"加快了经济发展》一文,标题就是总结的主旨,全文围绕该主旨,列举了五个方面的做法:一是购买科研单位的技术成果;二是为科研单位提供实验场地;三是聘请科技人员担任厂顾问;四是与大厂实行科学技术协作;五是与科研单位联合进行科研。五个方面的做法,同时又是具体的工作体会,在实际中取得了明显的效果,而又被"重视科学技术是经济发展的根本动力"的主旨所贯穿,其不分条款、不分章节,但脉络清晰、主旨鲜明,是典型的贯通式结构。

二、总结的结构内容

总结一般由标题、正文和落款三部分组成。

(一)标题

总结的标题不求生动形象,而求科学的概括和简明准确。其大致有以下四种写法。

1. 公文式标题

它类似于行政公文的标题,主要由单位名称、时间期限、内容范围和总结种类四部分构成。这种标题通常用于工作总结,如《××市工商银行2021年工作总结》《财政部2021年工作总结》等。根据实际情况,标题中的单位名称、时间或内容有时可以省略,如《财政部关于会计干部技术职称评定工作的检查总结》。

2. 主旨式标题

主旨式标题又称经验性标题。这种标题多用于经验总结,标题直接点明总结的主旨,告诉读者具体的经验,如《学贵于思》《树立效益观念 降低储蓄成本》《食品卫生工作要做到经常化》。

3. 提问式标题

这类标题采取提问的形式,引起读者注意某一范围的具体事务和工作,如《我们是怎样打开市场销路的》《我们是怎样开拓信用卡市场的》《我们是怎样试办工商联合企业的》。

4. 主副式标题

这类标题写法上分主、副两行标题。主题概括总结的内容,副题表明文体特点。如《薄利多销、保证质量——××市便民饮食店先进经验介绍》《发挥整体功能,转换经营机制——××汽车服务有限公司2021年工作总结》。

(二)正文

总结的正文一般包括前言、主体和结尾三个部分。

1. 前言

前言即基本情况的概述,一般包括背景、条件、时间、任务、成绩和进程六个方面。背景是指工作进程的政治、政策、经济环境;条件是指工作进程所面临的内、外部条件;时间是指工作进程所经历的时间跨度;任务是指工作进程所担负的工作、要求以及要达到的目标;成绩是指完成任务的各种数据或具体表现;进程是指实践中形成的主要步骤和基本环节。它主要介绍情况概述,目的是使读者有一个总体的印象。所以,应根据总结内容的需要,有所侧重,并紧扣总结的中心,画龙点睛,以简约之笔给人明确而深刻的印象。

2. 主体

主体部分是总结的核心,是对前言部分的具体展开。其主要包括成绩、经验、体会、问题、教训等内容。无论是综合性工作总结还是专题性工作总结,主体部分都要做到主旨鲜明、重点突出、突出个性、反映特色,这样的总结才有价值,才有借鉴指导意义。那么,在写作中如何做到这一点呢？

一是从做法上突出重点、反映特色。具体讲就是要认真回顾本单位的实际情况，做了什么工作，是怎样做的，遇到了什么矛盾，是如何解决的，特别是与其他单位比较，找出在做法上的创新和独创之处。把这些有特色的东西总结出来，就可以提升总结的价值。《计量管理法是提高我厂生产效率的有效途径》一文，介绍了××羽绒服厂把制作一件羽绒服每一个工序进行时间量化的具体做法，这种数字化、指标化精细管理，避免了管理工作中人为的、主观的不科学行为，从而大大提高了企业的工作效率。企业提高效率的方法是多样的，但"时间量化"管理是××羽绒服厂独有的做法，可以说该总结特色鲜明。

二是从效果上突出重点、反映特色。总结不能停留在反映做了什么、怎么做的，而是要归纳出某项任务完成后取得了什么巨大成绩，对社会、对单位自身产生了一些什么具体效应。否则就很容易就事论事，只停留在工作事务写作的表面，毫无个性而言。这种总结因无个性特点，放到任何一个同类次的单位都无关大碍，张冠可以李戴，这是典型的总结写作中的形式主义表现。

三是从认识上突出重点、反映特色。写总结是对过去一段工作的回叙，分析寻找到规律，形成有规律性和指导意义的认识。做了同样的工作、做法与效果基本相似，但如果各种条件不同，则对事物的认识水平、总结的深度和广度就不一样了。实践出真知，但正确的认识又可以指导实践。因此，写总结一定要反映实践主体的认识发展过程，并归纳出典型认识的脉络，这就可以使总结有重点、有特色，从而真正实现总结认识世界、改造世界的作用。如《书记动手，全民办企业》这篇总结回顾了该地区办乡镇企业的几个阶段的工作。实际上这几个阶段也正是人们对乡镇企业"不敢办→少数人办→干部带头办→全民办"认识的发展过程。

3. 结尾

结尾部分主要是写今后的打算或努力方向。打算要切合实际，方向要具体明确，切忌空洞无物、讲大话、讲原则话、讲大道理。

（三）落款

总结的落款包括具名和日期。单位总结的具名，可以放在文后右下方，也可置于标题之下。个人总结的署名，一般都写在正文的右下方。总结的日期，有的写年、月、日，有的只写年、月，日期的位置一般落在正文的右下方。

第四节　写总结应注意的事项

写总结时应注意以下几个事项。

一、联系实际，实事求是

联系实际、实事求是是写好总结的基本原则。总结要符合实际情况，它的第一读者应是自己单位的人，它的第一目的是指导实践主体今后的实践。所以，一是要用"一分为二"的观点来分析实践活动，既要充分肯定成绩，又要看到存在的不足；既看到现象，又看到本质。二是要恰如其分地评价成绩,既不夸大,也不缩小,要符合客观实际。切忌把总结变成请功邀赏的材料,过分地顺应领导的脾胃,看风向、赶浪头,上有所好,下有所为,这很容易导致总结写作中出现违背客观事实、报喜不报忧、任意缩小拔高、弄虚作假的形式主义的行为。

二、抓住实质,突出重点

抓住实质、突出重点是体现总结水平的标志。写总结不能事无巨细和盘托出、应有尽有,而要经过分析综合筛选提炼,反映工作的主流和矛盾。写总结也不能只反映工作过程,停留在工作的表象,面面俱到,浮光掠影,记流水账,而应根据本身工作的特点,在做法、效果、认识上选择好突破口,抓住要害,突出重点。

三、精于剪裁,反映特色

精于剪裁、反映特色是提升总结价值的有效方法。单位一年一度汇报性工作总结,由于是例行公事不能不写,于是很容易出现老生常谈,应付差事,使总结写作类型化、概念化、模式化、雷同化。单位总结年年相似,代代相传,不同单位总结也千人一面,大同小异,毫无个性。要改变这一现象,要实而不虚,在实字上下功夫,善于在不同时期、不同单位的具体做法、具体效果、具体认识上找到差异,抓到人无我有、人有我优的东西才会有新意,才会有特色,才会有价值。

四、熟悉业务,掌握情况

熟悉业务、掌握情况是写好总结的前提条件。写总结者一定要熟悉总结单位的具体业务,掌握单位的具体情况和各工作细节。如作者不谙实情,就一定要调查研究,咨询知情者,查阅相关资料。否则,对情况一知半解,那是无米之炊,笔头功夫再好,也只能写成概念化、论文化的文章。

第五节　阅读与评析

[例文]

我们是怎样盘活生产资金的

在目前去杠杆银根紧缩的情况下,工业企业如何解决资金周转困难,保证生产稳健发展?我们厂虽然是一个合作化时期创办起来的机械工厂,但由于多年低效益运转,企业的资金实力还很薄弱,与近来生产发展的矛盾日益突出。200多万元企业自有流动资金要做活2 000余万元的营业额,难度确实很大。我们紧紧抓住以下三个环节,盘活生产资金,使企业收到良好的经济效益。2016年实现销售收入1 813万元、利润196.32万元,分别比上年增长57.30%和3.1%,各项经济指标均创历史最好水平。

一、围绕市场目标,调整产品结构

企业的一切经营活动都是围绕市场进行的。一个企业的产品在市场上适销性强,资金周转就快。单级双吸中离心泵是我们厂的主导产品,于1970年开始生产,在计划经济的年代，产销基本平衡，但效益甚低。近几年来，随着乡镇、联户企业的发展，中开泵产品在市场上的竞争日趋激烈。面对这种情况，我们主动出击，广泛进行市场调查，根据国家采取压缩基本建设规模，增加农业基础设施投资和进一步改善城乡人民饮水条件的市场走势，对主导产品中开泵的品种做了大的调整：限产12英寸以下小泵，发展20英寸以上大泵，使中开泵品种从上年19种扩大到33种，形成系列化、大型化、多品种的生产优势。产品结构调整赢得占领市场的主动权，省内宁波、慈溪、嘉兴、杭州、瑞安、金华等不少市县扩建自来水工程的承建单位纷纷来函来人订购大口径中开泵，有的甚至派专车带支票来厂等货，产品供不应求。

在抓好主导产品结构调整的同时，我们根据本厂的生产条件和技术素质，专门成立水泵研究所，集中科技人员抓新产品开发。一年中，开发成功Y型油泵，并投入批量生产，试制成功铜泵、防腐泵新产品，使几十年来一直从事铸铁件水泵生产的企业出现了一个飞跃，开始向高效益的化工方向发展。系列化、大型化、高档化的产品结构不仅使销路拓展到华东各省市，而且加快了资金周转。

二、落实经济责任，实行四项控制

企业有了适销对路的产品市场，还必须强化企业内部的管理。为此，我们于2016年初调整了管理组织，变10科1室为5部1室1所，全厂实行计划目标管理，将厂部总体目标层层分解落实到车间、个人，全厂实行四项控制：一是进度控制。改月报为旬报，及时疏通梗塞的工序，确保按期交货。二是质量控制。规定包括外协件在内各种零部件的检验标准和办法，生产工人严格按工艺图纸把好自检关，确保合格产品出厂调运。三是库存控制。详细规定原辅材料、外协件的库存总量，达到既不影响生产、又不积压资金的目的。四是成本控制。对各种消耗和占用规定限额指标，确保产品成本不突破控制范围。为了使"四项控制"的措施顺利实施，厂部将每项控制指标的考核分别落实到各职能部门和生产工人。经济责任充分调动了全厂职工参与"四项控制"的积极性，实现了资金的合理配置。外协件的储备量由往年规定半年期限调为3个月，库存物资储备量从上年60天期限调为30天。仅库存储备资金的减少，一年就可节约支出8万多元。2016年一年中，销售产值资金率为29.96%，比上年下降6.62个百分点。2016年四季度以来，生产任务紧迫，由于我们实行了进度控制，全厂职工开展"创优质高产，确保全厂出运任务超额完成"的劳动竞赛，职工一个月的人均投工量达到389个工时，比上半年平均月投工量提高56.7%，超额22%，完成厂部下达的交货计划，赢得了要货单位的一致好评。

三、不摆排场阔绰，只求实力建设

随着生产规模的扩大和企业积累的增多，讲排场、比阔绰的思想苗头也相应在一些管理人员中滋生，积累增多了，钱往什么地方花？我们认为，我们企业虽然年年有较大发展，但与飞速发展的市场经济相比，差距还很大。企业在市场中犹如逆水行舟，不进则退，要使我们这样的企业年年有发展，首先还得增加技改投入，提高竞争实力。因此，我们在各种会议上反复阐明"把钱用在刀口上"的观点，统一全厂职工认识，继续保持艰苦奋斗的优良传统和作风。

我们领导班子在艰苦奋斗上做表率。厂长办公设备比其他管理部门都简陋，只有一间不到10平方米的办公室，有人要给厂长换个办公地点，被婉言谢绝。全厂干部职工在厂长的带头下,不买轿车,不建办公大楼,集中财力搞技改。我们已完成三期技改项目,总计投资560万元,2017年我们已上报省立项,投资980万元新建铸铜车间,购买中平炉设备,为生产高利润的化工泵打基础,为2021年前实现上亿产值的目标作出不懈的努力,成为全国水泵行业的重点企业。

【评析】 本篇总结属于专题性的工作总结。既然是专题性工作总结,就不能事挂万头、面面俱到,而应单一性、专门化地集中笔墨来回顾某一方面的工作,从中得到经验。从本文标题的拟制就完全可以发现文章针对性强的特色,标题就是问题,问题也是该企业本年度工作中的难题。企业面对难题,如何迎难而上,解决问题,也是本篇总结的中心。可以说题目拟制一箭三雕,问题、难题、中心三点一线,巧妙地联系在一起。比起那些四平八稳的公文式标题、报告式标题,更具艺术性。另外,标题采取设问形式,开门见山,提出问题,引人思考,有利于把问题和正文切合,也有利于将问题和读者切合。

从总结的正文内容来看,本总结结构层次清晰、不枝不蔓、中心突出。其主要由三大部分构成,即基本情况、具体做法、效果。从该企业的基本情况看,可细划为两个方面:国家信贷总量控制、银根抽紧;多年低效益运转、企业的资金实力薄弱。这两个基本情况相对企业来说都是经营面临的劣势。因为资金是企业经营的血液,没有资金,企业就无法再扩大、再生产,更谈不上提高效益。要改变资金短缺的劣势,唯一的办法只有通过企业自身去盘活自有资金。可以说,基本情况的介绍紧扣了题目,也紧扣了总结的中心,没有多余话,符合专题性总结"专"的特色。

从该企业解决问题的具体做法上可以归纳为三个大的动作:第一个大动作是紧跟市场,调整产品结构,广开销路,避免存货,减少积压资金,加快产品资金流动。一是开发出系列化、大型化、多品种产品,使产品数量由19种扩大到33种,抢占了市场的先机。二是在抓主导产品的同时,做好新产品开发、挖掘市场的新的利润增长点。一主一新,扩大了企业产品的市场份额,加快了资金周转。第二个大动作是强化企业内部管理、落实经济责任制,形成一个高效、有序、灵活的运行管理机制,降低生产成本、节约资金、提高资金利用率。其具体做法有:控制进度,按期交货;控制质量,按质交货;控制库存、减少资金积压,按需交货;控制成本、减少消耗,按多赢交货。第三个大动作是追求实效、不务形式。全厂由领导到一般工人都树立良好务实的经营观,不大手大脚,不搞排场,不乱花钱。艰苦奋斗,把钱用在技改投入上,提高竞争实力。减少了众多务虚性、不必要开支。由此可以回答该企业如何盘活资金:一靠扩大市场份额,由市场盘活;二靠科学管理,靠管理盘活;三靠树立良好的经营思想,靠观念盘活。在这种具体做法下,自然而然、顺理成章就有最后的成效。200多万元自有流动资金做活了2 000余万元的营业额,使企业在这种客观背景困难的情形下,收到良好的经济效益,各项经济指标均创历史最好水平。文章到此收笔,严谨有理,观点集中,不枝不蔓,可谓一气呵成。

思考与练习

一、填空题

1. 总结就是对过去一定时期内的实践活动或某一方面的工作进行_____、

_____、_____后所写的一种书面文体。

2. 总结这种文体的主要特点有_____、_____、_____、_____四个方面。

3. 总结是一个统称,在日常工作、学习中还有"_____""_____""_____"和"_____"等名称。

4. 总结按内容繁简可分为_____和_____两种。

5. 工作总结的"四要素"主要是指_____、_____、_____和_____。

二、简答题

1. 写好总结的难点在哪里?

2. 总结写作中如何保证在反映事实的基础上做到理论概括的准确性?

3. 总结文体的写作中如何才能突出个性、反映特色?

4. 总结和调查报告有何异同?

5. 总结和计划有何异同?

6. 总结的作用有哪些?

三、总结的价值在于有特色,下面是几篇总结正文部分的提纲,试指出它们各是从什么方面来突出特色的。

(提纲原文)

第一篇:1. 开展物资、资金、设备技术、人才管理全方位的协作。(1)从物资协作向经济协作发展;(2)从加工协作向技术协作发展;(3)从生产协作向流通协作发展;(4)从引进协作向输出协作发展。2. 组织多样化的联合。(1)在联系模式上求实;(2)在联系范围上求广;(3)在联系程度上求活。

第二篇:1. 投资小、建设快、效益高;2. 非生产性投资少、人员少、费用省;3. 找到了农村剩余劳动力的出路,提高了农民收入;4. 促进了民营企业的技术改造。

第三篇:1. 清理信贷资金,堵利用贷款进行违法活动的漏洞;2. 清理银行账户,堵利用账户进行犯罪活动的漏洞;3. 清理现金支付,堵骗取套取现金搞经济犯罪活动的漏洞。

四、指出下列总结语句所表达的主旨。

1. 加强内部法规清查,健全各项制度。(表   )

2. 搞好审计监督,必须全面提高审计人员的业务素质。(表   )

3. 提高了对金融危机的认识,增强了企业的信心。(表   )

4. 资源配置过于粗放,市场机制调节不够。(表   )

5. 农民素质得到普遍的提高。(表   )

五、根据总结的文本知识,分析下篇总结存在的主要问题。

我是怎样获得学习、工作双丰收的

我是2018年秋考入省工商银行干部职业学院的,入校以来,一直担任班长兼团支部书记。在学习和工作中,我以党员标准严格要求自己,取得了显著成绩。

1. 努力做到工作、学习双丰收

入学以后,我被推选为班长兼团支部书记。开始我并不十分乐意。但我想,作为一个班级,工作总要人去做,自己是党员,不但应该去,而且要做到好上加好。可是一个人的时间和精力是有限的,工作和学习毕竟是一对矛盾,需要妥善处理。

我知道,时间对每个人一天都是 24 小时,但抓得紧,它就"长"了。作为学生干部,做工作要花时间。我经常参加体育比赛,也占去了很多时间。这样,我用在学习上的时间比其他同学就少得多。

为了做到学习、工作两不误,我注意合理地支配时间。时间就像海绵里的水,只要用力"挤",它就有。由于我拼命地"挤"时间,所以它就由"短"变"长"、由"少"变"多"了。有时间就去看书、写作业,有时间又去做班级工作和团的工作。

由于我较好地处理了学习和工作的关系,尽管工作和其他活动占去了不少时间,仍然取得了好成绩,连续两年被评为三好学生和优秀团干。

2. 坚持正确的政治方向

2018 年,当我接到通知被录取的时候,兴奋之余,想到的是:一定要珍惜来之不易的学习机会,要用知识来充实自己,为今后工作打下坚实的基础。入学后,听了校长的动员报告,我认识到:一个中专生肩负着历史的重任,仅仅满足于"打基础"是很不够的,应该严格要求自己,把坚定正确的政治方向摆在第一位。

3. 和同学们并肩前进

一个人的力量是渺小的,社会主义现代化宏伟目标的实现,要靠若干代人的共同奋斗。对于一个党员来说,必须处理好个人与同学们的关系,要互相学习,取长补短,和同学们并肩前进。

了解同学,和同学们建立良好感情,是开展工作的基础。我觉得,要真正了解同学,得到大家的信任,首先要从关心同学入手。

作为一名党员、班长和团支部书记,仅从生活上关心同学是不够的,还应该关心他们政治上的进步和思想上的提高。我根据不同的对象,采用不同的方法开展工作。一位同学入学后工作一直积极主动,要求进步迫切,多次找我谈心,我就鼓励他向党组织提出入党申请。有两位女同学,为一点小事争吵不休,影响了团结和学习。我和一名班干部多次与她们谈心,批评各自的缺点,促使她们言归于好。

每个同学都有自己的长处,我总是学习他们的优点,以弥补自己的不足。例如,我认真学习他们的思考习惯,学习他们挤时间的钉子精神,学习他们助人为乐的高尚风格等。

入学以来,我虽然在学习和工作中取得了一定的成绩,但只是做了一些应该做的事。我决心"欲穷千里目,更上一层楼"。

六、请结合你的学习、工作或某项社会活动写一篇专题性总结。

第五章

调查报告

第一节 调查报告的概念和特点

一、调查报告的概念

调查报告是在社会实践活动中,对现实生活中的典型问题、事件、情况、经验等,进行深入细致的调查,对调查所获得的信息资料进行系统、科学和周密的整理,根据实际需要进行分析、归纳、综合后,透过现象揭示事物的本质,找出带有规律的东西,从而引出正确的结论,在材料与观点统一的基础上,根据内容的特点,认真构思后撰写的书面报告。

调查报告由"调查"与"报告"两个词组成。所谓"调查",就是对社会客观事物进行一番了解,弄清事物发生的背景、过程、结果以及相关的具体情况;"报告",则是把调查过程中所得到的事实材料进行综合分析,以书面材料形式阐明其意义,揭示事物的本质、规律。这种文体是人们认识客观事物、了解社会现状、把握现实动态、收集社会信息的主要工具之一,所以运用非常广泛。它既是党政机关、企事业单位、人民团体日常工作中经常使用的文字材料,也是报刊上常见的新闻体裁。因此,它既是调查研究成果的运载工具,也是使其转化为社会效益、发挥社会作用的桥梁,十分重要。

调查是调查报告写作的基础,"没有调查就没有发言权",一切结论必须从事实中引出;分析研究是调查报告写作的关键,调查报告的目的就是要获得正确的结论,揭示事物的本质,反映事物客观规律,而这些都离不开对事实材料的整理、分析、归纳和综合,只有在分析研究中才能实现科学的认识;最终调查报告的书面文字则是调查、分析的反映与体现。

随着改革开放的深入发展,新事物层出不穷,新问题也不断涌现。作为认识客观事物的手段、制定方针政策的依据、解决实际问题的一种重要方法,调查报告这种文体将会越来越受到人们的重视。

二、调查报告的特点

(一)具有很强的针对性和明确的目的性

调查报告的写作目的,就是通过反映情况、研究问题,提供经验,推动工作,其写作目的很明确。进行调查研究,撰写调查报告,目的是解决现实中出现的问题,或是弄清事件的真伪,或是了解问题的来龙去脉,或是总结工作中的经验教训等。假若客观现实中没有出现某些问题或变化,就不会有与之相应的调查报告产生。因此,调查报告的起草人必须从工作的实际需要出发,有针对性地调查研究,或澄清事实,或提出解决的办法,或总结经验。从一定意义上说,针对性是调查报告的灵魂,针对性越强,目的越明确,其对工作的指导作用就越大。

现实中,多是上级机关或调查人员,针对工作生活中出现的新问题、新变化,根据工作的需要,组成调查组,抓住普遍性的、为群众所关心的问题,深入实际,调查研究,站在通观全局的高度,写出调查报告。与一般文章的写作动因相比,调查报告往往有着更强的针对性。

(二)以事实为基础,用事实说话

调查报告是用来说明调查研究的实际情况和结果,旨在解决实际问题的实用性文体,因此,如实反映情况,用事实说话是调查报告的一个突出特点。调查研究作为一门科学,必须有严谨的科学态度,其中最重要的一点就是尊重客观实际,"从客观的真实情况出发,而不是从主观的愿望出发"(毛泽东,《改造我们的学习》)。

调查报告的基础是客观事实。不论哪种类型的调查报告,都必须以充分、确凿的事实为根据,通过具体的客观事实情况、确凿数字、经验、问题等说明观点。调查报告这种用事实说话、凭数据立论的特点,要求我们从大量而翔实的材料中提炼观点,再选择具有典型意义的材料来说明观点,绝不允许道听途说、捕风捉影、主观臆测。因此,撰写调查报告,要深入调查研究,对材料,尤其是数据反复核实,这样才能够为领导机关或主管部门进行决策、指导工作提供可靠的客观依据。

(三)写作叙议结合,说明为辅

调查报告的写作,不能同议论文那样,着重于逻辑的推理和论证,其观点是在叙述事实的基础上自然得出的结论;但叙述事实,又与记叙类文体不同,不要求情节的连贯性和形象性,而要求根据说明问题的需要,讲清事实即可。所以,调查报告的写作是夹叙夹议,就是在以叙述事实为主的同时,进行必要而精当的议论。"叙"多为概括叙述,"议"要简要,画龙点睛。同时,调查报告是调查者处于客观位置,针对社会生活中的问题,进行调查研究,用事实说话,得出正确结论,强调其客观性,因此,在表述上使用第三人称。

若有问题需要交代、补充,往往又要运用说明的方式。有时为了能确切反映事物发展变化过程,把复杂的事物和事理简化,使问题的性质更加明了,也会运用图表的方式进行说明。

(四)结论的深刻性与科学性

调查报告不是材料的堆砌,也不是对调查对象的具体描述。它通过运用科学的分析方法,对大量的客观材料进行分析和综合,得出结论性意见。它注重用资料说明问题,围绕对资料的介绍,通过分析研究,逐步上升到理性认识,提炼出理论观点、调查结论。

所谓结论的深刻性与科学性,就是指最终能得出事物的本质和规律。总结经验性的调查报告要阐述清楚取得成绩的背景、效果、规律;反映情况的调查报告要分析新事物、新情况的背景、现状、规律;揭露问题的调查报告,要分析问题产生的原因、辨别真伪、确定问题的性质;探索研究性的调查报告,要预测新事物、新问题的发展趋势,并提出解决问题的方法、措施;等等。

第二节 调查报告的作用和种类

一、调查报告的作用

调查报告是调查研究和决策实施的中间桥梁,它在现实生活中的使用率较高。它一方面具有机关应用文的特点,上行可以向领导机关反映实际情况,为上级机关制定方针、政策和确定正确的工作方法提供依据;下行可以让广大群众了解情况,明白事实真相,进而理解上级决策意图,提高执行决策的自觉性。它另一方面又具有重要的社会宣传教育功能,用事实说话,系统地向人们介绍事物发生、发展、变化的全过程;从一个地区、部门,或一个新生事物或一项具体的工作中,找出具有普遍意义的东西,来回答社会生活中人们普遍关心或亟待解决的问题。

(一)调查报告为管理者的正确决策提供依据

做好调查研究,是各级管理者熟悉情况、做好工作、克服官僚主义、避免主观主义的一项基本功。只有经过认真研究,真正了解和掌握了实际情况,才能制定出正确的方针政策。调查报告反映了现实生活或工作中存在的问题和客观事物的本来面目,有的还提出了解决问题的意见和方法。因此,调查报告是管理者决策的重要依据,及时进行调查研究,作出正确决策乃是管理者的天职。

(二)扶持与了解新生事物,推广先进经验

在市场经济活动中,调查已将商品和服务由"生产者"转移至"消费者",形成了一种新潮职业,在现实生活中发挥着越来越重要的作用。随着社会的进步,新生事物不断地涌现,而面对新生事物也有一个认识和扶持的过程,这就需要进行深入调查,通过调查报告来宣传新生事物,介绍和推广其先进思想、先进经验,促进我们的工作向前发展。

(三)揭露社会弊病,引起社会公众关注

在我们的生活中,还存在许多的丑恶面,如贪污受贿、污染环境、各类犯罪等。运用调查报告可以揭露社会上的丑恶现象、不良风气或工作中存在的隐患,起到给歪风邪气"曝光",改善社会风气,伸张正义,团结和教育广大人民群众的作用;同时还可引起有关部门和社会公众的关注,起到舆论监督的作用,使问题早日得到解决。

(四)澄清事实真相,回答社会问题

社会上某些重大事件、重要问题,在难以辨明事实真相的情况下,需要经过调查研究,写出调查结果,有利于分清是非、澄清事实真相,以消除社会公众的疑惑误解。

二、调查报告的种类

应用写作具有体式规范的特点,因此,了解并掌握各种应用文体的不同形式十分重要。调查报告形式多样,可以从不同角度进行分类,没有固定的标准。目前,应用文写作较为流行,且认可度较高的划分有"四分法"与"两分法"。

(一) 根据内容性质和写作侧重的"四分法"

1. 总结经验的调查报告

这类调查报告主要是对典型事例、典型经验所进行的专门调查。这类调查报告是为了概括出先进人物或先进地区、先进单位的正面经验,使其便于在面上发挥影响。调研对象是一个或一类特定的先进典型。调查报告写成之后,其中所概括的经验,可以为有关人员或单位所借鉴;或可以使之从中受到启发;也可作为有关主管部门开展学习先进活动的素材。写作应写清先进典型产生的客观环境、主要事迹、具体做法及其效果,阐明规律,得出结论,着重阐明他们"怎样做"和"为什么能这样做"的问题,以发挥典型行为、以点带面、促进推动工作的作用。此类调查报告,主要是为了配合党和政府某一时期中心工作的开展,所以大都有较强的政策性和指导性。

2. 反映情况的调查报告

这类调查报告包括介绍新生事物和反映基本情况两种。前者着重反映现实生活中涌现出来的新人、新事、新思想、新观念,其特点是"新",这种新生事物具有很强的生命力,在一定的历史阶段,往往具有方向性的意义。这类调查报告,通常要介绍新生事物产生的历史背景,产生与发展过程及其所遇到的问题,阐明新生事物在现实生活中的作用和意义,揭示它的成长规律和发展方向,显示其必然性,以扶持和促进其成长与发展。后者因调查目的、范围和用途的不同又可分为两种:一种是反映具体情况的个案性调查报告,其调研目的是把某一个具体问题界定清楚,调研范围单一、具体,报告的内容一般作为处理某一具体问题的依据或重要参考;另一种是反映基本情况的综合性调查报告,调研的目的是反映某一地区在某一段时间内的工作情况、社会情况,调研范围相对宽广,涉及的对象较多,这类调查报告常总结带有普遍性的情况、规律,为制定或修改有关政策、措施提供依据;或者用于说明某种客观现象、某一学术观点。

3. 揭露问题的调查报告

这类调查报告主要用来揭露当前工作和社会生活中发生的种种不良现象与社会弊端,为弄清现实情况、解决矛盾和问题而进行深入调查。其一般是用调查到的大量事实,揭露某一问题的危害,以引起有关部门和全社会的重视,达到弄清是非、教育群众、解决问题的目的。这类调查报告揭示的问题要尖锐,针对性要强。这类调查报告,通常以剖析反面事例为主,披露事实真相,摆出造成的严重后果,分析出现问题的原因及其本质,以达到振聋发聩、祛邪除害、防患于未然的目的。

4. 探索研究性调查报告

这类调查报告内容比较广泛,可反映社会各领域的情况,包括社会各阶层的状况以及新动向、新情况等,目的是为上级或有关部门提供情况,让有关人员了解动态、信息,便于他们分析形势,制定有关的方针、政策。这类调查报告多为工作研究,说理性较强,理论色彩较浓。

(二) 根据调查范围的"两分法"

根据调查范围,调查报告可分为专题性调查报告与综合性调查报告。

1. 专题性调查报告

专题性调查报告是对一项工作、典型事件或一个问题进行深入调查研究后所写的报告。这类调查报告是从一个侧面进行专门性调查,内容单一,范围较小,问题也较专一。通过对重点调查、典型调查所获取的材料进行分析,来回答问题,提出建议。

2. 综合性调查报告

综合性调查报告是围绕一个中心问题,从多方面进行调查研究,或者是对某一单位、某一系统或某一地区的多方面情况进行全面系统的调查研究。其特点是涉及面广、事件多。它既要包括调查目的、概况,更要有重点问题的综合分析和明确的结论。

第三节 调查报告的调查程序和调查研究的方法

一、调查报告的调查程序

就一般情况而言,调查报告可遵循以下程序进行:准备阶段、调查阶段与研究阶段。

(一) 准备阶段

这是一个明确目的、确定选题、设计提纲方案的阶段。调查前的准备工作主要从四个方面着手:一是思想准备。明确调查研究的目的,端正态度。二是选题准备。要从实际需要出发,选择那些对社会实践有指导意义的、群众关注的事情,以及对领导了解情况和决策有参考价值的问题做选题,初步确定调查的方向。三是理论政策的学习。四是提纲的准备。要立出一个较为详细的提纲,将调查的目的、意义、对象、内容、项目、要求、方法、时间等事先做好安排与调配,组成一个科学的工作流程图,科学地设计好调查方案。

(二) 调查阶段

当准备工作做完后,就要开始调查,占有材料,这是调查报告写作的物质基础。在调查中做好三个方面:一是要深入,要能深入社会、深入基层、深入群众;二是要细致,留心看,虚心问,仔细听,详细记,认真想,材料收集得越多越好;三是要采用各种科学的调查方式、方法。根据提纲方案中选定的调查方式、方法,或文案调查,或实地调查;或实验,或观察,或采访;或普查,或典型调查,或抽样调查等。全面、真实地收集资料。要进行人、财、物的合理配置,科学合理地安排调查工作。调查必须细致深入,记录务求真实全面,充分认识调查过程中的困难,排除各种制约因素。

(三) 研究阶段

调查报告中的调查,不是目的,目的是对调查得来的材料进行认真、科学的分析,从中找出规律性的东西,以指导现实活动。《实践论》中有这样一段精辟的话:"要完全地反映整个的事物,反映事物的本质,反映事物的内部规律性,就必须经过思考作用,将丰富的感觉材料加以去粗取精、去伪存真、由此及彼、由表及里的改造制作工夫,造成概念和理论的系统,就必须从感性认识跃进到理性认识。"这里讲的"经过思考作用"和"改造制作工夫"就是用马列主义的立场、观点、方法,对丰富的材料进行鉴别分析,从中找出规律性的东西。这个分析研究的过程,也就是调查报告主题的提炼和文章构思的过程,是提出问题、分析问题、解决问题的过程。

1. 鉴别、整理资料

为使资料真实、准确,必须对所获资料进行认真审核、分类整理,使之系统化、典型化。将矛盾、可疑或不正确的部分剔除,统一数量单位,并适当分类以供列表。

2. 分析研究

通过统计分析与理论分析、定性分析与定量分析、动态分析与静态分析、宏观分析与微观分析等,来揭示事物的数量关系,找出事物发展的一般规律和趋势,引出正确结论。

二、调查研究的方法

调查研究是一种科学认知活动,为了全面、真实、快捷地占有资料,准确地揭示事物产生、发展和变化的规律,进而引出正确的结论,必须以自然科学方法论和人文科学方法论做指导,必须运用诸如哲学、思维科学、社会学、心理学、经济学、数学等许多学科知识、原理和方法。在调查研究过程中,由于调查目的不同,所选择的调查类型、调查方式不同,其使用的方法也不尽相同。

(一)常用的调查方法

常用的调查方法有以下几种。

(1)普遍调查法。普遍调查法即普查,是指在一定范围内,对所有对象进行全面的调查,以获得完整、系统的资料。普查的优点是资料全面、准确、误差小。如全国性人口普查,采取的就是普查方式,为今后国家有关方针、政策的制定提供了依据。

(2)典型调查法。典型调查法即在一定的总体范围内,选择能够代表总体状况的典型深入地调查。准确地选择典型,是此调查法的关键。若所选典型不具普遍性、代表性,将特殊规律误认为一般规律,用来指导全局则会造成失误。

(3)抽样调查法。抽样调查法即在需要调查的客观事物的总体中抽取一部分进行调查,以此来推断总体情况。此法的长处是省时、经济、较客观、可靠。按操作的方式不同,其可分为随机抽样和非随机抽样两种。随机抽样又称概率抽样,即不依个人主观愿望或判断,总体中每一个个体均具有相同的地位,采取随机方式抽样,各样本中选取机会都是均等的。随机抽样又分简单随机抽样、分层随机抽样、集群抽样等。非随机抽样也称非概率抽样,它是根据研究者的主观意志来选取调查对象,以此来判断对事物的认识。非随机抽样又分便利抽样、配额抽样、判断抽样等。

(4)实地观察法。实地观察法即直接深入调查第一线,通过观察、访谈等方式,获取真实、可靠的情况。

(5) 问卷调查法。问卷调查法就是根据调查的内容设计一系列问题，并编制成表格，即调查表，通过反馈后的统计数字，进行归纳、分析研究，然后将其结果写成调查报告。

(6) 文献资料法。文献资料法即从报纸杂志、会议资料、简报、网络所登载的信息、科研成果、商情、经济信息中采集资料，在进行分析、比较和研究后得出结论。

（二）实地调查中的假设

假设是一种推测或对问题答案及情况状态的猜测，假设的作用是帮助我们对研究的问题有进一步的思考。因为，你在列出假设的时候必须对假设进行论证，这就要求你对研究的问题有深入和全面的思考。从科学研究的一般规律来看，如果你能通过研究对你的假设进行论证，那么你的结论可信度是比较高的。此外，如果你是要形成较完整的理论体系而不是仅仅解决问题的话，提出假设有利于帮助你实现这个目标。

实地调查有别于文献资料调查，调查前必须先确定研究目标并加以清楚明白的陈述，才有助于围绕主题去收集资料，以提高效率、减少诸多浪费。实地调查前的假设，是调查实施前对事物现象之间的相互联系作出判断性设想。在调查全过程中，研究假设是为制定调查问卷、进行统计分析与理论分析做铺垫。例如：要对一选题"优势企业缘何不能增收"展开调研，首先便要将这个笼统的、抽象的问题设想出相关具体内容：优势企业不能增收，可能与产品竞争力相关、与产品附加值有关、与企业营销战略有关或与企业管理水平等有关。尽量把这个宽泛的问题化泛为专，分解成许多小点及更小点，才会使调查目标明确、重点凸显。实地调查中的假设是将抽象的概念转化为一个变量形式，将笼统的概念变成一个个具体可测的指标，为确立调查目标、设计调查问卷等服务。

第四节 调查报告的格式及写法

调查报告的写作目的、类型不同，以及读者对象有异，其写作格式和要求应有所区别。一般来说，调查报告由标题、前言、正文和结尾四部分组成。

一、标题

标题要根据调查的内容、范围、结论和主题的表达而拟定，一般要求文题相符、精练简洁、新颖醒目、富有吸引力。调查报告的标题形式多样，总的来说可分为两种类型：一种是单行标题；另一种是双行标题。

（一）单行标题

单行标题可分为公文式标题和文章式标题两种。

公文式标题，通常由事由和文种组成，如《关于高校创新型人才培养的调查报告》等。公文式标题的优点是能使人一下子明确文种，并了解调查的对象和调查报告的目的，但采用公文式标题容易写得过于冗长，而且比较平淡，不利于诱发读者的阅读欲望。

文章式标题，通常由调查报告的基本内容、主题、观点等概括而成，如《大学生寻职之路》等。采用文章式标题，虽也有不利的一面，如不能让人由标题一眼看出文种，但如果处理得好,能使人看了标题便对调查对象和调查报告的目的有所了解。而且标题还有可长可短、可严肃可谐趣、可描述可设问的优点,因而,容易写得生动有趣、引人注目。

(二)双行标题

双行标题由正、副标题组成。一般正标题揭示报告的主题、内容、观点等;副标题交代调查对象或调查范围等。例如:《学以致用——×公司岗位培训的调查报告》。

二、前言

前言的文字是调查报告的开头部分,一定要高度概括、提纲挈领、简明扼要、紧扣主题。前言可用来交代调查的时间、地点、目的、对象、范围,也可用来概述调查的主要内容、取得的主要收获,还可交代调查工作的背景以及通过调查所获得的结论。前言的写法较灵活,常用的形式有以下几种。

(1)概括介绍式:介绍调查对象的基本情况,以及交代调查时间、地点、范围及调查方法等。

(2)点题式:先点明基本观点,直接宣布结论,或研究的意义和价值,再阐述主要事实。

(3)议论式:针对调查的问题说明意义,做简要的评述,再叙写事情的经过。

(4)提问式:开门见山,抓住中心提出问题,引起读者的思考和兴趣。

不管运用何种方式开头,都应该统领全文、开门见山、言简意赅。

三、正文

正文是调查报告的核心部分,是前言的引申和发展,也是结论的依据所在。其主要包括两方面的内容:一是调查到的事实情况,包括事情产生的前因后果、发展经过、具体做法、存在问题等;二是研究材料所得出的具体观点及作者所做的评价等。正文部分的内容以叙为主,叙议结合,有步骤、有次序地表现主旨和内容。

正文的结构形式多种多样,常见的有如下几种。

(1)横式结构。横式结构也称并列式,即按主要经验或问题或各部分之间的逻辑关系安排层次。根据事物的内在联系,分别归纳成几个问题、几条经验、几个原因来写,这种结构方式的好处是逻辑性强,有概括性,且条目清楚,便于抓住要点,显示事物间的内在逻辑联系。总结经验和反映、分析情况的调查报告常采用这种结构形式。

(2)纵式结构。纵式结构即按事物发生、发展的先后顺序,层层分析,说明事件的来龙去脉。这种结构方式脉络清晰,有助于对事物发展做全面深入的了解。纵式结构较简单,所以内容单一、事物本身的发展过程阶段性强或规律性特征明显的调查报告常用这种形式。

(3)综合式结构。综合式结构兼有横式和纵式的优点,但较复杂,往往以一种顺序为主,交叉使用、穿插配合、纵横交错。一般是:在叙述和议论事理(问题—原因—结果)的发展过程时,用纵式结构;谈经验教训、体会、收获时,则常用横式结构;当二者有机地结合、夹叙夹议时,则采用综合式结构。

(4) 对比式结构。对比式结构即把两个不同对象加以对比来写。它用对比的方式组织和安排材料。

以上结构形式,在实际写作中,不是一成不变、一贯而终的。多数情况是在一篇报告中,以一种顺序为主,交叉出现。也有的调查报告,边叙边议,纵横交错。这都要根据内容与需要来决定,不能拘泥于某种固定的形式。

四、结尾

结尾部分的形式也是多种多样的,大体有如下几种:一是结论式,即总结全文,对调查对象作出判断,并从理论角度进行简述,深化主题;二是补充式,即补充说明正文中尚未提及的重要情况、问题,使内容更加周全、主题更为完善;三是建议式,即提出新问题、指出努力的方向、提出意见建议等。当然也有的调查报告没有结尾。有无结尾要根据内容的需要而定。不管哪种结尾,都必须做到干净利落,不可画蛇添足。

第五节 写调查报告应注意的事项

写调查报告时应注意以下几个事项。

一、明确写作目的

调查报告有的公开发表,有的在内部使用,但其写作目的是一致的,都是弄清事物的本来面目,从而解决问题,或为领导机关解决问题、制定政策提供依据。必须明确调查报告的这一鲜明的特点,在写作中,必须站在客观的立场上,一切从实际出发,坚持实事求是的原则,不带任何主观色彩和框框,深入调查,并对调查得来的"丰富的感觉材料加以去粗取精、去伪存真、由此及彼、由表及里的改造制作功夫",只有这样,才能揭示出事物的本质和内在联系,在调查报告中提出符合客观实际的、深刻的、富有创见性的见解来。

二、深入调查,充分掌握真实材料

能否通过深入细致的调查研究掌握第一手资料,能否收集大量的相关资料使得视野开阔,直接影响调查报告的质量。材料是否真实、是否清晰,同样影响到结论是否可信。所以,作为充分体现可信性和可操作性的实用文书,调查报告所引用的材料的真实、翔实至关重要,不可轻视。

掌握真实材料,是写好调查报告的基础和前提。要占有第一手真实的材料,就必须深入实际,开展调查研究。要深入了解和掌握群众普遍关心的、迫切需要解决的,并带有普遍性、倾向性、真实性的问题和材料。只有深入调查,掌握的材料才能真实可靠、确凿无误,这样写出来的调查报告才不会失去它的科学价值。

三、正确处理观点与材料的关系

观点必须是从分析材料中自然得出的正确结论。调查报告的观点,不是作者事先确立好的,不是对材料进行简单归类得出的,也不是写作者某种主观意向的随意附贴,而是写作者对大量事实材料进行分析综合自然得出的结论,是写作者站在理性的高度对事实材料认识的结果。所以,只有当观点是从全部事实材料中得出正确结论的时候,观点才是真实可信的,才是一种理性的认识,才会为观点与材料的统一提供内在基础。观点统率材料,决定材料的取舍;材料要充分地、有力地说明观点,这是一个问题的两个方面。在调查报告的写作中,在选取材料支持说明观点时,要注意选取那些典型材料,即选取那些思想深刻、有代表性的、最能说明问题的材料。在方法上,使用材料要精当。可以用一组材料说明观点,可以运用两个材料对比说明观点,也可以用综述与列举相结合的方法说明观点,还可以用精确的统计数字说明观点等。观点与材料统一处理好的调查报告,才会有实用价值。

四、语言简洁生动,表述方法上要叙议结合

调查报告是实用性很强的应用文体,容纳的事实材料很多,叙述要力求简洁、明了、具体、生动。用简洁、明了的语言,具体、准确地把事实和观点表达出来。同时,要注意使用活泼、生动的事例、富有表现力的语言加强文章的说服力。调查报告主要以叙述、说明、议论为表达方式,且以叙述为主。介绍调查经过、基本情况、事实材料都要用叙述,并辅以说明;同时对调查的事实加以分析综合,归纳结论,总结经验。因而以叙为主,夹叙夹议、叙议结合是调查报告的主要写作特色。

第六节 阅读与评析

[例文]

大学校园"人际交往"现状调查

王庆环 李丹

又是放寒假的时节,大一新生程鸣刚刚结束第一个学期的生活,可他却有自己的烦心事:自从同宿舍的两位同学因琐事争吵后,只有4个人的宿舍生活变得尴尬和别扭起来,一直到现在,两位吵架的同学还丝毫没有要缓解的样子,这让他和另一位同学夹在中间左右为难。程鸣甚至担心,自己大学四年都会在这么糟糕的室友关系中度过。

在今天的大学校园中,像程鸣这样面临"宿舍危机"的并不是个别。北京大学学生工作部副部长、学生心理健康教育与咨询中心主任查晶告诉记者,在北大,本科生中的人际关系紧张更多地表现为宿舍的矛盾。许多来自城市的孩子,过去都是自己独处一室,上了大学后,至少四人一屋,学习生活中,难免发生各种矛盾。一些学生相互之间又不能包容和谅解,致使矛盾激化,有的家长也被卷了进来,甚至需要院系老师出面才能解决。

宿舍只是大学生人际关系的一角。对于一名大学生来说,大学是人际关系走向社会化的一个重要转折时期。踏入大学,就会遇到各方面的人际关系:师生之间、同学之间、同乡之间,以及个人与班级、学校之间的关系等。如何处理好人际关系,对于大学生的大学生活和未来事业,至关重要。

大学生人际关系状况喜忧参半

目前,我国大学生的人际关系状况究竟如何呢?虽然没有一个来自全国的统计,但是

从一些机构和学校所做的调查来看,可谓喜忧参半。

2019年××调查研究中心民调所的调查报告显示,当问及"你与同学关系如何"时,89.3%的人认为相处较融洽,只有10.7%的人承认会偶尔发生矛盾。从整体上看,同学之间的关系还是比较健康的,但仍有64.5%的人认为自己与别人交往"一般喜欢"或"无所谓",可见大学生之间交往的主动性较为欠缺。专家告诉我们,这并非意味着大学生在心理上不需要朋友,而是他们不善于向别人表达自己内心的真实情感。

北京市曾对大学生心理问题产生的根源做了3次较大规模的跟踪调查,结果显示,人际关系适应不良或交往不良成为诱发大学生心理问题的首因,占40%以上,已经超过了择业的压力、学业的压力以及与异性交往的压力。

某大学计算机与电子信息学院团委所做的调查显示,大学生人际关系比较健康,但也存在一些问题。在问及"你与同学相处如何"时,28%的学生表示:"很好",58%的学生表示:"还可以";但被问到另一问题"你与同学相处的状况是否会让你感到压力"时,24%的学生表示:"压力很大";在"你认为自己在人与人之间的沟通交往上是否存在障碍"问题中,12%的学生表示:"有很大障碍"。

在"中国高等教育与创新型人才培养"专家论坛上,中国工程院院士朱高峰呼吁教育界应重视对学生沟通能力的培养,他说:"现在不少新毕业的大学生沟通能力比较欠缺,在书面沟通方式上,有时写个通知都写不清楚;在表达能力上,也不是很善于把自己的思想比较清楚地表达出来。"而沟通能力正是人际关系中最为重要的一个方面。

大学生人际关系堪忧的背后

那么,是什么原因导致一些大学生的人际关系出现问题呢?

"自私自利是首害!"北京吉利大学报纸编辑实训课老师侯敏这样对记者说,"如今的大学生基本都是独生子女。家长们对于儿女掌上明珠般的呵护甚至溺爱,使他们树立了'一切皆为我'的观念。而当这些独生子女进入大学校门,好几个'明珠'聚集在一起的时候,一些学生自小养成的'以自我为中心'的心理就暴露无遗,也直接影响了他们的人际交往。"

应试教育被认为是导致大学生人际关系堪忧的另一个重要原因。中国教育和科研计算机网曾针对何种原因引起大学生心理障碍展开过一项调查,结果显示,34.94%的被调查者认为,引起大学生心理障碍的主要原因是应试教育导致家长、学校的过度保护,使学生缺乏应对困难及心理承受力等方面锻炼。的确,现在许多家长让孩子从小就走着一条重点之路:小学要上市重点,中学要上省重点,大学要上国家重点。为了实现这些目标,家长们对孩子的态度往往是除了学习以外,其他事都一手包办,这导致许多学生心理发育不健全、素质不全面,有些大学生是大学级智商、小学级情商,这些都直接使他们在处理人际关系和自身的心理问题时处于不利的局面,有了许多的不适应和不顺心。

在朱高峰院士看来,大学生沟通能力的欠缺还与中国的教育方式有关。在家庭教育中,尽管许多父母在生活上对独生子女很娇惯,但是并未真正与孩子平等相处,去鼓励孩子自由地表达自己的想法,而更多的是以长辈自居进行说教,这使孩子处于一种思想压抑的状态,就更谈不上有意识地教育孩子要有自己独立的见解了。而在学校教育中,通行的是灌输式教育,基本上都是老师讲、学生听,而且目前多数教师并不喜欢学生提问题,也不太鼓励学生有自己独立的思想,造成学生缺乏沟通的主动性。

另外,社会上的一些不良风气也为大学生的人际关系带来负面影响。来自华东政法大学团委的一项调查显示:65%的同学认为,社会上逐渐滋生的"拜金主义""享乐主义"观念加重了部分大学生择友时的功利心态。58.5%的学生认为个人主义、利己主义膨胀导致部分大学生在人际交往中一切以自我为中心。此外,39%的学生认为,光怪陆离的网络虚拟世界使部分大学生沉迷于虚拟世界而脱离了实际生活。还有36.5%的同学认为,"社会竞争压力的加大,导致部分大学生盲目崇拜强者,歧视弱者"。

一些管理上的疏忽也给大学生人际关系造成了困扰,现在不少大学采取多校区办学模式,将高低年级的学生分在不同的校区,给高低年级学生间的交流造成了一定障碍,尤其是大一学生,他们刚刚入学,对大学生活一无所知,很需要和高年级同学沟通以取得帮助。

教育大学生正确处理人际关系

记者在采访中了解到,正确处理人际关系的问题,正在受到越来越多的高校和大学生的重视。

在北大,"人际关系"是面向各院系开设的选修课程,大一到大四的同学均可选修。据查晶介绍,为了让课程富有吸引力,并对学生产生实效,这门课是以小组做游戏的方式进行的。在一个设定的场景下,如在宿舍里,已经熄灯了,有的同学要睡觉,有的却在发微信,有的在用电脑,同学之间通过设计自己的语言和行为方式进行沟通,达到相互谅解的目的,而不是互相伤害。"这种轻松活泼的以聊天为主的上课方式,比单纯的讲授方式更加有效,受到大学生的欢迎,他们选课非常踊跃。"查晶说。据了解,目前很多高校在这门课上都有创新之举,如北京理工大学开设了"大学生人际交往与沟通能力提升小组"必修课程,中国科技大学则把心理委员设到每个班级。

另外,很多高校正在建立健全心理咨询体系,对调整大学生交际心态、建立良好的人际关系起到了非常积极的作用。同时,大学校园文化的建设,各种学生社团与社会实践活动,提供了团队合作、与人交流、交友的机会,都会对大学生完善人际关系有很大的帮助。

北京吉利大学大二学生陈静在参加工作实习后这样告诉记者:"我们学生的人际关系课一定要开!我在这次实习之后才明白这一点。现在的工作讲求效率,讲究团队合作,这些要求,说小了是人与人之间的沟通和交流,说大一点就是公共关系。套用我们实习公司老板说的一句话就是:'闷葫芦'是做不出好工作的!"

但是记者在采访中也发现,一些高校因为条件不具备,主要是师资力量不具备,还没有开设此类课程,还有一些高校存在着不重视这门课程的现象。看来,加强人际关系课程,帮助大学生走好这一程,还有很长的一段路要走。

【评析】 本文结构严谨、陈述清晰,以翔实的典型事例与统计数据来说明问题。前言部分从一真实事例展开,说明大学校园"人际关系"所存在的问题,引出调查对象,说明调查的意义与价值所在,达到了开门见山、提纲挈领的效果,引人入胜。正文部分,以大量的事例与数据来展开,分别从"大学生人际关系状况喜忧参半""大学生人际关系堪忧的背后""教育大学生正确处理人际关系"三方面进行调查与阐述,充分体现以事实为依据、实事求是、严谨务实的治学作风。结尾部分采用建议式,由于客观条件的制约,部分高校仍未开设大学校园"人际关系"类课程。针对此,指出努力的方向,提出意见与建议。全文内容层层递进,思路十分清晰、严密。本文在写作上,在深入调查的基础上,去粗取精、去伪存真、由此及彼,通过定量分析与定性分析,得出了反映事物客观规律的科学而又深刻的结论。

思考与练习

一、填空题

1. 调查是调查报告写作的_____,分析研究是调查报告写作的_____,最终调查报告的书面文字则是调查、分析的_____。
2. 根据调查范围,调查报告可分为_____调查报告与_____调查报告。
3. 一般来说,调查报告由_____、_____、_____、_____四部分组成。

二、简答题

1. 什么是调查报告?按内容性质分有哪几种?
2. 调查报告有哪些特点?
3. 写调查报告时,应注意哪些问题?

三、实践题

1. 设计一份有关在校大学生消费情况的调查问卷。
2. 试对"某某市市民今年过得好吗?"这一调查命题进行实地调查中的假设。

四、试对下面一组材料分类,并提炼小观点,然后指出它们之间的逻辑关系。

1. 科学的经营管理,是××制药厂赖以腾飞的重要手段。它着重抓了信息的"输入",成立商情科和情报研究所,进行产品广告宣传。
2. 为了抓好产品质量,该厂借鉴国外全面质量管理办法,制定了质量管理条例,建立了从原材料进库到产品出厂的规章制度。
3. 该厂领导认为:"一个企业的活力,取决于它的应变能力,加快资金周转的能力,产品在市场上的竞争能力。而这一切,都取决于人,取决于人的素质。产品、技术的竞争,实际上是智力、人才的竞争。"
4. 该厂利用提留资金,盖起了高级宿舍"药师楼",对科技人员夫妻分居、子女就业问题作出妥善安排,还制定了科研成果奖励条例,视其贡献大小给予奖励。
5. 该厂领导认为,应该辩证地看待知识分子,他们把目光移向社会,大胆招收各种有用人才。一位毕业于南京中医药大学的药师,因犯错误,被判过刑。该厂力排众议,招聘他来厂,让他抓技术工作,他先后与有关单位合作研制出30多种产品,其中仅"感冒清"一年产值就高达1 000万元以上。
6. 全厂成立了55个质量管理小组,形成了一支从厂部到班组的质量检验队伍,做到环环抓、层层抓,保证了产品质量。一个职工为了多拿资金,把3箱未经检验的产品混进已经检验过的成品里。班组人员发现后,硬是在几万箱药品中,把那3箱未经检验的药品翻了出来,避免了质量事故。
7. 上级公司对该厂实行定额利润包干、超额分成的办法,一定3年不变。工厂有了财权,积极性大大增强,经济效益逐年上升。

8. 工厂的生产方向、生产计划、产品销售可以根据市场情况自行决定。

9. 该厂生化室主任,是 20 世纪 60 年代上海科技大学毕业生,因家庭出身被下放农村。落实政策回城不久,厂领导就让他带队外出搞科研。他大为吃惊且深受感动。领导的信任使他刻苦努力,圆满地完成了任务,并在以后接连取得了多次重大科研成果。

10. 企业处理好同外界的关系是发展生产的重要条件之一。该厂积极参与社会公益活动,并坚持实行"五包"优质服务,赢得了良好信誉。

11. 不断选送好学上进的青年工人到厂外参加各种形式的定向培训;对厂内职工也实行全员培训,以提高职工素质。

12. 上级公司规定:厂长由公司任免,副厂长由厂长提名,公司任命;科长、车间主任及一般干部,任免权全由工厂自行决定。工厂有权招收合同工和临时工,有权到社会上吸收科技人员。

第六章

规章制度

第一节 规章制度的概念和特点

一、规章制度的概念

规章制度是国家党政机关、社会团体、企事业单位在一定范围内为规范人们的行为而制定的一种具有特定约束力和权威性的应用文体。规章制度是一个总的称呼,日常所见的各种制度、公约、章程、条例、规定、规则、细则、守则、办法、标准、须知等均属于规章制度。规章制度的应用范围极广,任何单位、部门、社会团体为加强管理,保证工作、学习、生活正常有序地进行,都可以根据各自具体的实际需要,制定若干规章制度,要求有关人员共同遵守、严格执行。按照宪法和有关法规文件规定,制定各种制度规章的权限如下。

(1) 全国人民代表大会及其常务委员会制定宪法和法律。

(2) 国务院制定行政法规。

(3) 国务院各部委制定行政规章。

(4) 省、自治区、直辖市的人民代表大会及其常务委员会可制定地方性法规。省、自治区的人民政府所在地的市和国务院批准的较大的市可以制定地方性法规,报省、自治区的人民代表大会常务委员会批准后施行。经济特区所在地的市的人民代表大会及其常务委员会也可以制定地方性法规。民族自治地方的人民代表大会,有权依照当地民族的政治、经济和文化的特点,制定自治条例和单行条例,但应依法报上级人民代表大会常务委员会批准后方能生效。

(5) 县以上的人民代表大会和人民政府可制定规章。

(6) 人民团体、企事业单位可根据本部门的权限制定某些规定,一般称为规章制度。

二、规章制度的特点

(一) 权威性

规章制度不论是党和国家制定的、职能部门制定的,还是群众议定的,一旦通过并正式实施,都具有权威性,都是权利意志和群体意志的表现,就要求人们必须遵守和执行。如果有谁拒不执行,就要视其情节轻重,给予一定的处分或处罚。

(二) 系统性

从规章制度的制定程序看,其可分为原始性和派生性的形式类别,所以,任何规章制度都不是孤立的,它必然要处在各个层次的规章制度系统之中。在制定一项规章制度的时候,也已有大量的规章制度存在,还可能同时有许多规章制度正在制定,这就是制定规章制度面临的规章制度体系。因此,必须对正在制定的规章制度所处的地位做系统分析,使该规章制度和其上下左右的相应制度相互衔接、相互协调,这项规章制度才可能是正确而有效的。另外,系统性也指每个规章制度自身的内容具有严密性要求,包括用语的准确、严谨,都不可随意地制作和表达,否则将会给管理的事务带来众多的负面效应。

(三) 规范性

规章制度在写作内容上要符合国家有关政策、法令,要符合国家国情和社会制度性质,不得与之相抵触或相背离;在写作上要有严格的规范程式要求,如执行范围、执行条款、执行标准、执行要求和行文语言等要尽可能考虑得周到、齐全,便于规章制度实施执行。

(四) 约束性

订立规章制度的目的就在于约束,使法人实体和个人的言行举止、工作职责、纪律秩序正常化、统一化、有序化,提高单位或部门的管理效力。所以,任何规章制度,只要正式实施,就对一定范围内人们的行为、道德具有约束力。人们必须照章办事,如果有谁肆意违反,就将受到一定的处分、处罚或舆论谴责。无怪乎有人说,规章制度是所有人的上帝。

第二节 规章制度的作用和种类

一、规章制度的作用

(一) 党和国家方针、政策实施的保证

党和国家的方针、政策是社会主义建设的行动纲领,而方针、政策的贯彻执行,往往要辅之以规章制度加以明确和规范。例如,国家财经工作方面的方针、政策的执行,就辅之有各种相关的法规、细则、准则、条例等,明确遵守的事项、职权范围、违规的处罚等,以切实保证党和国家的方针、政策不折不扣地执行。

(二) 组织现代化生产和管理的有力保证

规章制度也是有效管理的手段。建立和健全规章制度,能保证现代化生产和管理职责分明、分工明确、工作协调、纪律严明、赏罚适当,从而充分调动生产和管理人员的工作积极性,让人各司其职,使工作有序、健康地开展,从而提高经济效益和社会效益。

(三) 面向国际化的保证

我国已成为世界贸易组织(WTO)的重要一员,经济管理领域的游戏规则的国际化标准是我们整个经济领域中生产、交换必须遵循的规则,制定规范的合乎国际化标准的规章

制度有助于促进我国生产工作规范化、标准化,并促使我们的管理工作向制度化、系统化、科学化方面发展,是我国企业在国际贸易市场进行贸易交流、协调关系的有力保证。

(四) 富国安民的保证

按韩非子的说法:"国无常强,无常弱。奉法者强,则国强;奉法者弱,则国弱。"国家的富裕强大首先要有健全的各项法律和规章制度,以此治理国家,国家才能恒强。社会是一个整体,它由无数个体组成,在社会中,人与人之间相处需要有一定的规范要求和约束限制,需要有一定的行为准则,这样才能使人们友好相处,促进社会的长治久安。如果没有任何规章制度,就会给社会造成混乱。

二、规章制度的种类和名称

(一) 种类介绍

规章制度是一个统称,常见有的条例、章程、规定、办法、细则、规则、制度、准则、守则、公约等,具体可分为以下三大类。

1. 行政法规类

这类规章制度是国家行政部门为实现国家管理职能,按照《行政法规制定程序条例》的规定而制定的,如条例、章程、规定、办法等。

2. 管理规范类

这类规章制度是为了使生产和工作按照一定程序和规范进行,便于管理、监督、检查而制定的,如细则、规则、制度等。

3. 教育约束类

这类规章制度是引导人们进行自我教育、自我约束的道德规范和行为准则,如准则、守则、公约等。

(二) 几种常用规章制度名称介绍

1. 条例

凡是对某一方面的工作活动,或对某些机关的组织、职权以及某些专门人员的任务、职责、权限作出原则、系统规定的,统称为条例,如《会计人员职权条例》等。条例一般由职能主管部门制定,经国家权力机关批准后实施。

2. 章程

章程是对某一组织或社会团体的性质、宗旨、任务、组织结构、组织人员、权利、义务、纪律及活动规则等作出规定,如《中国共产党章程》《中国工会章程》《××学会章程》等。章程的制定者通常是党团组织、群众团体、学术研究组织,并需经过这些组织的代表大会通过后,才能发布实施。

3. 规定

规定是对某一方面的工作开展某项活动作出的规定,是人们在某一范围、某一时间内的活动规范和行为准则。如《国家行政机关工作人员回避暂行规定》,它是就国家行政人员执行公务时针对回避这一方面的情况作出具体的规定和限制。又如《关于职工住房问题的若干规定》《关于文书档案保管期限的规定》,这些规定都是针对工作中某一方面的事项提出的。

4. 办法

办法是对某项工作或某一活动作出的具体做法和要求,如《工商企业登记管理试行办法》。

办法和条例、规定三者之间的区别在于:办法重点突出某一方面的工作内容、做法,内容表达具体。条例则较全面、系统、原则,它针对整个工作各个方面,内容表达全面、原则。而规定则介于办法和条例两者之间,内容表达偏重某一方面。另外,办法的法规性和约束力不及条例和规定来得强。

5. 细则

细则是根据上级机关的有关条例、规定、办法,结合本地区、本单位或本部门的实际情况,作出详细实施规则。细则往往又称"实施细则"和"施行细则",如《对外汇、贵金属和外汇票证等进出国境的管理施行细则》。

6. 规则

规则是就某一局部范围内对有关人员或某项事务活动作出的具体规定,要求大家共同遵守执行,如《考场规则》《×××比赛规则》等。规则所针对的对象比较集中和单一,所涉及的范围也比较小,且多为内部行文,写法较前几种规章制度简单,也不及它们规范。

7. 公约

公约是为保证有良好的生活、工作、学习和娱乐环境,经相约制定的一些规则,要求大家自觉遵守,如《爱国卫生公约》《商场服务公约》等。公约往往突出强调社会公德,法规性、约束力没有以上规章制度强,写法也较为简单。

第三节 规章制度的层次和程序

规章制度的适用范围是和规章制度制定者职权范围相对应,自上而下有层次的。各级规章制度必须通过相应的立法程序方能生效。根据宪法和有关文件规定精神,其自上而下共有七个层次。

一、宪法

宪法是国家的根本法,具有最高的法律效力。全国各族人民、一切国家机关和武装力量、各政党和各社会团体、各企事业单位,都必须以宪法为根本的活动准则,并且负有维护宪法尊严、保证宪法实施的职责。宪法的修改要由全国人民代表大会以全体代表三分之二以上的多数通过。

二、法律

法律是规定社会政治、经济以及其他社会生活中最基本的社会关系和行为准则。它由全国人民代表大会及其常委会制定颁布,需要全国人民代表大会以全体代表的过半数通过，冠以"中华人民共和国"和名之以"法"的，如《中华人民共和国民法典》《中华人民共和国刑法》，这些都是基本法律。

三、行政法规

行政法规特指国家最高行政机关——国务院制定和批准发布的、以行政强制力保证实施的、有关行政管理的法律规范性文件。它的名称为条例、规定和办法。

四、地方性法规

《中华人民共和国宪法》规定："省、直辖市的人民代表大会和它们的常务委员会，在不同宪法、法律、行政法规相抵触的前提下，可以制定地方性法规，报全国人民代表大会常务委员会备案。""民族自治地方的人民代表大会有权依照当地民族的政治、经济和文化的特点，制定自治条例和单行条例。"地方性法规不少是对国家有关法律和行政法规的补充。有些是国家尚未正式立法，根据国家有关方针、政策，结合本地情况而先行制定的（如上海的《上海市青少年保护条例》、江西省的《关于高新技术开发区、经济技术开发区招商引资的规定》等）。地方性法规只在其所辖范围内有效，它的名称有条例、规定、办法等。

五、政策规章

政策规章包括国务院各部门规章和地方人民政府规章。规章是部门和地区范围内普遍适用的具有法律约束力的行政管理工作的规范性文件。规章的名称为规定、办法、实施细则、规则等。地方人民政府指省、自治区、直辖市以及省、自治区人民政府所在地的市和经国务院批准的较大的市的人民政府。

以上五个层次在宪法和地方各级人民代表大会与地方各级人民政府组织法中都有明确规定，是有立法依据的规章制度。它们的性质、作用是相同的，区别在于制定者的职权大小不同，相应地适用范围也有宽狭之分。

六、基层事务规章

这个名称是暂拟的。国家对这类文书未做规定，而其在现实生活中又客观存在，并且面广、量大，如各种职务的岗位责任、各行各业的办事规程、人财物的管理制度、各种各样的技术标准等。省、自治区、直辖市以上的机关不可能管得那么多、那么细。广大基层单位在实际工作中，为了适应工作的需要，于是产生了数量巨大的基层事务规章。它们也都以有关的法律、法规、地方性法规、政府规章或上级机关的指示精神为依据，经过一定的程序（或报上级机关审批，或由本单位最高权力机关通过等）而产生，在其职权范围内实施。由于这个层次的规章制度在国家宪法和有关规定中都还是空白，其就自然地比较混乱，不像以上五个层次那么规范、严谨。仅以名称为例，除了"法"以外，条例、规定、办法等什么都有。

七、道德规范

道德规范或称群众自治性规范。这在宪法中有所涉及，《中华人民共和国宪法》指出：

"国家通过普及理想教育、道德教育、文化教育、纪律和法制教育,通过在城乡不同范围的群众中制定和执行各种守则、公约,加强社会主义精神文明的建设。"其一般用守则、公约、规范、道德等名称。如《全国职工守则》《首都市民文明公约》《科技工作者科学道德规范》《警察职业道德》等,这些都是群众自发制定、自觉执行的,比较概括、抽象,依靠人们的习惯和信念来维持,对于违约行为的制止,主要是靠公众舆论。

第四节 规章制度的格式及写法

一、规章制度的结构类型

(一) 分编结构

这种规章制度内容较为复杂、往往先分"编","编"以下分"章","章"以下分"节","节"以下分"条"(条的序数按整个规章制度编排,不分章排,这样行文严密,便于检索和引用),"条"以下分"款"(款,目前一般不写"第×款",只用序码标明。款的序数不是按整个规章制度编排,而是每条单排)。

(二) 分章结构

这种规章制度有两种结构方式:一是章断条连式。章断,就是用"章"来划分全文大的段落层次;条连,就是全文各条按统一顺序连为一体。二是序言加章断条连式。这种形式,开头一部分为序言性文字,相当于总则;接着分章分条,全为分则;它没有独立的附则,但最后一章既有分则性质,又有相当于附则的意义与作用。

(三) 分条结构

这种规章制度也有两种结构方式:一是纯粹条文式。这种形式,不分章节,只分条款,最简单的只有条,连款也不分。条文顺序一般以"第1条、第2条、第3条……"依次标出,也有的用自然数依次标出。二是序言加纯粹条文式。这种形式,开头有序言,相当于总则;序言后全部分条或分款。条文的顺序多用自然数标出,也有用"第一条、第二条、第三条……"的形式标出。

二、规章制度的格式内容

规章制度的格式比较固定,由标题、生效标识、正文、署名和日期四部分组成。

(一) 标题

规章制度的标题有两种写法:公文式、普通式。

1. 公文式

公文式标题由制定单位名称、事由、文种组成,如《国家税务局关于促进第三产业发展有关所得税问题的暂行规定》。有的规章制度是作为某一公文的附件下发的,标题中则省略发文单位,如《关于住房制度改革中财政税收政策的若干规定》是财政部财综字〔1992〕106号通知中的附件。

2. 普通式

普通式标题由适用范围、内容和文种三要素组成。有的则酌情省略其中某个要素,如《中学生守则》《文明公约》等。

若规章制度还有待进一步完善,则要在标题中注明"暂行""试行"等字样。

(二) 生效标识

行政法规要在标题正下方加括号注明规章制度的通过日期和会议名称,一般性规章制度可在落款处标明制定者和制定日期。

(三) 正文

规章制度的正文通常有两种写法:章条式和条文式。

1. 章条式

对一些内容较全面、系统、原则,条文较多的规章制度宜用章条式写作,如法规、章程、条例、准则、规则等。章条式通常由总则、分则和附则三大部分组成,则中分若干章,章中分若干条,有时条下分若干款项。

(1) 总则。总则主要概括说明制定此规章制度的目的、依据、基本原则、适用范围、主管部门等情况,类似于文章的前言。如果是章程,总则中主要写明该组织或该团体的名称、性质、宗旨、任务等。总则一般只设一章,下分若干条。

(2) 分则。自总则以下至附则的中间若干章均为分则。分则是全文的主体部分,根据不同的内容交代不同的事项。如章程的分则,通常写明成员的资格、条件、义务、权利、组织机构、原则、纪律等。而一些条例、规定、办法、准则的分则部分通常交代必须遵循的具体行为规则、做法,如范围分类、具体规定做法、责任、要求、处罚办法等。分则中章的数目视内容多少而定。根据需要,章下可分若干条,条下还可分若干款项。

(3) 附则。附则是全文的末章。通常说明该规章制度的适用范围、有解释权的单位名称、与有关文件的关系及其他未尽事宜的处置办法、生效日期等内容。附则也只设一章,根据需要,下分若干条。

2. 条文式

内容相对简单的以及非权力机构制定的规章制度常用条文式写作,如一些条例、办法、规则、守则、公约、须知等。条文式不分章,而分条列项来阐述。条文式也可分为两种:一种是前言条文式,另一种是条文贯通式。

(1) 前言条文式。它分前言和主体两部分。前言不设条,而且用简明扼要的文字概述制定该文的目的、依据、性质、意义。主体部分则分若干条款交代各种规定的事项。

(2) 条文贯通式。条文贯通式即全文都用条款来阐述表达,不另分段做说明。这样写并非不要前言、结尾,而是将前言、结尾也都用条款标出。在写作中,根据需要,条下也可分若干项表达。在写作中有的不标明"第×条",而用汉语数字"一、二、三……"进行分开表达。

规章制度采用章条式和条文式的写法,主要是为了便于记忆、阅读、理解,也便于查找、引证,而且条理清晰、层次分明、言辞严谨,便于贯彻执行。

(四) 署名和日期

在规章制度正文的右下方署上制定单位名称和制定日期。如果制定单位已在标题中标明,这里可省略。随"通知"而发的规章制度,由于通知中已有发文日期,也往往不再写制定日期。

三、规章制度的表达方法及语言

规章制度的表达方法,主要是定义说明和分类说明。毫无疑问,规章制度的语言多采取说明性语言。规章制度在写作时主要有两个方面的要求。

一是准确。要使规章制度的条款内容表达准确,首先对条款中的概念必须始终保持内涵与外延的准确性。这就要注意写好有关定义和分类的条款。下定义的条款要写明什么是规章制度本身的内容;分类的条款要写明概念的外延,明确哪些是本章制度所包括的范围。其次,为了使概念准确,还要拟写必要条件,对概念加以限制、补充。特别是对一些容易引起混淆的概念,尤其要写好限制、补充的条件。

二是周密。要使规章制度定得周密,必须从三个方面着手:首先要掌握分寸,说得周全。每个条款对表示时间、范围、数量、程度、轻重、主次等的附加语要恰如其分。其次要前后照应,不出矛盾。条款中对同一事所用的名词,要做到前后一致,不要混淆概念。每一个句子、词的搭配要得当。每一个条款常是一个句群。句子前后衔接要连贯、中心意思要明确,切忌语序混乱、不合逻辑。最后要明确肯定,不要用模棱两可的语句。常用"要""须""严禁""不准"等,对"为主""也许""大概"等类词都不使用。

第五节 写规章制度应注意的事项

规章制度作为一种行为规范、是非准则,有着广泛而深刻的影响,直接关系到工作的成或败,人们的行或止,必须极力审慎严谨,在写作时特别要注意以下事项。

一、内容周全

规章制度命题范围内的有关事项应完备齐全,力求"万无一失",使事事都有法可依、有章可循。要做到这一点,事前要充分酝酿、深入调研,切实掌握此项工作的情况,了解可能发生和需要解决的问题。规章制度的疏漏,会导致实际工作的无所适从。因此,在规章制度内容表达时一定要谨慎从事,决不可粗枝大叶、马虎了事,要有对国家、对社会、对人民、对工作的高度责任心。

二、上下协调

规章制度有严格的层次性,自上而下,一环扣一环。下级机关,尤其是基层单位必须了解上级机关同类文件的具体规定,保持与上级和上一个层次同类规章制度的连贯与衔接。这是正确贯彻党和国家方针、政策的具体保证。同时,也要注意与本单位过去制定和实施的同类文件的连贯与衔接。在这方面,重要的是加强政策观念和组织观念,不要只顾局部不顾整体,不要以感情代替政策。

三、注意相对稳定

规章制度一经公布实施,就应保持相对的稳定性,"朝令夕改"将会大大减弱规章制度的权威性和约束性。因此,规章制度不能频繁更改,但允许在适当的时候、适当的场合对不太完善的部分进行调整、修改。

四、表达周密

规章制度是面向大众的,既要有原则,又要可行,在表达方面应当十分规范。要做到概念准确、文字简洁、层次分明、合乎语法逻辑、正确使用标点符号,特别是规章制度在具体阐述该做的、允许做的、不允许做的事情或者说明工作标准、程序时,要概念清晰、遣词恰切、态度明朗、语气肯定、前后一致,以保证规章制度实施的实际效果。

第六节 阅读与评析

[例文]

南昌市城市桥梁桥下空间管理办法

第一条 为了加强本市城市桥梁桥下空间管理,规范城市桥梁桥下空间使用行为,保障城市桥梁完好、安全,根据《城市道路管理条例》《南昌市城市桥梁隧道安全管理办法》等法规、规章的规定,结合本市实际情况,制定本办法。

第二条 本办法适用于本市城市规划区内城市桥梁桥下空间的使用及其监督管理。

第三条 本办法所称城市桥梁,是指政府投资建设的城市道路的跨江河桥、立交桥、高架桥、人行天桥,不包括跨铁路桥梁、公路桥梁(市政化改造的公路桥梁除外)。

本办法所称桥下空间范围,是指城市桥梁用地红线内的陆域用地,包括桥梁垂直投影范围内的空间,即自桥下地面或路面至桥梁上部结构的底部空间,不含基本农田、河道和堤防管理范围线内空间等。

第四条 城市桥梁桥下空间使用应遵循安全至上、公益优先、合理使用、严格管理的原则。

(一)安全至上。使用城市桥梁桥下空间必须确保道路桥梁结构安全和道路通行安全,应当避免产生吸引大量人流、人员过多聚集的情形。

(二)公益优先。城市桥梁桥下空间具有公共属性,其使用应优先考虑设置用于为公众服务的市政公用设施。

(三)合理使用。城市桥梁桥下空间使用应当满足城市规划要求,结合桥下空间环境条件,兼顾桥梁周边环境生态。

(四)严格管理。加强对城市桥梁桥下空间的规范管理,加大对违法使用的处罚力度。

第五条 市、区城市管理部门负责城市桥梁桥下空间管理的协调、指导和监督工作。

应急管理、自然资源和规划、住房和城乡建设、公安、交通运输、水利、生态环境等部门按照各自职责,依法做好城市桥梁桥下空间相关工作。

第六条 城市桥梁养护维修单位应当按照养护计划和有关技术规范对城市桥梁进行养护维修、检测评估和日常巡查,保持城市桥梁及其相关标志完好。

第七条 城市桥梁桥下空间内,禁止下列行为:

(一)设立用于生产、储存、销售易燃、易爆、剧毒、放射性等危险物品的场所、设施,或停(堆)放、装(卸)载危险物品。

(二)设立用于洗车、修车、加油、商业、餐饮、娱乐、集贸市场等经营活动的场所、设施。

(三)用于生产、生活、居住等用途或使用燃气、电炉及明火。

(四)拆改、损坏交通安全、照明、通信、监控、收费、供电、防护构筑物、排水管道等城市桥梁附属设施设备及其他有损桥梁附属设施设备的行为。

(五)损坏、骑压、擅自占用各类地下管线的设施和附属物及消防、绿化设施与绿化用地。

(六)擅自侵占、封闭、围挡、开挖机动车道、非机动车道、人行道及非法搭建、堆倒、涂贴、摆卖等行为。

(七)擅自改变城市桥梁桥下空间的用途或者将使用的城市桥梁桥下空间以任何方式转让给第三方。

(八)法律、法规和规章禁止的其他行为。

第八条 城市桥梁桥下空间利用应当首先用于桥梁管护、交通管理、绿化景观,也可用于供配电设施设备、弱电设施设备设置等公益性基础设施。

因道路交通管理需要修(改)建车行道、人行道的,或因桥梁防护、养护需要修建建筑物、地面构筑物的,可按有关规定依法使用,不受本条前款规定限制。

第九条 城市桥梁桥下空间的使用应当符合以下要求:

(一)应对城市桥梁设施采取防撞、防碰、防擦等保护措施,与城市桥梁设施保持安全间距。预留安全通道,满足应急、抢修、消防的要求。应针对城市桥梁桥下设施每年开展安全评估工作,确保桥下空间使用安全和桥梁设施安全运行。

(二)加强消防安全管理工作,履行消防安全主体责任,使用照明设施、管理用房、停放车辆等行为,应符合国家、行业技术安全标准。发现安全隐患或发生突发情况时,应立即报告相关主管部门,并积极配合做好处置工作。

(三)设置的设施、设备应与城市桥梁桥体和周围环境相协调,与桥梁底面、桥墩、桥台的距离不少于1.5米,且不得将桥墩、桥台、桥梁附属设施及其他市政设施封闭在内或占压,影响桥梁检测、养护、维修作业。

(四)城市桥梁桥下空间应保持清洁卫生,地面无垃圾、杂草、堆放物、污水、污迹,墙面无乱贴、乱画、乱挂和小广告。

(五)被使用的城市桥梁桥下地面宜参考海绵城市的路面设计要求,地表面要平整、完好,不得有坑洞、碎裂,保证排水通畅无积水。

(六)城市桥梁桥下绿化应符合道路和桥梁建设管理和技术规范要求,不得覆盖、腐蚀道路桥梁结构和影响道路桥梁安全。

（七）水、电等管线应敷设于自然地面以下，不得悬空架设，不得破坏既有管线。需要依附城市桥梁设施的，应按照相关规定办理审批手续，且不得破坏城市桥梁设施。

（八）城市桥梁桥下所建设施不应遮挡道路交通标志、标线，应确保过往车辆和行人通视良好，保障正常通行。

（九）用于停车场的，停车场设置方案需进行可行性和合理性分析，停车场接入市政道路需开展交通影响评价和交通组织方案研究。同时，停车场建设和管理应符合《南昌市机动车停车场管理办法》等相关规范要求。

（十）对城市桥梁桥下空间或桥梁周边交通组织进行调整的，需要事先征得公安交管部门同意。

（十一）城市桥梁桥下空间涉及河道行泄通道的，不得使用开发。城市桥梁桥下空间低洼易淹的，不宜用于建（构）筑物类和市政公共设施使用类型（水务防洪排涝设施除外）。城市桥梁桥下空间使用建设不得影响或损坏桥梁现有排水设施。

（十二）城市桥梁桥下空间使用单位应积极配合桥梁检查及维修工作，如切实因维修需要临时拆除桥下设施，城市桥梁桥下空间使用单位应无条件支持并承担相应损失。

（十三）城市桥梁桥下空间使用单位自行承担由极端天气、泄洪、桥梁渗漏水等不可抗力因素造成的损失。

（十四）法律、法规、规章和规范性文件规定应遵守的其他行为。

第十条　有关部门、组织或企业按照本办法第八条第一款规定用途需要使用城市桥梁桥下空间的，向市或者区城市管理部门提出申请，市或者区城市管理部门会同公安交通管理、自然资源等有关部门，征求桥梁养护维修单位意见后，依法办理临时占道许可；涉及其他有关部门职责的，有关部门应当依法处理并予以配合。

第十一条　城市桥梁桥下空间使用单位退出时，应拆除其设置的所有设施，恢复城市桥梁桥下空间原状，市或者区城市管理部门负责现场监督。

第十二条　因道路交通需要或新建、改建、扩建及大中修养护需要使用城市桥梁桥下空间的，城市桥梁桥下空间使用单位应无条件退出。当桥跨结构出现重大安全隐患时，涉及的城市桥梁桥下空间使用单位应立即停止城市桥梁桥下空间使用活动，向城市管理部门报告，并做好安全应急管理措施，防止发生安全事故。

第十三条　违反本办法规定的，由有关部门依法查处。

第十四条　本办法实施前已使用城市桥梁桥下空间的单位应当根据本办法补办相关手续。

第十五条　新建城市桥梁桥下空间应与城市桥梁主体建设同步规划、设计、审批、建设和移交，城市桥梁桥下空间建设费用列入城市桥梁主体建设工程成本；确无法与城市桥梁主体同步规划建设的，桥梁主体工程建设完成后，建设单位应及时清场并恢复，确保城市桥梁桥下空间场地平整、环境整洁、通行顺畅。

第十六条　本办法自2022年4月1日起开始实施，有效期五年。

【评析】《南昌市城市桥梁桥下空间管理办法》（以下简称《办法》）是一份由南昌市人民政府制定颁发的行政性管理规章，主要对城市桥梁桥下空间管理进行了法规性的界定。

《办法》最大的特点主要有：以清晰明了的结构来梳理相对复杂的内容。整份规定采用了条款式结构，由 16 条 26 项构成，对城市桥梁桥下空间维护、空间场地平整、环境整洁、通行顺畅空间、使用单位、空间清洁卫生做了详细的管理说明，可以说内容繁多复杂，涉及的范围及具体单位实体也较多。其内容虽多，但读过之后却没有任何凌乱和不清不明的地方。该做什么，不该做什么，怎么做，让人一目了然。

思考与练习

一、填空题

1. 规章制度是一个总的称呼，日常所见的各种_____、_____、_____、_____、_____、_____、_____、_____和_____等均属于规章制度。

2. 规章制度的特点主要有_____、_____、_____、_____四个方面。

3. 规章制度可分为_____、_____、_____三大类。

4. 规章制度的适用范围是和规章制度制定者职权范围相对应的，自上而下共有七个层次，即_____、_____、_____、_____、_____、_____和_____。

二、简答题

1. 规章制度章条式正文应包括哪些内容？
2. 如何使规章制度的表达具有周密性？
3. 规章制度具有哪些方面的作用？

三、实践题

仔细阅读本章例文，指出该管理办法是怎样明确概念的内涵和外延的。

第七章

经济消息

第一节 经济消息的概念和特点

一、经济消息的概念

经济消息是消息的一个分支,而消息又是新闻的一个分支。因此,要给经济消息下定义,首先要明确什么是新闻。新闻界对"新闻"的解释,有广义和狭义之分。广义的新闻,一般是指报刊、广播、电视中常用的各种新闻报道体裁,包括消息、通讯、特写、调查报告、评论等;狭义的新闻专指消息这种新闻样式。消息,即以简要的文字迅速报道新闻事实的一种新闻体裁。

消息是各种新闻体裁中用得最多、最活跃的一种体裁,在新闻报道中占有重要地位。所以,人们又称它为新闻报道的主角。它最明显的特点是:事实具体;文字简洁,篇幅短小;报道迅速,信息量大,传播面广。

经济消息是指以简洁明了的文字,快速及时地对经济领域中新近发生的有新闻价值的事实的报道。从报道内容看,经济消息所报道的是包括经济活动、经济信息、经济政策、经济管理、经济现象、经济观念等经济领域中的情况与问题;从报道的面来看,它包括工业、农业、商业、财政、金融、消费以及国内外市场等各个方面。

二、经济消息的特点

新闻具有真实性、时效性、公开性和可读性等特点,作为从属于新闻的经济消息,除了具备上述共性特征外,由于与经济工作、经济活动、经济生活密切相关,在写作中必然带有"行业"的某些特点。经济消息的特点,概括说来有以下几个。

(一)政策性

许多经济消息是为了配合党和政府在一定时期内对经济政策做解释与宣传工作的,其内容本身就带有很强的政策性。一些报道经济工作动态、经济战线新人新事的经济消息,虽然不直接阐明政策条文,但也渗透着政策精神,具体体现着政策。因此,政策性强,是经济消息一个非常突出的特点。这就要求经济消息的写作者认真学习、领会党和国家的经济政策,用政策的精神指导采访与写作,力求准确反映政策,绝不能在报道中与党和国家的现行政策唱反调、相抵触。在报道重大政策性问题时,最好重新查阅有关政策和文件资料,以便统一提法、统一口径;稿件写好以后,一般应由主管部门审核,以便消除差错,做到慎重、准确。

(二)专业性

经济消息是一种专业性很强的报道。在对经济领域发生的新情况、新经验、新政策进行报道时,往往要涉及一些业务性和技术性问题,譬如成本核算、经济效益、产值、利润、措施方案等内容。这就要求写作者必须具备一定的经济专业知识,否则将直接影响到其经济新闻报道的真实性、准确性和科学性。目前新闻界流行一种说法:经济报道往往写得"内行不愿看,外行看不懂",实际上反映了经济消息专业性的特点,同时也反映了这种特点和新闻传播的大众化与通俗化的矛盾。为此,写作者还必须学习与此相关的一些写作技巧,如巧妙地处理数据、把枯燥难懂的专业术语翻译成深入浅出的白话等。

(三)指导性

市场经济是信息经济,瞬息万变,错综复杂。经济消息的指导性特点主要体现在,通过对政策的阐述解释和对经济活动、经济现象的分析评述来实现对群众经济活动的引导。高水平的经济消息善于从与群众生活密切相关的经济现象入手,以辩证科学的分析、通俗化的语言来透视现象,揭示本质,预测其发展趋向,帮助人们认清形势,明确方向,认识经济发展的障碍,引导人们的经济行为与国民经济的健康发展相协调,从而满足人们在经济工作和生活中的更高需求。

(四)实用性

经济消息涉足于经济活动,服务于经济工作,也影响着经济生活。与其他新闻门类相比较,它的实用性是首屈一指的。经济消息的实用性主要体现在信息的服务上。信息的服务,首先是对市场宏观与微观、表层与深层、现状与未来发展预测的全方位的服务;其次是及时反映群众的呼声和要求,向群众传播生活和消费知识、解惑释疑的服务。当然,经济新闻的服务性,还表现在经济新闻监督、反映经济工作与生活,为政府决策部门制定和调整政策法规提供决策参考等方面。

第二节 经济消息的作用和种类

一、经济消息的作用

(一)传递经济信息

经济信息是社会的一个重要资源。它不仅制约着现代社会经济活动的各个环节,也深刻地影响着人们的经济活动方式,成为人类现代经济活动中各个环节的黏结剂。

新闻媒介是经济信息的重要、权威、集中的发布源泉和传递中介,它传播各种经济信息,清晰地反映经济活动态势,以满足受众利用信息从事经济决策和活动的需要。一则及时的、针对性强的经济消息,往往能够传递极为重要的经济信息,产生可观的经济效益和社会效益。

（二）监督经济行为

运用新闻传媒,对偏离或违背社会正常运行规则的经济行为实施监督,是舆论监督在经济报道领域的具体体现。

经济消息对经济行为的监督,主要从以下几方面来进行:一是监视经济运行中的异常现象,提示人们谨防经济失控带来的负效应;二是监督无视或违反市场行为规则的不良现象,维护市场经济正常运行秩序;三是揭露和牵制管理权力与经济领域滋生的腐败行为和现象;四是保证经济法制的建立和实施。

（三）指导经济生活

经济消息通过与百姓经济生活贴近的新鲜事实,借助生动活泼的报道形式,来实现对社会经济生活的指导作用。经济消息对经济生活的指导,主要表现在促进生产、流通、消费诸环节以及整个社会经济活动的全过程,而指导的具体内涵则表现为以下几点:一是在思想观念上进行引导;二是在资源开发上进行指导;三是在经营方式和消费方式上进行诱导。

二、经济消息的种类

从不同的角度,经济消息有多种分类方法。按报道领域,经济消息可分为工业消息、农业消息、财贸消息、房地产消息、旅游业消息等;按报道内容,经济消息可分为政策性消息、信息性消息、人物性消息、问题性消息、生活消费性消息以及边缘性经济消息。下面着重谈谈按写作特点划分的几种经济消息。

（一）经济动态消息

经济动态消息是迅速及时地报道国内外新近发生或正在发生的经济事件和相关活动的一种新闻体裁。它着眼于事物的最新变动,以最快的速度传递最新信息。这一报道方式最能体现消息的快速及时、短小精悍、生动活泼,是使用频率最高、最具有代表性的消息类型。

经济动态消息的写作要求:善于捕捉动态新闻的报道题材;客观记述,增强可信度;传达现场氛围,使新闻更具动感;一事一报,语言简洁,篇幅短小。

经济简讯从广义上看也属于动态消息,又称简明新闻、新闻简报或短讯。其基本特点是文字简略、内容简单、结构单一。

简讯是受众浏览和获得信息的"窗口"。在涉猎题材的轻重程度上,简讯中有重要新闻与相对细小事件的区别。前者多为单发消息,并做厚题薄文的突出处理;后者在新闻媒介中,经常把若干条简讯按不同内容,加上栏目,归类发布,并可做无标题、不必交代新闻来源的灵活处理。

（二）经济综合消息

经济综合消息是围绕一个主体,把一定时间或空间内的诸多经济事实综合起来,反映经济领域带有全局性的情况、成就、趋势或问题的新闻报道。综合消息中既有动态事实，又有一般事实，思想性、指导性较强。它具有事实的综合性、表达的综合性和时空的综合性等特点，对时效性的要求一般来说较之动态消息略为宽松。

经济综合消息的写作要求：善于分析概括，有全局观点；在占有大量材料的基础上，有选择地运用典型事实；善于点面结合，把概括的综述和具体的事例结合起来。

（三）经济经验消息

经济经验消息是对具有普遍意义的典型性经验的报道，或称经济典型报道，注重用事实说话，由事实引出经验，偏重于交代情况、做法、反映变化及效果，重视提供背景材料。这种消息与经验总结有相似性，但不同于一般的总结。经验消息对实际工作中最新鲜的、最具有代表性的内容做集中介绍，突出表现这些内容的现实针对性，从而使受众能够从中吸取普遍的经验，具有借鉴意义。因此，经验消息有很强的实用性和可操作性。

（四）经济述评

经济述评又称述评性经济消息，是新闻媒体对新近或正在发生的重要经济事件、经济现象或带有普遍性的经济问题所进行的夹叙夹议的新闻报道，是一种以报道新闻事件为基础，以评论剖析事实，从而揭示其特点、本质和意义，给人以启发和引导的方式。它既不同于一般的消息，也不同于新闻评论；在文字表现上，是述多于评，但在内容上又往往评重于述。

经济述评的写作要求：选材既要有新闻性，又要具有强烈的针对性；观点鲜明；述评结合，叙议交融，以经济事实为依据，缘事发议；除记者直评外，借人之口——引用有关权威人士的话进行评论，是强化述评报道效果的一个常用技巧。

第三节 经济消息的内容要素和价值要素

一、经济消息的内容要素

经济消息的内容要素是指构成经济消息必需的材料。好比人要有五官才能构成一张完整的脸，经济消息要有六要素才能构成一条完整的消息。

经济消息的六要素是指：何事——what、何时——when、何地——where、何人——who、何故——why、如何——how，简称"五个W"+"一个H"。一般而言，具备了这六个内容要素，就基本能满足受众对事件了解的欲望，一条消息也算是写得完整了。

不一定每条经济消息都六要素齐全，因为有的事件只做简要报道，不写细节，可以不必交代"如何"要素。也有些事件，报道时尚未弄清事件发生的原因，一时难以交代"何故"要素。但是，只要可能，六要素是应该逐个交代清楚的。

二、经济消息的价值要素

新闻价值是指新闻事实本身所具有的满足大众对新闻需要的素质，是记者判断事实可否成为新闻的尺度。它包括以下五种价值要素。

(一) 时新性

新闻事实越新,越能满足受众的需求,越能吸引他们的注意。时新性表现在以下两个方面。

(1) 时间近,即新闻事实在时间上是新近发生的。刚刚发生的事实立即予以报道,正在发生的事实同步报道,这种新闻的价值也大。事实发生的时刻与新闻发布的时刻之间的差距称作时距,时距越小,新闻价值越大。

(2) 内容新,即新闻题材新鲜感强。常有这样的情况,事件本身时间性较弱,或因记者发现晚了,或因某种原因一时压了,但相比较同类题材,却是最先见报,且具有新意或合乎时宜,因而同样具有新闻价值。记者在处理这类时间上过时、题材内容尚新鲜的事实时,应特别注意从时间上寻找新闻根据,即新闻由头、新闻引子,由近及远、以新带旧,以求巧妙地将过时事实带出来。

(二) 重要性

新闻事实所包含的社会意义也即新闻事实同新闻受众的利害关系,称为重要性。凡同多数人利害相关、为多数人所关注的事实,被认为有社会意义,也就有重要性。事实越重要,越有社会意义,报道该事实的新闻也就越有价值。

(三) 显著性

新闻事实的知名度,或新闻事实的显要度,称为显著性。新闻中所涉及的人物、地点、事件、时间(如节日)等因素具有一定的知名度,这类新闻的价值也较大。或者新闻事实显要、突出,因而这些事实的发生、进展、结局、后果等都引人注目,于是报道该事实的新闻也吸引人们的注意力,显示出一定的价值。

(四) 接近性

新闻事实同接收该事实信息的受众在地理和心理上的接近程度为接近性。地理上的接近性主要是由利害关系决定的,接近性越大(地距小),新闻价值越大,即地距同新闻价值两者成反比。心理上的接近性主要是由新闻受传者的求知欲和好奇心理所致,接近性越大(心理距离小),新闻价值也越大,即心理距离同新闻价值两者也成反比。

(五) 趣味性

新闻事实所具有的调动新闻受众共同兴趣从而引起注意的有趣程度称为趣味性。趣味性越大,新闻价值也越大。新闻事实的趣味性表现在三个方面:其一,新闻事实新鲜奇特,不可多见,激起人们的好奇心和新闻欲;其二,新闻事实充满情趣,令人激动、感奋、伤感、可笑;其三,新闻事实富有人情味,可调动人们的同情心、爱憎感,抨击庸俗情趣,推崇高尚情操。

以上五种价值要素,各种事实含量不一,有的有,有的无;有的多,有的少;有的含一种,有的含多种。一般来说,含量大、含多种要素的事实,其新闻价值也大。

第四节　经济消息的格式及写法

在长期的新闻写作实践中,消息的写作形成了相对稳定的特有的体式。一篇消息通常由下列几部分组成。

一、标题

经济消息的标题是在经济消息正文之前对消息内容加以概括的简短文字。它和其他文章的标题,尤其是文艺作品的标题比较,有很大的不同。一般来说,文艺作品的标题要含蓄些,不直接把文章的内容明示出来,有些甚至以"无题"这样的标题来掩盖文章的内容。而经济消息的标题恰恰相反,它要求简明实在,揭示新闻的主要内容,透露其中的信息,让读者产生阅读欲望。

(一)标题的结构形式

标题的结构形式,是指一条消息标题的各个组成部分和这些部分相互之间关联的方式。经济消息标题的结构有单一型和复合型两种。

单一型标题一般为单行标题,也有做两行的;复合型标题为多行标题。前者只有主标题,后者则包括主标题与辅标题两部分。

主标题义称"正题"。它是标题中最主要的部分,在复合型标题中,主标题的字号要大于辅标题的字号。一般来说,主标题的作用在于点明消息中最主要的事实与观点,文字十分简洁。

辅标题包括引题(又称眉题、肩题)和副题(又称子题)两部分。这两部分在标题中可以二者兼有,也可以二者取一。与主标题组合,构成多种变化,能增加标题的表现力,丰富报纸版面形式。引题在主标题之上而字号较小,它主要是从一个侧面对主标题进行引导、说明、烘托或渲染。副题是置于主标题之后的次要标题,字号最小,它主要是对主题起补充、注释作用。

(二)标题的内容构成

按内容区别,消息标题包含实标题和虚标题两类。实标题重在叙事,着重具体表现新闻事实中的人物、事件、地点等要素,让人一看就明白主要事实是什么,属题材型标题;虚标题重在说理、抒情,着重揭示新闻事实中所蕴含的道理、思想、精神等,让人明了新闻事实的意义及价值,属主题型标题。

消息标题中,内容构成主要是指处理好实标题与虚标题的关系,具体来说应注意以下几点。

(1)单一型标题不管是单行题还是双行题,都应是实标题。

(2)复合型标题中,至少必须有一个实标题。

(3)在大多数情况下,引题以虚标题居多,副题以实标题居多,正题可虚可实。如果标题中有两个实标题,要注意处理好二者的关系。如果正题为实标题,它标出的是新闻事实的主要内容。

(三)标题的制作要求

新闻必须用事实说话,标题亦然。制作标题的第一步是从新闻中选择应该写进标题中的内容。选择内容的原则如下。

(1)选择消息中最新鲜、最重要的事实或观点。这是制作好标题的基础。

(2)选择新闻中最有特点的事实或观点。新闻标题不仅要标出新闻中最新鲜、最重要的内容,而且应该标出新闻中最有个性和特色的内容,要使读者感觉到这条新闻与其他同类题材的新闻不同。复合型标题的主题更应该突出新闻内容最有特点的部分。

(3)标题选择的事实和观点要与新闻内容的本质相一致。标题所选择的内容不仅应该是新闻中本来具有的,而且这种内容要与新闻反映的情况在本质上相一致。做到这一点需要注意以下问题:一是标题对新闻事实的概括必须准确;二是标题要准确体现新闻中的观点,防止以偏概全或失之片面;三是标题运用文字必须准确,防止因用词不当导致标题歧义。

同时,一个好的消息标题不仅要符合新闻事实,要有好的思想内容,还必须有很强的表现力、吸引力和一定的感染力。为此,在标题制作时还应做到以下几点。

(1)生动传神。标题如消息的眼睛;眼睛是心灵的窗户,最能传神。要选取那些最能传达新闻事实和消息主题的词语写入标题。

(2)简洁工整。消息标题用字不宜太多,特别是主标题,语句要求十分凝练。修辞上还讲究对仗、押韵,有些好的标题,直接点化古诗词名句。

(3)新颖别致,敢于创新。新颖别致的标题,能给人耳目一新之感,自然能先声夺人,吸引受众的注意。

二、消息头

消息头是消息文体的外在标志,位于消息的开头部分。

消息头主要分为电头和"本报讯"两大类。

电头是表明电讯稿发出的单位、地点和时间的,加括号或用显著字体标出,置于稿件开头。新闻通讯社主要以电报、电传、电话等方式发稿,故通讯社总是以"××社×地×月×日电"作为消息头。

"本报讯"是报社自己的记者或通讯员采写的稿件的标志。如系外埠采访、外地寄稿,也需标明发稿的地点、时间,写成"本报×地×月×日专讯(或专电)"。

有些消息,如报道重大事件的消息、主观色彩较浓的描写性消息、评述性稿件,或者是名记者所写的稿件,有时也要署上记者的名字。有些媒体几乎所有的稿件都署记者的名字,以示稿件的某些观点由记者负责,并扩大记者的影响。

电头、"本报讯"的作用在于:①可以表明新闻稿的发出单位,借以显示消息的"身份";②有了电头或"本报讯",可以承担发表新闻作品的责任,接受社会监督;③电头注有发稿的地点、时间,可以说明新闻的来源、时效,借以传达某种信息。

三、导语

导语紧接在消息头的后面,是以简要的文句,突出最重要、最新鲜或最富个性特点的事实,揭示新闻要旨,吸引受众接收全文的经济消息开头部分。

通常情况下,导语是消息开头的第一段;有的短消息不分段,那其导语便是开头的第一句话;有的消息段落很简短,其导语也可以是两个段落。由两个自然段组成的导语,称复合导语,它们一般虚实相济,第一段虚写,造成悬念,吸引受众;第二段实写,抖开包袱,说明"何事"。

导语是消息体裁所特有的概念,是消息区别于其他新闻文体的又一重要特征。

(一)导语的任务

人们之所以重视消息的导语,是因为导语肩负着十分重要的任务,起着举足轻重的作用。导语的任务有以下几项。

(1) 开门见山,尽快地报告新闻事实,使受众"一眼便知"。

(2) 吸引受众注意,最大限度地激发受众的接收兴趣。

(3) 一语定意,为整篇报道定下基调。导语如何写,直接影响到经济消息其他部分的材料取舍和笔墨轻重。

(二)导语的类型

经济消息导语的写作形式多种多样,不拘一格,目前运用较多的有以下几种。

1. 直叙式导语

直叙式导语,就是用叙述的方法,把新闻中最重要、最新鲜的事实简明扼要地写出来。这种导语包括两种类型。

(1) 陈述性,即直接叙述新闻中主要的具体事实。这种导语直截了当、重点突出,多用于事件性消息和内容单一的非事件性消息。

(2) 概括性,即用高度概括的语言,把许多事实做综合性的概述,让受众对所报道的内容先有个大概了解。这种导语多用于综合性消息,因其所报的内容涉及面广,事实多而复杂,只有用概括手法,才能用较少的文字交代清新闻的概貌,揭示主题。

直叙式导语是当前最常用的写法,特别是广播新闻用得更多。这种导语有简练、明快的优点,又有干巴、死板的不足。因优大于劣,所以它在导语中一直占绝大多数。

2. 描述式导语

描述式导语,就是在导语写作中适当运用白描的修辞手法,使导语生动、形象,增加现场感。这种导语多用于事件性新闻,比较常见的有三种:第一种是对新闻事实所处的特定时间和特定环境做简要描述,再引出报道的内容。第二种是运用叙述、描写相结合的手法,对消息的主要事实或人物的活动,做简洁、朴素而又有特色的描写,以营造气氛,增添声色,引人入胜。第三种是运用特写手法,描写新闻事实,使其成为色香声味俱全、生动形象、现场感强的特写镜头式的导语。

描写式导语,无论用哪种描写形式,都要有利于表达、烘托主题,否则会画蛇添足;而且要非常简练,往往只用一两笔以勾勒;更要避免滥用华丽辞藻,要保持导语简洁、明快的特征。

3. 引语式导语

引语式导语,就是引用某人、某些人或某文中的一两句能揭示主题或表达主要事实的原话做导语。这种导语,观点鲜明,主题突出。

引语式导语,最常见的是引用领导人或权威人士、知名人士的一两句最重要的话。要注意交代清他们的职衔、姓名,这样才能显示出所引话的分量和价值。所引的话一定要精选,要选择最能反映事物特征或者最能揭示事物本质的一两句话,不可选得太多,否则,一是重点不突出,二是导语冗长。

4. 提问式导语

提问式导语,是把消息中已经解决了的主要问题,先简明扼要地用疑问句式提出来,然后用事实做简要回答,以引起受众的注意和深思。

提问式导语,要注意抓住受众普遍关心和与群众生活有直接关系的问题、受众未知而欲知的问题、对一些现象存在疑问的问题。

运用提问式导语要特别小心,千万不能为了提问而提问,如果提得不适当,会引起受众的逆反心理,给人以故弄玄虚的感觉。另外,对于一些受众急于要知道的信息,不要用提问式导语。

5. 评述型导语

这类导语,是对消息所报道的主要事实进行简要评论,揭示其内涵和重要意义,增强宣传效果。

导语中的议论,一般在叙述新闻事实之后,水到渠成地由写作者直接发出,要求少而精,点到为止。为了使导语中的评述更具客观色彩、更具有说服力,有时,也为了防止因作者直接议论而招致被动,可以使用引语方式,通过别人之口对所报道的事实进行议论。

(三)导语的写作要求

(1)导语必须有实质性内容,忌空泛无物。所谓实质性内容,即指新闻事实,或事实中的要点。导语写作应该具体实在、重点突出,让人看了感到"言之有物"。

(2)导语必须简洁明了,忌繁杂冗长。导语不可太长。字数过多,一会淹没"亮点",冲淡趣味性;二会导致沉重,令受众失去耐心。导语的表达要用最少的字数,表达清最主要的事实,使受众一接触新闻便了解要旨。

(3)导语要新颖多样,忌千篇一律。新闻导语要吸引受众,给人带来新鲜感,就要在"言之有物"的基础上做到"言之有味",在写作形式和文字表达上避免模式化、公式化,力求优美生动,使人爱看。

四、主体

消息导语之后的部分称为主体,也有人称为主干、正文,是展开新闻内容、阐述新闻主题的关键部分。

形象的说法是,如果将导语比作"头",主体便是"躯干"。消息要有一个精彩的导语,以便吸引受众；然而，精彩的导语之后，还必须有一个丰满的、文字讲究的主体，否则，同样不能算作合格的消息。

（一）主体的任务

主体必须紧扣导语做文章，不能转向，这是主体写作的大原则。在这个原则之下，主体的任务有以下三点。

1. 对导语提出的问题进行解释

有些新闻导语所阐述的事实本身就提出了问题，需要主体部分进行解释，交代新闻事实的来龙去脉、前因后果，即解释为什么。

2. 具体展开导语中交代的主要事实

消息导语中所交代的事实，一般均是简明扼要、概括性强，受众若了解具体情况，要靠主体部分进一步具体展开。它主要回答什么样和怎么样的问题。

3. 补充导语里没有揭示的事实

一条消息往往要涉及若干个事实，有主要事实，有非主要事实；有新的事实，有旧的事实；有新闻事实，有背景事实；等等。在导语里一般只能突出最主要的事实或最新鲜的事实。要把消息所报道的题材交代清楚，使消息更完备，深刻地揭示主题，或给受众更多的信息，要靠主体部分去完成。因此，消息的主体部分承担了补充导语的任务。

（二）主体的写作要求

1. 紧扣导语

导语、主体、结尾是一个整体，动笔写作之前要做统一考虑。导语为整条消息的写作定了基调，规定了方向。在新闻诸要素中，主体需展示哪几个要素、回答哪几个问题，都必须根据导语所铺设的轨迹来写，不能和导语脱节。

2. 层次分明

主体部分材料较丰富，涉及多种事物、多个方面，以及纵的、横的多种关系。无论采用什么结构方式安排这些材料，都必须理顺材料之间的关系，做到层次分明、眉目清楚。

3. 内容充实，材料典型

主体是叙述新闻事实的主要部分。它要解释、说明导语，回答导语提出的问题，所以，一定要有充实的内容，从而使受众对新闻人物和事件有较为完整而真切的了解。内容充实，并不等于材料越多越好，而是要求材料典型、有说服力。

4. 叙述生动，手法灵活

主体的叙述手法和表现手段应该灵活多样，而不应该刻板划一，这样才能保持受众的接收兴趣。有人提倡新闻写作向散文式方向发展，这也是提倡表现手法的灵活多样。

最后要指出的是，主体部分在语言表述上要避免和导语重复。

五、背景

在经济新闻报道中，很大一部分内容是专业性的或者专业性很强的。这往往需要记者对某些问题做一定的解释、说明，以加深受众对新闻内容的理解，达到报道效果。这样，就需要我们熟练运用新闻背景。

（一）背景的作用

具体来讲，恰当运用新闻背景有以下几方面的作用。

（1）说明解释，使消息通俗易懂。新闻背景解释、说明的对象通常有两类：一类是新闻中的名词术语，另一类是消息的事实部分。

（2）对比衬托，突出事物特点，显示变化程度。在很多情况下，新闻需要借助背景材料，以对比和衬托的方式，反映事物的特点、发展变化的程度，显示其新闻性，引起受众的兴趣。

（3）运用背景材料揭示事物的意义，唤起社会关注。

（4）借背景为消息注入知识性、趣味性内涵，使其更可读。

（5）以背景语言加以暗示，表达某种不便明言的观点。

（6）累加同类事实，开阔受众视野，即在消息报道之外，顺带介绍其他一些相同类型的事例，或者顺带给出同类事件总的情况、数字，从而帮助受众在更广阔的背景下来观察和认识消息所报道的新闻事件。

（二）背景的种类

新闻背景材料多种多样，一般来说有四类：①历史背景，以过去的历史来衬托今天新闻事件的新鲜；②人物背景，对经济活动中的有关人物做适当介绍；③地理背景，主要介绍经济新闻发生地区的有关自然环境、地理位置、风土人情；④事物背景，主要是一些新事物、新成就、新情况。

（三）背景的穿插方式

背景写作并无固定格式，巧妙穿插是背景写作的基本特点。常见的穿插方式大致有以下几种。

（1）前导式。前导式即在导语中插入背景材料。这种写法，要求背景能够衬托新闻事件的新意，强化新闻价值，增强新闻引人入胜的魅力。因为整段或整句的背景放在开头，推迟了重大事件与读者见面的时间，所以要求语言精练。

（2）浓缩式。浓缩式即在导语之后紧接背景段。这是一种常见的运用背景资料的方法。这一段背景往往起到承前启后的作用，既对导语做了一定的解释，又为主体做了一定的铺垫。

（3）辐射式。辐射式不是整段地介绍背景材料，而是灵活穿插在行文中，运用起来比较自如，可避免材料堆积之嫌，使新闻的"新"与"旧"浑然一体，不露痕迹地将背景交代清楚，使整篇文章一气呵成。

（4）对比式。对比式就是对新闻事实进行横向或纵向的比较，在比较的过程中介绍背景材料，使新闻与背景相对比而存在。

（四）背景的写作原则

要将背景材料使用得恰到好处，写作上需要掌握以下几条原则。

1. 精练

背景材料在消息中毕竟不是主体,背景运用不在于多而在于精,要选择最能说明主题的材料,要紧紧为衬托新闻主题服务,不能游离新闻的主题。

2. 受众

新闻界常讲的一句话就是:"不要认为自己明白的东西别人都明白,不要以为自己不明白的别人也不明白。"前半句话是指该用背景材料而不用,后半句话是指不该用背景材料而滥用。其原因就在于对受众不了解,可以说是缺乏"受众意识"。不同类型的稿件应区别对待,有的新闻一看就明白,就可以不必加背景。有的新闻篇幅虽然较短,但由于在新闻发表的日子单独配发了有关资料,也不需要在新闻中写进背景材料。另外,还要因时因地因受众对象的不同而不同。面向全国的报纸和通讯社发的新闻,与省、区、市、县发的新闻在使用背景材料上应有所不同。本省、区、市报纸刊登的本地新闻,在面向全国的报刊上发表时,就应交代必要的背景。同样,在国内报道中不必交代的背景,在对外报道时就要有所交代。在专业报上不必写的背景,到综合性报纸上发表时就要交代。总之,要看受众对象,要考虑到受众是否能看懂。

3. 客观真实

使用新闻背景常见的问题是牵强附会、硬贴标签、不实事求是。有的报道为了突出先进人物,就贬低周围的群众;为了突出现在,就把过去说得一团糟,这就违背了新闻的客观真实原则。客观真实原则是新闻背景运用的基点。新闻中所运用的背景应是对事实的叙述,不掺杂主观性推测和看法。

六、结尾

经济消息的结尾,是指为了深化新闻主题、强化新闻价值或扩大消息的信息容量,根据新闻内容,精心设计的消息的收结部分。它通常是消息的最后一段或最后一句话。

结尾并非所有消息都必须具备的一个独立的组成部分。新闻实践表明,同消息的简洁明快、干脆利索、用事实说话等基本特征相适应,相当多的消息可以是表述完新闻事实便就此收住、戛然而止,可以不必有结尾。

只有当结尾能够加深受众对新闻的感受和理解,能够深化新闻的主题、增强新闻报道的社会效果,能够恰当地"旁入他事"、增加消息的信息量,或者是为"后续报道"做伏笔等情况下,消息才有必要写结尾,并尽力写好它。

必要的消息结尾,如同消息的其他成分一样要发挥表述新闻事实、提供信息和表现新闻主题的作用。

消息结尾应当做到以下几点:一是要紧扣新闻事实,而不要仅仅是来一通"套话""空话";二是要能增添新闻信息,而不要同义反复;三是要善于启发诱导,而不要生硬说教、强加于人;四是要力求新颖别致,而不要平庸老套、千篇一律;五是要精粹有力,而不要拖泥带水、絮絮叨叨。总之,既然要有消息的结尾,就要努力使之成为"豹尾"。

消息结尾的写法是多种多样的,比较常见的有以下几种。

(1)归纳式结尾。归纳式结尾又称总结式结尾。归纳式结尾是在新闻的结尾处对新闻主体交代的新闻事实或新闻事实所透析出的思想、道理进行总结、归纳,以期给受众一个完整的印象。

（2）交代式结尾。这类结尾是在新闻的结尾处对新闻事件产生的可预见性的结果，或有关部门对新闻事件的态度、采取的积极措施向受众做一交代，以满足受众的阅读心理和对新闻事件结果关心的心理。

（3）提醒式结尾。这类结尾在现代的新闻写作中经常可以见到，多出现和使用在具有揭露、服务性内容的新闻结尾。

（4）预见式结尾。这类结尾是在新闻结尾处指出新闻事件发展的未来趋势，而且，所预见的趋势必须是有事实作为基础的，是科学的，或是具有权威性的。

（5）背景式结尾。这类结尾是将新闻背景材料安排在结尾处，对主要新闻事实起补充说明、适当解释、对比衬托的作用。

（6）证实性结尾。这类结尾是利用有力的证据和权威人士的话语或文字对新闻事实进行证明，不仅具有较强的说服力、可信性，还能提升新闻价值。

（7）反问式结尾。这类结尾是以反问的句式在结尾处提出问题，引导受众对新闻事件进行深入思索，起到发人深思的作用。

新闻的结尾，根据内容、报道角度的不同，还有许多的写法。除上述列举的写法外，还可以采用推理式、激励式、描写式、号召式、启发式等写法，而且随着新闻改革的深入和新闻文体的发展，会有新的写法出现，以适应日益活跃的新闻报道的需要。

第五节　经济消息的媒体结构及特征

消息结构指的是消息写作中表达事实、内容以及体现新闻主题的谋篇布局，即一篇消息组织事实材料、安排层次段落的构思设计。它一般包括：突出中心，确定表述次序、处理详略，划分层次段落，考虑呼应和过渡等。它必须符合客观事物发展的规律和内在逻辑联系，为充分表现新闻主题服务，并具体考虑不同类型消息的特点；应当力求结构严谨、层次清晰、重点突出、简明扼要。

经济消息常见的结构有倒金字塔结构、纵向结构、逻辑顺序结构、悬念式结构及自由式结构。

一、倒金字塔结构

倒金字塔结构是现行消息写作中最常用的一种结构方式。它以事实的重要性程度或受众关心程度依次递减的次序，先主后次地安排具体材料。它尤多用于事件性新闻。

倒金字塔结构的长处主要是：最能体现新闻性；开门见山，概括性强；切合读者心理，并能引起其"新闻欲"；便于编辑处理稿件和制作标题；便于记者增加新的重要事实材料。

倒金字塔结构的弱点主要是：往往过于标准化、程式化，而缺乏多样性。一张报纸的消息，如果篇篇都用倒金字塔结构，就会使读者乏味；往往略输文采；越到后面，越显得无力，有"虎头蛇尾"之嫌。

采用倒金字塔结构的难点是：准确地掂量构成新闻事实的各种材料的分量，排列出材料的主次。观察的角度不同,对新闻材料的轻重主次会有不同的认识;记者的立场不同,新闻导向不同,也会对新闻材料特别是政治性新闻材料的轻重主次认识不同。首先要寻求最佳观察角度,选取最佳事实,然后才能作出最佳安排。

二、纵向结构

纵向结构,又称时间顺序结构或编年体结构,就是根据新闻事件发生、发展直至结束的先后次序来安排层次,展示事件的进程。这也是消息主体部分常用的一种结构方式。如果新闻事件发展是快节奏的,前后的时间跨度又比较小,其间还有比较完整、曲折的情节或生动的细节,其主体部分则更宜采用纵向结构。

纵向结构的长处主要是:行文构思比较方便;可以保持新闻事实比较完整的故事性;可以反映新闻事件的大致过程,让读者了解前因后果;记者也可以借"过程"说话,表达某种观点和意见。

纵向结构的局限是:比起采用倒金字塔结构,所花的篇幅可能要长一些;容易显得平铺直叙;有些题材从头说起,容易显得平淡或缺乏新鲜感。所以纵向结构不宜用来报道事件发展时间跨度太大的新闻。另外,一些重大的、新闻性很强的突发事件,多不宜采用纵向结构。

采用纵向结构的难点是:捕捉事件发展的每个阶段的关键性材料,即关键的冲突、关键的人物、关键的言论、关键的行动、关键的场面等,这样才能使消息既有头有尾,又无冗繁之嫌。

三、逻辑顺序结构

主体部分采用逻辑顺序结构,即根据事物的内在联系或问题的逻辑关系来组织安排材料。它要求依据事物发展的逻辑必然、事物的特点、事实的本质、事物的本来面目,来反映客观事物、表现新闻事实;要求按科学思维的原则和方法去说明事理,阐明事物的意义和价值,而不是在表面、形式上按部就班地排列。主体中运用逻辑顺序结构,可以依据事实之间的因果关系、对比关系、并列关系、递进关系、主从关系或点面关系等逻辑顺序来安排层次段落,表现事实。

逻辑顺序结构的长处主要是:以逻辑关系为叙述线索,这种写法较易做到条理清晰、层次分明,有利于反映出事物内在发展规律,揭示出事物的本质特点与意义,因而会有较强的说服力。

逻辑顺序结构的局限是:这种写法有可能节奏不够明快,篇幅也会花得多些,这也正是其在电讯新闻中不大被采用的原因。

综合性新闻、会议新闻、经验性新闻及反映成就、问题、未来计划的新闻宜用这种结构方式安排材料。

四、悬念式结构

悬念式结构,即通过在消息的开头设置悬念,以及随后解悬念的渐进过程,吸引与延缓受众的兴趣,使受众饶有兴致地收受全文。它在安排材料和方法上与倒金字塔结构有着最为鲜明的差异。其特征是有一个吸引人的开头,但绝不在开头之际便出示关键材料;它要求有充实而饶有兴趣的新闻主体;该结构充分注意采用有分量、"爆炸性的"或意想不到的结尾以飨受众。

悬念式结构的长处在于有较强的吸引力,受众只要读了或听了开头,便产生非读完或听完不可的强烈欲望。这种结构形式多用于单一的有一定趣味性的事件消息。

对于悬念式结构形式,万万不可片面地追求"悬"。在选题材料上必须有合适的题材,必须有足以使受众兴趣延续到最后的充分材料。在行文时要环环相扣、节奏紧凑、文字不赘,既不要有过多的曲折情节,又要有回味的余地。

五、自由式结构

所谓自由式,即指运笔比较自由活泼、灵活多样、不拘一格,讲究形象逼真、感情色彩、语言韵味,使新闻有立体感和吸引力。自由式结构可分为镜头画面式、对话式、问答式、感受随笔式等,大有散文化的趋势。运用自由式结构,比较容易突破消息写作的某些模式、框框,有利于改变千篇一律的面孔,使消息行文富于变化,但是在总体上必须符合新闻写作的根本原则和基本规律。

实际上,许多消息并非采用某种单一结构,而是各种结构方式交叉使用。例如以时间先后安排结构的消息,也会在纵向叙述的过程中插入横向的材料。客观事物各有特点,极富变化,消息主体的结构也必须从新闻事实本身这个"实际"出发,量体裁衣,灵活地组织材料。

第六节　写经济消息应注意的事项

写经济消息时应注意以下几个事项。

一、广泛选取报道题材

所谓新闻题材,按《新闻学大辞典》的解释,是"新闻写作表现的对象或采写内容","确定新闻题材,是新闻采访和写作的前提和开端"。新闻题材直接影响新闻作品的重要程度和价值量的大小。不断拓宽经济报道领域,从多方面挖掘报道题材是增加经济新闻的接近性和可读性的重要措施。

那么要扩大报道领域,应从哪些方面努力呢?①突破原来只报道生产的思维模式,报道内容扩展到流通、分配、消费等经济活动的全部过程;②突破以前只是从经济工作的角度来写经济报道的思维定式,转到从与人们切身利益相关的生活、消费的角度来进行经济报道,为群众传播知识、解惑释疑;③拓宽其服务功能,为企业和个人传递各种经济信息,为其生产、经营和消费服务,成为经济新闻报道的一项重要内容;④报道与科学技术、教育、法律及社会意识形态等其他领域的交叉与渗透关系,从而在更高层次反映当代绚丽多彩的经济生活。

二、精心提炼新闻主题

衡量一篇经济消息的好坏,首先是衡量它的主题高低,主题的选择与提炼直接关系到报道的成功与否。所谓新闻主题,指的就是新闻事实所体现的中心思想或基本观点。它来自事实、统率事实,又寓于新闻事实之中,犹如一根红线贯穿全篇,制约着全篇的选材、布局及语言表达。因此,在经济消息写作中,应当在掌握大量新闻素材的基础上,首先着力于提炼新闻主题。

提炼新闻主题应把握的原则主要有四个:①正确,即要有思想性、科学性。这是写好经济消息的基础,是发挥新闻报道良好社会效益的首要条件。②集中,即要围绕一个主题选择材料、表现材料。切忌多主题、多中心。③新颖,即要有新意。新颖的主题能够传扬一种新的思想、新的精神,给受众以新鲜、独特的感受。④深刻,即要善于抓住矛盾,揭示现象背后的实质。

三、认真选择报道角度

所谓新闻角度,就是报道新闻所选取的不同侧面,包括选题角度、取材角度、写作角度等。一篇新闻可以有多种写作角度。选取最佳的新闻角度可以变平庸为新颖、变枯燥为生动、变肤浅为深刻、变旧闻为新闻。因此,新闻要在宣传过程中取得较好的效果,不可不注意角度的选择。

要使消息有一个最佳报道角度,应从以下几方面考虑:①选择有时代感的角度,力求使报道具有时代气息和思想性;②选择新颖的角度,力避重复别人的报道角度,从而使新闻富有新意,吸引受众注意力;③选择小角度,力求寓大于小、以小见大;④选择有群众观点的角度,多从群众的需要和利益出发,力求把报道写得贴近群众、切近生活。

四、注意保守经济机密

写经济消息经常要引用国家经济部门的一些情况、数字和动态,其中,有的可以公开见报,有的则不到一定时候不宜报道。因此,采写经济消息必须严守保密纪律,注意做到内外有别。

关于经济消息如何保密,外贸部门有识之士指出,在以下几个方面尤其要把好保密关:①我国或我方的进口计划数字不能登报;②出口商品的库存情况不能宣传;③与外商的成交价格不宜宣传;④主要外销商品的质量问题一般也不宜报道。

除了有关外贸的新闻要注意保密以外,对于物价、税收以及工业生产等有关国内经济的报道,同样要注意保密,以防止一些不法分子钻宣传报道的空子,哄抬物价、抢购、套款、偷税、漏税等。

第七节 阅读与评析

[例文]

广州推广"绿色洗车"

本报 2003 年 1 月 9 日讯 目前,广州市环卫局表示,今年将全面整治全市洗车档水污染问题,推广绿色节水环保洗车,新建洗车档的污水排放必须达到国家《污水综合排放标准》要求,所排污水必须达标,否则不予批准。

据介绍,广州目前共有大小洗车档800余家,但是多数洗车档环保设施简陋、洗车工艺落后,造成水资源浪费,洗车水经过简单的沉淀后就直接排放,洗车污水中的石油类、LAS(阴离子表面活性剂)指标多数超标。

为此,广州市环卫局推广"绿色洗车",要求从今年元旦开始,新设置的洗车档必须严格执行环境影响评估制度,其污水排放必须达到国家《污水综合排放标准》要求,使用节水、环保洗车设备,否则环评不予通过。对于已经批准设置但没有办理环保报建,以及使用汽车污水处理设备或节水型循环利用洗车水工艺设备的洗车档,必须于今年6月30日前补办环保手续,12月31日前完成安装污水处理设备或节水型循环再利用洗车设备的改造。拒绝检测的洗车档,一律取消其洗车行业资质,并提请工商部门吊销其营业执照。

【评析】 此条消息采用的是单一型标题,标题反映了在广州市要推广"绿色洗车"即节水环保洗车这一关键事实。

首段为直叙式导语,紧承标题,抓住何人、何地、何事几个内容要素,告知公众最重要、最有特点的事实:广州市环卫局今年将全面整治全市洗车档,解决其水污染问题,推广节水环保洗车。新建洗车档污水排放必须达到国家标准。

第二段为浓缩式背景材料,介绍了广州目前洗车档的数量以及因工艺落后造成的浪费水资源及污染环境的问题,让公众明白推广"绿色汽车"的意义。

消息的主体再对导语所告知的推广"绿色洗车"一事展开叙述,让人了解此事几项具体规定。如新设置的洗车档要符合的条件、已批准设置但未办理环保报建的洗车档补办环保手续及完成环保设备安装改造的规定及其时间期限,最后告知对拒绝此项检测者的处罚方式。主体部分通过对事实的展开叙述,使公众对广州要推广"绿色洗车"这一新闻事实有了较为完整而真切的了解。

思考与练习

一、填空题

1. 经济消息的特点是_____、_____、_____、_____。
2. 经济新闻的六要素是指_____、_____、_____、_____、_____、_____。
3. 一篇消息通常由下列几部分组成:_____、_____、_____、_____和结尾。
4. 新闻背景的穿插方式大致有_____、_____、_____、_____四种。
5. 导语的常见样式有_____、_____、_____、_____、_____。
6. 经济消息常见的结构形态有_____、_____、_____、_____。
7. 消息标题的结构形式可分为_____和_____两种。按内容区别,消息标题包含_____和_____两类。
8. 经济消息按写作特点可划分为_____、_____、_____、_____四种。
9. 经济消息的价值要素包括_____、_____、_____、_____、_____五"性"。

10. _____和_____是消息区别于其他新闻文体的重要特征。

二、选择题

1. 简讯属于( )，典型报道属于( )。
   A. 动态消息　　B. 综合消息　　C. 经验消息　　D. 述评性消息
2. 经济述评体现在内容上的特点是( )。
   A. 述重于评　　B. 评重于述　　C. 述多于评　　D. 评多于述
3. 新闻标题制作的虚实关系是( )。
   A. 标题可实可虚　　　　　　　B. 标题必须是实的
   C. 标题以实为主，以虚为辅
4. 消息导语中最基本、最常用的导语是( )。
   A. 直叙式导语　　B. 描述式导语　　C. 引语式导语
   D. 提问式导语　　E. 评述型导语
5. 新闻的特点有( )。
   A. 真实性　　B. 政策性　　C. 时效性　　D. 正面宣传为主
   E. 党性　　　F. 公开性
6. 有一定趣味性的事件消息为吸引与延缓受众的兴趣，常采用( )。
   A. 倒金字塔结构　　B. 逻辑顺序结构　　C. 悬念式结构
   D. 自由式结构　　　E. 时间顺序结构
7. 判断下列各组中哪个标题做得最好，每组只选择一项。( )
   (1) A. 科学院工作会议在京隆重召开
       B. 中国投资20亿元建设新一代大科学装置
   (2) A. 重大发现：徐州狮子山出土一批汉代文物
       B. 我国出土一大批珍贵文物
       C. 中国发现世界上最完美的金缕玉衣
       D. 考古学家发现2 000年前的一件用金丝和玉片制作的寿衣
       E. 2 000年前的中国王子埋葬在玉中
   (3) A. 两院院士向中国革命博物馆捐赠文物
       B. 中国公开中共争取钱学森回国信件
   (4) A. 凤凰卫视副台长驾机坠毁(主)
          事发温州永嘉，遇难者被誉为"中国航拍第一人"(副)
       B. 凤凰卫视坠机副台长丧生(主)
          直升机温州触高压线，市委书记等50人救援(副)
       C. "凤凰"遭遇飞来横祸(主)
          凤凰卫视副台长赵力群驾机航拍命殒温州(副)
8. 判断下列各组中哪个导语写得更有新闻性。( )
   (1) A. "让我们与祖国同命运，把一颗火热的中国心全部奉献给祖国。"这是今晚在两院院士向中国革命博物馆捐赠文物仪式上，我国著名金属物理学家葛庭燧院士铿锵有力的一段话

B. 中国今天公开了49年前新中国成立前夕,中国共产党争取著名科学家、中国"导弹之父"钱学森回国的信件
(2) A. 我们访问了中国科学院遗传研究所植物细胞遗传学研究室主任、副研究员陈英
　　　B. 植物遗传学家陈英在1973年和别人合作,在世界上首次培育成功两个水稻新品种
(3) A. 昨天,西南大学校长宣布,由于上一季度数以千计的球迷没有座位,学校的足球场将扩大50%,工程费用将靠增加学费解决
　　　B. 西南大学校长昨天宣布,由于上一季度数以千计的球迷没有座位,学校足球场将扩大50%,工程费用将靠增加学费解决
　　　C. 西南大学将通过增加学费筹集资金,把足球场扩大50%,这是因为数以千计的球迷上季度没有座位。该校校长昨天宣布说
　　　D. 西南大学足球场将扩大50%,因为上季度数以千计的球迷没有座位。大学校长宣布说,工程费用将靠增加学费解决

三、判断改错题
1. 经济述评就是经济评论。
2. 消息就是新闻,新闻就是消息。
3. 新闻的时新性即指新闻事实在时间上是新近发生的。
4. 引题是置于主标题之后的次要标题,字号最小,它主要是对主题起补充、注释作用。
5. 倒金字塔结构是以事实的重要性程度或受众关心程度依次递增的次序安排材料。
6. 消息是以简洁明快的语言迅速及时地报道新近发生的新闻事实的一种体裁,它只能用事实说话,不能夹杂议论和记者的见解。
7. 当单一型标题是单行题时应是实标题;当单一型标题是双行题时,可实可虚。

四、简答题
1. 简述经济消息的含义和作用。
2. 解释经济综合消息、经济典型消息、经济评述消息。
3. 什么是新闻题材、新闻主题及新闻角度?
4. 导语写作的基本要求是什么?提出这些要求的理由是什么?
5. 写好消息主体需要注意哪些问题?
6. 新闻背景的作用及运用背景材料的原则是什么?
7. 根据消息标题的制作要求,指出下列标题好在哪里。
(1) 为了证明这头价值800元的牛是自己的,赵××负债累累花了7 000元为牛做"亲子鉴定"(引)
　　关于牛的亲子鉴定(主)
(2) 你甩后勤"包袱"我求"连带效应"(引)
　　医企合作哥俩好(主)
(3) 未成曲调先有情(引)

火车票打折虚虚实实(主)

(4) 这个火锅"肚子"大　一餐要"吃"20吨

(5) 昔日：农民掏钱 干部去旅游　如今：政府出资 农民去考察

五、实践题

1. 修改下面这条导语。

本报讯　3年前，一个以四川籍无业游民邓卫东为首的团伙流窜到云南，采用"打一枪换一个地方"的手法进行诈骗。2019年8月底开始，他们打着"《东方文化艺术报》丛书编辑部"等旗号，以"宣传"做诱饵四处拉赞助。今年7月24日，这个团伙被昆明盘龙区文化稽查队和盘龙公安分局查获。初步查证，受骗单位近千家，金额300多万元。

2. 简要说明下面这条短消息在新闻背景使用上有何缺陷。

脱贫母亲受到表彰

本报讯　昨天，北京市门头沟区的李凤兰、青海省平安县的安尔存等13位来自全国的18个贫困县(市)的脱贫母亲受到了中国人口福利基金会、幸福工程组委会的表彰，国务委员、国家计生委主任彭珮云等领导向他们颁发了奖品。

幸福工程是一项以救助贫困地区的贫困母亲为主题的社会扶贫工程，1995年启动以来，工程以扶贫济困，回报母爱的深刻情感内涵和具有鲜明特色的救助模式引起了社会各界的广泛关注，工程通过向海内外募集资金，目前已投入2 000多万元在23个省、自治区、直辖市建立了50个项目点，受助贫困母亲已达20 000多人。

3. 分析下列消息，说明主体是否回答了读者要提出的问题，应该回答哪些问题。

我国合资铁路达万余公里

本报讯　截至1999年底，我国的合资铁路已达1.2万余公里，占中国6.9万公里铁路总里程的近五分之一。

20世纪90年代以来，中国积极出台鼓励铁路建设投资多元化政策，使中国的各类合资铁路有了巨大发展。现有合资铁路100余条，最长的北疆铁路2 000多公里，最短的南京城北环线12.9公里。

据新华社消息，到1999年底，中国正式开通运营的合资铁路达4 776公里，完成年货运量7 295.9万吨、年客运量527.5万人次，且75%的周转量进入国家铁路网。

4. 阅读下列消息，分析其不足之处，并改写。

阆中绣衣质量名列全省第一

本报讯　阆中县绣品厂针对本地丝绸资源的特点，积极想办法提高产品质量、扩大销路。他们组织干部、工人就提高产品质量问题进行讨论，总结经验教训，提高了认识，建立健全了各种制度。同时，狠抓了绣工的技术培训，举办了质量评比竞赛活动，对促进创新、增加花色品种、提高质量起了很大作用。设计、花型、色彩、绣工、缝工、整烫等方面都有新的突破，许多产品花型生动、布局适当、色彩协调，总体效果好，给人以美的感觉，受到外商的好评。美国、西德、意大利、英国、我国香港等国和地区的商人直接与他们订了货。今年上半年参加全省绣衣质量评比时,按全国绣衣质量标准专检,其以93分的成绩,被评为四川省绣农产品质量第一名。

5. 阅读下列消息,指出其基本构成部分及结构方式,并加以评析。

世界上最大的石油钻塔开始移动

美联社苏格兰基肖恩5月5日电 世界上最大的石油钻塔——也许是世界上最大的能够移动的东西——今天开始了从苏格兰西岸到尼尼安油田的430英里的第一段行程。

这个价值3亿英镑(5.4亿美元)的60吨钻塔正在由8个牵引船拖到它的新址,该地在设得兰群岛西北105英里。这一行程需要14天。

随着这个钻塔启运,英国的钻机业发现自己再度陷入危机。英格兰北部的8个建造厂有一半现在关门了,只有一个工厂今年年底以后才有工作。

建造这个巨型钻塔的霍华德·多丽丝公司的基肖恩湖建造厂,目前也成了寻求订货的厂了。

预计今年北海石油开发工程的投资为5亿英镑(9亿美元),其中不到五分之一将用来建筑混凝土钻台。

据认为,混凝土钻台性能较好,因为它抗腐蚀。

6. 阅读下面这则消息,并完成后面的问题。

本报上海消息 活生生的东北虎竟然进了上海市南京西路大商厦—梅龙镇广场的大厅。

在梅龙镇广场,只见大厅内出现了一个由假山和树木花草搭起的"绿色天地",中间一只长、宽各2米多的铁笼里赫然关着一只身长1米、体重25千克的雌性东北幼虎。但见小老虎好奇地打量着围观的顾客,时而来回走动,时而撕咬塑料地板,引起围观者阵阵笑声。

11岁的李磊小朋友牵着妈妈的手,将10元钱投入了大厅一侧写有"虎年勿忘救虎"字样的捐款箱内。

梅龙镇广场总经理陈雪志介绍说:他们从上海野生动物园"请"来这只"虎妞",在商场内举行为期10天的"虎年勿忘救虎"社会捐献活动,旨在唤起人们对濒危动物的保护意识。这次商场捐资和其他捐款将全部献给上海野生动物园。记者先后听取了10位市民的意见,大多数人认为,无论是商业促销,还是救虎宣传,都不宜"引"虎入店。

(1) 这条消息采用的是什么结构?为什么采用这种结构?
(2) 用倒金字塔结构对这条消息进行改写,并制作标题。

第八章

合 同

第一节 合同的概念和特点

2020年5月28日,第十三届全国人民代表大会第三次会议表决通过了《中华人民共和国民法典》,自2021年1月1日起施行。《中华人民共和国民法典》第三编合同,对合同的概念、种类、订立、文本做了详细的界定。

一、合同的概念

根据《中华人民共和国民法典》合同编第四百六十四条的规定,合同是民事主体之间设立、变更、终止民事法律关系的协议。婚姻、收养、监护等有关身份关系的协议,适用有关该身份关系的法律规定;没有规定的,可以根据其性质参照适用本编规定。合同编第四百六十五条规定:依法成立的合同,受法律保护。依法成立的合同,仅对当事人具有法律约束力,但是法律另有规定的除外。合同是平等主体的自然人、法人、其他组织之间设立、变更、终止民事权利义务的协议,其概念要点有三个方面。

(1) 合同是平等的当事人之间的协议。协议的内容体现了债权债务关系,该债权债务关系在当事人之间进行变动(设立、变更、终止等),这就是合同的基本含义。

(2) 合同适用于平等主体的公民、法人、其他组织之间的协议。在民事活动中,当事人的地位都是平等的,没有上下级之分,也没有领导与被领导之别,尤其应当防止行政干预。

(3) 合同的民事主体:其一是自然人,即公民。其二是法人,即具有民事权利能力和民事行为能力,依法独立享有民事权力和承担民事义务的组织。其三是其他组织,即非法人的组织,如法人的分支机构、私营企业、非法人社会团体、个体工商户等。

二、合同的法律特征

(一) 合同的主体特征

合同的主体是法人,其必须具备的条件是:①必须依法成立,并且是通过国家认可的一定组织,有自己的名称、组织机构和场所。所谓依法成立,包括依命令、依准许、依准则成立。依命令,是指依国家机关的命令而成立的,如中国的全民所有制的工商企业等;依准许,是指通过市场监督管理部门批准发证的集体企业、个体企业等;依准则,是指按照法律或章程规定的某种条件而取得法人资格的,如当年的手工业联社、现在的供销社即属此类。②法人必须有统一的组织形式或管理机关,包括委员会、代表大会、董事会等集体性的组织管理机关,也包括厂长、经理、主任等单一性的组织管理机关。③法人必须有独立的财产。这种财产,既不能混同于国家或集体的总财产(如固定资产),也不能混同于其成员的个人财产。法人的财产,应根据法律章程或协议的规定,严格地加以限定。法人的财产必须能够独立核算、自负盈亏,能独立支配自己的活动资金,进行民事活动。要力争盈余,承担亏损责任。④必须有独立的权利能力、行为能力和责任能力,能够用自己的名义享受权利和承担义务,并能独立地进行诉讼活动。作为企业,它必须具备生产手段和经营条件,能独立经营核算、能对外承担财产责任。

(二) 合同双方的行为特征

合同不但要求双方协商拟订,意见一致后方能签订,而且要求反映生产流通领域中的经济关系。这种经济关系就体现为权利义务的法律关系。这种权利义务关系受到国家法律的保护,任何一方不履行合同所规定的义务都要承担一定的法律责任。正是这种双边法律行为特征决定了合同不同于单边法律行为特征、行政行为特征和道德行为特征。

(三) 合同的法律事实特征

合同一旦成立,就成了一种法律事实。这表现在:①在当事人之间形成一种法律上的权利义务关系。如出租房屋,合同一旦成立,一方必须将房屋交给另一方使用,这是义务。同时,这一方又有权按时收取租金,这便是权利。②变更当事人之间的权利义务关系。订立合同的当事人双方,只要一致同意,又可以变更这一合同,形成一种新的法律事实。③终止当事人之间的权利义务关系。如租用房子一方忽然接到调动通知,于是向房主提出终止合同,双方取得一致,于是又形成另一种法律事实——解除或终止双方的权利、义务关系。基于此,一旦发生合同纠纷,首先要确定的,就是在当事人之间是否存在依法成立的合同关系。有否依法的合同,是处理合同纠纷最基本的事实根据。

(四) 合同当事人法律地位平等的特征

当事人法律地位平等,这是当事人进行商品交换的基础,也是双方当事人进行协商的基础。有关这方面的知识,本书在签订合同必须遵守的原则部分还要具体谈及。

(五) 合同的目的特征

合同是为了实现一定的目的而达成的协议。所谓目的,通常是指法人之间、法人与个体户之间、个体户之间,为满足扩大再生产和社会需要而转移产品、完成工作和提供劳务的意愿,而不是个人为满足自身消费需要而购买生活必需品的动机。

(六) 合同的书面特征

一般地说,合同都必须具备书面形式。因为合同的标的大多数都是大宗的生产资料或生活资料,品种、数量往往很多,价款金额往往很大,标的支付也往往要分期进行。为保证合同当事人双方的合法权益,确保一旦发生纠纷有据可查,除即时结清的合同外,其他合同均应采用书面形式。

第二节 合同的作用和种类

一、合同的作用

依法签订合同,其作用如下。

(一)保护合同当事人的合法权益

合同当事人是参与社会经济活动的主体,通过自身的合法行为,取得合法权益,应受到法律的保护。法律被创制的目的之一即是保护合法权益和制裁违法的行为。合同当事人在平等、协商一致的基础上通过依法订立合同而取得的财产权、租赁权,享受一定的服务权、获得劳动报酬权等,均受到合同法的保护。

(二)维护社会经济秩序

正常的社会经济秩序不容侵犯,应受到法律保护。这与保护合同当事人的合法权益是相辅相成的。没有一个良好的社会经济秩序,合同当事人的合法权益就不会得到很好的保护;同时,合同当事人的合法权益保护得好,也会促进社会经济秩序的良性发展。

二、合同的种类

根据《中华人民共和国民法典》合同编典型合同分编的规定,我国目前的典型合同主要有以下几种。

(一)买卖合同

买卖合同是出卖人转移标的物的所有权于买受人,买受人支付价款的合同。买卖合同的内容一般包括标的物的名称、数量、质量、价款、履行期限、履行地点和方式、包装方式、检验标准和方法、结算方式、合同使用的文字及其效力等条款。

(二)供用电、水、气、热力合同

供用电合同是供电人向用电人供电,用电人支付电费的合同。向社会公众供电的供电人,不得拒绝用电人合理的订立合同要求。供用电合同的内容一般包括供电的方式、质量、时间、用电容量、地址、性质、计量方式,电价、电费的结算方式,供用电设施的维护责任等条款。供用电合同的履行地点,按照当事人约定;当事人没有约定或者约定不明确的,供电设施的产权分界处为履行地点。供用水、供用气、供用热力合同,参照适用供用电合同的有关规定。

(三)赠与合同

赠与合同是赠与人将自己的财产无偿给予受赠人,受赠人表示接受赠与的合同。

（四）借款合同

借款合同是借款人向贷款人借款，到期返还借款并支付利息的合同。借款合同应当采用书面形式，但是自然人之间借款另有约定的除外。借款合同的内容一般包括借款种类、币种、用途、数额、利率、期限和还款方式等条款。订立借款合同，借款人应当按照贷款人的要求提供与借款有关的业务活动和财务状况的真实情况。借款人未按照约定的期限返还借款的，应当按照约定或者国家有关规定支付逾期利息。借款人提前返还借款的，除当事人另有约定外，应当按照实际借款的期间计算利息。自然人之间的借款合同，自贷款人提供借款时成立。借款合同对支付利息没有约定的，视为没有利息。

（五）保证合同

保证合同是为保障债权的实现，保证人和债权人约定，当债务人不履行到期债务或者发生当事人约定的情形时，保证人履行债务或者承担责任的合同。保证合同的内容一般包括被保证的主债权的种类、数额，债务人履行债务的期限，保证的方式、范围和期间等条款。保证的方式包括一般保证和连带责任保证。当事人在保证合同中对保证方式没有约定或者约定不明确的，按照一般保证承担保证责任。机关法人不得为保证人，但是经国务院批准为使用外国政府或者国际经济组织贷款进行转贷的除外。以公益为目的的非营利法人、非法人组织不得为保证人。

（六）租赁合同

租赁合同是出租人将租赁物交付承租人使用、收益，承租人支付租金的合同。租赁合同的内容一般包括租赁物的名称、数量、用途、租赁期限、租金及其支付期限和方式、租赁物维修等条款。租赁期限不得超过20年。超过20年的，超过部分无效。租赁期限届满，当事人可以续订租赁合同；但是，约定的租赁期限自续订之日起不得超过20年。租赁期限6个月以上的，应当采用书面形式。当事人未采用书面形式，无法确定租赁期限的，视为不定期租赁。承租人按照约定的方法或者根据租赁物的性质使用租赁物，致使租赁物受到损耗的，不承担赔偿责任。承租人未按照约定的方法或者未根据租赁物的性质使用租赁物，致使租赁物受到损失的，出租人可以解除合同并请求赔偿损失。出租人应当履行租赁物的维修义务，但是当事人另有约定的除外。承租人经出租人同意，可以将租赁物转租给第三人。承租人转租的，承租人与出租人之间的租赁合同继续有效；第三人造成租赁物损失的，承租人应当赔偿损失。承租人未经出租人同意转租的，出租人可以解除合同。

（七）融资租赁合同

融资租赁合同是出租人根据承租人对出卖人、租赁物的选择，向出卖人购买租赁物，提供给承租人使用，承租人支付租金的合同。融资租赁合同的内容一般包括租赁物的名称、数量、规格、技术性能、检验方法，租赁期限，租金构成及其支付期限和方式、币种，租赁期限届满租赁物的归属等条款。融资租赁合同应当采用书面形式。当事人以虚构租赁物方式订立的融资租赁合同无效。

（八）保理合同

保理合同是应收账款债权人将现有的或者将有的应收账款转让给保理人，保理人提供资金融通、应收账款管理或者催收、应收账款债务人付款担保等服务的合同。保理合同的内容一般包括业务类型、服务范围、服务期限、基础交易合同情况、应收账款信息、保理融资款或者服务报酬及其支付方式等条款。保理合同应当采用书面形式。

（九）承揽合同

承揽合同是承揽人按照定作人的要求完成工作，交付工作成果，定作人支付报酬的合同。承揽包括加工、定作、修理、复制、测试、检验等工作。承揽合同的内容一般包括承揽的标的、数量、质量、报酬，承揽方式，材料的提供，履行期限，验收标准和方法等条款。

（十）建设工程合同

建设工程合同是承包人进行工程建设，发包人支付价款的合同。建设工程合同包括工程勘察、设计、施工合同。建设工程合同应当采用书面形式。施工合同的内容一般包括工程范围、建设工期、中间交工工程的开工和竣工时间、工程质量、工程造价、技术资料交付时间、材料和设备供应责任、拨款和结算、竣工验收、质量保修范围和质量保证期、相互协作等条款。

（十一）运输合同

运输合同是承运人将旅客或者货物从起运地点运输到约定地点，旅客、托运人或者收货人支付票款或者运输费用的合同，包括客运合同、货运合同、多式联运合同。

（十二）技术合同

技术合同是当事人就技术开发、转让、许可、咨询或者服务订立的确立相互之间权利和义务的合同。技术合同的内容一般包括：项目的名称，标的的内容、范围和要求，履行的计划、地点和方式，技术信息和资料的保密，技术成果的归属和收益的分配办法，验收标准和方法，名词和术语的解释等条款。与履行合同有关的技术背景资料、可行性论证和技术评价报告、项目任务书和计划书、技术标准、技术规范、原始设计和工艺文件，以及其他技术文档，按照当事人的约定可以作为合同的组成部分。技术合同涉及专利的，应当注明发明创造的名称、专利申请人和专利权人、申请日期、申请号、专利号以及专利权的有效期限。技术开发合同包括委托开发合同和合作开发合同。技术开发合同应当采用书面形式。技术转让合同是合法拥有技术的权利人，将现有特定的专利、专利申请、技术秘密的相关权利让与他人所订立的合同。技术许可合同是合法拥有技术的权利人，将现有特定的专利、技术秘密的相关权利许可他人实施、使用所订立的合同。

（十三）保管合同

保管合同是保管人保管寄存人交付的保管物，并返还该物的合同。寄存人到保管人处从事购物、就餐、住宿等活动，将物品存放在指定场所的，视为保管，但是当事人另有约定或者另有交易习惯的除外。

（十四）仓储合同

仓储合同是保管人储存存货人交付的仓储物，存货人支付仓储费的合同。仓储合同自保管人和存货人意思表示一致时成立。存货人交付仓储物的，保管人应当出具仓单、入库单等凭证。保管人应当在仓单上签名或者盖章。仓单包括下列事项：存货人的姓名或者名称和住所；仓储物的品种、数量、质量、包装及其件数和标记；仓储物的损耗标准；储存场所；储存期限；仓储费；仓储物已经办理保险的，其保险金额、期间以及保险人的名称；填发人、填发地和填发日期。

（十五）委托合同

委托合同是委托人和受托人约定，由受托人处理委托人事务的合同。

（十六）物业服务合同

物业服务合同是物业服务人在物业服务区域内，为业主提供建筑物及其附属设施的维修养护、环境卫生和相关秩序的管理维护等物业服务，业主支付物业费的合同。物业服务人包括物业服务企业和其他管理人。物业服务合同的内容一般包括服务事项、服务质量、服务费用的标准和收取办法、维修资金的使用、服务用房的管理和使用、服务期限、服务交接等条款。物业服务合同应当采用书面形式。

（十七）行纪合同

行纪合同是行纪人以自己的名义为委托人从事贸易活动，委托人支付报酬的合同。

（十八）中介合同

中介合同是中介人向委托人报告订立合同的机会或者提供订立合同的媒介服务，委托人支付报酬的合同。

（十九）合伙合同

合伙合同是两个以上合伙人为了共同的事业目的，订立的共享利益、共担风险的协议。

第三节　签订合同的程序

签订合同的程序是指当事人之间通过充分协商而订立合同的具体过程。这个过程大体分成要约与承诺两个阶段。

一、要约

要约是希望与他人订立合同的意思表示。该意思表示应当符合下列条件：①内容具体确定；②表明经受要约人承诺，要约人即受该意思表示约束。要约邀请是希望他人向自己发出要约的表示：拍卖公告、招标公告、招股说明书、债券募集办法、基金招募说明书、商业广告和宣传、寄送的价目表等为要约邀请；商业广告和宣传的内容符合要约条件的，构成要约。如以对话方式作出的意思表示，相对人知道其内容时生效；如以非对话方式作出的意思表示，到达相对人时生效。以非对话方式作出的采用数据电文形式的意思表示，相对人指定特定系统接收数据电文的，该数据电文进入该特定系统时生效；未指定特定系统的，相对人知道或者应当知道该数据电文进入其系统时生效；当事人对采用数据电文形式的意思表示的生效时间另有约定的，按照其约定。要约可以撤回。要约可以撤销，但是有下列情形之一的除外：①要约人以确定承诺期限或者其他形式明示要约不可撤销；②受要约人有理由认为要约是不可撤销的，并已经为履行合同做了合理准备工作。有下列情形之一的，要约失效：①要约被拒绝；②要约被依法撤销；③承诺期限届满，受要约人未作出承诺；④受要约人对要约的内容作出实质性变更。

二、承诺

承诺是受要约人同意要约的意思表示。承诺应当以通知的方式作出，但根据交易习惯或者要约表明可以通过行为作出承诺的除外。承诺应当在要约确定的期限内到达要约人。要约没有确定承诺期限的，承诺应当依照下列规定到达：①要约以对话方式作出的，应当即时作出承诺；②要约以非对话方式作出的，承诺应当在合理期限内到达。要约以信件或者电报作出的，承诺期限自信件载明的日期或者电报交发之日开始计算。信件未载明日期的，自投寄该信件的邮戳日期开始计算。要约以电话、传真、电子邮件等快速通信方式作出的，承诺期限自要约到达受要约人时开始计算。承诺生效时合同成立，但是法律另有规定或者当事人另有约定的除外。承诺可以撤回。受要约人超过承诺期限发出承诺，或者在承诺期限内发出承诺，按照通常情形不能及时到达要约人的，为新要约；受要约人在承诺期限内发出承诺，按照通常情形能够及时到达要约人，但是因其他原因致使承诺到达要约人时超过承诺期限的，除要约人及时通知受要约人因承诺超过期限不接受该承诺外，该承诺有效。承诺的内容应当与要约的内容一致。受要约人对要约的内容作出实质性变更的，为新要约。有关合同标的、数量、质量、价款或者报酬、履行期限、履行地点和方式、违约责任和解决争议方法等的变更，是对要约内容的实质性变更。承诺生效的地点为合同成立的地点。

当事人采用合同书形式订立合同的，自当事人均签名、盖章或者按指印时合同成立。在签名、盖章或者按指印之前，当事人一方已经履行主要义务，对方接受时，该合同成立。法律、行政法规规定或者当事人约定合同应当采用书面形式订立，当事人未采用书面形式但是一方已经履行主要义务，对方接受时，该合同成立。当事人采用信件、数据电文等形式订立合同要求签订确认书的，签订确认书时合同成立。当事人一方通过互联网等信息网络发布的商品或者服务信息符合要约条件的,对方选择该商品或者服务并提交订单成功时合同成立,但是当事人另有约定的除外。

第四节　合同应当具备的一般条款

根据《中华人民共和国民法典》第四百七十条的规定,合同的内容由当事人约定,一般包括下列条款。

一、当事人的姓名或者名称和住所

公民要写明姓名和住所,法人或其他组织写明单位名称和单位所在地,以便双方联络。

二、标的

合同的标的,是指合同主体的权利和义务所指向的对象,即合同的客体,指合同当事人权利义务所指向的对象,法律上称它为标的。标的可以是物、行为或智力成果等。①物。物是指合同当事人能够实际支配、具有一定价值、可以满足人们生产或生活需要的物质财富。它包括自然物和工人制造的产品。从法律的分类方面说,物包括:生产资料和消费资料,流通物和限制流通物,动产和不动产,特定物和种类物,可分物和不可分物,主物和从物,原物与孳息。同时,物还包括货币和有价证券。②行为。行为是指合同当事人有意志的、产生权利义务的活动。如当事人提供的劳务、服务等;同时也包括运输合同中的运力、仓储保管合同中的财产保管行为、建筑施工合同中的实物工程量。③智力成果。智力成果是指人类的脑力劳动成果,这是一种非物质的财富,可以作为合同标的的智力成果,主要有技术成果(包括专利技术等)、知识产权(如著作权等)和品名商标等。

每个当事人都是为了获得一定的标的而与另一方当事人订立合同的。因而,标的是合同条款的核心。所有的合同条款,归根到底都是双方为了获得特定的标的而设定的保证条款。明确标的,是合同条款的最基本的要求。标的不明确,或者有人企图在标的之外再要求对方承担义务,都是有违合同法规的。

三、数量

数量是衡量标的的尺度,它由数字和计量单位组成。以物为标的的合同,计量的表现形式是长度(米、千米等)、面积(平方米)、体积(立方厘米、立方分米、立方米等),容积(毫升、升等)、重量(克、千克等)。合同条款中的商品,必须写清标的物的数量和计量单位。不得使用含糊不清的概念,如一堆、一垛以及不标明件数的一箱、一捆、一盒等。以行为为标的的合同,其数量表现是一定的劳动量或工作量,如工时、课时、机械台班、实物工程量等。以智力为标的的合同,可以是技术专利的件数、文稿的字数等。总之,合同中的计量单位,均应采用中华人民共和国法定计量单位。

四、质量

质量由标的物的内在素质、外观形态、性能与使用价值综合组成。按照《中华人民共和国产品质量法》的规定:产品要有质量检验合格证明;要有中文标明的产品名称、生产厂厂名和厂址,要标明产品规格、等级、所含主要成分的名称和含量;要标明生产日期、安全使用期或失效日期;如是危险品,应用警示标志或中文警示说明。至于以劳务为对象的标的,要衡量其技术等级、实际水平、服务态度和实际效果。在以智力为标的的合同中,则要视其学术价值和技术水平及其实用性、可靠性和效益性。总之,质量条款具体规定标的物的质量。签订和履行合同,应始终坚持以质论价的原则。在衡量标的物的质量标准时,凡有国家标准的,一律按国家标准签约并履行;凡是没有国家标准的,要按行业标准签订和履行;凡既没有国家标准又没有行业标准的,要按经过批准的企业标准签订和履行。为了确保标的物的质量,合同条款中还应规定产品的检验或检疫的方法。国家公布了《中华人民共和国产品质量法》,在订立合同时,要以其作为合同中质量条款的依据。

五、价款或者报酬

价款或报酬是指合同的一方向另一方取得产品、接受另一方的劳务和智力成果时,所应付出的代价。其包括租金、利息和买卖合同中的价款,包括受益的一方为对方提供劳务或智力成果而支付的报酬。在书写时,价款应写明单价和总金额,报酬应写明单项报酬和总金额。至于付款和付酬的标准,产品的价格,除国家规定必须执行国家定价的以外,由当事人协商议定。执行国家定价的,在合同规定的交付期限内遇到国家价格调整时,按交付时的价格计价。逾期交货,遇价格上涨时,按原价格执行;价格下降时,按新价格执行。逾期提货或者逾期付款的,遇价格上涨时,按新价格执行,价格下降时,按原价格执行。

如果没有国家统一定价,可按中央主管部门的价格执行;没有国家统一定价,也没有部门统一定价,则按当地的市场价,由双方协商确定。

与价款和报酬相联系的是结算方式。现在的银行结算方式,已由国务院同意,做了较大的修改。取消和废止托收承付、现行的国内信用证、付款委托书、托收无承付、保付支票和省内限额结算六种方式,保留和改进汇兑和委托收款两种结算方式。汇兑方面,保留电汇、信汇,取消信汇自带;委托收款扩大适用范围,开办拒付咨询和办理清理拖欠业务,发展信用支付工具,大力推行使用票据,改进银行汇票,推广商业汇票,扩大支票使用范围,通行信用卡。

价款和报酬以及结算方式,是有偿合同的必要条款,它直接反映合同当事人的利益,因此,在合同中应写得清楚明确。许多合同纠纷,就是在这方面不明确而引发的。

六、履行期限、地点和方式

1. 履行期限

履行期限包括生效时间有效期和失效时间。一般地说,有效期和履行期是一致的。即时生效结清的合同不必写明履行期限,因为结清即是履行。也有的合同有效期和履行期不一致。有的虽已生效,但不能立即履行。如农副产品收购合同,年初就可以签订生效,但要等到夏收或秋收之后才能履行。也有的合同,要分期分批履行,应写明每批的履行时间和期限,以便按期履行。在签订合同时,要注意写明月度交货量,有特殊要求和季节限制性强的产品要约定按旬按日的交货期限。约定交的如果是生活用品,因为与各季节间人们的不同需要紧密联系,延误了时间,也就会错过季节,会造成商品的滞销甚至积压;约定交货的如果是生产资料,延误了时间,会影响加工、生产进程和原材料供应,甚至会造成停产,形成连锁反应。因此,在签订合同时,一定要把履行时间和履行期限写具体。

2. 履行地点

履行地点也就是指权利人行使权利、义务人履行义务的地方。它可以是负有履行义务的人所在地,可以是对方当事人的所在地,也可以是标的物的存放地。到底在什么地点履行合同,由双方当事人共同商定,并在合同条款中规定清楚。确定履行地点,涉及运输、仓储保管等诸多问题,涉及双方支付的劳务和费用的问题,万不可粗心大意。合同中商定好,规定了具体的标的在什么地方履行,任何单独的一方都无权随意改变。即使这种改变于对方有利,也应先征得对方的同意,再做变更。否则,对方可以由此认为你违背合同,追究你的违约责任。

3. 履行方式

合同的履行,一般包括对标的履行或对价款或酬金的履行。履行方式与合同履行同属一体。任何合同,都必须通过一定的方式才能履行,如货物的交付(是送货还是自提),行为实施方式,移交工作成果的方式,验收方式,付款方式(现金支付、银行汇总、托收承付、支票转账等),结算方式,等等;此外,是一次履行还是分期分批履行等。只有通过这些方式,合同双方才能全面地享受权利和承担义务。以商品为标的物的合同,应写明交货方式和到货地点。到货地点必须详细、准确,必须写明省、市、街道名称、多少号以及单位名称,或者双方认定的某具体港口、车站等。验收的方式包括验收的标准、验收的地点和验收、复验的机关,以及发生争议时,由哪一质量监督机构执行仲裁等。合同中的标的物如果是机械设备,那么,合同中应写明:除主机外,还应有哪些随主机的辅机、附件、配套设备、易损耗备品、配件、安装修理工具的数量等,可列一清单,将这些内容列清楚。与验收相联系,合同中还应写有"合理损耗"条款,有些产品,如钢材、煤炭、水泥、纸张等,允许有一定幅度的差额,包括正负尾差、合理磅差和自然增减量。对允许的差额度,合同中也应写明,以免验收时发生争执。如主管部门有损耗差额方面的规定,则按主管部门规定的幅度签约;没有规定,则由当事人双方协商确定。

合同中一旦写了如何履行,则任何一方不得擅自变更。如果合同中的交货方式是自提自运,则供方不得代办托运;如果合同中规定是代办水运,则供方不得代办铁路、公路运输。如果合同中规定托收承付,则需方不得用转账支票、信用证或商业汇票。如一方需要变更方式,要取得另一方的同意,否则,就是违约行为。履行方式条款,是保证合同义务得以全面履行的保证条款。

七、违约责任

违约责任条款,具体规定合同当事人不履行合同,或不完全履行合同时所必须承担的义务,因此,必须订得具体明确。

(1) 由于当事人一方的过错,合同不能履行或者不能完全履行,由有过错的一方承担违约责任;如属双方的过错,根据实际情况,由双方分别承担各自应负的违约责任。

(2) 对于失职、渎职或其他违法行为造成的重大事故或严重损失的直接责任者个人,应追究经济、行政责任直至刑事责任。

(3) 当事人一方由于不可抗力的原因不能履行合同的,应及时向对方通报不能履行或者需要延期履行、部分履行合同的理由,在取得有关证明以后,允许延期履行、部分履行或者不履行,并可根据情况部分或全部免予承担违约责任。追究违约责任,可以采用以下形式:①损害赔偿。这是违约责任中最常见的形式,指法律强制违约人向受害人支付一笔金钱,其目的在于弥补受害人因违约行为所遭受的财产损失。法律上的损害包括财产损害、人身损害和人格损害。②违约金。违约金责任只有在合约定了违约条款或有关法规对于该种合同规定了强制性法定违约金时才适用。违约金与损害赔偿金的区别是:违约金责任不以发生实际损害为条件,且违约金责任属过错责任。违约金可分为法定违约金和约定违约金。法定违约金是由法律直接规定的违约金,约定违约金是当事人双方在合同中约定的违约金。③强制实际履行。其指由法院作出要求实际履行判决或下达特别履行命令,强迫债务人在指定期限内履行合同债务。

法院作出强制履行判决,还须具备以下条件:①合同债务可能履行;②强制履行不违背合同本身性质;③债务标的在市场上难以获得的。

八、解决争议的方法

争议和仲裁也是合同的必备条款。其条款内容大体是:①本合同在执行过程中,如发生争议,由双方协商解决,签订合同的补充条款,补充条款与本合同同样有效。②双方协商不成,可由双方的上级主管部门协商调解。③双方的上级主管部门协商不成,可向××仲裁机关提起仲裁。

第五节 合同的形式、文本及写法

一、合同的形式

根据《中华人民共和国民法典》第四百六十九条的规定,当事人订立合同,可以采用书面形式、口头形式或者其他形式。书面形式是合同书、信件、电报、电传、传真等可以有形地表现所载内容的形式。以电子数据交换、电子邮件等方式能够有形地表现所载内容,并可以随时调取查用的数据电文,视为书面形式。

二、合同的文本

(一) 合同的范本

合同文本采用两种以上文字订立并约定具有同等效力的,对各文本使用的词句推定具有相同含义。各文本使用的词句不一致的,应当根据合同的相关条款、性质、目的以及诚信原则等予以解释。《中华人民共和国民法典》或者其他法律没有明文规定的合同,适用合同编的规定,并可以参照适用合同编或者其他法律最相类似合同的规定。当事人可以参照各类合同的示范文本订立合同。

(二) 合同的一般格式

在市场生产流通过程中,如有示范文本,一般均应使用示范文本。但是,示范文本毕竟是有限的,而经济活动却是无限的。因此,在实际签约过程中,还须自制手写文本。有不少合同是表格式的,条文和栏目都已事先设计好、印制好,这种合同的优点是项目精确,便于填写和复制(可以复写),称之为格式合同。这里,我们只介绍自制手写文本的一般格式。

1. 标题

合同的标题,由事由和文种(即合同种类)组成。如"建筑安装合同""供销合同""轻工产品供应合同"等。

2. 双方或各方名称

双方名称是指双方单位名称和代表人的姓名。为了称谓的方便,一方称"甲方",另一方称为"乙方"。如有第三方,其单位、代表人,称"丙方"。

以上称合同的首部。

3. 总则

总则也叫开头或绪言。总则的内容是:①叙案。用"甲方××××"引出甲方要约(提议)的内容,用"乙方××××"引出乙方承诺的内容。②叙由。用"为了××××"引出双方的共同经济目标。③协商一致条款用:"经双方充分协商,一致同意签订本合同,共同遵照执行"。

4. 主体

主体部分也叫分则,以合同条款或表格表述合同内容。主体部分应该做到七个明确:①标的明确。标的是通过签订合同要达到的法律目的,如货物、劳务、工程、资金等。②数量和质量要明确。比如,供应合同,就必须规定产品的名称、数量、计量单位、规格、型号、技术标准、包装标准等。③价款和报酬要明确。如出厂价、优惠价、牌价、议价及总费用,以及报酬数量等,都要议定写明。④权利和义务要明确。这一部分是合同的重点,也是执行合同时最容易发生争议的地方。因此,在规定双方应尽的义务和享有权利的时候,要特别仔细、特别周密、特别谨慎。这一部分,应视合同种类的不同和标的的不同而作出不同的规定。总而言之要平等互利、等价有偿。⑤履行合同的时间、地点、交货方式、结算方法要明确。⑥不履行合同应承担的法律责任要明确,要写明是否要交定金、如何索赔等。⑦合同的生效、中止、变更和解决争议的方法明确。生效应包括生效期、有效期。中止应包括不可抗力条款和合同期满条款,有的还规定有关续订的条款。合同的变更,应建立在双方充分协商、取得一致的基础上。先签订合同的补充条款,再规定"如双方协商不成,可由双方主管部门协商解决",最后规定"双方主管部门协商不成,可由××××仲裁,仲裁费用由败诉一方支付"。

5. 附则

附则一般规定签字生效的时间和合同一式几份,由谁保管。

6. 尾部

尾部要并列写出双方的单位名称、代表人姓名、签订时间、签订地点等项。

第六节　订立和履行合同应注意的原则事项

合同订立和履行过程应注意的基本原则事项如下。

一、合同是一种民事法律行为

民事法律行为是民事主体实施的能够引起民事权利和民事义务的产生、变更和终止的合法行为。法律行为是人们表示自己意思的、有法律后果的行为,由此产生的权利义务关系是法律关系。合同作为民事法律行为,在本质上属于合法行为,也就是说合同当事人所作出的意思表示要符合法律要求,合同才具有法律约束力。合法的合同当事人的权利受法律保护,当事人的义务受法律监督,不履行或不完全履行合同要承担法律责任。

二、合同的立约人必须是具有法律行为能力的人

未成年人、精神病患者、醉酒者和被剥夺政治权利的、丧失语言思维能力的人是不能作为立约人的。代表经济组织团体签订合同的签约双方,必须具有法人的资格。

三、合同是当事人意思表示一致的法律行为

合同是两个或两个以上当事人协商一致的产物,是当事人之间"合意"的结果。因此它是双方乃至多方当事人的法律行为,而不能是单方面的法律行为,各方当事人需作出明确的意思表示,同时各方意思表示是一致的。

四、合同当事人的法律地位平等

合同是当事人在平等、自愿的基础上产生的民事法律行为。订立合同,当事人无论是法人还是公民,其法律地位是平等的,任何一方不得把自己的意愿强加给他方,只有双方协商一致,合同才能成立。合同的这一特点,反映了合同主体在法律上的平等原则,使当事人双方互利互惠。

五、合同必须合乎国家的法律法规

当事人订立合同,首先其内容必须合法,在履行合同中应当遵守法律、行政法规,尊重社会公德。经济单位或个人不得利用合同进行违法的活动,扰乱社会经济秩序,损害国家利益和社会公共利益,牟取非法收入。

第七节　阅读与评析

百货、文化用品买卖合同

[例文]

合同号:

卖方:＿＿＿＿＿＿＿＿＿＿（以下简称甲方）

买方：_____（以下简称乙方）

第一条　经买卖双方协商，交易活动必须履行本合同条款。具体品类（种）需签订要货成交单，并作为本买卖合同的附件；本合同中的未尽事宜经双方协商需补充的条款可另附协议书，亦视为合同附件。合同附件与本合同具有同等效力。

签订成交单，除上级规定按计划分配成交外，其余商品一律采取自由选购、看样成交的方式。

第二条　合同签订后，不得擅自变更和解除。如甲方遇不可抗拒的原因确实无法履行合同，乙方因市场发生骤变或不能防止的原因，经双方协商同意后，在不影响国家计划的原则下，确需变更合同的，可予变更或解除合同。但提出方应提前通知对方，并将"合同变更通知单"寄给对方，办理变更或解除合同的手续。

按乙方指定花色、品种、规格生产的商品，在安排生产后，双方都需严格执行合同。如需变更，由此而产生的损失，由乙方负担；如甲方不能按期、按质、按量按指定要求履行合同，其损失由甲方负担。

第三条　成交单中的商品价格，必须遵守国家有关物价管理的规定。有些商品双方亦可协商优惠办法，已放开的商品价格由双方协商定价。

在签订合同时，确定价格有困难，可以暂定价格成交，上下幅度双方商定。

国家定价的商品，在合同规定的交（提）货期限内，如遇国家或地方行政部门调整价格，按交货（指运出）时的价格执行。

逾期交货的，遇价格上调时，按原价执行；遇价格下调时，按新价执行。逾期提货的，遇价格上调时，按新价执行，遇价格下调时，按原价执行。由于调整价格而发生的差价，买卖双方另行结算。

第四条　对异地的商品调拨价格，均为车、船交货价，装车、装船以前的费用，由甲方负担，如装车、装船费与运费列在一张单据不能分割的，由乙方负担；对同城要货单位（包括外省驻本地单位）就厂就库直拨商品由工厂送货或乙方自提。对运费负担，也可按双方协商的办法办理。

第五条　各类商品质量标准，甲方应从对乙方负责和维护消费者利益出发，严格执行合同规定的质量标准。认真检验，严格把关，保证商品质量。

第六条　商品包装必须牢固，甲方应保障商品在运输途中的安全。乙方对商品包装有特殊要求的，双方应在具体合同中注明，增加的包装费用，由乙方负担。

第七条　商品调拨，应做到均衡、及时。对合同期内的商品可考虑按3∶3∶4的比例分批发货；季节性商品按承运部门所规定的最迟、最早日期一次发货；时令商品、零配件和数量较少的品种，可一次发货。可在合同期的前7天或延后10天内开单调拨（库存商品按开单日，工厂直送的以车站、码头收货日期为准。）

受交通运输影响或其他特殊原因造成延期及乙方要求暂缓发货（暂缓期宜在30天以内）的，不做延误合同处理。

异地调拨，均由甲方代发货，如乙方自提，应持加盖财务印章的自提证明；同城调拨，除工厂直送部分外，均由乙方在货款结算后7天内自提（遇节假日顺延），超期未提部分，由乙方负责储运费用。

第八条 对有有效期限的商品,其有效期在2/3以上的,甲方可以发货,有效期在2/3以下的,甲方应征得乙方同意后才能发货。

第九条 甲方应按乙方确定的合同运输路线、工具、到达站(港)委托承运单位发运,力求装足容量或吨位,以节约费用。

一方需要变更运输路线、工具、到达站时,应及时通知对方,并进行协商,取得一致意见后,再办理发运,由此而影响合同期限,不以违约处理。

第十条 商品从取得发运证明起,所有权即属乙方。在运输途中发生的丢失、短少、残损等责任事故,由乙方负责向承运部门交涉赔偿,需要甲方协助时,甲方应积极提供有关资料。乙方(包括中转单位,下同)在接收商品时,必须派人到现场监卸,清点大件,检查包装,如发现问题,应及时向承运部门索取规定的记录和证明并立即详细检查,及时向有关责任方提出索赔;若有关单据未能随货同行,货到后,乙方可先向承运部门拒绝接收,同时,立即通知甲方,甲方在接到通知后5日内答复;属于多发、错运商品,乙方应做好详细记录,妥为保管,收货后10日内通知甲方,不能自行动用,因此而发生的一切费用由甲方负担。

第十一条 商品的外包装完整,发现溢缺、残损串错和商品质量等问题,在货到半年内(贵重商品在7天内),责任确属甲方的,乙方可向甲方提出查询。

发现商品霉烂变质,应在60天内通知甲方,经双方共同研究,明确责任,损失由责任方负担。

接收进口商品和外贸库存转内销的商品,因关系到外贸查询,查询期为乙方收货后的60天,逾期甲方不再受理。

乙方向甲方提出查询时,应填写"查询单",一货一单,不得混列。查询单的内容应包括唛头、品名、规格、单价、装箱单、开单日期、到货日期、溢缺数量、残损程度、合同号码、生产厂名、调拨单号等资料,并保留实物;甲方接到"查询单"后,10日内作出答复,要在30天内处理完毕。

为减少部分查询业务,凡一张调拨单所列一个品种损溢在2元以下、残损在5元以下,均不做查询处理(零件除外)。对笨重商品的查询(如缝纫机头、部件等的残品),由乙方将残品直接寄运工厂,查询单寄交甲方并在单上注明寄运日期。

第十二条 商品货款、运杂费等款项的结算,购销双方应按中国人民银行结算办法的规定,商定适宜的结算方式,及时妥善办理。

货款结算中,要遵守结算纪律,坚持"钱货两清"原则,分期付款应在成交单上注明。对情况不明的交易单位,可采用信用证结算方式,或先收款后付货。

第十三条 甲、乙双方的任何一方有违约行为的,应负违约责任并向对方支付违约金。因违约使对方遭受损失的,如违约金不足以抵补损失,还应支付赔偿金以补偿其差额。

1. 甲、乙两方所签订的具体合同要求,一方未能履行或未能完全履行合同时,应向对方支付违约合同货款总值1%的违约金。但经双方协商办理变更或解除合同手续的,不按违约处理。

2. 自提商品,甲方未能按期发货,应负逾期交货责任,并承担乙方因此而支付的实际费用；乙方未按期提货，应按中国人民银行有关延期付款的规定，按逾期提货部分货款总值计算，向甲方偿付逾期提货的违约金，并承担甲方实际支付的保管费用。

3. 甲方提前交货和多交、错发货而造成的乙方在代保管期内实际支付的费用，应由甲方负担；乙方逾期付款的，应按照人民银行有关逾期付款的规定，向甲方偿付逾期付款违约金。

4. 对应偿付的违约金、赔偿金、保管、保养费用和各种经济损失，应在明确责任后，10天内主动汇给对方，否则，按逾期付款处理，但任何一方不得自行用扣发货物或扣付货款充抵。

第十四条　甲、乙两方履行合同，发生纠纷时，应本着照顾大局、相互谅解的精神，及时协商解决，协商不成时，任何一方均可向市场监管部门请求仲裁，也可向人民法院起诉。

第十五条　本合同一式4份，甲、乙两方各执2份，并送交当地人民银行及有关部门监督执行。

第十六条　本合同（协议）双方签章后依法生效，有效期为1年，期满双方如无异议，合同自动延长。

卖　方(甲方)签章　　　　　　　　买　方(乙方)签章
开户银行：　　　　　　　　　　　开户银行：
账　　号：　　　　　　　　　　　账　　号：
地　　址：　　　　　　　　　　　地　　址：
电　　话：　　　　　　　　　　　电　　话：
邮　　编：　　　　　　　　　　　邮　　编：

【评析】　这是一篇简洁而规范的合同。文本分首部、正文和尾部，正文又分成总则、分则和附则，篇幅不长，却涵盖了合同的各项基本内容。

这是一种主合同，它只规定买卖双方的主要权利义务关系，对具体的数量和质量，未做规定。这就为从合同，即一次次交易的单项合同留下了空间。该文本的价格变动条款，有法律根据，显得很严密。运输途中的责任条款、责任追究的方法既科学又合理。交货方式条款和费用处理条款也显得既合理又周详。

思考与练习

一、问答题

1. 合同必须具备哪些特征？了解这些特征，对签约行为有什么意义？
2. 了解合同种类对签订和履行合同有何意义？
3. 订立合同的程序有哪几种？
4. 合同应当具备的一般条款有哪些？
5. 合同文本一般应包括哪几部分？合同的正文一般应包括哪几部分？
6. 签订和履行合同，应该遵守哪些原则？

二、分析题

1. 有一个财主，请一个老学究上门教私塾，由中介人起草合约，其中的伙食标准规定为"无鱼肉也可无鸡鸭也可"。请指出该文的不妥之处。

2. 有个体育中介人,向比赛主持单位报告比赛情况,以便按约向优胜方颁发奖金,其文句是:"甲方打败了乙队得到了胜利。"请问,这个句子有何不妥?

三、案例分析题

1. 甲方有一栋闲置的房屋,乙方拟利用这栋房屋办一个服装加工厂。双方签订《合同书》,并议定:甲方提供上述房屋,负责水电供应,提供4万元启动资金。乙方购置设备和原材料,并负责组织生产和销售,每月向甲方交租金4 000元。两年后,乙方在未交分文的情况下,悄然撤离该地,人去楼空。甲方发现这种情况后,立刻请律师提起仲裁。律师看过《合同书》后,摇了摇头说,这个官司,要打好,太难了! 请你想一想:难在哪里?

2. 2019年7月,金源公司与×研究院签订了联合建房合同。合同约定:由金源公司投入资金,×研究院取得建设用地的政府批文,共同建造一座12层的金源大厦。在合同签订之前,×研究院已在该建筑用地上做了一些前期开发工作,约投入150万元。合同规定,这150万元金源公司予以补偿;同时还规定:在金源公司付出150万元后,一星期内,×研究院必须将该建设用地的政府批文交金源公司。合同还规定,若发生不可抗力或政府行为而该合同无法履行,不视为违约。

订约后,金源公司于7月29日将150万元汇入×研究院账号。由于市政府对批建房的规划一直处于变化之中,到2020年11月,×研究院仍未取得该项政府批文,金源公司一再催促未果。2021年,该市的房地产市场不景气,金源公司于5月8日发函至×研究院,宣布解除合同关系,要求×研究院返还150万元并支付违约金。×研究院不同意。金源公司为此提起上诉。

请你应用学过的合同法知识,对该争议予以仲裁。

第九章

求职信与述职报告

第一节 求、述职文的概念和特点

一、求、述职文的概念

（一）求职信

求职信是指从业人员或非从业人员为谋求某种职业、职位而撰写的信函。

求职信的主体既包括从业人员，即在职人员，还包括非从业人员，即非在职人员。从业人员为追求较高的经济收入，或取得深造、高就和发展的机会，需要改换门庭和变换工作，运用求职信，作为实现愿望的桥梁。非从业人员包括下岗职工以及大中专院校毕业生。他们眼下无工作可做，不能依靠自力取得经济来源，不得不投身到求职队伍中来。他们更需要通过求职信，体现自身形象，表达自己的愿望，以吸引招聘者。

求职信的内容是谋求某种职业或职位。在上述两类求职人员中，从业人员大多是谋求某一职位，以更大地释放自身的潜能；而非从业人员，迫切需要解决的是生活上的燃眉之急，一般只要求有个适合自己的职业。

求职信在文体格式上属书信类。求职者与招聘者用书信形式进行沟通，以达成共识。

（二）述职报告

述职报告是任职者向上级部门和本单位群众陈述任现职以来履行职责情况的书面报告。

述职报告的主体是任职者，即担任一定领导和管理职务的人员。任职者，从前限于单位和部门的中上层领导人员，后来随着岗位责任制的推行，已经普及到普通职工。

述职报告的内容是任现职以来履行职责的情况，包括：做了哪些事，取得了哪些成绩，有些什么经验，还存在哪些不足，等等。

述职报告属叙议结合的陈述性文体。陈述的基本内容是事实，是反映事实的材料，这是述职报告写作的基础。同时，还必须从事实材料中提炼出恰如其分的观点，并用这一观点去组合材料，使述职报告主旨明确、重点突出。

二、求、述职文的特点

求职信和述职报告都是与职业相关、目的明确、范围确定的陈述性文体，其共同特点如下。

(1) 规定性。求职信专供求职者使用。求职者使用求职信,要受到两方面情况的限制:招聘方有一定的待聘岗位和特殊要求,应聘方有一定的个性特征,需要选择适合自己能力、专业和兴趣的职业。述职报告所写的内容必须是任职者职权范围以内的,并且受述职时限的限制。同时,上级或主管部门要求述职报告回答的问题,都应当作出回答。

(2) 真实性。求职信与述职报告都要取信于人,其前提与基础就是内容真实,所运用的事例和数据必须准确无误,不能有丝毫的掺假或差错。

(3) 竞争性。求职或述职,其主体者都要有竞争意识。求职中,待聘岗位数量有限,而且有招聘的特殊要求,求职者往往蜂拥而至。求职信如果缺乏竞争意识,不能突出适合招聘岗位的"特色"和"亮点",那就必然被淘汰。述职报告,从表面看,只是汇报工作,好像是例行公事。其实不然,它是考察,是展示,是比赛。述职报告过后,便是评先评优,这就说明"述职"是评先评优的"基础"。述职者如果看不到这一点,缺乏竞争意识,即使平日工作做得再好,如述职报告一般,也是难以给人留下良好印象的。

(4) 简明性。求职信和述职报告都要写得简明扼要、富有个性,准确介绍自己。求职信之所以能吸引招聘方,取决于你的专业、工作经历、业绩和能力适合待聘岗位的需求,而简明扼要的文字表达正好突出了这些。述职者面对履行职责以来的诸多事实,如何条理化,如何以简驭繁,如何突出主旨,也是认识能力、决策能力高下的一种生动体现。

第二节 求、述职文的作用与种类

一、求、述职文的作用

(一) 求职信的作用

在人才竞争日趋激烈的条件下,求职信的主要作用如下。

(1) 是展示求职者个人才能的窗口。求职的过程,就是积极推销自己的过程。求职信是求职中的书面形式的自我,是求职者的广告和宣言。

(2) 根据待聘岗位的特殊要求,充分展示自己的学历、经历、能力、业绩及优势,让招聘单位尽快发现自己,尽可能多地了解自己,尽量能选择自己。

(3) 是沟通需求双方的桥梁。求职信既是求职者意愿和才能的表达,又是招聘单位认识、了解求职者的第一步。求职信担负两方面的任务,既要把求职者"推"出去,又要把招聘者"吸"过来。如何沟通需求双方、达成共识,是求职信孜孜以求、着力解决的基本问题。

(二) 述职报告的作用

随着新的干部管理体制和专业技术人员管理及考核体系的建立与实施,述职报告具有其他文体不可替代的作用。

(1) 述职报告是考核、选拔、任用干部的重要依据。组织和人事部门通过任职者的述职报告,可以对其任职情况进行全面系统的了解,可以选拔任用德、能、勤、绩诸方面出众的人才。

(2) 促进任职者不断总结提高。述职报告可以帮助被考核人员养成不断总结经验的习惯,明确自身的职责,提高政治水平、领导才干和业务素质,不断攀登新台阶。

(3) 便于群众对干部实行公开监督。干部和管理人员履行工作职责的情形如何,本单位、本部门的群众最有发言权。向群众陈述自己的工作情况,不仅可以得到有效的监督,而且可以得到切实的帮助,从而密切与群众的联系,获取进一步做好工作的强大力量。

二、求、述职文的种类

(一) 求职信的种类

1. 按求职者是否在职划分

(1) 从业人员求职信。其主要目的在于改善职业或职位,大多具有隐秘性。

(2) 非从业人员求职信。求职者暂无职业,希望通过谋求的职业取得生活来源,并实现自我价值。其一般无秘密可言,具有公开性。这类求职信还可细分为再就业求职信和学校毕业生求职信。

2. 按所求职业的宽窄划分

(1) 专门性求职信。求职者所谋求的职业、职位是确定的,不可变更的。

(2) 普通性求职信。求职者所谋求的职业较为宽泛,不提出确定的岗位,具有较大的适应性,以降低就业的难度。

3. 按求职的层次划分

(1) 申请职位的求职信。求职者所谋求的是领导或管理层中的某一职务。这类求职信侧重于业绩、工作经验、领导和管理能力。

(2) 申请职业的求职信。求职者所谋求的仅仅是某种职业,着重介绍的是适合这种职业的专业知识和工作经历。

(二) 述职报告的种类

1. 按述职报告主体的不同划分

(1) 代表机关或部门的述职报告。各级人民政府的工作报告和各级人民法院、检察院向各级人民代表大会的工作报告,都属于这种述职报告。报告人应是机关部门的主要负责人,特殊情况下,也可以是机关或部门的副职。这类述职报告的署名一般应在报告人的前面冠以机关或部门的名称及报告人职务。

(2) 任职者个人的述职报告。这类述职报告不是代表机关或部门做述职报告,而是就自己在任职期间所负责和分工的工作情况向上级机关或所属群众的简要陈述。这类述职报告中应使用个人名义,其报告由报告人自己负责。

2. 按述职目的的不同划分

(1) 晋职述职报告。任职者需要晋升更高一级职务时,应向有关部门报告履行现任职务的情况。这是考核拟提拔晋升职务人员必经的一个程序。

(2) 任职述职报告。担任一定职务人员,定期向有关组织和公众汇报担任该职务的情况,以接受组织的考核和群众的监督。

3. 按述职时限的不同划分

(1) 年度述职报告。任职者每到岁尾或年初向上级机关和公众汇报其履行职务的情况,时间上仅限于本年度。

(2) 任期述职报告。任职者任期届满,需向上级机关和公众报告其工作,时间上则是整个任期内的。

第三节　求、述职文的格式及写法

一、求职信的格式及写法

求职信一般由标题、称谓、正文和落款四部分构成。

(一) 标题

(1) 采用求职信作为标题。
(2) 求职信前加以申请某一职位的限制,如《申请销售经理职位的求职信》。

(二) 称谓

称谓即求职信送达何人手里,一般是招聘单位人事部负责人或经办人,如"敬爱的李经理""尊敬的×××女士"。

(三) 正文

正文是求职信的主体部分,一般由应聘岗位(职位)、资格条件、表达愿望以及说明联系方法等部分组成。

(1) 应聘岗位(职位)。应聘岗位(职位)即求职者打算实现的目标。求职目标越明晰越好,对专门性求职信来说,尤其如此。如在《申请工程与开发经理职位的求职信》中,开头部分就直截了当地说:"我正在寻找一个高科技大制造厂的工程与开发管理职位。"在普通性求职信中难以说得如此确切,但也要给招聘者一个便于接纳安排的范围,如"申请教学管理的工作"。

(2) 资格条件。资格条件特指对照应聘岗位的特殊要求,求职者在理论和实践上已经具备的条件。如对照工程与开发经理职位的特殊要求,一求职者在信中说道:"作为一个具有15年经验的工程与开发主管,我的资格条件如下:负责改进欧米茄药品的包装系统;为液体填装产品开发新的包装技术;有5年管理整个顾客产品部工程与机械人员的经验;对消费品实行有效的降低包装费用战略。"

(3) 表达愿望。进一步说明自己是所求职位的最佳人选,能给招聘单位带来价值。如:"我相信,基于我扎实的工作作风、我的领导才能以及对我现在和过去的雇主的忠诚服务,我是总经理这个职位的理想人选。"

(4) 说明联系方法。说明联系方法指招聘单位读了求职信后认为可考虑录用,需与求职者取得联系的方法,一般是留电话号码。如"如果您认为我对综合工程公司可能是有价值的,您随时可以给我打电话,电话号码是:(317)555—×××××,我盼望您的回音"。

(四)落款

求职者署名,并写上发送的年月日。

二、述职报告的格式及写法

述职报告一般由标题、署名、主送单位、正文、附件、落款等部分构成。

(一)标题

(1)采用"述职报告"作为标题。

(2)由述职者职务、姓名加上"述职报告"作为标题,如《×××公司经理××的述职报告》。

(3)在"述职报告"前加上述职的时间、任职做标题,如《2020年至2021年任总会计师的述职报告》。

(4)运用正副标题。正题用来点明述职报告的主旨或基本观点、基本经验;副题交代是何人担任何职务的述职报告,如《会计工作也要与时俱进——××银行总会计师××的述职报告》。

(二)署名

一般应在标题的正下方署名,也有在正文之后的落款处署名的。往往在述职人姓名前冠以单位和职务名称。如标题中述职人姓名已经出现,则署名部分可以省略。

(三)主送单位

主送单位是指述职报告的呈送单位、部门或负责人,如"××院职称评定委员会"。

(四)正文

正文是述职报告的中心内容,一般由基本情况、政治思想、工作实绩、存在问题与薄弱环节、努力方向及打算和结束语等部分组成。

(1)基本情况:简要交代任职者的学历、政治面貌、任现职的时间、完成任务的总体概括等,属于述职报告的前言部分,起引领作用。

(2)政治思想:主要写政治学习、政治表现、工作责任心、敬业精神等方面的情况。

(3)工作实绩:一般要写明所分管工作的内容和对工作职责的认识及分管工作的总体评价、胜任程度。陈述所做的主要工作、取得了哪些成绩,并讲明哪些是自己主持的,哪些是协助他人或指导监督他人做的,说明自己在这些工作中所起的具体作用。对一些难题的应对思路和重大问题的解决过程,以及最后的效果和影响,要交代得一清二楚。

(4)存在问题与薄弱环节:主要是自我评价在履行职务时的工作失误或有待改进和

完善的地方,重在剖析自己在工作中的失误和造成的损失,要认真分析原因,说明自己应负的责任。

(5) 努力方向及打算:简要写出述职者今后的努力方向、工作所要达到的目标,以及将采取的一些具体措施等。

(6) 结束语:述职报告的末尾常用"以上报告,请予审示""述职至此,谢谢大家"做结尾。

(五) 附件

如果有补充说明正文的材料、图表等,可用附件形式表达,需写明名称、件数,置于正文末尾左下方。

(六) 落款

署上述职者职务、姓名和成文日期,如在标题处已有署名,则此处省略。

第四节 写求、述职文应注意的事项

求职信、述职报告应用面宽、使用频率高,而且与撰写者的切身利益有关,写作时应当处理好以下几种关系。

一、既要有针对性,又要有说服力

求职信、述职报告在写作目的、写作内容上有很强的规定性。写求职信,就是要通过求职信获得那份合乎心意的工作。因此,具体岗位、职位是什么,这个岗位、职位有哪些特殊要求,自己符合这个岗位的资质条件有哪些,撰写时必须具有针对性。写述职报告,一般来说,要体现出自己对所任职责的胜任愉快。因此,内容上要着重于成绩和经验。这些成绩与经验必须是履行职责中的,而不能越出这个范围。从写作受体方面看,求职信、述职报告仅有针对性还不够,还必须有说服力,能够吸引和打动读者,使他(或他们)能够读(或听)下去,并引起共鸣和共识。只有这样,写作目的才能实现。

二、既要严格尊重事实,又要充分展示自己

求职信、述职报告都讲求真实,容不得半点虚假。真实是对客观事实的尊重,也是对读者与听众的尊重。求职信中资格条件的列举、主观愿望的表达,都要力求真实可信。述职报告中成绩的陈述、经验的概括,都要遵循实事求是的原则。但真实只是写作求职信、述职报告的基本要求,一份好的求职信和述职报告必须在不妨害真实性的条件下充分展示自己。尊重事实与展示自我这两者并不矛盾。在求职信、述职报告中展示自己,不能凭虚言巧语,必须凭借货真价实精选出来的事实材料;同样,在求职信、述职报告中处处尊重事实、恰如其分,才能给人以亲和感、信任感,才能展现出良好的自我形象。因此,撰写求职信、述职报告,必须把严格尊重事实与充分展示自己有机结合起来。

三、既要顾及方方面面，又要突出重点

写求职信与述职报告都要求视野宽广、思路开阔。在拟写求职信的过程中，必须广泛地获取就业信息，并对海量信息进行认真筛选，然后确定适合自己的岗位或职位，进而认定岗位或职位的特殊要求，最后落实到自己已经具备哪些条件。对已经具备的条件还要从多方面去观察与思考，从而抉择出哪些是过硬的。愿望表达是对被录用的希望，以及自己给招聘单位带来的价值，因此，它不是可有可无的部分。但从整体上看，谋求的岗位或职位，以及符合岗位或职位的资格条件，是求职信的重点所在。撰写述职报告，要面对岗位职责的全部，不能挂一漏万、顾此失彼。谈成绩，不能只着眼于某方面或某部分；分析取得成绩的原因，不能只归功于自己；不能只谈成绩，不谈问题，报喜不报忧，但又不能面面俱到，平均使用力量。对面上的情况，要有概括性的交代，但主要力量应集中于对全局来说处于重要地位、发生重要作用的部分或方面。谈代表全局的部分或方面的成绩，并从中找出经验和教训。全局靠重点支撑，重点靠全局显现。撰写求职信和述职报告，要认识与把握这种关系。

四、既要内容丰富，又要语言简练

求职信、述职报告都要力戒内容贫乏，追求所含信息的充分。求职信，不仅要使招聘者明白你谋求的岗位或职位是什么，更重要的是要让他们了解你适合此种岗位或职位的诸多方面。"理想人选"这印象的形成，不是只凭某一点，而是靠"一丛"或"一系列"。述职报告，要使读者或听众明白你所做的工作是大量的，所遇到的困难是很多的，所处理的矛盾是复杂的。只有这样，才能突出成绩得来得不易、积累经验的可贵。但语言表达要简练。要抓住主要和重点，分清主次；要提高语言的概括力、表现力和说服力，避免琐屑、苍白和无力。

第五节　阅读与评析

[例文一]

自　荐　信

尊敬的×××：

　　您好！

　　首先感谢您能在百忙之中抽出时间来阅读我的自荐信。我是××大学××学院××级计算机专业的学生，将于今年7月毕业。在校四年，我担任了校学生会学习部长，连续两年被评为"三好学生""优秀学生干部"，并荣获校一等奖学金。在2020年学校举办的学生技术大比武中，我荣获计算机操作一等奖。2021年9月，我到电信公司实习，通过半年的实践，我的理论联系实践能力和实际操作能力得到很大的提高，并顺利通过考核，获取了计算机操作高级证书，欲在贵公司谋求计算机操作员的工作。

　　××电脑公司是我仰慕已久的大公司，尤其是贵公司提出的"以人为本，科技为本，诚信至上，服务至上"的经营理念更是令我深深敬佩，我渴望能成为贵公司的一员。假如我

有幸能加入这个光荣的集体,成为其中的一员,我一定尽我最大的努力为公司添砖加瓦。

  此致

 敬礼!

自荐人:刘华
2022 年 5 月 20 日

  【评析】 这是一个大学毕业生的求职信,本文目的明确、匹配条件充足、层次分明、结构完整,并且做到了虚实结合,充分展示自我。全文分两部分:第一部分介绍自己的学识、才干,有理论、有实践,还有潜在能力介绍,具备了与所求工作岗位的针对性;第二部分表明自己对公司的了解和自己的工作态度,情感性较强。综观全文,内容较完整,语言较简洁、委婉,感情强烈,态度诚恳,是一份较好的自荐信。

[例文二]

如果给我一个机会

  我叫陈力,不是美丽的丽,而是力量的力。我的爸妈当初希望我是个男孩,所以看到我是一个女孩后还是执意给我起了个这样男子汉十足的名字。令我庆幸的是,我并没有让他们失望,因为我这 22 年来一直在证明着我并不比一个男孩差。

  我从小就好动,喜欢户外活动,所以特健康,估计您一见我就看出了这一点。我也能吃苦,我家里姐妹多,我又是老大,所以从小就帮爸妈做家务。

  我是学中文的,从小就幻想能成为一位名记者。大学四年我一直是校报的记者兼编辑。我还经常在网上发表文章。对了,《记者手册》我已烂熟于心。我想如果您给我一个机会,我一定能成为您报社里一名出色的记者,我相信我能胜任这份工作,不信您试试看。

××师范大学 陈力
2022 年 5 月 20 日

  【评析】 该求职信采用了新闻式的标题。从巧解姓名入手,突出了自己的个性——一个男子汉味儿十足的女生;接着介绍了年龄、家庭情况,强调自己爱活动、特健康、能吃苦;最后说出自己的专业、实践、理想,明确道出求职意向。这则求职信,紧扣作为一名记者应具备的素质、专长推销自己,文笔较生动,写法不一般化,能注重用具体事例来自荐,给人留下较为深刻的印象。

[例文三]

述 职 报 告

各位领导、各位同事:

  一年来,在公司领导的亲切关怀和指导下,我在审计部经理的岗位上,带领审计部的全体同人严格按照年初制订的审计计划,紧紧围绕公司提出的"加大核查、审核、监管力度,确保各项制度深入落实"这一工作目标,积极主动地在公司内部开展了审计工作。经过全体同志的共同努力,取得了一定成绩。

  一、主要成绩表现

  (1)从公司内审工作的开展上实现了由原来的浅层次、窄领域的简单审计向多方位、宽领域的综合审计的转变,实现了从创建到各项工作得以健康发展的良性过渡。

(2) 从个人的工作能力方面,实现了从最初的不了解、不熟悉,工作过分谨慎小心,甚至有些领域不敢介入,到现在能大胆地、全面地开展工作的转变。可以说经过一年的努力,我现在已经全部融入这个充满活力、朝气的大家庭中,但这与领导对我的期望和要求还存在较大的差距。不过我相信有公司领导的信任,有在座的各位部门经理的大力支持,再加上我们全体审计人员的勤奋工作,公司的内审工作一定会一年比一年有起色,同时也会得到公司领导和同志们的认可及欢迎。

二、2021年的工作回顾

1. 严格审计的纪律和制度

审计部是一个新设部室,领导寄予我们厚望,同志们也关注着我们的发展,我深知责任重大。为了使内部审计工作在公司管理中得以顺利开展,审计部在成立后的第一次全体会议上,就根据制订的年度工作计划,并结合内部人员的具体业务能力,本着既要明确各自岗位职责,还要坚持分工不分家的原则,进行了内部分工,并从工作纪律、工作作风、工作态度、工作形象和工作结果五个方面提出了具体的要求。这些工作的进行,为我们全年工作的顺利展开打下了扎实的基础。

2. 积极开展对驻外分公司财务管理的监督和评价

根据公司领导的要求,我们在对其会计核算进行检查审核的同时,先后分两个阶段对该公司的财务管理进行规范、核查。第一阶段,参照总公司的相关制度,帮助该公司制定其内部的财务管理制度,建立健全仓库管理的工作流程,健全会计核算的账簿体系,规范会计核算程序,建立严格的、定期的会计报告制度。第二阶段,对规范后的会计核算制度,实施正常的审计检查,通过这一系列工作,规范了该公司核算制度的同时,也教育了会计人员,增强了他们做好工作的责任心,起到了很好的效果。

3. 严格费用报销规定,严格费用审核

今年是我公司各种费用报销新规定出台的第一年,旧的报销程序和标准对审计工作影响很大,突出反映在人们的认识上。审计是执行各种规章制度的前沿,审计人员就是把这个关口的,将不符合规定的支出堵在这个关口之外,是我们审计人员的责任。为了保证这一工作的质量,我们利用可利用的一切时间,组织学习公司出台发布的新规定,新同志为了尽快提升自己的技能,主动请教老同志,并对要点及时做好笔记,所做的这一切都为做好这项工作打下了良好的基础。一年以来,尽管我们对费用的审核量不断增大,但基本上没有出现有问题的审核,从而有效地配合了公司的财务管理工作。

4. 利用一切可利用的机会,为领导提供市场监管信息

根据公司领导的安排,今年,我先后到河南和省内的几个市场,针对市场反映出的问题,进行了核查,并结合核查进行了市场调研,这也是审计部2021年工作计划的一项基本内容。核查中,我们昼夜兼程,为了把问题核查清楚,把市场调研准确,每到一处都积极地与客户沟通,多方收集市场信息资料,这一切都为我们后期报告的撰写积累了丰富的第一手资料。先后两次的市场走访,形成了近万字的报告,把问题找准了,建议提对了,得到了公司领导的肯定和客户、业务人员的好评。

三、工作中存在的问题与不足

1. 审计工作还存在盲点（如对经济合同的审查）

在企业经营活动中产生的各类经济合同是企业经营管理的一项重要内容。实施有效的经济合同审核也是内部审计的一项重要工作。早在审计部成立之初就制订出了要建立有效的合同管理机制的工作计划，提出了要全程参与施工合同、大型设备及物资采购合同的拟定、评审乃至签订的建议和目标，要求与有关科室、部门共同配合对合同的主要条款和要素进行评审、会签，以达到签订的所有合同都满足可行性、合法性、效益性的要求，并对合同的执行情况进行全过程跟踪监督。但是由于种种原因，特别是我自身的努力不够，这项工作至今也没有开展起来，形成了审计工作的一个盲点。

2. 审计工作还不够深入、细致

审计工作是一项政策性、专业性很强的工作。在内部审计工作当中，既要本部门积极主动，也需要其他科室部门的合作，更需要按公司计划进行。但是一年来可能由于我对公司要求的理解方面还存在差距，我们工作中经常表现出依赖性大、主动性差和开拓性不强的弱点。

3. 审计的职能有待加强

回顾一年来我们的审计工作，往往理顺性、规范性的成分多，审计评价的成分少。之所以出现这种现象，与我的思想认识有关，更与我开拓意识不强有关。我一直认为这只是刚开始，一切还不规范，审计工作头绪比较乱，等理顺好了以后的审计工作也就好开展了。正是这种思想的存在，使我们在工作中无形地淡化了审计的职能。

4. 本部门的人员对公司开展的各项活动参与不够积极

审计部成立之初，从对公司开展内部审计工作项目存在不确定性及为公司节约人力资源的角度考虑，组架不大。可这样一来，在保证正常的费用审核和工资审核的前提下，再应对其他活动时，人员就显得紧张了。特别是下半年园区建设工程结算核对工作开展以来，审计部内每名成员的工作都无形中加重了，再参加公司举行的活动时就显得力不从心了，所以对公司下半年特别是进入三季度后组织的活动，我表现得不是很积极，或多或少地影响了整体的活动效果。

各位领导，各位同事，回顾自己这一年来的工作，虽然围绕自身职责做了一些工作，取得了一定的成绩，但与部门要求、同事们相比还存在很大的差距，尤其是业务能力有待进一步提高，我决心以这次述职评议为契机，虚心接受评议意见，认真履行本职工作，以更饱满的热情、端正的工作姿态，认真钻研业务知识，不断提高自己的业务水平及业务素质，争取来年实现自己工作和生活中的美好理想。

述职人：刘××
2021年12月28日

【评析】 这是一篇年度述职报告。全篇主要申述一年来的工作实际，本着实事求是的原则，如实地陈述自己在履行职责过程中的成绩与不足。正文的第一部分，简要地总结了自己所取得的成绩；第二部分回顾了一年中自己的工作重点，显示了任职者的求实态度；第三部分则提出了工作中的问题与不足，体现了任职者对自我的严格要求与对工作的认真负责。结尾收束全文，首尾照应。

思考与练习

一、填空题

1. 求职信在文体格式上属_____类,述职报告在文体格式上属_____类。
2. 求职信与述职报告的共同特点是_____、_____、_____、_____。
3. 按求职的层次,求职信可分为_____和_____。
4. 按述职目的的不同,述职报告可分为_____和_____。

二、选择题

1. 求职信的标题可采用_____。
   A. 求职信　　　B. 自荐书　　　C. 推荐表　　　D. 自荐信
2. 述职报告的标题可采用_____。
   A. 报告　　　　B. 工作报告　　C. 述职报告　　D. 述职信
3. 求职信的正文中,不可或缺的两部分是_____。
   A. 应聘岗位和表达愿望　　　　B. 资格条件和说明联系方法
   C. 应聘岗位和资格条件　　　　D. 资格条件和表达愿望
4. 述职报告的中心内容,一般由五部分组成,这五部分是_____。
   A. 成绩、做法、经验、问题、教训
   B. 基本概况、主要收获、发生变化、存在问题、今后意见
   C. 基本情况、政治思想、工作实绩、存在问题与薄弱环节、努力方向及打算
   D. 基本概况、主要经验、发生变化、存在问题、教训不足

三、简答题

1. 撰写求职信的过程中,思维重点是哪两个环节?为什么?
2. 在求职信中如何充分展示自己?在展示自己时应注意哪些问题?
3. 述职报告的正文由几部分组成?具体内容是什么?
4. 简要说明述职报告与总结、报告的主要区别。
5. 述职报告的分寸感主要表现在哪些方面?增强分寸感需要解决的基本问题是什么?

四、实践题

假如你即将毕业,需应聘求职。请你制作一份求职材料(包括求职信、个人简历、成绩表、有关证件复印件等)。

第十章

经济评论

第一节 经济评论的概念和特点

一、经济评论的概念

经济评论是依据国家在经济方面的方针、政策以及有关法律、法规针对当前经济领域中出现的问题或现象,以及广为人们关注的经济方面的事实发表意见、看法的一种议论性的应用文体。

写经济评论,需要在正确思想指导下,通过对经济领域的事物、问题的科学分析和有说服力的论证,阐明正确观点、批评错误看法,从而帮助人们活跃思想、提高认识、找到规律、推动工作。

二、经济评论的特点

经济评论是议论文体中的轻武器,与一般的政治论文和学术论文相比较,它有自身较为明显的特点。

(一)鲜明的政策性

一是作者必须依据经济方面的方针、政策对经济领域内的各种问题进行评论。二是作者必须站在国家的政策立场,积极维护和宣传国家的经济政策。三是作者要及时了解和发现国家经济政策在经济领域的贯彻、落实、实施过程中存在的问题和不足,有待进一步完善国家的经济政策,使各项经济政策的制定实施更趋科学化和规范化。因此,作者不仅要正确理解经济方面的方针、政策,而且要鲜明准确地表达方针、政策。

(二)强烈的针对性

针对性是与评论内容的积极意义和思想的鲜明性分不开的,即要求问题抓得准、抓得及时、有的放矢、观点鲜明、切中要害。评论问题既有肯定性的评价,也有否定性的分析,能帮助读者明辨是非、提高认识、指导工作。

(三)高度的单一性

单一性是指评论的论题和内容要单纯、集中,较多体现一理一评、一事一议的特点。例如,《有感于"厂长想睡觉"》《"小老虎"式的结构好》《论"躲"》等评论,仅从标题上也能看出这些文章都是就某一观点或某一现象发表议论的。单一性的内容处理得好，可以使评论篇幅比较紧凑、笔墨集中、论述深刻，以防面面俱到、浅尝辄止。

（四）积极的论辩性

无论是分析评价某一经济问题，还是对某一经济观点提出异议，不仅要求论题和论点富有积极意义或现实意义，还要求在具体的论述中善于摆事实、讲道理，以理服人，以此达到明辨是非的目的。

第二节 经济评论的作用和种类

一、经济评论的作用

经济评论往往是各种媒体对经济领域的某种事实现象的一种看法和观点，是媒体的统帅和灵魂，也是受众读者评价媒体自身价值的一个主要评价取向。它的作用是十分明显的，具体表现在以下几个方面。

（一）宣传

经济评论对党和国家在经济领域实施的方针、路线、政策以及重大的研究经济工作的会议都会作出积极的分析评价，通过对各项方针、路线、政策的具体内涵、意义、作用的透辟分析，让人们准确、全面、深刻地理解国家方针路线、政策的本质。从这点而言，经济评论对党和国家的经济方针、路线政策起到了一种宣传作用。

（二）导向

经济评论必须密切联系实际，有针对性地对经济领域人们关注的事实、现象，诸如某阶段经济领域的热点、重点、难点、疑点等问题进行积极评价，或引述各种观点进行比较，让人分辨是非、认清本质、看准问题。它具有积极的导向作用，批评错误，引导人们正确的行为。

（三）评价

经济评论对具体经济工作中出现的新人物、新事物、新做法、新经验、新典型、新成果都会给予积极的评价，弘扬典型，凸显价值，肯定成绩，可有力促进经济工作及理论研究工作的开展。

二、经济评论的种类

根据不同的标准，经济评论可分为不同的形式，如根据内容，可分为经济形势的评论、经济理论思想的评论、经济动向的评论、经济政策的评论等；根据作者的身份不同，可分为官方的（代表政府的）评论、专家学者的一家之言评论、记者或编辑部根据报道所做的短评、其他社会人士的评论等；根据表现形式不一，还可分为社论、评论员文章、述评、短评、随笔、编者按等。现根据评论的权威性、重要性程度做一具体分类。

(一) 社论和评论员文章

这类评论大都针对国内外的经济形势或国民经济发展中的变化、经济政策的调整以及经济领域中发生的重大事件等所发,且由国家政府部门或重要报社发表,具有很高的权威性和政策的导向性特点,篇幅也较一般评论长。

(二) 经济述评和专论

经济述评和专论往往着眼于经济领域中某一方面出现的问题、发生的变化及某项经济政策的调整、改变,就此进行专门的分析、评价,发表看法、提出建议,帮助人们正确地看待问题和变化,提高思想认识。尤其是对披露的经济问题,进行述评后,更能引起社会各界的重视和警觉,加强防范,以保证经济建设的健康发展。经济述评和专论文章大都由资深专家或有关行家撰稿,因此对读者也有较强的引导作用。

(三) 经济短评和随笔

经济短评和随笔比经济述评与专论更注重实际。其常就日常碰到的一些经济方面的具体问题和现象,以及有些看似不经意但也能发人深思的小事发表独特的见解或感想。这类短评,随笔缘事而起,随感而发,文章短小精悍,内容丰富多彩、形式自由、语言生动,是经济评论中使用最为广泛和最为活跃的一种评论。

第三节 经济评论的格式及写法

一、经济评论的格式

经济评论有多种,且写法不一,有些评论文章,如社论、评论员文章等,通常由专业的人士所写。人们看得最多、写得最多的是短评及一些随笔。短评是经济评论的基础,只有将短评写好,才能写好专论、述评等评论文章。故本节着重介绍短评的格式及写作要领。

经济短评亦称经济短论,它通常由以下部分组成。

(一) 标题

经济短评的标题写法类似消息,但它更注重将所论的观点在标题中直接或间接地揭示出来。它一般有三种形式:①以论题为题,如《有感于"厂长想睡觉"》《论下有对策》《怎样杀"鸡"》等,这些标题都从"厂长忙于行政事务""地方保护主义对国家政策的危害""单位对人处罚不当"等问题,规定了全文的评论范围,同时也告诉了读者文章所评论的内容。②以论点为题,开门见山,在标题中反映评论者的观点,点明评论的论点,这是在短评中用得最多的标题类型,如《勿以小改而不为》《"小老虎"式的机构好》《请勿多"生气"》《国有名牌流失戒》。③主副式标题,如《分歧加深、协调徒有虚名——西方各国财长和中央银行行长会议述评》。经济短评的标题无论用何种形式,都应力求新颖生动、简洁明了。

（二）导语

导语是文章的开头。导语部分主要是进行承题启接正文，点明评论的事或问题，保持和标题的论题及观点一致性，同时开启下文，让读者明白因何事而评论。导语的写法多样，常用的有如下几种。

1. 引语式

这种开头常简要地引用在媒介上所报道的新闻事实，如《中国工商时报》2001年3月16日一篇短论《监管应多放"马前炮"》的导语为："据《经济日报》报道，国务院对各职能部委司的监管工作进行了一次全面检查，表明监管工作的滞后性非常明显，严重地影响了对市场的监管力度……"这种开头方式，可为下文的评论提供事实依据。

2. 设问式

这种开头于开篇提出问题，然后围绕问题引出事实依据，展开评论，如《江西日报》一则短论《江西名牌沉浮记》的导语为："××电视原是国家的知名品牌，市场供不应求，而现在怎么销声匿迹了呢？"提问式的开头，来得简洁，又能引起读者的关注和思考。

3. 辩驳式

这种开头常先引出某种错误的说法或观点，以此树立靶子，展开针锋相对的辩论。如"某机关一位干部指着一则报道说：菜场直接向郊县采购新鲜猪肉，这算什么改革，也值得登报？旁边一位同事异议道：你看，这样一改，菜场经营一头新鲜猪肉能盈利十元左右，国家可少亏二十元，居民又齐声叫好，真是三全其美。改革虽小，可是它利国利民啊！"然后在下文具体展开事实，进行论辩。

4. 结论式

结论式的开头是直接提出自己的观点，如："……还好，用筷子倒还不缴押金。其实筷子那东西顺手牵羊更为方便，为了严密制度，防顾客如防盗贼，恐怕还是建议饮食服务部门制定筷子收押金的办法才好。"随后在下文提出事实论据，证明收筷子押金的好处。

（三）本论（正文）

本论（正文）是短评的主体部分。本论（正文）的写作主要是依承导语的内容，陈列事实论据，进行评价议论。在评论中应就事论理，不能脱离事实、空发议论；在缘事而发的基础上，还要结合党和国家的方针政策、有关经济法规纪律言明道理、阐述观点。评议要有深度、有新意，而不能表面化、简单化、雷同化、泛泛而谈，还应善于透过现象看本质，挖掘内在的、深层次的问题。另外，在本论（正文）中还应注意材料与观点的统一，做到层次清晰、条理井然、联系紧凑、论证有力，富有逻辑性，做到评有道理、评有条理。

（四）结尾

短评结尾的写法多种多样，有的是对全文做总结，再次强调所论的观点，给人深刻印象；有的则就如何解决存在的问题提出建议，希望有关方面给予重视和采纳；有的就如何改进工作、服务态度等，提出希望和要求；也有的不分结尾，直接在本论末结束。总之，短评的结尾应自然得体、顺理成章、简短有力，或给人以启发，或给人以建议，或给人以呼吁,或给人以展望,或给人以哲理。

二、经济评论的写法

经济评论属于议论文的范畴,同经济论文大体相似,但在具体写法上又有许多不同点,下面先通过两篇例文进行比较,再做具体概括。

话说"砍半价"

说来惭愧,活到现在,竟然连买东西也是越来越不会了。走在街上,那沿街小店里的商品琳琅满目,但那一个个价目牌上的"明码标价",即仿佛是个圈套,是陷阱,令你裹足不前,顿生疑惑,那牌上标的是价格吗? 是,又似乎不是! 对于老实人,不懂"行"的,它是;但对于那些精于还价、杀起价来又狠又准的行家里手,它就不是了。标明100元的商品,他还50元,店老板还颇为高兴地回答:"行! 50就50。"要知,店老板是绝不会做蚀本生意的。

这种对半杀价的做法,俗称"砍半价"。我向来不会杀价,总怕一刀下去,砍的不是价,但似乎又更像是对那些不懂得"砍半价"的"土老帽儿"的讥讽。总之,以这么一个"普遍现象"为题,加以幽默嘲讽,博得人们一笑。但"笑"之后,我意犹未尽,便狗尾续貂地又来说这么一番"多余的话"。

你说商品的价值由凝聚其间的"社会必要劳动时间"决定吗? 可同一件商品面对不同顾客,其"社会必要劳动时间"的含量为何竟会发生如此本质的变化? 你说"老板们"不懂价值的含义吗? 我看绝非如此。卖货的总比一个购买者更懂得价值对他的意义,在这一点上,再会"砍价"的顾客在卖主面前也没有资格自信,何况我等学了些书本教条,又狠不下心来杀价的"二百五",便只有等着做"冤大头"的资格了。

现在终于知道,商品价格不仅由价值决定,同时也受供求关系制约。"物以稀为贵",供不应求,价格自然高;供过于求,价值便要下跌。可现在商品较前大为丰富了,一双袜子,你能说是稀罕物吗? 可是不会买的人花8元,会买的只要3元甚至2元就够了。于是,商品价格体现什么,依然令人迷惑。

若就"砍半价"的现象仔细研究一下,我"发现":目前一些店铺的价格,一不体现价值规律,二不体现供求规律,倒是明明白白体现出一些老板的贪心和狠心。真正的商品经济,它恪守的是等价交换规律,遵循的是公平与对等原则,它与小农社会和封建社会的"奸商"现象是互不相容的。像这种"漫天要价,就地还钱"的"砍半价"方式,倒是商品经济不甚成熟的一种表征。

在商品经济成熟的社会,一切买卖均要体现价值规律和供求原则,如果都像我们这般"砍半价",那西方的超级市场、自选商场都得配备电脑来专门与顾客讨价还价,否则,这类商场便办不下去。我这里并不是说西方流通领域已不存在"斩人"现象(你看,一个"斩"字用得多么贴切、多么狠毒),只是说,一个好的、正常和健全的商品社会,必然是要真正体现一些客观规律与法规的,而不能如此这般地只由着人斩人、人坑人……

的确,要做到这一步,还有许多路要走,目前顾客们若被"斩两刀",只算是付学费吧!

(选自《江西日报》)

价格的客观基础

价值是价格的基础,价格是价值的货币表现。列宁曾指出:"价格是价值规律的表现。价值是价格的规律,即价格现象的概括表现。"因此,价格的确定必须以价值为基础,即以社会必要劳动时间决定的价值为基础,这样,才能保证实现交换双方的经济利益。

价格以价值为基础,而价值是随着劳动生产率的变化而变化的。马克思指出:"商品的价值量与体现在商品中的劳动量成正比,与这一劳动的生产力成反比。"随着劳动生产率的不断提高,单位产品的价值量将不断降低,因而在确定价格时,要考虑价值的变动,进行适当的调整。

商品供求关系是影响价格的重要因素。当商品供求平衡时,价格大体符合价值;当供求不平衡时,价格就会背离价值。因此,价格的确定,必然要受供求关系的影响。为了社会主义建设的需要,正确地利用价格与价值的背离来调节某些商品的产销关系,这是自觉利用价值规律的一种形式。就整个社会来看,一定时期商品价格的总额与价值的总额是一致的。由于受供求关系的影响,价格和价值是会有背离的,但从发展来看,价格和价值总要趋向大体一致,实现等价交换,这是价值规律的要求。

价格只有以价值为基础,和价值大体一致,企业的经济核算才有客观标准,才能比较准确地反映企业的实际经营管理水平和生产效果。如果某种产品的价格高于价值,则生产这种产品的企业就会轻而易举地获得较多盈利,而消费这种产品的企业会因此提高成本、减少盈利;如果产品的价格低于价值,就会出现相反的情况。无论哪一种情况,都会掩盖企业经营的实际情况,不利于经济核算,不利于调动企业和职工的生产积极性。价格只有以价值为基础,和价值大体一致,才能成为计划工作的有效工具,用以正确地计算和安排国民经济各部门的生产,保证国民经济有计划、按比例地发展,才有利于调整国家、集体和个人三者之间的物质利益关系。

(节选自《物价研究》)

读罢这两篇短文,就会发现它们在写法上有些不同之处。

其一,内容的侧重点不同。论文重在论,理论性强;评论重在评,针对性强。

论文的理论性主要体现在对事理的分析和阐述这两个方面。例如,《价格的客观基础》这篇短文,论述了价格与价值及商品供求关系三者之间的关系。作者在论证价格以价值为基础这个论点时,从四个方面做了分析和阐述:一是"价值是价格的基础,价格是价值的货币表现"。接着引用了列宁的一段话加以论证,然后是对列宁的话进行解释性的阐述。二是"价格以价值为基础,而价值是随着劳动生产率的变化而变化的"。接着引用了马克思的一段话加以论证,然后是根据马克思的话进行阐述。三是"商品供求关系是影响价格的重要因素"。这一层,先分析了供求关系对价格的影响,然后阐述利用价值规律,调节产销关系和实现等价交换的重要意义。四是"价格只有以价值为基础,和价值大体一致,企业的经济核算才有客观标准,才能比较准确地反映企业的实际经营管理水平和生产效果"。接着分析了价格的两种情况和后果,然后阐述价格以价值为基础、和价值大体一致的重要意义。

显然,这篇短文的理论性是很强的。值得注意的是,这些理论是以许多典型的事实为基础的,只不过在行文时,从许多典型的事实中概括出带有规律性的东西,加以理论化,事实部分删除了,理论部分强化了,这是纯理论文章的一个特点。

评论的针对性主要体现在对经济金融工作中的一些重大问题以及群众普遍关注的问题,及时地作出评价,辨明是非,提高认识,指导工作,既然要辨明曲直,"评"便成了评论文章的内容重点了。例如,《话说"砍半价"》一文,针对群众十分关注的商品价格问题,借"砍半价"一事加以评论,写得入情入理、生动活泼。文章从叙述"砍半价"一事起笔,接着便转入评论。既然价格是以社会必要劳动时间决定的价值为基础的,为什么同一件商品面对不同顾客,其"社会必要劳动时间"的含量竟会发生如此本质的变化呢?这说明当前商品价格的混乱,这是一评。商品价格受到供求关系的制约,供不应求,价格就高;供过于求,价格就下跌,可是在当前商品较为丰富的情况下,同一商品,价格不同。这是从供求关系对商品价格的制约方面来说明当前价格的混乱,这是二评。"砍半价"现象,一不体现价值规律,二不体现供求规律,是商品经济甚不成熟的一种象征。这是针对"砍半价"一事的总评。接着文章又联想所见西方的买卖现象,说明"一个好的、正常和健全的商品社会,必然是要真正体现一些客观规律与法规的",这是既评又论。

其二,表达方式有异。论文以议论为主,兼有说明和叙述;评论以议论为主,兼有叙述、描写和抒情。

文章的表达方式,其实是一种语言的表达方式。人们在交际过程中,要记叙人物和叙述事件,于是就产生了"记叙"这种语言表达方式;要对客观事物有所描述,于是就产生了"描写"这种语言表达方式;要抒发对客观事物的各种感情,于是就产生了"抒情"这种语言表达方式;要对客观事物发表自己的见解,于是就产生了"议论"这种语言表达方式;要对客观事物做介绍和解说,于是就产生了"说明"这种语言表达方式。因此,理解分析文章的表达方式,必须从文章的语言入手,看看它用了哪几种表达方式,以哪种为主。例如,《价格的客观基础》一文,用了议论和说明这两种表达方式,以议论为主。如第一自然段,是作者对价值与价格关系的见解,所以使用了议论这种表达方式。第二自然段在引用了马克思的话后,做了解释性的说明。第三、四自然段都是议论。在论文中以议论为主,道理是很简单的,因为作者无论是对客观事物提出看法,还是对客观事物进行分析,都必须使用议论,只有当作者对事理进行介绍或解释时,才能使用说明这种表达方式。而叙述这种表达方式,只用来陈述事例。

评论文章虽然也以议论为主,但写得生动活泼的评论,往往要使用描写和抒情这两种表达方式。如《话说"砍半价"》一文,描写和抒情的色彩就很浓。例如,作者用"琳琅满目"来描写沿街小店商品之丰富,用"裹足不前"来描写"我"怕陷入"圈套"的矛盾心理活动,而描写"行家"跟老板还价的一段话,把讨价还价的情形描写得很准确,把店老板的形象描写得很逼真,令人趣味盎然。

至于抒情,本是诗、词、歌、赋、抒情散文等文学作品的表达方式,但写得富有文学色彩的评论文章,也有抒情。如前面所举的例文,作者对价格混乱的不满情感,溢于字里行间。

其三,语言运用也有不同。

论文注重语言的逻辑性,评论讲究语言的形象生动。论文语言的逻辑性在经济论文一章中已做了分析,这里再举例说明。例如,《价格的客观基础》第三自然段,这段是由三层意思构成。第一层是说,商品供求关系是影响价格的重要因素,因此,价格的确定,必然要受供求关系的影响;第二层是说,正确地利用价格与价值的背离,来调节某些商品的产销关系,是自觉利用价值规律的一种形式;第三层是说,从发展来看,价格和价值总要趋向大体一致,实现等价交换,这是价值规律的要求。这三层之间的因果逻辑推理关系是很严密的。

评论的语言也讲逻辑性,但更讲究语言的形象生动。正确使用修辞方法,能使抽象的事理形象化。例如,《话说"砍半价"》一文,作者把价目牌上的"明码标价"比作"圈套""陷阱",这就把明则公平、暗则害人的"明码标价"形象化了,读起来,要比呆板的叙述有趣得多。正确使用方言俗语,也能使文章写得形象生动。例如"砍半价""斩人""斩两刀"等方言俗语,用得十分贴切,一个"砍"字,一个"斩"字,把"老板"的贪心和狠心刻画得惟妙惟肖、淋漓尽致。值得一提的是,现在有的评论文章,严肃、呆板有余,而形象生动不足。旧的八股文铲除了,新的八股文似乎又出现了。

第四节 写经济评论应注意的事项

写经济评论时应注意以下几个事项。

一、选好论题

写经济短评首先碰到的是如何选题,即如何确立评论对象和目标的问题。在我们现实的经济生活中,尤其是在我国经济转型和经济全球化的复杂背景之下,问题和矛盾层出不穷,哪些可以作为我们评论的论题呢?这就要求作者关注生活,关心国家大事,关心市场中各经济主体及消费者的各种行径,并能不断培养自己具有敏锐的洞察力以及对于新事物、新问题的感受力和思考力。只有这样,才会有足够的眼力和魄力,透过各种平凡或是繁杂的生活事件,发现能引起人们重视的问题。例如,在一些报道会议活动或工程进展情况的新闻中,写到出席或参加者时,常用"×××、×××等同志"的写法,这已经是经常见到的事。但有人却从中看出了问题,认为在上述新闻所提到的"等同志"中,很多其实正是干实际工作、具有贡献的人,而他们在宣传中却被"等"掉了,成了无名英雄。这实在是令人遗憾的事,于是便写成了《赞"等"字辈》的短论。这样的论题和议论材料,本来都是很容易从人们眼皮底下、耳朵旁边滑过去的,只有善于观察、勤于思考的人,才能灵活而巧妙地抓住它们。

二、善于取材立意

短评定好写作对策和目标后,就要考虑选用什么材料表达什么立意。短评因其"短",所以选材要求"大中取小",也就是从较大的社会背景和国际经济领域中选取最能反映事物或问题本质的一个侧面作为"突破口",经过分析、开掘,揭示其普遍的、深刻的含义,获得"小中见大"的效果。从大处着眼、从小处着手是短评选材立意的具体操作要领。从大处着眼,能吃透党和政府的经济方针、路线、政策,并把握对现实经济领域的普遍指导意义。从小处着手,指把政策指导意义落到经济领域中的某一个具体的点,让读者看得见、摸得着,令人信服,便于理解,不显空泛。

三、善于剖析与概括

短评的主要手段是议论，议论则应以剖析与概括为重点。前者的任务主要是揭示事物、问题的内部与外部联系；后者的任务主要是通过现象看到本质，通过个别显示一般。两者相辅相成，文章才有可能做到条理清楚、思维缜密、内容深刻。不同的作者这两方面的能力有强弱，写出的文章也就会有高下、巧拙的不同。

四、简洁生动、活泼隽永

简洁是就短评的篇幅而言，生动是指短评文章的语言特色。短评文章要做到简洁，首先选用事例要精，能真正说明问题即可，而不在于事例之多，应以一当十。其次所议要精，要抓住问题的实质进行剖析与概括，不要八面进攻、面面俱到，或蜻蜓点水。做到文短而意深，言简而意赅，切忌高谈阔论。

短评的语言不仅要求严谨、通俗易懂，还应尽可能做到生动有趣。作者用笔时，最好能交替运用逻辑思维和形象思维，把科学论证和形象描绘交织在一起，使文章具有较强的感情和打动人心的力量。如短评《从武松喝酒读起》：

《水浒传》中，武松进了景阳冈前的"三碗不过冈"酒店，喝得口滑，连声高叫："拿酒来！"店家好意劝他少喝，可武松这个打虎英雄，实在是个态度很不好的顾客。他又拍桌子又骂人，声言要"把你这鸟店子翻转来"！店家还是忍住气，侍候他喝了15碗。

今天，像武松这样的顾客少见了，可是，像店家那样好的服务态度，也不多见。尽管不少商店、饭馆都挂着"百拿不厌、百问不烦"的牌子，可是，如果碰上武松进店喝酒，我真担心会打将起来。

该文是评论商店、饭馆里的服务态度的，可它又没有直接谈文明经营、提高服务质量水平等，却将武松做了一个假设：不少挂着"百拿不厌、百问不烦"牌子的店堂，"如果碰上武松进店喝酒，我真担心会打将起来"，真是绝妙文字，形象生动而又含蓄精练。这种在平实中富幽默、风趣里含讥讽的文笔对增强短评文章的感染力和说服力是很有帮助的。

第五节　阅读与评析

[例文]

消灭潜亏刻不容缓

潜亏，在国有工业企业中并不是新近才有的事，但以近几年为甚。据工商银行总行对全国一万多户国有企业的调查，去年发生潜亏的企业多达63％，潜亏金额合计108.3亿元，占全国预算内工业企业实现利润的40％左右。潜亏问题已到了触目惊心的地步，如不切实解决，作为国民经济发展支柱的国有工业企业，总将有一天陷于"内朽"的境地。

潜亏，是指企业实际亏损超过账面亏损部分或实际盈利低于账面部分，其主要表现有：

(1) 各种应处理的物资损失不反映、不处理，库存产品成本价高于市场销售价，库存原燃材料、半成品、成品发生残损霉变和短少而形成的价差、质差、量差，不如实反映到账面上来，各种待核销的财产损失也长期不核销。

（2）各种应收款长期收不回。"应收销货款""其他应收款"上出现死账、呆账、悬账，不及时了结，摆在账上，形成资金亏空。

（3）产品成本不足。企业不按规定及时将折旧、税款、技术转让费以及其他各种"待摊费用"摊进成本，造成产品账面成本比实际成本低。此外，目前折旧率偏低，使相当一部分固定资产账面价值低于实际价值。

（4）企业福利基金和奖励基金超支。有些企业不管效益如何，奖励照发，各种福利照发，特别是医药费使用失控，连年上升，赤字累累。

国有工业企业形成潜亏，原因是多方面的。

一是政府方面的。各级领导单纯追求产值和"速度"，或者片面理解"稳定压倒一切"，组织一些亏损企业、"两停"企业盲目开工，导致产品大量积压。

二是企业方面的。一些企业为了争荣誉、上"等级"而虚报利润；有的是想捞取电力、原燃材料、资金供应各方面"扶优"政策的优惠，瞒报亏损；有的为了达到"多留"、多分的目的，弄虚作假，有的经营者为了完成任期内承包利润任务，宁愿让产品长期压库也不降价出售。

三是财政方面的。考虑财政收入多，关心企业活力少，对企业强调"包死基数，确保上缴"，而没有对综合经济效益和资金运用效果作出明确的规定，诱发潜亏。一些银行存在消极地"保护"国有资产倾向，对有些国有工业企业提出的报损不予批准，致使企业不得不摆在账上，形成潜亏。

四是银行方面的。现在整个资金供应是一种倒逼机制，只要国有企业资金自补不上，银行就得"输血"，否则就会成为众矢之的。银行承担不起巨大的政策、社会压力，不该贷的贷了，该收的又收不回来，导致企业"吃"信贷资金的现象越来越严重，贷款发工资，贷款交利润，潜在亏损越来越多。目前，不少潜亏企业实际上已经破产，但被银行"大老板"给掩盖着。放款越多，银行越怕企业破产而使自己资金受损，所以宁愿也搞"潜亏"，让信贷资金处于"植物人"状态。

国有工业企业的潜亏，带来一系列严重的后果。

潜亏是隐藏在企业肌体内的病毒，统计、会计、业务报表反映不出来，造成经济信息严重失实。

潜亏造成企业资金占用不合理、银行资金沉淀，增加了企业利息负担和国家信贷压力，降低了资金周转率，资金运用规模看起来扩大不少，实际有效运用却相对缩小。

潜亏加剧企业行为短期化。为了掩盖潜亏、显示效益，企业压低积累比例，打肿脸充胖子，拆东墙补西墙，寅吃卯粮，不思技术改造，引起物质投入不足。

"潜亏"是经济运行中的病毒，如何克服它呢？只有各有关方面通力协作，标本兼治，采取多种途径，切实加以解决。

第一，始终坚持以效益为中心的原则。首先，各级政府和财政、金融等部门，坚决把没有效益的速度压下来，企业也要以经济效益为中心，完善承包，在核定指标中确定承包期成品资金最高限额，全部流动资金周转加速率、速动比率、补充流动资金额等。

第二，通过清查，让潜亏暴露出真面目，使各级领导部门真正了解实情，督促企业处理积压，及时了结各种"坏账"。

第三,建章立制,防止潜亏再现。在企业推广"变动成本法",完善折旧制度,提高折旧率,健全内部约束制度,促进职工工资、奖金和各项福利开支与企业经济效益挂钩。

【评析】 这是一篇经济工作述评。文章内容翔实,见解切中时弊,结构井然有序,语言简明活泼,是一篇较好的评论文章。

企业假盈真亏的现象比比皆是,揭露这种假象,并使各级领导认识其对国民经济的严重危害性,是爱国忧民的经济工作者义不容辞的责任。本文作者出于这样的写作意图,提出了"消灭潜亏刻不容缓"的见解。这个见解是正确的。因为,一是切中时弊,具有强烈的针对性。这种假盈真亏的假象,绝非个别或偶然,而是"据工商银行总行对全国一万多户国有企业的调查,去年发生潜亏的企业多达63%",充分说明了潜亏是一种普遍的经济现象。二是论据充分,具有可靠的真实性。文章罗列了四种情况的潜亏现象,找出了四个方面的潜亏原因,指出了潜亏三个方面的危害,潜亏的现象、原因和危害都使人信服无疑,从而使论点有了确凿的依据。三是论证周密,具有严密的逻辑性。本文的论题就是论点。文章一开篇就指出"潜亏问题已到了触目惊心的地步",接着就列举潜亏的表现,分析潜亏的原因,说明潜亏的危害,最后提出消灭潜亏的办法。层层递进,段段扣紧,推理严密,逻辑性强。

本文结构井然有序。这个"序"主要表现在两个方面:一是运用了层进结构方式。全文共 19 个自然段,按意义可划分为五层:第一层,即第一自然段,潜亏问题触目惊心;第二层,从第二自然段至第六自然段,潜亏的表现;第三层,从第七自然段至第十一自然段,潜亏的原因;第四层,从第十二自然段至第十五自然段,潜亏的危害;第五层,从第十六自然段至第十九自然段,消灭潜亏的办法。其结构图解如下:

1. 潜亏问题触目惊心
   (提问题)

2. 潜亏的表现
   (摆现象)
   ① 各种应处理的物资损失不反映、不处理……
   ② 各种应收款长期收不回
   ③ 产品成本不足
   ④ 企业福利基金和奖励基金超支

3. 潜亏的原因
   (找原因)
   ① 政府方面的……
   ② 企业方面的……
   ③ 财政方面的……
   ④ 银行方面的……

4. 潜亏的危害
   (说危害)
   ① 潜亏是……病毒
   ② 潜亏造成企业资金占用不合理……
   ③ 潜亏加剧企业行为短期化……

5. 消灭潜亏的办法
   (出措施)
   ① 始终坚持以效益为中心原则
   ② 通过清查,让潜亏暴露出真面目
   ③ 建章立制,防止潜亏再现

从这个结构图可以看出,此文是使用层进式安排材料的,先写来龙,后写去脉,环环紧扣,层层递进,井然有序。

过渡自然。过渡,是指文章的段与段、层与层之间,用过渡词、过渡句和过渡段来衔接,使上下文的内容很好地连贯起来,使文章的结构严谨。本文过渡很自然,第一层提出问题后,转入第二层摆现象,用了"其主要表现有"一个过渡句。现象摆完之后,由"国有工业企业形成潜亏,原因是多方面的"这样的过渡句自然地转入第三层。由第三层转入第四层,则是用了"国有工业企业的潜亏,带来一系列严重的后果。"这个过渡段来过渡的。转入第五层,也是用了一个过渡段:"'潜亏'是经济运行中的病毒,如何克服它呢?只有各有关方面通力协作,标本兼治,采取多种途径,切实加以解决。"由于过渡自然恰当,因而文章条理清晰、井然有序。

语言简明、活泼,也是本文的一个优点。先说简明。简明,是指简洁明了的意思。比如:"潜亏,是指企业实际亏损超过账面亏损部分或实际盈利低于账面部分。"这个解释,语言很简明。又如:"有些企业不管效益如何,奖金照发,各种福利照发,特别是医药费使用失控,连年上升,赤字累累。"语言简洁明快,通俗易懂。正确而灵活地使用引号,也是使语言简明的一个原因。比如:"各级领导单纯追求产值和'速度'""一些企业为了争荣誉、上'等级'而虚报利润",这两个分句中的"速度"和"等级"均使用了引号,显然,这里说的"速度"是不顾质量和效益的"速度";这里讲的"等级",也是欺上瞒下、弄虚作假、毫无实际意义的"等级",作者加上引号,以示否定。但引号之外省了许多解释性的话,让读者去理解,这样,就使文章的语言简明了。其次说活泼。语言简明而不活泼,会使人感到平淡乏味,就像一池平静的水,如果一石投入,激起千层浪花,就生动活泼。本文的语言简明之中见活泼。比如:"让信贷资金处于'植物人'状态。""植物人"是失去了知觉处于昏死状况的人。作者把不能发挥经营效益的信贷资金比作"植物人",不仅比喻恰切,而且使语言生动活泼。又如:"为了掩盖潜亏、显示效益,企业压低积累比例,打肿脸充胖子,拆东墙补西墙,寅吃卯粮"。"打肿脸充胖子""拆东墙补西墙"都是惯用语,用惯用语打比方,使被表达的意思形象生动、富有活力。

作为评论文章,应是既有评也有论。本文评事有余而论事不足,对此种经济现象未能进一步在理论上做深层次的分析和论证,因此,读了之后,觉得尚缺一个"深"字。

思考与练习

一、填空题

1. 经济评论的主要特点有_____、_____、_____、_____。
2. 经济评论按内容,可分为_____、_____、_____和_____等,如按评论的权威性和重要性程度又可分为_____、_____、_____三个类别。
3. 经济短评通常由_____、_____、_____和_____四部分构成。

二、简答题

1. 经济评论的具体作用有哪些?
2. 经济短评写作如何选好论题?

三、从《论"会赚钱也应会花钱"》《"双赢"赞》《谈"李逵斗不过李鬼"》中任选一题,写一篇 800~1 000 字的短评。

四、请就下面一则逸闻,自己拟题写一篇短评。

一个青年问比尔·盖茨:"怎样才能获得竞争的力量?"

比尔·盖茨将这个青年带到大海,海水淹没了年轻人,他奋力挣扎才将头探出水面。比尔·盖茨问道:"你在水里最大的愿望是什么?"

"空气,当然是呼吸新鲜空气!"

"对!市场竞争就得使上这股子劲儿。"

第十一章

毕业论文

第一节 毕业论文的概念和特点

一、毕业论文的概念

毕业论文是指各类高等院校和科研机构的学生(研究生)毕业时,在导师的指导与审定下,在一定时间内完成的,用一定的篇幅反映自己在本专业的学习成果和从事本专业工作、科研的能力,以及应该达到的学术水平,具有一定的理论价值和学术价值,并以此进行答辩而取得毕业资格和学位的书面论文。也就是说,毕业论文的写作主体是学生。毕业论文的撰写和完成必须经过导师的指导与审定。毕业论文的内容、格式、篇幅、完成时间以及写作过程中的各个环节都必须符合明确的规定和要求。特别是毕业论文的内容应表明作者确已对本学科的基础理论、专门知识有一定深度和广度的掌握,以及作者具有运用专业知识从事科学研究工作和独立担负专门技术工作的能力,体现出一定的专业性、理论性和学术性。毕业论文的成绩是决定作者毕业与否和能否获得相应学位的重要依据。在这个意义上,毕业论文又称为学位论文。

二、毕业论文的特点

毕业论文的特点,主要是创见性、理论性和专业性。

(一)创见性

毕业论文的主要目的在于表明作者对本学科的基础理论、专门知识和基本技能掌握的程度,表明作者是否具有理论联系实际,从事或者独立从事科研和专门技术工作的能力。科学的本质是创造,科学研究的生命在于发现和创造,毕业论文的特点首先是创见性。所谓创见性,就是指作者对所研究的问题有新颖独到的见解,不能人云亦云,即发前人之未发。大至开创一门新学科、建立一个理论体系,小至发现一条有价值的信息、纠正一个观点、悟出一点新意,都属于一种创见。此外,创见性还表现在对问题研究的途径、角度、方法等的独特上。

(二)理论性

具有较强的理论性是毕业论文的一个本质特征。一般而言,毕业论文的表现形态同其他类论文一样,也是概念、判断组成的推理体系,表现出对一般现象或一般原理或实践经验的高度的概括和升华。在毕业论文里,事实往往被浓缩、抽象或凝聚为数据、图表,感性的东西深化为理性的东西,客观的存在加入科学思维的序列。基于缜密而又新颖的推理判断,抽象而又生动的科学概括,作者对事物本质和规律的深刻认识,彰显出毕业论文的理论色彩和理论深度。

毕业论文的理论性是对科学性的印证,又是对论文创见价值的一种说明,要求作者必须遵循具体学科中的推理规则,持之有故,言之成理;要求作者必须为自己的创见能够令人接受和信服而尽可能寻找出充分成立的论据、科学正确的思维方法。

(三) 专业性

强调专业性是毕业论文对研究者写作内容的规定。所谓专业性,就是要求毕业论文所研究、探求的内容具有专门性和系统性,一定要反映作者研究的专业方向;与此相适应,在书面表达时,其语言的应用、概念的诠释和术语的表达都应有鲜明的专业特色。如财经方面的论文势必运用财经方面的概念、术语等。倘若一篇毕业论文不能反映出作者对自己专业的基本原理系统而又全面地掌握,不能言之有据、言之成理地分析、解决一个重要的专业问题,不能就所研究的专业方向提出自己独到的科学见解,则就无专业性而言。

毕业论文的专业性,要求作者必须立足于雄厚的专业基础,准确地运用专业理论、专业术语,发掘本学科研究的前沿问题,向研究的深度、广度和高度进军,研究所得的创见能够经受本专业发展进程的检验。

第二节 毕业论文的作用和种类

一、毕业论文的作用

撰写毕业论文是每个高等院校(研究机构)的学生(研究生)在校学习必须完成的最后一项学习任务,毕业论文主要是用来表明作者是否系统、全面、熟练掌握本学科基础理论、专门知识和基本技能,是否可以综合运用本专业的基本理论、基本概念、基本观点分析、解决本学科中带有基本性质的某个重要问题,以作为考查学生的学习成果、从事专门技术工作和科学研究的能力,判断学生能否毕业、授予学位的重要依据。毕业论文虽然可以不像其他类作者所撰写的论文那样要求直接面向社会、面向现实,必须产生社会效用,但毕竟是论文的一类。从论文是科学研究的工具和科学研究成果的载体,论文标志着国家、民族乃至社会的科学水平、科研实力,论文孕育了人类的文明进步,把人类引向未来,以及论文写作的主要思维方式是理论思维,而理论思维的水平是衡量人们处理人类自身及人类与自然的关系的自觉程度、成熟程度的重要标志的角度看,毕业论文同样也是推动社会和科学进步的重要力量和基本手段。

二、毕业论文的种类

毕业论文可涉及的范围非常广,因分类的标准不同而有不同的分法。如按作者,毕业论文可分为学士学位论文、硕士学位论文、博士学位论文等。

第三节　毕业论文的选题

一、选题的意义

本质上,毕业论文的撰写着意于科研能力的培养和提高,撰写毕业论文的过程也就是学术研究的过程。无论是从学术研究的角度还是从论文写作的角度来看,其首要和重要的问题都是选题。选择和确定课题的意义之所以重大,是因为:①选题决定着论文写作的方向和目标,标志着学术研究活动的开始。撰写毕业论文是目的性很强的活动,选题的准确限定,表明作者学术研究的目的已经明确,并且作者已经集中精力、全力以赴、方向明确、目标清楚地开始了具体的科研活动。②选题决定着论文写作的成败和学术研究活动的价值。对毕业论文来说,选题是其成败的关键,选准了题,论文也就成功了一半。因为选题可以显示出论文研究的问题与作者知识结构的相互适应,表明论文研究的问题在本专业领域的重要程度,以及作者具有分析、解决问题,完成学术研究的能力和条件。③选题决定着论文写作的水平和科学研究的创新能力。课题的选择和确定,本身就是在发现问题、提出问题和思考问题,而对值得研究的问题的发现、提出和思考,则意味着作者有较强的认识能力和创新能力,有较高的知识水平和科研水平。因此,撰写一篇毕业论文之前,必须选择好要研究的课题。

二、选题的思路

题好文一半,选好论文的题目是论文成败关键性的第一步。要选好一个课题,必须从主观条件和客观条件两方面进行考虑。

从主观条件方面来说,以下两点值得注意。

(1)选择自己有浓厚兴趣并能发挥专长的课题。

(2)要从自己的能力、时间、获取资料的条件等方面的情况综合考虑,选择大小适中的课题。

从客观条件方面来说,可选择以下几类课题。

(1)填补空白的课题。任何一个学科在发展过程中都有其不平衡性。这种不平衡性可能表现在一个学科领域,也可能表现在两个或两个以上学科之间。由此而形成的一些空白,自然需要填补。写作论文时,选择这类课题是最有前途的。

(2)前沿课题。前沿课题即社会生活和科学领域里亟待解决的课题。

(3)有争鸣的课题。这类课题因为争议未决、众说纷纭,以致多种观点并存。这给选题提供了空间。

(4)纠正或补充前人观点的课题。这是发展性研究。由于历史的局限,前人的成说难免会有错误的东西或不够确切、不够完善的地方。写作的论文如果能够使前人不够完善的地方得以完善,对于学科的发展也是有相当大的作用的。

当然,作为毕业论文的课题或论题,它的选择和确定,必须经过导师的指导和审定,相对来说,难度不会太大。而作为毕业论文的作者来说,欲使课题或论题选准、选好,则必须注意平时的积累,选题才能有方向;注意研究的方向专一,选题才能有目的;注意重视课题或论题的价值,选题才能有意义;注意课题或论题的利于展开,选题才能对自己有利。

第四节 毕业论文的格式及写法

实际上,论文的写作并没有什么固定的或者说一成不变的模式,但毕业论文的写作,从首先是学习、熟悉、掌握论文写作的角度来说,则应该从掌握人们一般采用的论文基本格式开始。下面就论文的一般格式及写法进行介绍。

一、标题

标题是以最恰当、最简明的词语反映论文中最重要的特定内容的逻辑组合。标题既要准确地描述内容,又要尽可能简短,一般不宜超过 20 个字。并且,标题应避免使用不常见的缩略语、字符、代号和公式等。在表现形式上,其一般可有以下两种。

(一)单标题

这类标题,在内容上,可以直接揭示论文的论点,也可以揭示论文研究的对象,还可以指明论文研究的范围;在形式上,既可用判断句和陈述句表示,也可用疑问句表示。例如,《按质论价是改革第三产业价格的路子》《现代统计方法在企业管理中的应用》《关于社会主义经济的若干问题》。

(二)双标题

这类标题是由正题和副题组成的正副标题,正题概括论文的论点或主要内容,副题对论文的研究对象或论述范围作出说明。这类标题往往在以下两种情况下使用:一是用副题对正题进行说明或阐释;二是用副题说明对某人某作品某论点的反驳或商榷,如《差异、对立与系统的矛盾普遍性——对〈世界的根本规律到底是什么?〉的质疑》。

二、摘要和关键词

摘要是毕业论文极为重要且不可缺少的组成部分,作为论文的窗口,频繁地用于国内外资料交流、情报检索、二次文献编辑等。一般地说,它是论文要点的摘录,含有整篇论文的主要信息,是论文要点不加注释和评论的一篇完整的陈述性短文,能独立于论文使用和被引用。

摘要应包括:研究的前提、目的和任务以及所涉及的主题范围;用于研究的原理、理论、条件、对象、手段、程序等;研究的结果和对结果的分析与研究;虽然不属于研究的主要目的,而就结论和情报价值而言也很重要的信息。在形式上,一般不用图、表、化学结构式、计算机程序,不用非通用的符号、术语和非法定的计量单位。在篇幅上,一般不做限定,学士学位论文摘要为 800 汉字左右,硕士学位论文摘要为 1 500 汉字左右,博士学位论文摘要为 5 000 汉字左右。

关键词是论文内容、观点、涉及的问题等方面的标志和提示,作用是易于分类、存储和检索。关键词的标注在摘要的下方,以 3~7 个为宜,涉及的内容、领域从大到小排列,便于文献编目与查询。

此外,与中文摘要和关键词相对应的还应有英语摘要与关键词。英语摘要应用词准确,使用本学科通用的词汇;使用因忽略主语作用的被动语态;使用正确的时态,必要的冠词不能省略,并注意主、谓语的一致。

三、正文

(一)引论——文献综述

在正文前的引论(引言)部分,应对相关领域前人的研究工作进行文献综述,简要说明研究工作的目的与范围、研究设想、实验设计预期结果和意义等。在内容上,文献综述必须分析和综合现有研究成果、理论基础,指出相关的知识缺陷和知识空白。文献综述的篇幅要求一般是,学士学位论文要求不少于 600 汉字,硕士学位论文要求不少于 1 000 汉字,博士学位论文要求不少于 3 000 汉字。

(二)本论

本论是论文的主体部分。本论中,作者要展开论题,对论点进行分析论证,阐述和公布研究成果的中心内容。一般地说,本论中关于科学的假说、理论的充分论证极为重要,决定着假说、理论能否成立,决定着研究的成果能否准确、有效地表达、公布出来,决定着论文写作的成败。

本论的结构方式,主要有总分式、层递式、并列式、综合式和散论式。

(1)总分式。总分式是一种有总论、分论的结构方式,根据总论与分论安排上的先后不同,又可分为:①先总后分式;②先分后总式;③先总、再分、后又总的总分总式。

(2)层递式。层递式又称递进式或推进式,即各层次之间是逐层深入的关系。这种结构中,前一个层次是后一个层次的基础,后一个层次是前一个层次的进一步深化。

(3)并列式。并列式又称平列式,即各层之间为平等并列的关系,围绕中心论点从不同方面、不同角度进行论证,各层次的分论点和中心论点是局部与主体的关系。尽管各部分事实上不可能绝对平等,但它们的轻重缓急差别不大,次序变换一下,对全文影响不大。这种结构适宜论证较为复杂、又易列项或诸多有相对独立性的问题。

(4)综合式。综合式即是把总分式、层递式、并列式等结构方式结合起来交错运用的结构方式。这种结构的长处是可以容纳丰富复杂的内容,使论证充分并富于变化。篇幅较长或论述的问题较为复杂则常常运用这种结构,并且常以一种形式为主、其他方式为辅。

(5)散论式。散论式是边分析论述边做结论,每个层次都有较大的独立性,层次之间的联系不十分紧密的一种较为自由开放的结构形式。这种结构也是围绕一个中心、一个范围较广的论题,但论述中可以有重点地专论几个方面自己有见解的问题。采用这种结构的文章往往以"关于某某问题的几点思考""关于某某的若干问题"等为题。

总之,论文的本论应该包括研究对象、研究方法、实验和观测方法、实验和观测结果、计算方法和编程原理、数据资料、经过加工整理的图表、形成的论点和导出的结论等。各章节标题要大致对称,内容之间有严密的逻辑论证关系,各部分篇幅长短不宜悬殊,章节标题不宜太长。

(三)结论

结论部分,表明的是作者在本论对问题的综合分析研究的基础上所归纳出的论文的中心论点。同时,也对研究成果的意义、推广应用的现实性或可能性和进一步的发展等加以探讨和论述。这部分是收束论文的结尾,遣词造句上要求准确、完整、明确、精练。

四、注释

毕业论文中的所有引文,均需注明出处。给论文加注,一是为了说明有根据,二是为了便于查考。

注释一般有夹注、脚注和尾注三种。注释要求准确、完整,引文部分的作者、出处、时间、原书名及文章题目、页码等,都应一一写出。

五、参考文献

在尾注的下方,按文中出现顺序列出直接引用的主要参考文献,先列出中文文献,再列出外文文献。列于参考文献表的文献类型,包括图书、期刊、会议论文集、专利和学位论文等。

第五节　写毕业论文应注意的事项

在毕业论文的写作中,凡有明确规定和要求的方方面面,相对来说,是比较容易熟悉和掌握的。比较有难度的是毕业论文正文的"本论"这一部分的写作要有自己的创新,因此需要注意以下两点。

(1)早定方向,了解学术前沿。本科生最晚在三年级就应有自己的论文写作方向,并及时了解学术动态,才会胸中有数,而不是到了快毕业时临时抱佛脚,这是写不出有质量的论文的,只能是东拼西凑而已。

(2)建立材料库,做有米之炊。论文者平时多走、多看、多记、多思,注意积累,手中有丰富的材料,写论文时就会水到渠成;否则,将捉襟见肘。

第六节　阅读与评析

[例文]

论电视新闻制作的问题和对策

【摘要】　电视新闻是人们获取新闻的重要途径之一,把握正确的制作方法是提高新闻节目制作质量的关键,但是从目前的制作形式来看,还存在较多的问题,影响着新闻节目的制作效果,阻碍电视新闻行业的发展。通过对新闻节目制作过程中一些不良现象的实际案例进行分析,挖掘新闻制作中存在的问题,并从新闻工作者、网民等角度分析出现问题的原因,针对这些问题及原因提出对应、可行的解决办法,希望能够对提高新闻节目制作质量、推动电视新闻事业的发展提供有益的借鉴。

【关键词】 电视新闻;新闻制作;电视新闻可信度

1 前言(略)

1.1 选题背景与意义(略)
1.2 研究方法(略)
1.3 国内外相关研究(略)
1.4 研究思路和结构(略)

2 电视新闻制作中所存在的问题

狭义的电视新闻指的是消息类电视新闻,电视新闻的制作是一个较为复杂的过程,内容和技术上都存在明显的不足,节目的创新固然非常重要,但只有好的品质才是节目坚守住自己地位的关键,在制作的过程中往往会出现一系列不良的问题,下文主要针对电视新闻内容上的不足进行研究。

2.1 争夺"眼球"滥用新鲜词

一般情况而言,新闻的标题是核心,是吸引观众观看节目的点睛之笔,在新闻标题制作过程中要符合新闻事实,好的标题要高度概括,要有价值,同时在内容上也要遵循真实性原则。① 如获得了一等奖的消息类新闻《男子持械抢车伤人公交司机救下十岁小女孩》,这则新闻对事件进行了高度概括,也没有夸大其词,尊重了新闻事实。然而部分新闻媒体为了吸引观众,则会抓住这一点滥用新鲜词夸大其词,利用颇具创新的新闻标题吸引观众眼球,不管适合与否,只要有一点点沾边,都会牵强附会往标题上扯,以实现自己的利益,这样电视新闻的可信度自然就降低了。

在2011年《新闻开汇》这一电视栏目中曾经报道过这样一个调查节目——《喝出"毒瘾"的止咳药》,从这个题目上网民可以看出这一则新闻主要讲的是有关止咳药的事件,这一标题虽然说出了新闻事实,但是却没有完全说出喝出"毒瘾"的原因,这一则新闻标题利用"毒瘾"这一新鲜词激起观众的观看欲望,从而吸引观众。还有一则新闻标题是《某明星在大街上被强行拖行》,然而真相其实是一个刻有明星头像的塑料袋被人拖着走,这一标题与事实真相毫无关系,只是想通过标题吸引观众。这样的标题用多了容易产生"狼来了"的效应,不仅欺骗观众的感情,还会导致下次再遇到类似的真实事件,观众会因为上过一次当而选择忽略。这样的做法容易让观众错失真正有价值的新闻。

2.2 电视新闻过度娱乐化

电视新闻趋于娱乐化要追溯到1983年湖南卫视的《晚间新闻》,电视新闻节目处于强烈的竞争压力环境背景下,使得节目的制作方式、运营模式等都开始向娱乐化的趋势发

---

① 刘静.电视新闻标题制作探讨[J].新闻研究导刊,2021(9):181-183.

展,适度的娱乐化自然给节目带来了不一样的形态。但是有的节目为了收视率,为了刺激受众的欲望,导致新闻的本质属性发生了改变,什么对受众最具有吸引力、什么最能满足受众、什么最有卖点成了新闻。甚至有的节目不顾新闻事实,捏造假的新闻事件,对事件进行虚假或娱乐报道,从而造成了新闻的过度娱乐化。

比如《晚间新闻》就出现了"说"新闻的模式,这样一种模式虽然吸引了大批的观众,成为一档受欢迎的节目,但是新闻的严肃性也被娱乐的八卦所代替,明星等隐私性话题大量出现,有的甚至为了吸引观众还利用低俗的内容和语言以及观众的猎奇心理来刺激观众的观看欲望。2009年台湾壹媒体"动漫画"播出的新闻采用动画的形式模拟事件,内容包括暴力、性情、凶杀等各种低俗内容,在社会上引起了强烈的争议。① 还有的部分新闻在制作手法上出现了"演"新闻的现象,偷拍、摆拍破坏新闻的真实性的现象也是层出不穷,不仅破坏了新闻的可信度,同时也给电视新闻日后的发展带来了严重的挑战、危害。如果这种舍"严"求"娱"的现象得不到控制,那么这将是将电视新闻推入深渊,并不是把电视新闻往好的方向发展。

2.3 部分电视新闻被网络新闻影响了中立性

新闻力求准确、客观、公正,新闻的客观性是新闻报道的基本条件。然而在电视新闻中,只有新闻舆论者具有话语权,网络新闻则不同,网民也可以对新闻进行评论,在这种情况下,新闻的客观性则更难实现。在新闻报道过程中,新闻工作者要随时保持中立性,不要将个人情感投入其中,但是部分新闻媒体会受网络新闻的影响。在网络新闻发布后,很多网友会进行跟帖评论,其中以民生类电视新闻最为突出,新闻容易夹杂一些情感,常常会出现新闻向"一边倒"的情况。② 有的电视媒体则会在未经调查事件真相的时候利用网民的声音对新闻进行播报。

例如"范跑跑"事件,在"5·12"事件中,范美忠不顾学生安危自己先跑了出去,这样的事件引发了各个媒体的评论,这样一种逃离行为演变成了道德伦理批判的公共事件,一场网络舆论成了全民关注的热点。从时间顺序来看,这样一件事首先是网友进行曝光,随后媒体跟进,但是可以确定的是媒体很多信息都是来自网友的爆料,常常以"网民认为……"或"据某网友爆料"的口吻进行播报。面对这种事情,新闻媒体应该时刻保持自己的中立性,从正面报道该事件,而不是放大"范跑跑"事件中的消极的东西。在这一案例中,新闻媒体或多或少地受到了网络评论的影响。

2.4 新闻节目重"量"轻"质"的不良现象严重

在任何一档节目中,"质"都是使其立足于不败之地的根本。就目前来看,电视新闻的数量与日俱增,新增的节目多在地方电视台,其中民生类新闻占据比例较大,基本上都是大同小异。例如《南京零距离》的热潮还没有褪去,就出现了《西安零距离》《直播南京》等新闻节目。这些节目在选取内容、制作方式、主持人风格上都如出一辙,同类风格的新闻节目大批出现。还有另一种情况,就是从节目数量上下手,改变新闻节目时间编排,推动全天播报模式,从早上到晚上各个时间段推出相应的新闻栏目。例如《10点准点播报》

---

① 王珏.全媒体时代我国消息类电视新闻节目制作研究[D].长沙:湖南大学,2016.
② 高丹华.网络消息源对电视新闻制作的影响[J].西部广播电视,2013(16):49-50,52.

《11点准点播报》等。这样一种批量的新闻节目制作，不仅在内容的深度上无法得到保证，同时在质量上也是不能保证的。相关媒体不能单纯地在节目的数量上做文章，节目多了，内容又如出一辙，那么这样很容易造成观众的观看疲劳，使得观众放弃观看这一档节目。要做有深度的、有质量的节目，这样才能保证收视率。

2.5 "拿来主义"泛滥缺乏亮点

新闻切忌"拿来主义"，新闻"拿来主义"的表现主要有四种。

(1) 播报形式上的"拿来"。湖南电视台曾播出过一档非常受欢迎的消息类新闻节目《今夜》，播报内容以民生民情为主，最引人注意的是演播室的显示屏及播报形式，其中播报形式为主持人和嘉宾轮流上前。后有网友指出该节目的播报形式抄袭了日本的一档新闻节目 News Zero。两档节目的相似度非常高，节目在播出设置、主持人站位、衣着以及室内装修等方面都如出一辙，最终导致《今夜》停播。

(2) 照搬现成材料。有些新闻工作者不能正确对待"拿来"一词，在有的时候不经思考就直接照搬现有的材料。例如在开一些时政性会议的时候，大部分领导都是参照稿子念，于是有的新闻工作者就直接把领导人的讲话内容当作播报的内容，没有从内容中挖掘更有价值的东西，只单单起到了宣传的作用。

(3) 根据框架套素材。很多记者为了第一时间能对新闻进行发表，都会采用这样一种方式，这样虽然保证了新闻的时效性，但是缺乏生动。

(4) 拿别人稿件为己所用。这相比根据框架套素材和照搬现成材料是极为不道德的一种行为，有违新闻职业道德。比如有一些新闻工作者直接把别人的成果拿来使用，未对新闻进行深入的思考。再如进行会议报道时，一些新闻工作者会直接向主办单位要新闻通稿，加以修改成为一篇新闻。[①]

以上四种情况都无法保证新闻的质量，无法挖掘更深层次的东西，从而导致新闻亮点少。

3 电视新闻制作问题产生原因分析

我国新闻行业相对于西方欧美国家来说起步比较晚，相关理论还不是特别完善，所以在新闻制作的过程中难免会产生一些问题，原因是多方面的，新闻工作者、受众、网民等对其都有重大的影响。

3.1 为吸引观众缺乏责任感

目前有很多新闻节目为了吸引观众，"争夺"眼球，不惜从新闻标题制作和报道内容下手，一个好的标题能吸引更多的观众。部分工作者为了能够吸引观众实现自己的利益，导致新闻标题不仅不能准确地概括新闻事实，甚至还会偏离新闻事实，从而使新闻丧失了真实性的特点；有的还会用一些"荤段子"、新鲜词汇等来吸引年轻人，这些都是因为工作者责任感的缺乏，但凡一个合格的、有责任感强的新闻工作者，都会尊重新闻最基本且最重要的真实性原则。比如在"小悦悦事件"中，一些媒体为了吸引观众、赚取关注度，在新闻真相还未真正出现之前就抢先报道，利用"幕后炒作""假父母"等容易引起别人注意的字

---

① 刘冰.新闻切忌"拿来主义"[J].新闻传播,2015(9)：34.

眼来吸引观众。这种不负责任的态度不仅给公众带来了错误引导,还给当事人带来了很大的麻烦。保证新闻的真实性,拒绝新闻虚假是新闻媒体最起码的责任,出现前面所说的两种情况无疑是媒体工作者责任感缺乏占主要原因。

3.2 受众群体喜好要求偏于娱乐化

随着5G等网络技术及其新媒体的发展,人们的娱乐方式越来越多样,人们的生活方式和行为习惯也趋于娱乐化。在观看新闻时,人们对之前那种拘泥呆板的新闻播报形式兴趣不是很足。部分新闻媒体为了谋合受众的需求、提高收视率,对电视新闻节目进行非正面形象的"创新",使得电视新闻向过度娱乐化的趋势发展。诸如本文前面所说的《晚间新闻》"说"新闻的模式,以八卦的娱乐代替了新闻的严肃,深受民众喜爱,成为收视率较高的一档节目,这样一种效益的趋势使得各大节目争相模仿。甚至有的电视新闻从"播"新闻到了"演"新闻这一地步,已经失去了电视新闻的真实性原则,有的受众非常喜欢这样的内容,同时也契合了媒体想要达到的目的,从而使这样一种过度娱乐化模式越来越多。报道负面新闻没有给观众起到引导作用,只为了满足观众的猎奇心理,使得电视新闻节目不断走向低俗化。

内容庸俗化、过度追求表演导致了新闻节目的过度娱乐化,这将给新闻媒体行业及受众群体带来不好的影响。过度娱乐化会冲击传媒行业的底线和媒体公信力,所以新闻媒体机构切不可盲目追求娱乐化吸引关注,要处理好新闻节目新闻性和娱乐性之间的关系,而不是一味地偏向受众喜好。

3.3 网民等舆论引导导致工作者独立性的缺失

美国新闻学家麦尔文·曼切尔曾经说过,"几乎所有的作品都是建立在作者所要表达的某种观察、情感或意见上的"。当然新闻工作者也不例外,他们的个人价值观、个人经历等都会对新闻产生重要影响,在对新闻事实进行加工时,倾向于自己认为的那一方面。在这样一个技术不断发展的时代背景下,新闻工作者也会受到网络新闻的影响。电视新闻中,最重要的就是保持独立性;网络新闻不同于电视新闻,在网络新闻中,网民也可以发声,可以说出自己的看法,可以对事件进行评论。面对网民纷纷"一边倒"的现象,电视新闻也会受网民评论影响加入自己的情感倒向一方。在面对网民的舆论引导时,新闻工作者并没有牢牢把握自己的"独立性",在事件未调查清楚之前就利用网民的声音进行播报。

在"范跑跑"事件中,媒体在面对网络舆论时没有保持独立性,使新闻出现了"一边倒"的倾向,对消极的方面进行报道。然而在福建福州"救人反被刑拘"事件中,网络上对该新闻的看法各有不同,面对不同的声音,《新闻30分》在对其进行报道的时候,讲事实、摆证据,对每一个说法都有相应的画面对应,未做主观判断,增强了新闻的真实性,对新闻进行客观的报道。

3.4 力求从"量"上取胜不重视"质"的发展缺乏创新

在目前这样一个竞争压力剧增的时代背景下,电视新闻节目数量也在不断增长,全天式的新闻播报形式的出现,使各个时间段的电视新闻大同小异、毫无创新。很多新闻媒体为了追求数量上的"获胜",认为"量"上胜利了就真的赢了,从而忽视了质量上的发展,像《10点准点播报》《11点准的播报》等,内容形式上根本没有太大的区别,电视新闻媒体非要每个时间段都进行相应的播报。这样的新闻节目只达到了数量上的胜利而缺乏创新,是毫无意义的,还会给观众带来疲劳,这样的一种模式达不到预期的效果。

3.5 职业素质的缺乏及对"拿来"一词的误解

造成电视新闻"拿来主义"泛滥现象,很大一部分是因为新闻工作者职业素质的缺乏,为了让自己更省事、省时,于是把别人的劳动成果简单复制过来,造成了新闻同质化现象。这不仅不利于节目的制作和发展,对新闻工作者自身的影响也是不好的,工作者素质不高,在对新闻事件的处理和收集资料等过程中做得不够细致,以及对"拿来"一词的误解,是造成新闻同质化严重的一个重要的内在原因。一档好的电视新闻节目最重要的就是有自己的特色,才能够显示出与众不同。像前面所说的湖南电视台简单复制日本某一档节目这样照搬照抄只能迎来停播的结果,造成这样的一个后果,工作者有不可推卸的责任。

4 处理电视新闻制作出现问题的相关对策

在新闻制作处理过程中,每个环节都要确保新闻的真实性、新闻的质量,并且对其进行反复修改、反复审核,实现新闻的最优化,这就对新闻工作人员的能力、素质等提出了极大的挑战,为此应该从各个主体入手,为电视新闻制作提出具体的措施,制作出更高质量的电视新闻。

4.1 建立相关制度,增强工作者的责任心

舆论的工作就是思想政治工作,发挥着党和人民的喉舌作用,新闻工作者必须有强烈的社会责任感。树立高度的社会责任感比什么都重要,可以通过加强内部监督和外部监督相结合的手段进行管理。

电视台内部制定相关的处罚机制,设置系统化、专业化的审查部门对进行虚假报道的工作人员进行严厉的处罚。坚持新闻报道真实性原则,拒绝虚假新闻和失实新闻,目前新闻行业门槛较低,应该加强理论学习,相应培养工作者的素质,增强工作者的社会责任,同时也可以相应提高新闻工作者的入行门槛,为在职人员举行定期考试,规定所要达到的要求。

从电视台外部规范新闻工作者行为,可以从制定法律法规入手,加强新闻媒体的监管力度。完善问责机制可以设置"底线",一旦越界,则可以给出相应的处分,对违规行为进行严惩,目前我国还没有一部完善的新闻法,制定一部新闻法,可以规范工作者行为,同时也可以发挥受众的监督权,拓宽和受众的互动渠道。

4.2 树立正确的新闻娱乐观,提高工作者和受众的素质

在满足受众的基础上,新闻媒体也要坚守自己的道德底线,提高职业道德素质,担负起将受众的思想向正确的方向引导的使命。

首先发挥政府职能加强对新闻娱乐化的管理。新闻工作者要坚持新闻真实性原则,对于一些比较重大的新闻事件,不要以娱乐的方式去进行播报,防止出现对新闻错误解读的现象。树立正确的娱乐观,要将电视新闻在社会舆论和社会责任等方面的价值发挥出来,防止过度娱乐化,不要为了吸引观众而播报一些低俗、庸俗的新闻,努力做到通俗而不低俗、娱乐而不愚乐。

其次可以相应地为受众开设鉴别不良信息的线下课程,加大宣传力度,进行相关的理论学习,也可以发挥榜样的作用,让受众向榜样学习。要想改变新闻过度娱乐化的现象,

不仅要从新闻媒体入手,更重要的是要改变受众的欣赏水平和新闻素质,毕竟新闻媒体的初衷都是迎合观众的喜好,受众应该自觉排斥内容低俗的新闻,提高自己的品位,提高信息鉴别能力,自觉抵制虚假和不健康的信息。

4.3 发扬工作者公平公正的职业道德,提高网民道德素养

职业道德是每一个行业的基本要求,当然在新闻行业也不例外。现在是一个职业道德越来越重要的时代,职业道德不像法律一样具有强制性,只能靠个人意志,在新闻行业中,如果新闻工作者道德缺失,带来的后果也是非常严重的,可能会造成新闻的虚假,不能保障新闻的真实性。随着网络时代的到来,网民的舆论对电视新闻产生了一定的影响,面对舆论新闻工作的思维也受到了一定的影响,新闻未经核查就运用网民的声音进行报道,信息的真实性受到了严重的挑战。面对这样的情况,不仅要有更加严格的监管核查信息,更重要的是新闻工作者的素养也需要提高,要坚持公平公正的态度,对新闻进行客观报道,不做其他评价。同时也要从网民入手,在事情真相还未查清楚之前不随意评价,不传谣、不信谣,更不能做舆论的引导者,相应地提高网民的道德素养。

提高网民的道德素养可以从以下几个方面入手:①从法律方面规范网民,网民在网络上自由发表言论是不需要负法律责任的,就是因为这样的情况,所以我们看到了那么多网络暴力、网络造谣事件,如"小悦悦事件",在未了解事件真相时就对其各种评论,这就是典型的网络暴力。在这样的一种情况下,我们就可以从法律方面入手,完善网络管理,制定网络道德规范法则,对于违法的网民需要付出相应的代价,从而规范网民的网络行为,净化网络环境。②提高网民对网络信息的获取和分析能力,加强网络相关法律知识教育,加强宣传、普及工作。网络为受众提供了大量的丰富信息,但是缺乏严格的"把关人",这就要求网民提高对信息的判断和辨别能力,做自己的"把关人",从而保证不受网络虚假信息的影响。③创新网民自律教育方式,如设置虚拟课堂、在线教育等,使网民达到"慎独"的境界,从而规范自己的言行,强化自律意识。网络时代的虚拟性为网民自由发表言论提供了一个保护屏障,导致网民可以随意发表也不会受到惩罚。这样的一个情况让网民更加肆无忌惮,直接导致言论的随意性、行为的偏激性,不考虑其言行带来的负面影响。例如"虐猫""范跑跑"事件,网民对当事人进行语言暴力,这些行为给社会带来了许多负面影响,同时也污染了网络环境。因此,作为一个网民,要严格规范自己的言行,加强道德素养,在事件未水落石出之前不发表过多的偏激言论。

4.4 重视质的发展,增强新闻节目吸引力

越是在竞争压力大的环境背景下越不能忽视电视新闻质的发展,面对重"量"轻"质"的现象,我们要从根本上遏制,新闻制作过程不能单单从量上下手,"质"才是关键,不能为了节省时间在新闻内容的制作上投机取巧,相反为了节目的质量要从创新下手。

从节目本身来看,可以从节目形态入手,加入新的元素,增强节目吸引力,创新新闻节目,形成自己的独特优势,做到别人没有但是我有、别人有但是我新。诸如中央电视台第五频道播出的《天下足球》,这是一档报道国内足球赛事以及体育明星的成长历程的短消息类电视新闻节目,这一档节目加入了视听元素,非常注重声音和画面的配合,形成了节目的独有特色,给观众留下了非常深刻的印象,同时也吸引了许多观众,成为一档较为成功的节目。从这样的一个例子可以看出,在新闻制作过程中,要寻找到与其他节目最大的

不同进行更深入的创新,形成节目的独有特色,这样才不容易被其他节目所取代。

同时在人才培养方面也可以通过制定内部制度来保证新闻业的创新和发展。例如,对于那些有想法、提出了新颖的观点的工作人员可以给予一定的奖励,给他们提供更多的培训机会,以此来激发他们的积极性,促进新闻制作的发展。

4.5 提升工作者素质学会正确"拿来"

"拿来主义"泛滥这一问题的出现暴露了当前新闻工作者素质的缺乏,这是出现这一现象的最主要的原因,想要解决这一问题,就必须从新闻工作者的素质方面以及认识上入手。

一方面,可以通过培训机制加强新闻工作者自身素质,使新闻工作者做到不抄袭他人作品,同时也要增强维权意识。提升自身思想素质、道德素质、文化素质建设,坚守自己的职业道德操守,正确地使用"拿"和"用",以积极认真的态度投入工作当中,使工作者树立在面对其他电视新闻中好的地方可以借鉴而不是简单复制,在借鉴的过程中加入自己的思考有所创新的观念。像我国的《第一时间》和美国的《今日》就有异曲同工之妙,我国的早间新闻行业在不断地借鉴和学习国外的先进技术,在借鉴的过程中虽然有相同的地方,但是也存在不同地方,虽然西方的早间新闻给我们带来了很多先进的经验和技术,但是我国的新闻行业从本国的国情、条件和需要等方面出发,并没有完全西化,在借鉴的基础上加入自己的思考创新,做到了真正意义上的"拿来"。

另一方面,可以利用外部因素规范新闻工作者行为,国家建立、完善工作者信用档案制度,鼓励用人单位把此作为录用的标准。在制定标准的同时,要明确提出认定为抄袭的准则,不然很容易引发不满,从而引起社会矛盾。

5 结语

在现在这样一个网络发达的时代背景下,不管是传统新闻媒体还是新媒体,给受众提供真实的新闻都是每一个新闻工作者的责任和义务。

通过本文对电视新闻制作中存在的问题和产生的原因分析,可以看出有的新闻容易出现如节目形式上的抄袭或新闻失真等质量性问题,其目的就是提高电视新闻收视率、吸引更多的观众。面对这样一种情况,我们就需要引起高度的重视,如果能够正确对待制作中的一些问题,那么对电视新闻的发展的帮助是非常大的。相反,如果不能够正确对待、忽视其问题,则会降低电视新闻的质量,阻碍其发展。

因电视新闻制作过程中不仅仅包括本文所论述的这些问题,所以还需要继续探索出更多的问题,找出更多更好的解决策略,从政府规范、规章制度等方面入手,针对新闻制作中存在的问题制定管理措施,引导电视新闻走向"正轨",提高新闻节目质量,使电视新闻朝着更好的方向发展,为电视新闻行业开拓一片新园地。

6 参考文献(略)

【评析】 该篇论文正是从我国电视新闻制作的现状出发,对电视新闻制作的发展现状进行了分析,指出了电视新闻制作存在的问题,以及其影响着新闻节目的制作效果,阻碍电视新闻行业的发展。通过结合新闻节目制作过程中一些不良现象的实际案例进行分析,挖掘新闻制作中存在的问题,进一步从新闻工作者、网民等角度分析出现问题的原因,针对这些问题及原因提出对应、可行的解决办法。论文选题符合选题原则,体现科学性、理论性的特点,现实意义强烈,并体现一定的创新价值。在结构的安排、要素的具备、书写的格式上,都比较注意合乎规范,结构合理,逻辑比较严密,对论题的论证具体、缜密、辩证。从论文分析现状、探讨对策的思路看,论文注重系统全面地占有资料,论据真实、典型,有些还较为权威。

思考与练习

一、填空题

1. 毕业论文的特点主要是_____、_____、_____。
2. 毕业论文的选题的客观思路有_____、_____、_____、_____。
3. 摘要是毕业论文极为重要且不可缺少的组成部分,作为论文的窗口,频繁地用于国内外资料交流、_____、二次文献编辑等。
4. 论文的标题要_____、_____、简短、醒目。
5. 本论部分的结构方式,主要有总分式、_____、并列式、综合式和_____。

二、简答题

1. 什么是毕业论文的选题?选题有哪些要求?
2. 说说毕业论文与读书笔记、毕业实习报告的不同之处。
3. 为什么说论文的修改既要惜墨如金、又要大刀阔斧?
4. 论文的资料占有为什么要系统、全面、直接、详尽?
5. 毕业论文中本论部分的结构方式主要有哪些?各自的要点是什么?

三、判断改错题

1. 既然论文可以各抒己见、百花齐放,那么,毕业论文就也可以随心所欲。
2. 只要毕业论文的选题是现实生活中亟须解决的问题,这篇论文就一定是有价值的。
3. 只要明白论证方法,就没有写不好的毕业论文。
4. 毕业论文的写作不过是一份学生的习作而已,不一定要有什么创见。
5. 关键词就是把论文的标题拆开来,再按照有关的词或词组分开来标注而已。

四、实践题

1. 请与授课老师一起讨论:毕业论文写作过程中,导师与学生之间的关系应有几种模式?
2. 试剖析例文的结构,并就例文的内容写一份论文提纲。
3. 根据自己所学的专业,选准一个论题,按照毕业论文的格式,尝试写一篇毕业论文。同时,写出选题的理由。

第十二章

经济预测报告

第一节 经济预测报告的概念和特点

一、经济预测报告的概念

在社会主义市场经济条件下,为了更准确、更充分地认识经济发展的客观规律,就必须通过调查研究,从经济发展的历史和现状出发,运用科学的预测理论和方法,对于客观的经济运动过程及其未来的发展趋势进行分析测算和判断,这就是经济预测。而以书面的信息载体形式反映这种经济预测的分析研究过程及其结果的书面材料就是经济预测报告。

二、经济预测报告的特点

(一)预见性

经济预测报告必须在过去和现在错综复杂的经济活动中反映其客观运行规律和未来变化趋势及发展前景,以便有关经济管理部门按照经济规律,掌握市场动态,作出正确、科学的经济活动的决策。尤其是在经济全球化、国内外市场联动性明显、不可预见因素增多的背景之下,通过对现行经济活动的分析,预见经济未来的发展趋势,可以使企业在未来的经济活动中知己知彼、头脑清醒、目标明确,实现良好的经济效益。显而易见,经济预测报告既立足现实,更着眼未来,有鲜明的预见性。

(二)针对性

经济活动的范围很广,预测的内容较多,预测报告只能对某类产品或经济活动的某一个方面作出科学的预测,不应面面俱到,要有鲜明的针对性。这就要求在预测时,必须确定预测目标、选定预测对象、采用科学的预测方法,才能得出有针对性的预测结论。

(三)科学性

经济预测不是想当然,而是采用科学的预测方法,以科学理论为指导,根据事物的内在联系,在详尽掌握市场信息资料的基础上,由此及彼、由表及里、由已知推断未知、由现实推断未来,它需要严密的逻辑推理和科学运算,科学性是经济预测报告正确的保障。

（四）综合性

经济预测报告是各种材料、数据分析综合的结果。作者要掌握经济运行过程中的现实情况、历史资料、常规情况、偶然情况等，从多角度、多侧面分析综合。同时它也是各种预测方法的综合运用。经济预测不仅要用定性预测法，还要用定量预测法，以保证预测结论的正确性。

（五）时效性

经济预测的目的是预见未来、把握未来，因此，对经济预测和预测报告的完成，应及时、迅速。经济活动始终处于动态之中，在市场发展的前一个阶段尚未结束时，就应预测下一个阶段的发展趋势，展示其动态进程及前景，以充分发挥预测报告的作用。预测不及时、不迅速，时过境迁，就会影响乃至丧失其存在价值。

（六）指导性

经济预测报告是以经济活动中经济主体的具体、客观、实在的事实为预测基础，以经济理论为依据，以历史唯物主义和辩证唯物主义为科学的研究分析方法，并采纳各种先进的预测方法、计算技术及统计技术，对某一经济活动未来的发展趋势作出科学、准确的预测，因此，它对企业未来某一经济活动的进展有着直接的指导性。

第二节　经济预测报告的作用和种类

一、经济预测报告的作用

作为一种重要的供决策而用的经济信息来源，经济预测报告具有以下五大作用。

（一）是各经济实体决策者制定科学决策的前提

处于市场经济中，一个企业要想求得生存和发展，就必须对自己的生产和经营作出科学的决策。科学的决策来源于对经济活动的科学预测。离开了科学预测这一关键环节，所谓的决策只能是一种主观武断，根本不可能引导企业生产出适销对路的产品，也将直接危及企业在市场中的生存和发展。

（二）是科学管理、提高经济效益的重要手段

市场经济对于企业内部的科学管理提出了严格的、高标准的要求，因为市场经济就其本质来说，是一种优胜劣汰的经济。企业要想不被市场淘汰，就要在市场中获取良好的经济效益，而决定企业经济效益的因素主要有两个：一是科学的管理水平；二是对市场的了解程度与适应能力。市场的供求关系制约着企业的生产和销售趋向，产品在市场上的竞争能力也反映了企业的管理水平。及时地预测，有利于掌握市场动态，为企业的管理指明方向，使企业的生产、销售等各个方面适应市场变化情况，提高经济效益。不出效益的

管理必然导致企业生产、销售的盲目性,而所谓的科学管理也就成了无源之水、纸上谈兵,失去了存在的价值。

(三) 是企业增强竞争能力的重要保证

市场经济不可避免地给企业带来竞争的机遇和考验,为了提高自身的竞争力,企业必须对市场需求、商品销售、产品质量、花色品种、价格水准、商品信誉、售后服务等情况进行超前预测或跟踪预测,以求产销适路,真正保证自己的产品在市场上有独特的竞争优势,否则,提高市场竞争能力只能是一句美好的空话。

(四) 是制订或调整计划和经营思路的重要依据

计划和决策是企业未来一定时期内组织生产、销售等整体运作的方案和纲领,决定着企业的成败得失。科学的计划和经营离不开科学的预测。商品生产和销售都必须依赖市场,市场情况千变万化,但也有规律可循,只要遵循科学的原则,对市场中的经济活动作出准确而及时的预测,就能未雨绸缪,制订或调整计划和经营思路,长盛不衰。

(五) 是国家有关部门加强宏观调控的重要参考

社会主义市场经济决定着国家有关部门必须把握市场发展的客观规律,适时制定或调整相关的政策、法规进行宏观调控,以促进我国经济的壮大发展,科学的经济预测提供了重要的参考基础。如我国的西部大开发、人才市场化等,都离不开宏观预测。

二、经济预测报告的种类

经济预测报告涉及范围广,因分类标准不同而有不同的分法。

(一) 按预测范围划分

按预测范围,经济预测报告可分为宏观预测报告和微观预测报告。前者如预测国内外经济发展的形势、特点,是综合国内、国际经济领域相关情况所做的宏观预测,往往由政府有关部门和专门机构完成;后者是以单个经济单位的未来活动或相应的变量的单项数值为预测对象,研究其联系和发展趋势所做的预测。应该看到宏观预测对微观预测可以起指导作用。

(二) 按预测时间划分

按预测时间,经济预测报告可分为长期(五年以上)经济预测报告、中期(一年至五年)经济预测报告、短期(一年内)经济预测报告和近期经济预测报告。

(三) 按预测目的划分

按预测目的,经济预测报告可分为超前性经济预测报告和追踪性经济预测报告。这里所谓超前性经济预测报告主要是指根据市场需要的变化而对于某种尚未出现或将要出现的产品进行分析和预测。追踪性经济预测报告主要是指对于某种已经面市的商品在市场上的需求变化进行分析和预测。

（四）按预测方法划分

按预测方法，经济预测报告可分为定性经济预测报告和定量经济预测报告。

（五）按预测性质划分

按预测性质，经济预测报告可分为综合经济预测报告和专项经济预测报告。

三、企业常用的预测报告形式

在经济活动中，企业常用的预测报告的主要形式有以下几种。

（1）市场预测报告。市场预测报告即预测企业产品市场需求量及变化的报告。它是企业制订产销计划和进行经营决策的重要依据。

（2）销售预测报告。销售预测报告即预测企业产品销售情况的报告。它通过对市场产品的销售量、市场占有率、产品竞争力进行分析预测，从而改善企业的经营管理，扩大营销。

（3）技术发展预测报告。技术发展预测报告即对生产技术的预测而写的报告。它是通过横向比较与纵向比较，以及科学的分析验证，看出生产技术的先进和落后，从而预测技术发展前景，对企业进行全面技术改造，提高企业产品的技术附加值。

（4）资源预测报告。资源预测报告即预测企业生产所需原料、能源来源和供应情况的报告。它是企业制订生产计划和物资供应计划的重要依据。

（5）生产预测报告。生产预测报告即预测企业生产能力、生产效益及产品产量等内容的报告。它是企业制订生产计划及完成生产任务的依据。

（6）成本预测报告。成本预测报告即预测企业产品在一定时期内成本水平的报告。它是企业有计划地降低成本、加强经济核算、确定市场价格、力争获取更大经济效益的重要依据。

第三节 经济预测报告的写作程序和预测方法

一、经济预测报告的写作程序

（一）确定预测对象、范围、时间和目标

应根据实际需要，明确通过预测要达到什么目的、解决什么问题，这是预测的前提。明确了目的，就可围绕目的来确定预测的对象及预测所牵涉的范围，并测算好具体的工作时量。所以目标不清楚，预测工作就难以进行。

（二）收集和整理预测资料

资料是进行科学预测的基础和依据。预测者应围绕目标和对象，广泛、深入地收集和整理有关资料。第一手资料是深入实际搞调查研究，作为预测报告来讲，第一手资料至关

重要，因它反映了经济领域当前出现的情况、问题及规律表现，预测者一定要潜入实际，做细致耐心的收集工作；第二手资料是所有相关的统计资料及其他文字资料，应做到历史和现实的、内部和外部的、直接和间接的相结合。占有这些可靠的资料后，还需进行系统的整理归类加工，使原始状态的资料变为系统化、数据化、表格化，可资引用的报告素材。

（三）选择预测方法

不同的预测方法适宜不同的预测目标和对象。根据预测目标要求及掌握材料的情况，选择适当的预测方法，是预测成功的必要条件。

（四）进行预测分析

用选定的预测方法，对所拥有的材料做分析判断，确定未来市场的预测值。为减少预测的误差、提高精确度，要充分考虑可能产生误差的各种因素，使误差最大限度地减少。

（五）撰写预测报告

将市场预测的分析、研究及其结论、对策或建议等，用书面形式集中表述出来。

二、经济预测报告的预测方法

选用适当的预测方法对预测的准确性影响颇大。随着科学技术的快速发展，经济预测的手段越来越先进，利用计算机预测未来已被普遍应用。预测的方法很多，其中使用比较广泛和有效的有几十种之多。这些方法归纳起来有以下两大类。

（一）经验判断法

经验判断法也称定性预测法、调查预测法、主观预测法等。这是一些熟悉业务知识、具有丰富经验和综合分析能力的人员，根据已掌握的材料，凭自己的经验知识作出的预测。这种方法适用于数据还不充足和发展还不稳定的对象。它能综合各种经验、各种因素，考虑到纵横复杂的变化情况，做到不简单化和机械化、作出预测时间快、费用少、简便易行。但是它主要是凭主观的判断，不免受到主观的局限，如业务熟悉程度、知识水平、经验能力乃至心理素质，有时还会受到领导倾向、专家权威的意见影响。

经验判断法有经理（厂长）评判法、推销人员估计法、用户调查法、抽样调查法、典型调查法、展销调查法、预购调查法、专家意向法等。

（二）统计分析法

统计分析法也称定量预测法、数学预测法等。这是一种对经济运行的未来发展作出量的预测方法。它必须是在占有大量的统计资料信息的基础上，运用统计公式或数学模型，进行定量分析或图解。这种方法的优点是比较客观、科学准确；缺点是社会不可控因素难以预测，所以，在实际操作中应和经验判断法结合使用，才会取得较好的效果。

第四节 经济预测报告的格式及写法

一、经济预测报告的格式

经济预测报告一般由标题、前言、正文和落款四部分组成。

（一）标题

经济预测报告的标题有以下几种常见形式。

（1）完全式标题。标题有预测时限、预测地域、预测对象（亦称预测目标）、文种四个完整的要素，如《2022年上海市家用空调市场价格的预测》。

（2）简略式标题。在完全式标题的四要素中省略一两个，如《三类电子产品市场需求预测》《农产品市场价格展望》。

（3）消息式标题。标题中不明写"预测"文种字样，但预测之意明显，如《中国家电产品发展前景》《2022年深沪股市展望》。

（4）双标题。双标题即主标题加副标题。主标题点明预测报告主旨，副标题点明预测对象和文种，如《互联网将成为未来经济原动力——美国经济学家对世界经济预测》。

（二）前言

这部分是报告的一个引入语，对读者起到导读的作用，故这部分主要写明预测动因、交代相关情况。具体而言，前言主要介绍预测的时间、地点、范围、对象、目的，说明预测的主旨和采用的方法。

（三）正文

正文一般包括基本情况、分析预测和措施建议三部分。

1. 基本情况——回顾历史，说明现状

预测是一种未来学，在于探索和发现过去、现在和未来的关系，对未来的预见建立在对过去和现在的研究之上。介绍预测对象历史和现实的有关数据状况，阐述其原有的特点规律，就能为预测分析提供重要依据，帮助人们理解并接受预测结论。这部分应该围绕预测的目的，重点把握现状，选材典型、集中。

2. 分析预测——立足现状，预测趋势

这是报告的主干部分，是决定一份报告价值高低的核心内容。它应遵循科学的理论，运用科学得当的方法，立足现实中的各种资料，进行综合分析和统计测算，从中找到未来经济运行的发展趋势。写作时一般应反映分析推导过程，有的甚至列出数学推导公式，以增强预测的可信性。在结构安排上，预测分析内容较多时，可分条阐述，注意各条之间的逻辑关系。结论与材料、数据图表要有机结合，详略得当、严密而有条理，保证预测结论的可信性。

3. 措施建议

针对预测情况，提出意见或建议，为经营决策提供依据，是预测报告的目的。应着眼发挥有利因素,避害趋利、扬长避短,促进矛盾的转化。建议要有针对性,措施要有可行性,对策要有实用性。

(四) 落款

经济预测报告的落款分两种情况:如果是公开发表的报告,应在标题下写上单位名称或署上个人姓名,写作日期可省略;也可写在正文右下方。如仅供内部参考的报告,署名和日期都标在正文的右下方。

二、经济预测报告的表达要求

(一) 述评结合

经济预测报告对情况的介绍,多采用概括叙述的表达方式,使预测对象的基本情况、资料数据清楚地表现出来。另外,预测报告还用边叙边议、叙议结合的手法,对所列举的材料数据进行规律性、特点性的概括,有理有据,有评有述,使预测结论切实可信。

(二) 数字、图表化说明

用数字、图表分析预测,是经济预测报告重要的表达方法。准确地运用数据、分析数据,是得出正确预测的基础,运用数字力求准确无误。图表说明具有与数字说明一样的精确度,同时它还具有直观性、概括性的特点,在说明复杂的事物时,可以化繁为简,使人一目了然,大大加强了预测报告的说服力和表现力。

(三) 语言准确、简明

经济预测报告的语言要做到准确、简明。准确指对客观事件的本质规律的概括不走样,客观如实,所运用的数据准确无误。简明,即用语稳当,语言简洁平实,判断准确,合乎语法规范。

三、经济预测报告和调查报告的区别

经济预测报告的写作是建立在对现实具体的经济活动的材料调查的基础上,来对未来的经济发展趋势作出判断,和调查报告有很多相同之处,如讲究信息的丰富性、突出预测的时效性。所以,经济预测报告亦被看作调查报告的一种特殊形式。为了更好地掌握经济预测报告自身的特点,有必要比较一下两者的不同之处。

(一) 写作的目的不同

调查报告的目的是调查情况,找到具体结论,指导今后的工作;而经济预测报告的目的是立足现实,并从现实去发现未来,去找到现实和未来的来龙去脉,从而准确地预测到趋势的走向,获得最佳机会避免被动,谋取最佳的经济效益。

(二) 取材的范围不同

调查报告的取材范围仅限于经济领域中已经发生的事情,而经济预测报告取材范围

还有未然的经济现象。

（三）采用的方法不同

调查报告一般采取个体调查、群体调查、抽样调查等方法,通过开调查会、采访、查阅资料等方式获得写作素材。经济预测报告更多的是运用统计公式、数字方式以及各种模型等方法,去取得大量的数据资料,并进行分析研究,预测经济活动的未来趋势。

（四）作用不同

调查报告主要针对经济活动过程典型的人、事、物进行调查,并概括出它们的个性特点,有鲜明的典型意义,对经济工作具有指导性。经济预测报告立足现实,意在未来,重在从已知推测未来的发展趋势和规律变化,对决策者具有预示性的作用。

第五节 写经济预测报告应注意的事项

写经济预测报告时应注意以下几个事项。

一、广纳信息,掌握必要的资料数据

信息是预测的基础,写好经济预测报告要有充足的信息和资料,只有掌握了有关经济领域中的大量数据、材料,才能从经济现象之间的内在联系中探索发展变化的规律；同时,必须及时了解国家政策、科技、文化等诸方面的相关信息,重视这些因素对经济活动的影响与作用。

二、及时准确地反映预测结果

经济预测是为各经济实体决策服务的,它应在抓住市场机遇决策之前完成。如果错过了时机,就失去了价值或造成不可弥补的损失。所以,只有及时抓住经济活动变化提供的各种机遇,才能保证所做预测的准确性,时过境迁,市场机会已失,再客观分析的结论,对于决策者来说也是毫无价值的。只有及时才能保证准确,及时是前提,准确只是表述。预测报告在表述结论时必须鲜明合理,既不能主观武断,也不能含糊不清。同时在表述时应注重条理清楚、论证严密、语言简练、概括准确、说明科学、对比得当、前后有序。

三、掌握好各种预测方法

预测的种类和方法很多,写作者应通过对预测学的学习,了解并掌握各种预测方法的特点、适用范围、应用要领,在选择运用预测方法时才能充分考虑到预测内容的特点的适用性去采用相应的科学方法。只有方法得当,才能预测到未来规律性趋势。

四、要经常化

影响经济趋势运行的因素在不断地变化,原来是准确的预测也可能由于影响因素的变化而变得不符合实际了,所以经济预测要根据新的情况、新的信息、新的技术、新的方法更新,要经常进行,切忌一劳永逸、不思进取。只有经常性预测,才能保证预测的准确性。

思考与练习

一、填空题

1. 经济预测报告的特点主要包括_____、_____、_____、_____、_____、_____。
2. 经济预测报告按预测范围可分为_____和_____两种；按预测目的可分为_____和_____两种；按预测方法可分为_____和_____两种；按预测性质可分为_____和_____两种。
3. 企业常用的预测报告的主要形式有_____、_____、_____、_____、_____、_____六种。
4. 经济预测报告的写作程序主要由_____、_____、_____、_____、_____五个环节组成。
5. 经济预测报告的完全式标题主要由_____、_____、_____、_____四个要素组成。
6. 消息式标题在标题中不明写_____文种字样，但预测之意明显。

二、简答题

1. 经济预测报告的主要作用有哪些？
2. 经济预测报告和调查报告有何区别？
3. 如何理解经济预测报告是提高经济效益的重要手段？
4. 经验判断法的优缺点是什么？

第十三章

可行性研究报告

第一节 可行性研究报告的概念和特点

一、可行性研究报告的概念

可行性研究报告,简称可研报告,是在制订生产、基建、科研计划的前期,通过全面的调查研究,分析论证可行性研究报告流程,证明某个建设改造工程、某种科学研究、某项商务活动切实可行而提出的一种书面材料。

可行性研究报告主要是通过对项目的主要内容和配套条件,如市场需求、资源供应、建设规模、工艺路线、设备选型、环境影响、资金筹措、盈利能力等,从技术、经济、工程等方面进行调查研究和分析比较,并对项目建成以后可能取得的财务、经济效益及社会影响进行预测,从而提出该项目是否值得投资和如何进行建设的咨询意见,为项目决策提供依据的一种综合性分析方法。

二、可行性研究报告的特点

(一)前瞻性

可行性研究是对将要开展的投资项目及其效果进行预测。它分析研究的是未来的行动、预期的效果,因此必须根据党和国家的有关方针政策、国民经济的发展规划和地区规划、本行业规划等,对事物发展的过程状况、可能遇到的问题和结果进行前瞻性分析。它要在充分调查投资环境、条件、方向,掌握相关资料、数据、信息的基础上运用各种预测方法,对其合理性、效益性、可行性作出科学的估计,提出合理的对策。

(二)综合性

可行性研究是一门综合性的学科,研究报告的内容涉及诸多学科领域,如自然科学、社会科学、经济科学、管理科学等,具体地说包括地质、地貌、建设设计、自然环境、水文交通、文化教育、政策法规、财务经费、管理手段等。它是以市场为出发点、以人财物投入为基础、以经济效益评价为结果的。它要针对影响项目和方案的众多因素进行全面、系统的综合分析研究。

(三)论证性

论证性是可行性研究报告的关键,要对投资项目的可行性进行全过程的分析论证。

论证一般分为四个阶段:一是机会分析论证。对投资的环境条件、投资的方向进行调查研究、分析论证。二是初步分析论证。在投资方向有可能之后,再组织各学科门类的专业机构人员做进一步调研,对项目的相关问题做初步论证。三是详细分析论证。在此基础上进一步深入调查研究,设计若干方案,从技术、经济上分析不同方案中各种问题的优劣利弊,选择最佳方案。四是形成报告。对投资项目的可行性进行整体评估、论证、决策,撰写报告。

第二节 可行性研究报告的作用和种类

一、可行性研究报告的作用

可行性研究是遵循客观经济规律进行分析研究的,是宏观调控固定资产投资的重要机制。可行性研究报告是对投资项目可行性研究的系统化、理论化、条理化的语言表达形式,它有如下作用。

(一)作为投资者决策的依据

时下,可行性研究报告越来越受到人们的重视。在遵循客观经济规律的基础上,追求最大经济效益,已成为投资者的共识。可行性研究报告的任务就在于分析论证准备实施项目的必要性与可行性,分析和论证技术上的合理、经济上的合算。对该项目实施的必要与可能,实施后的经济效益与社会效益,实施条件和措施,实施中意外情况处理等问题,作出科学的、具体的回答,从而为决策者提供决策的依据。这就是可行性研究报告的最主要作用。该项投资项目的规模越大、投资越多、周期越长,可行性研究报告的决策参考作用就越显得重要。

(二)作为重要的融资依据

可行性研究报告是申请建设资金、吸引外来投资的依据。向金融机构申请贷款,要以提交该项目的可行性研究报告为先决条件,贷款银行或投资者组织有关专家对可行性研究报告进行评审,写出项目评估报告,依据这个报告来决定是否贷款或投资以及投资多少。

(三)作为主管部门审批和与项目有关的部门签订协议的依据

可行性研究报告是投资、建设项目立项,申请主管部门审批和与项目有关的部门签订协议的必需文书。只有提交了可行性研究报告,主管部门才予以审批,才发给审批设计任务书;对申报引进技术、引进设备的请求才给予批准;项目实施的有关部门或合作者才会同意签订有关协议。

二、可行性研究报告的种类

可行性研究报告适用于各行各业,划分种类的方法也多种多样,一般有以下三种分类方法。

（一）按内容划分

按内容，可行性研究报告可分为工业可行性研究报告、农业可行性研究报告、高等教育可行性研究报告、中外合资企业可行性研究报告，以及开辟和拓展新市场、开发新产品和新技术、采用新工艺和新管理方法的可行性研究报告等。

（二）按范围划分

1. 一般可行性研究报告

一般可行性研究报告主要是指规模小、投资少的小项目的可行性研究报告，包括：新建和扩建项目，牵涉面不大的常规性技术改造项目，某一方面的经营管理改革、单项科学实验等。一般可行性研究报告项目内容比较单一，涉及面不大，引用数据不多，技术经济分析较为简单明了。

2. 大中型项目可行性研究报告

大中型项目可行性研究报告主要是指规模大、投资多、涉及面广的可行性研究报告，包括新建和扩建工程浩大复杂的技术改造项目、全局性的经营管理改革和重大科学实验等。这种可行性研究报告项目内容多，涉及多种专业，技术经济论证分析复杂，要求很高。因此，参加大中型项目可行性研究的人员，必须包括各方面的专业人员，有的还应该是有一定权威、影响的专家、学者。大中型项目可行性研究，不是短期就能完成的，一般往往需要分三个阶段进行：首先是机会可行性研究，主要是通过对项目的环境条件、发展方向、机会潜力以及社会效益、经济效益等，在调查的基础上作出初步的评价，为提出项目建议书提供依据，着重解决是否有必要的问题。其次是初步可行性研究报告，是在机会可行性报告批准后，进一步对经济规模、项目经费、投入产出、经济价值分析预测，探讨技术途径、设备选型，论证经济效益，为编制设计任务书或建设规划提供依据。初步可行性研究着重解决是否可行的问题。最后是可行性研究报告，在前两个阶段取得成果的基础上对该项目的客观依据、外部环境、技术方案、工程规模、经营管理等主要方面，全面深入地进行技术经济论证，为编制设计或建设规划提供依据。可行性研究报告在最终解决项目是否可行的前提下，得出肯定性结论。

（三）按性质划分

（1）肯定性的可行性研究报告。肯定性的可行性研究报告即肯定项目实施的必要和可行的研究报告。

（2）否定性的可行性研究报告。否定性的可行性研究报告即否定项目实施的必要和可行的研究报告。

（3）选择性的可行性研究报告。选择性的可行性研究报告即一般写出两个以上的可行性研究报告，供决策者挑选的研究报告。

第三节 可行性研究报告的格式及写法

一、可行性研究报告的格式

可行性研究报告一般由标题、正文、附件和日期四部分构成。

（一）标题

可行性研究报告的标题通常有两种形式：完整式和简略式。

完整式标题是由编写单位、项目名称和文种构成，如《××市关于扩建××高科技开发区的可行性研究报告》；简略式标题则省略编写单位，简化文种名称，只突出项目名称，如《合资经营×××有限公司可行性研究报告》。

（二）正文

可行性研究报告的正文一般分为三个部分：概述、主体、结论和建议。

1. 概述

概述也可以称为前言、总论或总说明，要求写明的内容如下。

（1）项目基本情况：项目名称、项目主办单位及负责人、可行性研究工作单位、可行性研究项目的技术负责人、经济负责人和参加人员。

（2）项目提出的依据：又可分为：文件的依据，即国家有关经济方针、政策；会议的依据，即上级主管部门会议决定；现实、市场需求情况；投资预算、经济效益等。

（3）项目研究的意义：政治上、技术上、经济上、国际国内、本地区、本行业等方面。

（4）可行性研究的范围：提纲挈领地概括说明论证和结论的主要内容或研究中存在的问题和建议。

概述部分怎么写、写多少，往往取决于项目的大小或问题的难易，因写作对象不同而写法不同。

2. 主体

主体即分析论证，一般包括项目方案论证选择、综合性分析论证、技术经济效益分析评价、不确定分析论证等。如果是大中型项目，可行性研究报告的主体部分还可以采用分条列项进行专题论证。研究项目不同，主体分析论证的内容也不尽相同。一般大中型建设项目可行性研究报告的正文大都需要从市场预测研究（论证必要性）、客观条件研究（论证可能性）、工艺技术环境保护研究（论证合理性）、财务经济评价（论证效益性）等多个方面进行技术、经济论证。

（1）市场需求和建设规模方面，对未来产品的市场竞争力在国内外市场销售预测，对拟建项目的建设规模和产品生产方案从技术、经济上进行论证。

（2）内外客观条件方面，在资源、原材料、能源、运输以及公共设施等方面，对各种客观条件加以技术、经济论证。

（3）项目技术方面，主要是对项目自身各方面，如项目主体工程、全厂总图设置、技术设备的选择、土建工程、生产方法等加以技术、经济论证。

（4）建设计划方面，对项目的总体计划和日程安排以及管理体制、管理人员、生产人员的配备加以技术、经济论证。

（5）资金筹措方面，对总投资费用、资金来源筹措贷款利率以及贷款偿付方式、资金数额、使用时间的安排等论证其合理性、可靠性。

（6）经济评价方面，对生产成本与销售收益估算等做评价，对项目在整个国民经济中的综合经济效益进行评价。

（7）环境保护方面，主要是投产后对生态环境的影响进行预测、评价，对环境保护方案加以技术、经济论证。

由于可行性报告的内容较多、涉及面广，其论证的内容及方法很难局限于某种固定模式，可根据项目的需要加以选择或增加新的内容。

3．结论和建议

在充分论证可行性的基础上，对项目建设的整体必要和可行性作出经济评价，也可以指出存在的问题或提出有关建议。如果在概述部分已作出清楚明确的结论，结尾处不再陈述；或在前言部分做简要的概述，结尾处再做归纳性或强调性陈述。

（三）附件

附件一般不放在正文当中。对于有参考价值或补充说明，增强说服力的材料，可作为该可行性研究报告的附件，如试验数据、设计图纸、论证材料、图表等；如果没有这样的材料，可不设附件。

（四）日期

在正文的右下方写上完成可行性研究报告的年、月、日。

二、可行性研究报告的写法

（一）表达方式

可行性研究报告是一种论证性文件。说明、议论和分析论证为其主要表达方式。其常采用的有介绍、分类、比较、图表、数字等说明方法。可行性研究报告的写作过程也就是一个论证的过程，在分析论证过程中常运用动态与静态、定性与定量、一分为二、列举归纳、逐层推进、对比分析等多种论证方法。

（二）语言要求

1．严密、准确、鲜明

可行性研究报告的语言要求严密、准确、鲜明。首先要把研究对象作为一个系统来研究，把研究对象分解为若干部分，有步骤地、严密地进行剖析，然后把各个部分的情况综合起来，构成一个完整、准确、有说服力的逻辑整体。文中所用的论证要准确、翔实，提出的见解和对策必须准确无误，作出的结论要观点鲜明。

2. 表格、图形、数字

运用表格、图形、数字来说明问题、阐述观点是可行性研究报告语言的另一个特色。常用的有统计表、非统计表、测量数据、贷款金额、费用估计、曲线图、平面图、统计图等。文字与图表、数据在报告中是相辅相成、相得益彰的,在表述时它们交融一体,可增强说服力。

第四节 写可行性研究报告应注意的事项

写可行性研究报告时应注意以下几个事项。

一、背景分析的广阔性

当今是信息网络社会,是市场经济稳步发展时期,信息之多,信息之快,使任何一个可行性研究报告不再是孤独的报告立项问题,而是与经济密切相关,与社会环境有着广泛的外部联系。因而,进行可行性研究要善于把局部的问题放在一个广阔的社会背景、经济背景下。在研究拟建项目时不但要着眼于现实、追究其历史,更要放眼于未来,尤其是建设周期长、投资多的项目。

二、内容分析的真实性

为了得出正确的结论,进行可行性研究一定要实事求是,从客观实际出发,排除一切外来干扰,不带主观偏见,尊重客观事实和各种资料数据,进行多方案的比较,公正地分析得失,不夸大事实,不片面追求经济效益,否则,凭主观臆断,盲目上马所造成的损失将是巨大的。

三、结构写法的多样性

可行性研究报告结构、内容的繁简、篇幅的长短,往往取决于项目的大小或问题的难易。规模大、投资多、周期长的项目,其结构、内容比较复杂,篇幅比较长,有的可长达十几万字;相反,内容简单的只有几千字。

从结构形态来看,复杂的可行性研究报告是单独编制成的,格式包括:封面;摘要;目录;图表目录;标题;主体(总论、正文、结论和建议);参考文献;附件;日期。而内容简单的可行性报告一般格式为:标题;正文(总论、正文、结论和建议);日期。

从具体内容上看,因可行性研究报告的种类不同而有所差异。如工业建设项目可行性研究报告的概述部分,含项目提出的依据,研究的依据和范围,研究结论的概括意见等。而中外合资项目可行性研究报告的概述部分除上述基本情况外,还需注明:注册国家(地区)和法人代表姓名、职务、国籍;拟建项目总注册资本,合资各方出资比例,出资方式,资金来源构成;合作期限,利润分配和亏损应承担的责任等。可见可行性研究报告在结构写法上呈多样性、灵活性。

第五节　阅读与评析

[例文]

筹建中密度纤维板生产线项目可行性研究报告

一、项目概述

改革开放以来，随着我国经济和建设的飞速发展，市场对木材及胶合板的需求量越来越大。目前，森林砍伐严重，木材资源越来越少，特别是用来做胶合板的木材更是短缺。而中密度纤维板则是原材料要求低（枝丫杂材均可），来源广泛，使用性能好，能广泛代替木材及胶合板的一种人造板产品。

近几年来，国内自建和引进不少中密度纤维板生产线，产品规格一般为 1 220 mm×2 440 mm×(8～30) mm，目前国内市场上中密度纤维板大都是 8 mm 以上的中厚板，8 mm 以下的薄板在国内市场上是个空缺。而中密度纤维板薄板由于具有板面平整光滑、内部结构细密均匀、强度高、物理性能好、变形小、隔音效果佳、机加工性能好等特点，可代替三合板，且价格低于三合板 1/3，被广泛用于家具制造、室内装修、门扇面板、墙嵌板、车厢嵌板、音响外壳以及做绝缘材料、广告牌等。因此，开发中密度纤维板产品，尤其是薄板，具有良好的社会效益。

二、市场预测（略）

三、建厂条件及生产技术（略）

四、生产工艺流程及职工定员（略）

五、投资概算及资金来源

1. 投资概算

建成年产 15 000 m^3 中密度纤维板生产线需投资 2 500 万元，建成后需流动资金 500 万元（投资明细见附件）。

2. 资金来源

(1) 申请银行贷款 2 250 万元（包括流动资金 500 万元）。

(2) 自筹资金 750 万元。

六、产品成本测算及经济效益分析

1. 基本数据和主要计算依据

(1) 建设投资总额 2 500 万元，流动资金 500 万元。

(2) 生产规模年产中密度纤维板 15 000 m^3，产品规格为 1 220 mm×2 440 mm×(3～15) mm，出厂销售均价为 2 450 元/m^3（其中 3 mm 厚 2 800 元/m^3；5 mm 厚 2 600 元/m^3；8 mm 厚 2 500 元/m^3；10 mm 厚 2 400 元/m^3；12 mm 厚 2 300 元/m^3；15 mm 厚 2 100 元/m^3）。

(3) 项目计算年限和达产能力。项目建设期为 1 年，按照主要设备折旧，生产经营期定为 18 年，投产后第一年达产 70%，第二年达到设计能力。

(4) 折旧摊销。根据国家有关规定，人造板设备折旧年限为 18 年，土建折旧年限为 40 年，其他费用按 18 年分摊。

(5) 税收及职工福利。产品增值税为 17%，教育费附加和城建税为增值税税额的

10%,土地使用税为 20 000×0.4＝8 000 元/年,房产税为土建金额的 70%再乘以 1.2%,福利为年工资总额的 14%。

2. 产品成本测算

年产 15 000m³ 中密度纤维板总成本(见附件)为 2 755.97 万元。单位成本为 2 755.97/15 000＝0.184 万元/m³。其中,可变成本为 2 303.59 万元,占总成本的 83.59%;固定成本为 425.38 万元,占总成本的 15.43%。

3. 经济效益分析

(1) 年产利税额。该产品正常投产后年产值达 3 675 万元,年利税达 1 303.20 万元,其中利润 919.03 万元,税金 384.17 万元。

(2) 效益分析。项目投入产出比为 1∶1.47,产值利润率可达 25.01%,产值利税率可达 35.46%,投资利润率可达 36.76%,投资利税率可达 52.13%,投资回收期仅 2.72 年,经济效益非常显著。

(3) 财务平衡分析。新项目达到 31.16%的开工能力时就可做到收支平衡,表明该项目在生产经营中具有较强的抗风险能力。

七、项目进度安排

(1) 2015 年 10—12 月论证立项,争取在 12 月底前将项目资金落实。

(2) 2016 年 1 月、2 月征地办手续及完成设计。

(3) 2016 年 3—8 月完成车间土建、购运设备、招工培训。

(4) 2016 年 8—11 月设备安装,完成所有配套土建工程。

(5) 2016 年 12 月完成设备调试及试产。

(6) 2017 年 1 月开始正常投产。

八、结束语

当前世界正兴起中密度纤维板热潮,根据世界自然资源情况来看,中密度纤维板取代胶合板是必然趋势。通过论证分析可看出该产品是一个利用本地资源和本地市场,经济效益很好的产品。该项目创效益的关键在于:①经营管理和技术管理;②设备质量状况。因该生产线自动化程度较高,一台设备出现障碍将引起全线停产,设备的可靠性十分重要。

附件:

1. 固定资产投资概算表(略)
2. 产品总成本测算表(略)

2015 年 10 月 8 日

【评析】 例文的前言部分(第一部分)介绍了中密度纤维板的性能、种类、特点以及广泛的用途,从资源短缺、社会需求量大的角度提出开发中密度纤维板产品。主体部分(第二部分至第七部分)从"投资概算及资金来源"分析了新产品所需资金,提出筹措资金的渠道,说明新产品开发的可能性。通过"产品成本测算及经济效益分析"对新产品的规格、出厂销售均价、生产经营能力、成本测算、职工福利、年产利税额、投资回收期、财务平衡及抗风险能力等逐项加以分析,从经济效益方面论证了开发新产品的可行性。结尾部分(结束语)总结分析结果,确定项目方案,同时,提出加强管理、保证设备质量的建议。

这是一篇新产品开发可行性研究报告,围绕社会效益和经济效益两个方面从实用、可行、合理、有效角度进行逐层推进论证,思维明晰,结构紧凑;侧重经济效益这一核心问题,从不同的角度,运用大量数据进行定量、统计等分析论证,具有较强的系统性、严密性;较准确地反映了新产品时期的全部活动,具有前瞻性;既遵循了客观经济规律,又突出了经济效益,使论证有力、推论合理。

思考与练习

一、名词解释

可行性研究报告

二、填空题

1. 可行性研究报告的特点是_____、_____、_____。
2. 可行性研究报告的作用有_____、_____、_____。
3. 可行性研究报告的概述部分又称_____、_____、_____,一般要写的内容有_____、_____、_____、_____。
4. 可行性研究报告的关键是_____。
5. 可行性研究报告的写作过程也就是一个_____的过程,_____、_____为其主要表达方式。

三、判断改错题

1. 可行性研究报告项目不同,但分析论证的内容相同。
2. 市场预测研究(论证效益性),财务经济评析(论证必要性)。
3. 可行性研究报告的标题必须有"报告"二字。
4. 如果概述部分已作出清楚明确的结论,结尾处必须再做归纳性陈述。

四、简答题

1. 为什么说可行性研究报告的写作过程是论证的过程?试举例说明。
2. 结合例文简述可行性研究报告对新产品开发的重要性。
3. 简要说明例文中的数据在报告中的作用。

五、分析题

1. 试分析例文中"产品成本测算及经济效益分析"的联系与区别。
2. 试分析"调查报告"和"可行性研究报告"的联系与区别。

第十四章

经济决策方案

第一节 经济决策方案的概念和特点

一、经济决策方案的概念

什么是决策？众说纷纭。

哈佛管理丛书"企业管理百科全书"中说："所谓决策是指思考对策（或称办法）以解决目前或未来问题之用脑行为。"

《现代科学技术词典》中说："所谓决策，乃是在几个可能的方案中作出一个选择。"

《美国现代经济词典》中说："决策，是指公司或政府在确定其政策或选择实施现行政策的有效方法时所进行的一整套活动，其中包括收集必要的事实以对某一建议作出判断，以及分析可以达到预定目的的各种可供选择的方法等活动。"

也有学者认为：决策就是做决定；决策是确定目标的行动。

以上中外学者表达决策概念的语言虽然不同，但都从不同的角度深刻揭示了决策的基本含义。

所谓经济决策方案，就是指在经济管理活动中，决策者或政策研究部门、咨询机构、秘书部门、职能部门、有关个人等为解决现实或未来的某一重大的问题，围绕既定目标，利用有关信息与资料，结合实际情况，借助科学的理论和方法，经研究分析后拟订若干行动方案并选择最优方案的过程，决策结果所形成的书面报告即经济决策方案。

美国经济学家、诺贝尔经济学奖获得者赫·阿·西蒙（H. A. Simon）说过："管理就是决策。"根据现代管理学的理论，决策是一个过程，即提出问题，分析问题，确定目标；收集信息资料，科学地分析研究，拟订若干行动方案；比较各种行动方案，筛选最优方案等系列活动环节。可见经济决策是一个择优的过程，决策的实质是择优。

企业要发展，要实现一定的经济目标，就要在许多问题上进行决策，如对原材料供应、产品制造、产品销路、生产规模的决策等。决策者做决策时，一般要参考经济决策方案，以作为决策的依据。可以说，经济决策方案是决策程序中一个重要组成部分，是人们在认识世界、改造世界的过程中追求、选择、实践某种最优化预定目标的管理活动。

二、经济决策方案的特点

（一）目标性

决策方案必须有明确的预定目标。策略的决定是根据预定目标作出的行为选择，即决策方案所想要达到的最终效果,没有决策目标,就不可能有决策方案。信息资料的收集、多个方案的拟订以及最佳方案的筛选,都离不开决策目标。

(二) 决定性

经济决策是对经济管理活动的经济发展目标、方针、政策以及实现目标的措施、方法等下决心、拿主意、定点子。经济决策方案反映的是决策者作出抉择的过程及其结果,充分体现决定性特征。

(三) 原则性

经济决策方案形成过程要求必须遵循一定的基本原则。

1. 信息完备

经济信息是经济决策的基础。经济决策的过程实际上就是不断地获取信息,将信息筛选、排列、组合、分析、研究的过程,没有完备的信息,就失去了决策的依据,而信息应该是准确、及时、实用、完备的。

2. 科学预测

科学预测是经济决策的前提与条件。一项好的预测就是最有可能成为事实的预测,好的预测可以为决策提供未来的信息,决策正确与否,取决于对未来后果判断的正确程度,没有预测的决策是盲目的。技术预测的开拓者伦兹(Lenz)提出过,在提高决策质量上,预测具有特殊作用。经济决策应借助现代科学的先进手段和方法,对经济目标以及方针、措施、办法的有效性进行综合预测,预测可为决策者提供有效的技术信息和专用数据资料,使决策者对可能遇到的问题做到心中有数,对决策的前景充满信心,这样才能作出正确的决策。

3. 可行性论证

可行性论证是经济决策的理论依据。可行性论证的理论起源于20世纪30年代,经发展完善已形成一套比较完整的理论、工作程序和评价方法。可行性论证原则要求,必须先论证后决策,也就是对两个或两个以上可能性或可行性备选方案的利弊进行定性、定量分析,通过对比、类比等多种手法,看是否符合客观经济规律,技术上是否先进、合理,经济效益是否最佳等。经过慎重论证、周密评估,选取一个把握大、风险小、效果较好的方案。只有经过可行性论证之后的决策,才是最佳的决策,才是有最大可能实现目标的决策。

4. 全局整体

全局整体原则是经济决策的灵魂。全局整体原则要求决策时有全局整体观念,从现实整体的总目标出发,统筹兼顾局部的矛盾,协调局部的目标,从而形成整体最优决策。从纵向角度看,微观决策要服从宏观决策,下级决策要服从上级决策。从横向角度看,既要考虑经济效果,又要考虑社会效果;既要看到眼前利益,又要着眼长远利益;既要想到决策的对象,又要想到决策的环境;等等。

5. 集体决策

集体决策是现代决策发展的必然趋势。随着科学技术和现代化社会大生产的发展,经济生活丰富多彩,经济事件复杂多变,经济信息层出不穷。决策问题涉及的范围越来越广,功能越来越多,结构越来越复杂,许多决策已不是一个人或几个人可以胜任的。把有关的专家、工程技术人员、管理工作者组织起来,组成决策集团,通过充分调查、同行评议、综合研究、方案论证、科学预测等环节,提出可行性方案,这样确定的方案是各方面专家集体智慧的结晶,是集体决策的体现。

(四) 科学性

在现代社会化大生产的条件下,新的技术革命的浪潮正在改变传统的生产方式、生活方式和人们的思维观念,同时也增加了决策问题的复杂性,改变着决策的方式方法。从个人决策到形成集团决策,从凭经验决策到科学决策,决策的方法也由规范化、程序化发展到数字化、模型化、计算机化、法律程序化等。经济决策方案必须以科学的理论做指导、科学的依据为基础、科学的方法做保证,使经济决策反映客观规律。科学性是经济决策方案最根本的特点。

(五) 择优性

择优是指从几个可供选择的方案中,经反复比较,选择最能实现目标的最佳方案。它是经济决策过程中必不可少的环节,意味着对有效方法的限制和选择。择优不仅是各备选方案之间的比较,更主要的是把各个方案同客观做比较,选择费用省、投资少、速度快、经济效益高、社会效益好、有前途的最好方案。择优是一种积极主动的行动,是进行客观慎重的选择。

第二节　经济决策方案的作用和种类

一、经济决策方案的作用

决策是一种高层次的领导活动。决策方案直接为领导提供可靠的决策依据,是决策者进行决策的有力工具。决策方案对加强决策研究、加强决策执行有着极其重要的作用。

(一) 经济决策方案是企业管理的基础

管理的过程就是决策和执行决策的过程。管理有赖于经济决策方案做基础。决策是企业管理中经常实施的一项重要内容,它贯穿于管理过程及众多的管理环节,是管理的重要职能之一,是提高管理水平及经济效益的根本保证。市场经济给企业以自由驰骋的天地,企业有了自主权后,开发什么产品,投入什么项目,用什么原料,怎样销售,等等,均由企业自由决策,势必使企业把握好投资方向,以国内外市场为导向,瞄准国内外先进水平,与产业政策相吻合等。这就需要做大量的调查研究,收集信息资料,进行决策研究。经济决策正确,管理有方,企业就兴旺发达。

(二) 经济决策方案是科学决策的依据

由于决策者各方面的情况不同(如知识、经验、年龄、资历、职位等),就很难保证每位决策者都能作出正确的决策。有的根据本身丰富的工作经验做决策,有的则重传统的技术决策,有的凭领导权力决策,有的注重经济效益决策等,这些都很可能造成决策的失误。因此要想作出正确的决策,就应该在决策前制订经济决策方案,并经过科学的论证和客观的择优。方案是决策者科学决策的依据。

二、经济决策方案的种类

经济决策方案可以从不同的角度进行分类。

(一) 按决策的范围划分

按决策的范围,经济决策方案可分为宏观决策方案和微观决策方案。

"宏观""微观"用在经济领域并没有确定的严格界限,只是相对的意义。宏观决策方案(又称战略决策方案)是反映全局性、长期性和大政方针的决策过程和结果的书面报告。如经营目标决策、经营方针决策、产品决策、投资决策、市场决策等。这种决策的目的是提高企业的经营效能,增强企业活力。微观决策方案(又称战术决策方案、管理决策方案、业务决策方案)是解决局部问题或个别问题,反映企业经营管理决策过程和结果的书面报告。如资金筹集决策、成本决策、人事决策、资源利用决策、设备更新决策等。这种决策旨在提高企业管理效能,以实现企业内部各环节经济活动的高度协调和资源的合理利用。微观决策要以宏观决策为指导,服从宏观决策的要求。

(二) 按决策的性质划分

按决策的性质,经济决策方案可分为常规性决策方案和非常规性决策方案。

常规性决策方案(又称规范性决策方案、程序化决策方案、重复性决策方案)是指经济活动中解决一般性、普遍性问题的决策过程和结果的书面报告。这些问题经常重复出现,其产生的背景、特点、内部与外部的有关因素已全部或基本被决策者掌握,这类问题可以凭借以往的经验,建立一定的制度和程序予以解决,其方案已形成,并有比较固定的模式。

非常规性决策方案(又称非规范性决策方案、非程序化决策方案、非重复性决策方案)是指经济活动中需要解决特殊性、复杂性的新问题的不确定性决策过程和结果的书面报告。这些问题是首次出现,具有偶然性,没有固定的决策程序和办法,只能采取"现买现卖"的方式处理。这种决策方案要着眼于未来的发展变化,抓住主要矛盾,找准关键问题,认真分析论证,提供最佳行动方案。

这两种决策方案不能截然分开,往往一个决策过程之初是非常规性的,但随着人们对问题认识的深入,也可能逐渐向常规性过渡。非常规性决策方案具有一定的风险性,应根据形势的变化随机应变。

(三) 按决策达到的目标多少划分

按决策达到的目标多少,经济决策方案可分为单目标决策方案和多目标决策方案。单目标决策是指决策所要达到的预定目标只有一个,方案的优劣完全由其目标值的大小决定。多目标决策是指决策所要达到的预定目标至少有两个,甚至有多个。如对企业产品的生产管理,既希望达到最高利润,又希望优质、低耗,还希望减少环境污染等。现代经济决策的特点和趋势是由单目标向多目标综合的方向发展,多目标决策方案越来越受到重视。

(四) 按经济决策主体的层次和管理层次划分

按经济决策主体的层次不同,经济决策方案可分为国家决策、地区决策、部门决策、企业决策、个人决策。按管理层次的不同,经济决策方案可划分为高层决策、中层决策和基层决策等。

除上述常用的几种决策方案以外,其还可按决策使用的方法不同,分为定性决策方案、定量决策方案和综合决策方案;按决策过程的作用不同,分为突破性决策方案、追踪性决策方案;按决策问题面对的自然状态的性质不同,分为竞争性决策方案和非竞争性决策方案。

第三节 经济决策方案的程序和方法

一、经济决策方案的程序

经济决策方案需按一定的程序进行,必须经过发现问题确立目标、收集资料拟订方案和综合评价优选方案三个阶段。

(一) 发现问题确立目标

发现问题是决策系统思维的起点,是确定决策目标的前提。所谓问题,就是期望(目标)与事实(现状)的差距,问题表现为差异、不满、需求、危机、理想、愿望等,实质就是矛盾。问题来源于两大方面:一是客观社会提出的,二是主观意识提出的。问题有时只是现象,这就要求决策者对问题的表现、性质、原因进行调查了解。在进行去粗取精、去伪存真、由表及里分析的基础上,把问题凝集、筛选、加工成目标。

目标的确立是科学决策过程的重要阶段,是经济决策的依据和前提,它制约着决策的全过程,目标一错,一错百错。目标是从问题中提炼出来的,其思维程序为:①根据决策所要解决的问题及主要原因,提出初步目标。②对初步目标进行可行性分析,是否符合国家、企业的利益。③在可行性基础上,选定决策目标。作为好的决策目标一般要满足如下三个条件:①决策目标的内容、含义明确,不可模棱两可,要从"质"和"量"两方面作出界定。②有衡量目标达到程度的具体标准和实现目标的期限。③实现决策目标的责任落实到人。

(二) 收集资料拟订方案

目标确定之后,就要广泛地了解情况,系统地收集可靠的资料与数据,如企业内部资料、数据信息资料等。在对材料的整理、分类、筛选、分析的基础上,拟订可供选择的各种行动方案,拟订方案就是加工处理信息的活动。拟订的方案理论上要具备两个条件:

①整体详尽性,是指拟写的全部备选方案应当把所有的方案都包括进去,不要遗漏,越全面越好。如每个方案采取什么措施(含环境措施)、人力、物力、财力、投入多少,达到什么效果(经济效益、社会效益)等。②相互排斥性,是指不同的备选方案之间必须相互排斥。这些方案不能大同小异,而应有原则的区别,如果两个方案紧密关联,实际上就成了一个方案,就无法寻找最优化地达到目标的决策,不追求优化,决策就没有意义了。

(三) 综合评价优选方案

评价优选方案是决策程序中的重要阶段,是决策成败的关键。要择优就要进行综合评价,综合评价即评价不同方案的经济效益、社会效益和生态效益。评价时,决策者要根据目标的要求,对各备选方案进行可行性、可靠性的分析论证,一般从以下三个方面进行:①能否达到目标;②在企业环境和内部条件上是否有可行性;③经济上是否合理。在对多个被选方案综合评价、比较的基础上进行判断选择。判断诸方案的优劣,选出最佳方案。

二、经济决策方案的主要思维方法

写作经济决策方案的思维活动运用了多种思维方法。如在发现问题阶段,需要采用科学的调查方法、横向纵向分析方法,横向比差异,纵向比发展趋势。确定目标时多运用科学的预测方法,科学预测能帮助选择理想的目标以及达到这一目标的具体方法。在制订方案阶段运用发散思维使其具丰富的想象力和创造性,多方法、多角度思考方案,并对决策目标的性质、数量、范围等进行深入、具体的假设和推理。在综合评价优选方案阶段,选优的方法一般有发散思维和集中思维相结合的方法、系统思维方法、经验判断法、模拟试验法等。

(一) 发散思维和集中思维相结合的方法

发散思维是一种沿着不同的方向,从不同角度思考问题,从多方面寻找解决问题答案的思维方法。集中思维是在发散思维的基础上,思维活动朝着同一目标前进,分析、综合、比较、判断、选择最佳方案的思维。人类的思维就是经过发散—集中—再发散—再集中的循环往复不断深入认识事物的。在制订决策方案和综合评价优选方案时,需要运用发散思维和集中思维相结合的方法。发散思维从决策目标出发,大胆设想,从多方位、多角度提出多个解决问题的方案;集中思维用同一标准分析论证多个方案的利弊,决定取舍,选出最优方案。

(二) 系统思维方法

经济活动过程的内在联系是错综复杂的,这就决定了经济决策方案必须采用系统思维方法。系统思维是一种在全局整体总目标指导下的思维,它是以整体利益、全局利益来协调局部利益的。运用系统思维方法考察经济活动的全过程,这一过程不单指对备选方案的选定,还指从设定目标、制订方案、选定方案、实施方案直至目标的实现这一完整的动态过程。分析决策目标实现的可靠途径,充分考虑全局与局部、层次与结构、动态和静态的统一；各决策要素之间的联系与区别，上下左右各个方面的交叉效应与科学组合。决策时应坚持系统观点，进行系统的分析、比较、论证，权衡利弊，找出各种约束条件下达到预期目标的最佳方案。

（三）经验判断法

经验判断法是将决策方案进行直观的比较，按一定的价值标准进行归类，从优到劣进行排队，按选优的标准进行筛选，把达不到标准的方案先淘汰，逐渐缩小选择范围，最后确定满意的方案。这样需要运用类比、归纳等方法。

（四）模拟试验法

模拟试验法包括典型试验、实验室试验和电子计算机模拟等。通过模拟试验进行分析、比较，选出最优方案。

随着现代科学技术的高速发展，世界经济的一体化，经济决策对象的涉外化、复杂化，决策目标的多样化，分析论证、择优的系统化，经济决策者应有大思路、大视野，运用变中求变、优中择优的辩证思维方式进行决策。

第四节　经济决策方案的格式及写法

一、经济决策方案的基本格式

决策方案由于决策目标不同，内容的处理和安排也不一样，结构不能千篇一律，其基本格式由标题、正文和结尾三个部分组成。

（一）标题

经济决策方案的标题一般有两种写法：一种是完整式标题，即由单位名称、决策目标和文种构成，如《××省合成纤维厂开发新产品的决策方案》，其中"开发新产品"是决策目标，"方案"是文种；另一种是省略式标题，它可省去单位名称，只写决策目标及文种，如《处理闲置厂房、设备的决策方案》，其中"处理闲置厂房、设备"是决策目标，"方案"是文种。如果是上报文书，应在标题末尾加"报告"字样，如《关于自动化仪表改造的决策报告》。决策方案的标题要准确、简要地概括决策方案的主要决策目标或问题，引人注目。

（二）正文

按经济决策方案形成的逻辑思维过程，正文一般包括决策目标、决策依据、设计方案、比较论证和优选方案五个部分。

1. 决策目标

决策目标写在正文的开头，自成一段。文字要求简明扼要，写作要求开门见山。目标要求明确、具体、可行、含义确切。决策目标是制订方案的关键和前提，是提出决策方案的依据,也是选择最优方案的依据。企业的决策目标有技术上的目标,也有经济上的目标。在确定目标时,需采取调查研究、科学预测、统计分析等科学方法,对目标进行论证,力求准确无误。若是综合性的决策问题、多目标的大系统工程,可分若干个单目标来拟制方案,但单目标要服从主要目标。

2. 决策依据

决策依据是围绕决策目标列举的信息、情报、资料。它涉及的范围相当广,包括历史资料、现代资料、科学预测资料、管理信息以及市场需求信息资料等,一般要写清与项目内容有关的数量、质量价值等。要特别重视数据资料,列举相关资料或列表制图。提供决策依据的资料要做到全面充分、可靠准确、新颖。写作上要求以高度概括的手法,扣紧决策目标和内容,用严谨的语言加以阐述和说明,文字要精练,条理要清楚。

3. 设计方案

设计方案是在资料分析的基础上,尽数列举对策,并将这些对策分类排队,形成一个个方案。这些方案必须具备整体详尽性和相互排斥性两个条件。设计方案一般要经过两大步骤:一是轮廓设想,二是具体设计。轮廓设想就是从大处着眼,从不同的角度,大胆设计各种方案;具体设计则是对已构成的方案补充细节、精心设计,让方案具体化。

4. 比较论证

比较论证是要求对所列举的各个方案进行分析、比较、论证,权衡各方案的利弊风险,落脚于经济效益和社会效益。比较论证可运用定量化的方法对方案进行可行性分析、价值分析、决策分析等,还可借助模型化等科学方法,如建立实物模型、模拟模型、优化方案模型、数学模型等各种决策方案模型。不管运用何种方法都要根据决策的目标,都要对有利因素和不利因素分别进行比较分析,对方案进行筛选,做到理由充分、论证严密,具有不可辩驳的力量。

5. 优选方案

表明自己的意见,提出最佳方案,供领导参考。

(三) 结尾

经济决策方案的结尾包括结束语、具名和日期三项。常用的结束语有"以上方案,请领导裁定""请领导分析决策""以上方案,请做决策参考"等。有的方案还有附件,如有附件,将附件写在结束语之后,写明附件名称,多个附件还需写上序号。决策方案一般没有专门的结束语,常以选择最优方案做结束。具名在正文的右下方,要详写单位名称。在具名的下面写明年月日,以备入档后备查。

二、经济决策方案的写法

(一) 表达方法

说明和议论是决策方案的主要表达方法。对目标的表达要有明确具体的界定说明,同时要明确实现目标的期限、责任者,以便执行,以利考核;对每一个方案拟采取什么措施,人财物应该投入多少,达到什么效果(经济效益、社会效益),都应做有条理的说明,并尽可能加以量化;对多种方案的综合评价,最常见的是采用比较说明论证,将各种方案的条件要素(如环境、资源、资金、设备)、特点(如企业在经营、政策、市场需求量上)、预测条件的变化等,在比较的基础上进行价值分析、效益分析、可行性分析、风险性分析,从而判断选择最佳方案。与此同时,还常用数字表格和模型进行决策分析,这种分析对照鲜明、形象直观,有利于决策者尽快地选择最佳方案。

(二) 语言要求

1. 准确严谨

其主要表现是概括清楚,推理严密,造词准确,引语和数据精确无误。严谨就是句式完整,表达周密,内涵、外延清楚,富有科学性,不会产生歧义。肯定与否定,旗帜鲜明,态度明朗。

2. 简约明白

应用文语言要精练,畅达易懂,力求以最简约的文字表达最大容量的内容,做到言简意赅。

第五节 写经济决策方案应注意的事项

写经济决策方案时应注意以下几个事项。

一、政策法规

拟写经济决策方案,必须根据国家的方针、政策、法令、法规,符合市场经济的基本准则,反对因利忘义,不顾国家、人民利益。要从国家、人民利益大局出发,引出正确的结论,这是拟制经济决策方案的前提。

二、实事求是

经济决策方案中的信息、资料和各种数据必须是真实、准确、实用的,信息的失真或不全会导致决策的失误。因此,撰写经济决策方案要掌握国内外经济形势、市场动态、同行业的竞争等情况。全面地收集数据资料,对各数据资料要进行认真的检查,验证其客观性、真实性。同时要注意资料数据的实用性和决策问题的相关性。这是拟制经济决策方案的基础。

三、创新精神

撰写经济决策方案是创造性的思维活动。经济决策总是以解决问题、变更现状为前提的,没有博采众长,没有开阔视野,没有创新精神,是写不出有价值的经济决策方案的。现代经济和社会系统是错综复杂的,每项重大决策都应在集中各方面专家意见和群众智慧的基础上,运用顺向思维,从常规角度看问题,研究各方向的不同意见,运用逆向思维,改变角度看问题,才有可能写出更有创见的、更符合客观实际的经济决策方案。

四、比较分析

经济决策方案写作是一个提出问题、确立目标、优选方案的过程。发现问题是通过横向、纵向反复比较分析找出差距提出问题的;从问题中提炼出目标,这是在各种可行性比较分析的基础上提出的;方案的优选是在比较分析的基础上进行判断推理,作出明确选择的。由此可见,经济决策方案的写作过程是一个比较分析的思维过程。

五、注意时效

讲究时效,不放马后炮。从经济角度看,时间也是一种资源,而且是一种特殊资源。它是现代经济管理中一个重要因素。决策方案再好,如果失去时效,就是一纸空文。所以,撰写经济决策方案要十分注意时效。

第六节 阅读与评析

[例文]

2008年怀化市经济形势夏季决策报告

今年以来,面对年初冰冻灾害等严重自然灾害以及煤电油运供应紧张和物价水平持续居高不下等不利因素给全市经济社会带来的复杂局势,市委、市政府科学分析,准确判断,有针对性地采取有效措施,全力解决经济发展中的突出问题,促进了经济社会协调发展,确保了各项目标任务的完成。

一、总体态势:渐行渐快,好于预想

由于冰灾的影响,全市经济运行年初出现较大回落,1—2月仅增长3.3%,同比回落8.3个百分点。从3月起,市委、市政府不断加大抗灾复产、促进发展的力度,全市经济呈现逐月回升、渐行渐快的态势,1—3月、1—4月和1—5月地区生产总值增幅分别为6.3%、6.9%和8.3%。据初步核算,上半年全市生产总值完成221.55亿元,增长11.6%,虽然比上年同期回落1个百分点,但仅比全省低0.2个百分点(一季度低2.7个百分点),在省内14个市州中排第8位,要好于预想。由于二季度强有力地回升(二季度增长15.1%),经济运行轨迹又重新回归到近几年形成的上升通道中。其中第一、二、三产业增加值分别增长4%、13.6%和12.8%。对全市120家企业景气调查也显示当前景气度良好:二季度企业家信心指数和企业家景气指数均处于景气区间,比一季度都有所提高。

(一)从质量看,三大收入同步增长

(1)财政收入持续快速增长。1—6月,全市完成财政总收入17.27亿元,增长27.7%,完成预算的51.4%,其中一般预算收入11.11亿元,增长28.2%。从市本级看,1—6月完成财政总收入4.37亿元,增长29.5%,其中一般预算收入2.98亿元,增长34.2%。

(2)企业利税快速增长。1—5月全市规模工业企业实现利润总额2.74亿元,增长105.1%,其中国有及国有控股企业实现利润1.43亿元,增长828.4%;实现利税总额

6.26亿元,增长45.4%。

(3) 居民收入较快增长。1—6月,全市城镇居民人均可支配收入5 188元,同比增长16%,比一季度提高5.3个百分点。农村居民人均现金收入1 282元,增长17%,比一季度提高4.9个百分点。其中,工资性收入502元,增长21.7%;家庭经营收入645元,增长14.8%;转移性收入122元,增长11.3%。

(二) 从供给看,三次产业景气回升

(1) 农业经济平稳增长。1—6月全市完成农林牧渔业增加值37.69亿元,增长4%。受冰灾影响,全市夏粮总产量4.33万吨,下降3.4%,其中春夏收谷物产量下降16.2%,蚕豌豆产量下降1.5%;油菜籽产量下降0.3%,单产下降7%。春夏粮食播种面积428.24万亩,增加1.34万亩,其中早稻42.72万亩,增加0.78万亩,中稻完成258.39万亩,减少0.9万亩;猪、牛、禽出栏(笼)分别为224.1万头、10.13万头、2 308.22万羽,分别增长4.8%、2.6%和5.8%;牛奶产量518吨,增长61.4%。水产品产量2万吨,增长6.4%。已完成基地造林42万亩,为年度任务的110.5%。马尾松、阔叶树、楠竹等短轮伐期工业原料林的造林面积已超过40万亩,占造林总面积的98%。

(2) 工业增长逐渐加快。1—6月全市完成工业增加值72.34亿元,增长15.9%,比一季度加快9.1个百分点。其中规模工业增加值66.94亿元,增长18.6%,比一季度加快4.7个百分点。上半年工业对经济增长的贡献率达39.7%,比上年同期和今年一季度分别高0.8、12.6个百分点,拉动经济增长4.4%,虽比上年同期略低0.5个百分点,但比一季度高2.9个百分点。

(3) 第三产业增势强劲。由于市场持续旺盛和收入预期的改善,年初冰冻灾害期过后,第三产业呈现全面的强劲回升。1—6月全市实现第三产业增加值104.80亿元,增长12.8%,比一季度快4.9个百分点。第三产业对经济增长的贡献率达56.7%,拉动经济增长6.6%,均居三次产业之首。

(三) 从需求看,三大需求持续旺盛

(1) 投资需求增长强劲。1—6月,全市500万元以上施工项目有569个,增长19.3%,其中,新开工项目184个,增长2.2%;投产项目87个,增长35.9%。全市完成全社会固定资产投资85.82亿元,增长34.5%。其中,城镇以上固定资产投资64.30亿元,增长30.5%;房地产开发投资9.02亿元,增长45.9%;农村(非农户)投资8.31亿元,增长60.4%;农户投资4.20亿元,增长19.3%。全市房屋施工面积225.59万平方米,增长365.5%,其中住宅面积169.51万平方米,增长596.1%;全市房屋竣工面积29.73万平方米,增长96.9%,其中住宅竣工面积19.64万平方米,增长196.2%。

(2) 消费需求创出新高。1—6月,全市社会消费品零售总额74.02亿元,增长22.4%,比一季度加快3.1个百分点。其中,批零贸易业零售额60.49亿元,增长21.3%,比一季度加快2.4个百分点;餐饮业零售额11.79亿元,增长30.1%,比一季度加快8.1个百分点。

(3) 出口需求增长迅猛。1—6月实现进出口总额1 571万美元,增长29.4%,其中出口1 478万美元,增长28%。

（四）从资金看，信贷资金供应逐渐改善

（1）信贷投放力度加大。截至6月底，全市金融机构各项存款余额为442.13亿元，比年初增长11%；全市金融机构各项贷款余额为228.83亿元，比年初增长13%。近10年来首次出现贷款增幅大于存款，贷款中，水电行业贷款余额76.1亿元，新增13.1亿元，占全市贷款增加总额的50%；农林牧渔业贷款余额30.3亿元，新增7.2亿元，占27%；个人贷款余额34.1亿元，新增3.1亿元，占11.6%；建筑业和房地产业新增贷款1.87亿元和1.49亿元，分别占7%和5.7%。

（2）招商引资效果较好。1—6月，全市新批利用内资合同186个，合同利用内资57.5亿元；实际到位资金63.5亿元，增长32%。其中市直和怀化工业园到位资金分别增长113%和141%。全市合同利用外资5 474万美元，增长147.5%；实际利用外资4 000万美元，增长181.5%。

二、值得关注的主要问题

（1）重点工程进度不太理想，一些标志性项目几度拖延投产、达产时间。市委、市政府确定的城建、交通、工业、商贸等28个市庆重点项目中，有12个城建项目的征地、拆迁、安置工作和土地平整基本完成，部分项目进入开挖土方实现全线开工；5个交通项目除吉怀高速处于前期工作阶段外，国道绕城公路一期工程路基工程基本完成，二期工程已经启动，城南青山溪高速公路入口改建工程、省道223怀化至泸阳改建项目、怀化客运南站已经进入主体施工阶段；5个工业项目进展顺利，年内均可实现投产；6个商贸项目中，1个处于拆迁、安置、"三通一平"、规划评审阶段，5个项目基本完成主体工程，进入后期收尾阶段。总体进度不太理想，估计年内能够竣工投产使用的只有11个项目，不到项目总数的40%。

（2）物价涨幅虽然出现回落苗头，但后期变数较大。1—6月，全市居民消费价格涨幅为8.4%，比1—5月回落0.3个百分点，比一季度回落0.7个百分点。其中，6月为6.9%，比5月下降2.6个百分点，比3月回落2.7个百分点。然而近期油电价格大幅上调，给后期价格指数稳步回落增添变数。国家发改委宣布从6月20日起将汽油、柴油价格每吨提高1000元，航空煤油价格每吨提高1500元；自7月1日起，将全国销售电价平均每千瓦·时提高2.5分钱。相比全国平均零售基准价，此次汽油、柴油分别上调16.7%和18.1%，全国平均销售电价上调4.7%。这次成品油和电力涨价对全市水泥、冶炼等高耗能企业和纺织企业的成本压力较大，加剧了客货运输行业的经营压力。据不完全统计，上半年全市汽油零售额为2.06亿元，增长26.7%，超过销量增幅11.8个百分点；柴油零售额为4.03亿元，增长37.3%，超过销量增幅14.1个百分点。运输成本的上升，导致上半年全市客运、货运周转量分别下降25.4%和4.8%。纺织业是用电需求比较大的行业，特别是化纤行业单位电耗较高。根据国家对千家能耗企业的统计，化纤行业中的黏胶长丝、维纶行业排第1、2位，能耗高出电解铝、铜加工、烧碱行业2～3倍；而黏胶短纤维、腈纶也分别排在第8、12位。与此同时，油价上涨，以石油为能源、原材料的相关行业成本将大幅上升，尤其是对于化纤业，石油是重要的工业生产原料，油价上调将增加直接生产成本。由于化纤行业严重产能过剩，市场竞争激烈，通过提价转嫁成本的方式受到很大制约。

(3) 中小企业流动资金困难,资金需求急迫。今年以来,国家货币调控政策依然坚持从紧取向,目前存款准备金率已达到17.5%的历史新高。根据6月底全市金融机构存款余额442.1亿元计算,至少冻结资金75亿元。同时,金融机构惜贷倾向严重,截至6月底,全市金融机构各项贷款余额为228.8亿元,存贷比为51.76%,距离82.5%的最高上限还有30.74%的上升空间,意味着有近136亿元的可用资金沉淀在银行里。根据全市120家企业景气调查结果,各大行业普遍反映融资难是制约发展的重大障碍。二季度企业融资指数为67.72点,比一季度下降3.14点。

(4) 规模工业受到各种因素的困扰,对全市经济的拉动作用没有充分凸显。一是年初冰灾的影响。今年全市规模工业企业停产面一度达到85%以上,直接损失15.6亿元,影响一季度工业产值25亿元左右,减少经济效益约1.6亿元,严重影响了工业生产"开门红"目标的实现。冰灾对农副产品加工企业的影响将延续到下半年,仅柑橘减产就影响了汇源果汁和海联食品等企业的生产,泰格林纸项目也因灾影响一再推迟投产日期。二是今年雨量偏少的影响。上半年全市水力发电量为49.6亿千瓦·时,比去年同期下降5.3%。五强溪发电量减少了3.81亿千瓦·时,凤滩发电量减少了2.85亿千瓦·时。三是工业投资总量和结构的影响。去年全市工业项目投入70.6亿元,只占全省的4.4%,仅高于自治州和张家界,其中电力投资就占60%以上。今年可投产项目30个,预计新增工业增加值6亿元,拉动工业增长仅4%左右。四是政策性因素的影响。由于结构调整和节能减排的需要,今年拟关停26家规模工业企业,减少工业增加值5亿元左右。

三、全年经济走势的判断

要判断全市下半年的走势,离不开对国内外经济形势的分析。今年以来,世界经济发展中的不确定因素较多,从政治到军事、从金融到能源、从资本市场到原材料市场等充满了危机和多变。全球刚刚度过二季度短暂的缓和期,7月初又爆发第二波美国次贷危机,国际油价也一度达到147美元/桶的临界点,随时可能突破150美元/桶的心理关口。主要发达国家如美国、日本等,近期纷纷再次调低全年经济增长预期,世行、国际货币组织等也多次调低今年全球经济增长率,主要发展中国家和转型国家虽然能保持较快增长,但无不面临回落的现实。中国上半年经济增长也回落了1.8个百分点。

从国内来看,宏观调控虽然取得了一些积极成果,经济总体保持了平稳较快的增长,CPI连续两个月回落,加上奥运会召开在即,给国家适时调整宏观调控的节奏和力度提供了有利的空间。但目前输入型通胀压力不断加大,通胀的市场预期仍然较强,人民币汇率持续升值带来外贸顺差大幅下降,资本市场振荡剧烈,资源对经济发展的约束更加突出,给下一段国家的宏观调控政策的调整增添难度。

结合全市情况,下一段我市发展面临的有利因素比不利因素要多。今年是怀化撤地设市10周年和改革开放30周年,全市人民和各级各部门加快发展、后发赶超的热情空前高涨,交通、城建、工业、商贸等基础建设规模空前,经济发展的主客观条件得到了前所未有的改善。展望全年全市经济发展情况,尽管可能遭遇一些不可预知因素的威胁,但总的环境和趋势是好的。一是经济长期高位运行带来的增长惯性。今年上半年虽然因雪灾等原因增长放缓,但随着生产的全面恢复和投资、消费、出口的拉动增强,上半年仍然达到11.6%的较快速度,为下半年加快发展和全年目标任务的完成奠定了比较牢固的基础。

二是适应宏观调控政策的能力增强。全市根据宏观调控的要求进行了一系列适应性调整。例如,加大招商引资力度,多渠道筹措建设资金,调整用地结构,集约利用土地资源,整合"两高一资"产业,加强环境保护和生态产业建设等。当前经济发展中一些束缚性影响有所淡出,这为全市加大项目投资、增强发展后劲拓展了空间。三是一批重大产业和基础设施项目加快建设和启动。随着一批交通、能源、城建和商贸流通等"市庆"献礼项目加快实施,特别是托口电站正式开工,安江电站通过国家正式立项,国道绕城公路等一批高速和干线公路新建和改造,投资仍将保持对经济增长的强劲拉动。四是煤电油运的瓶颈制约有所好转。今年上半年中石油怀化分公司零售汽油2.88万吨,增长14.9%,其中二季度零售汽油1.47万吨,增长17.6%;上半年零售柴油6.45万吨,增长23.2%,其中二季度零售柴油3.56万吨,增长28.3%。五是沿海地区产业转移速度加快。由于劳动力成本上升、人民币升值、能源和原材料涨价等因素,沿海地区以劳动、资源密集型为主的产业集群向内陆地区转移的趋势已经形成,为全市承接产业转移、调整产业结构创造了良好的机会。据调查,深圳324家工业企业计划外迁,涉及工业产值209亿元。

因此,综合国内外因素总体分析,我们认为下半年国内宏观环境将发生一些积极变化,将有利于缓解资金、土地、能源等方面的瓶颈制约,有利于加强"三农"、民生、就业、出口等关键环节,从而有利于扩大社会总供给和总需求,带动全市经济平稳较快增长。只要加大各方面工作力度,全年经济增长12%的计划目标是可以实现的,增长13%的工作目标则有一定的风险和难度。

四、对策建议

按照经济增长13%的目标要求,据测算,下半年全市生产总值需要增长14.2%,要比上半年快2.6个百分点,其中第一、二、三产业分别需要增长4.8%、22%、13.6%,要分别比上半年快0.8、8.5、0.8个百分点。下半年的经济工作任务仍然十分艰巨,尤其是第二产业。为此,我们提出如下建议。

(1) 坚持投资拉动,确保固定资产投资持续强劲增长。就怀化目前发展阶段而言,尤其是为了实现赶超战略目标,投资拉动依然是经济增长的长期有效方式之一。因此,必须围绕投资的全流程提高工作效率和水平。一要切实加强项目工作。加强大型项目的策划、储备、招商、立项工作,加大对国家产业政策和投资政策的研究与跟踪,力争有若干超级项目(投资100亿元以上)在怀布局。二要努力破解资金瓶颈。在积极争取各级财政和信贷资金支持的同时,要努力拓展融资渠道;扩大直接融资,建立和规范民间借贷体系,有效启动社会投资需求。三要不断优化投资结构。从行业看要提高产业项目尤其是制造业的比重,从规模看要提高大型项目的比重,根据轻重急缓情况合理安排。四要加大招商尤其是工业招商引资的力度。要把握商务部"全国加工贸易梯度转移"工程和今年以来沿海产业转移大趋势带来的机遇,积极探索招商引资的新思路和新措施,充分利用各类商展节会等招商平台,大力引进符合节能环保的项目、企业和技术。

(2) 进一步加强发展工业的基础工作,切实搞好规模企业的服务和生产调度。一是以新型工业化考核为平台加大对在建工业项目的调度管理,力争早竣工、早投产、早达产。目前全市在建工业项目158个,其中有30个可竣工投产,可有效形成工业资产增量。因此要对有新企业进入规模企业"笼子"的县(市、区)加大奖励力度,对新进"笼子"的企业实施奖励措施,鼓励县(市、区)和企业加快项目建设进度,争取多进"笼子"。二是加强中央、省属企业的服务和生产调度工作。全市共有 11 家中央、省属企业,上半年完成工业增加值 16.2 亿元,仅增长 3.2%,远低于全市规模工业的增长速度。中央、省属企业占了全市规模工业的近 1/4,加大对中央、省属企业的生产调度与服务,努力促使其加快生产与发展应是我市工作重点之一。

(3) 抓住重建机会,大力参加四川地震灾区重建。汶川"5·12"大地震灾后重建时间估计需要 3～5 年,重建工作需要大量的钢材、水泥、五金电料、水暖器材、电线电缆、人造板(复合板)、陶瓷砖等建筑装修材料。中央财政已经安排重建资金 700 亿元,加上地方财政配套资金,将给全市建材工业和竹木加工业带来巨大的市场需求。怀化与灾区的交通比较方便,地震震中汶川与怀化的直线距离不到 900 公里,渝怀铁路已经通车,加上沅江—洞庭湖—长江黄金水道,水陆运输十分方便。因此,建议市委、市政府组织企业、机关和民间团体积极参加对灾区的对口支援,充分了解当地的迫切需要和重建规划,为全市参与灾区重建工作打下良好的基础。

(4) 坚持以人为本,针对受价格冲击较大的基础和公共行业以及弱势群体落实好补贴政策,主要是农业,出租车行业,城市公交、农村道路客运,农民和城市低保人员。对种粮农民财政每亩再增加 5 元补贴,对城市低保人口每人每月增加补助 15 元,农村增加 10 元,这些补贴政策必须尽快不折不扣及时落实到位。对农业、出租车行业、城市公交、农村道路客运等弱势行业,必须尽快拿出具体补贴办法,并尽快落实到位。严格执行国家给百姓的各项优惠价格规定。比如,对城乡居民用电和农业、化肥生产用电价格不做调整,液化气、天然气价格不做调整等。特别是液化气、天然气价格,此前已经有变相涨价现象。必须防止引发价格连锁反应,引起物价全面上涨,酿成全面通货膨胀。必须加大市场监管力度,切实维护市场稳定。

【评析】 这是一篇宏观决策方案。决策的目的是在春夏经济形势良好的情况下,针对如何解决冰冻灾害、煤电油运和物价水平高等新问题,对下半年怀化市经济工作的决策布局。

作者实事求是,从实际出发,不大讲形势,不大讲政绩,而是开门见山提出问题,充满忧患意识,应是本文最值得称道的特色。这是作出正确决策的根本前提。同时决策中关注民生,注重平衡发展,体现科学发展观的决策思想,也难能可贵。

这篇决策方案脉络清晰,层次性强。尤其是经济态势分析部分,从经济质量、经济供给和经济需求三个层面做一级分析,而每一个一级分析又做三个次一级细化归纳,层次明晰。大量精确数据的应用,增强了报告的可信度。尤其是对经济效益条分缕析,使条件分析更具透明度和说服力。这是一篇适应政府经济管理需要的具有较高实用价值的经济决策方案。

思考与练习

一、填空题

1. 经济决策方案的特点有_____、_____、_____、_____、_____。

2. 经济决策方案的程序是_____、_____、_____。
3. 按决策的范围,经济决策方案可分为_____和_____。
4. 经济决策方案的主要表达方法有_____和_____。

二、简答题

1. 经济决策方案的正文一般包括哪几个部分？其中设计方案一般要经过哪两大步骤？
2. 撰写经济决策方案怎样体现创新精神？
3. 拟制经济决策方案的基础是什么？试概要说明。

三、分析判断题

写决策方案强调创造性思考,包括求全思考、求进思考、辐射思考、辐集思考、正反思考、类比思考。请指出下列各组实例为何种思考。

1. 从幻灯想到电影—从电影想到电视—从无声电影想到彩色电影。
2. 报纸可以看—可以包东西—可以裱房子—可以糊风筝—可以练字—可以从中发现有用的资料。
3. 电可以生磁—磁可以生电。
4. 衣服要想经久耐穿—布料要结实—针线要缝密—穿着要爱惜。

第十五章

经济活动分析报告

第一节 经济活动分析报告的概念和特点

一、经济活动分析报告的概念

经济活动分析报告是经济职能部门或企业实体,以计划指标、会计核算、统计核算和调研情况等为依据,运用科学的方法,对一定范围、时间内的经济活动状况进行分析研究、评估后写成的书面报告。

经济活动分析研究的对象是企业经营的过程和成果,目的是调控企业的经济活动、改善企业经营管理、降低成本、增加企业利润、提高经济效益,并从企业的经营过程中总结经验、揭露矛盾、分析原因、提出措施,充分挖掘一切潜力。实际上经济活动分析报告包含三层含义:①经济活动。所谓经济活动,就是指在生产经营活动中,能够用货币形式反映的各种活动,如购买材料、销售产品等。②经济活动分析。所谓经济活动分析,就是指运用会计、统计以及业务核算等资料,通过调查研究,分析、检查企业计划完成的过程和结果的方法。③经济活动分析报告。所谓经济活动分析报告,就是指有关部门在进行经济活动分析的基础上写成的文字材料。它的作者可以是企业自己,也可以是企业外部主管部门、财政银行部门。

经济活动分析报告的三层含义实际上规定了经济活动分析报告的主体对象、客体内容及反映手段,有别于经济预测和经济工作总结。经济活动分析常是围绕生产、成本、销售、利润、资金来进行的,并着眼于企业经营活动和生产成果相互影响、发展变化的动态过程。

二、经济活动分析报告的特点

经济活动分析报告是在某种思想和经营理念的指导下,对特定的经济活动状况进行的调查分析。这种文体具有以下六个方面的特点。

(一)观点的鲜明性

观点即对事物的态度和意见,是在分析报告中所得出的结论。经济活动分析的作用,在于通过对经济活动过程和结果的分析及判断,指导实践,因此,分析报告中的观点必须鲜明。

（二）分析的客观性

经济活动过程，是指工业企业的供产销过程，即物质资料的再生产过程；商业企业的购买、销售过程，即商品的流通过程。经济活动结果是指经济活动中各项经营成果以及完成的各项经济指标。经济活动过程及其结果是经济活动分析的内容，通过分析、评价资源利用情况，检查经济结构完成情况，促使经营管理水平不断提高。因此，只有客观、公正、准确地分析，才能得出和实际相符的结论，这样的结论才具有参考价值。

（三）时效的定期性

经济活动分析报告是对一定时期内已完成的生产经营、销售或其他经济活动的分析和总结，一般在年终或一个生产周期，或一个经营环节后进行，具有明显的定期性和及时性。

（四）效果的检验性

经济活动分析报告是对已发生的经济活动过程的检验与评估，标准是计划指标、党和国家相关的方针政策、法规法令以及加入世界贸易组织后的相关国际准则。

（五）数据对比性

经济活动分析报告以数据对比分析为主。不同的经济活动由不同的经济技术指标构成，有不同的分析要求和计算方法，专业技术性强。检验每一项经济指标的完成情况以及相关因素等，必须通过数字对比来加以表示和说明。有比较才有鉴别，才能明辨得失优劣、确定方向。

（六）实践的指导性

分析过去只是手段，指导今后工作才是目的。经济活动分析报告着重分析经济情况产生的原因、总结成功的经验，找出不足的地方及薄弱环节、提出解决的建议和措施等。其目的在于分析过去、总结规律，指导企业今后的经营活动。

第二节　经济活动分析报告的作用和种类

一、经济活动分析报告的作用

经济活动分析报告有助于及时检查和总结经济活动的情况，对企业生产经营状况和企业财务状况进行全方位的总结。它的作用是多方面的，具体有以下四个方面。

（一）反映现有经济状况，进行科学评估

通过对各种经济指标完成情况的汇总分析，可以考核本期计划的执行情况，并经过历史性比较和先进性比较来客观、全面地认识企业经营的现况、地位，找到成绩与经验，发现

问题与经营中潜在的危机,从而对一定时间和一定范围内企业的经济活动作出一个实事求是的科学评价,让企业经营者做到胸中有数、防患于未然,调整经营策略。

(二)分析主客观因素,明确发展方向

通过对影响或决定经济活动的各种主客观因素的分析研究,能找出企业经营中发展优劣的决定性因素或关键问题。如通过计划完成好坏的原因的分析,既可以看到成绩、激励先进,又可以发现问题、解决问题,进一步完善计划制订的科学性,为进一步完善挖掘完成计划的潜力提出合理的意见或措施,明确企业的发展方向及努力方向。

(三)发挥管理功能,提高管理水平

经济活动分析是经济管理工作的重要组成部分。计划、核算、分析三个既联系又独立的环节反映了经济管理的整个过程。计划是事前控制,重在预定目标;核算是事中控制,重在反映监督计划和执行过程与结果;分析是事后控制,根据核算资料对计划执行情况进行分析。三者构成了经济管理的有机统一整体,计划为分析提供评价标准,核算为分析提供必要资料,而分析既使计划得以检验,也使核算得以深入,能帮助经济活动有关部门制订计划恰如其分、执行计划切实有效,促进管理水平的提高。

(四)认识市场规律,做好职能服务

随着社会主义市场经济的发展及经济全球化的趋势,经济活动更加复杂而富有变化,经济主体的多方性及经济活动的联动性日益明显,原有的一些管理方法、计划措施等已不能适应新的经济形势,无论是企业本身还是财政、税务、审计、统计、银行等经济管理部门,都需要经常深入市场中去进行经济活动分析,以便及时掌握各种经济活动运行情况,认识市场规律,采取各种有力的调控措施和政策,更好地履行各经济管理部门的职责,为企业、行业、地区乃至全国的国民经济健康迅速地发展提供最优的服务。

二、经济活动分析报告的种类

企业的性质不同,经济活动的内容也有区别;由于企业在不同时期的经济活动内容不是固定不变的,因此经济活动分析就不能只是一个模式。再加上市场主体分析经济活动的目的任务要求不同、角度办法不同,经济活动分析就有了不同样式。下面根据不同的分类标准,做适当的归纳。

(一)按部门划分

按部门,经济活动分析报告可分为工业经济活动分析、农业活动分析和经贸活动分析。

各部门的经济活动分析都涉及人、财、物和产供销这些要素,但是这些要素在各部门的经济活动分析中各有自己的内容和格式。例如生产企业是以生产为中心的,它的经济活动分析的内容和形式就常表现在产量、品种、质量、消耗、劳动生产率、成本、利润、资金这八大指标上。经贸企业是以商品流通过程中的购销调存的活动为中心,在活动过程中,

不断发生人力、物力和财务耗费；需要商品流通费的支出，支出由销售收入补偿。收入大于支出，就取得盈利；反之即亏损。因此经贸经济活动分析将购销调存的分析和财务分析(资金、流通费和利润的分析)作为自己的内容和形式。其他部门(如农业、交通运输、财政金融等)的经济活动分析也各有自己的特殊内容和形式。

(二) 按范围划分

按范围，经济活动分析报告可分为综合分析、专题分析和典型分析。

综合分析也称全面分析，是对企业进行全面的检查和评估，使用大量的指标和资料，在经营过程和结果中揭露不平衡现象，抓住经营中的主要矛盾，查明主要因素，促进全面改善，提高经济效益。它对于指导企业进行有效市场运作有重要意义。由于企业经营和成果都最后综合地反映在财务上，财务分析在综合分析中就有特别重要的意义。

专题分析是对某些重要问题进行分析，是综合分析的继续和深入，也可以根据经营中发现的问题和企业市场经营的要求随时进行，有助于某些关键问题的深入了解和具体解决，如成本分析、费用分析、产品质量分析、资金分析等。专题分析报告的特点是内容专一、分析深入。它是不定期的分析报告，发现问题后可及时分析，具有明显的动态性和专一性特点。

典型分析是对有代表性的某个单位、部门、事件和全局性问题进行深入分析，从而揭示一般规律，指导或促进其他单位或部门的工作，具有明显的代表性和普遍性的特点。

第三节　经济活动分析报告的分析方法

经济活动分析是建立在数据指标体系的基础上的，指标数据的分析要根据目的要求和资料数据掌握情况，采用一定的科学的技术方法。技术方法的选择得当是分析的重要前提和关键，经济活动分析可以说是方法论的科学。因此，经济活动分析报告的写作也要讲究分析方法的叙述。方法叙述得精简清晰，报告就有说服力。经济活动分析报告常用的分析方法有下列几种。

一、比较分析法

比较分析法也称对比分析法。它将两组或多组具有可比性(如时间、内容、项目和条件、标准等相同或相近)的数据资料放在同一基础上进行比较，以鉴别高低，找到差异，查明原因，提出改进措施。一般可从以下几方面进行比较。

(1) 计划。将本期各项指标的实际数与计划数对比，这是最基本的比较。其作用有二：其一说明本期执行计划的实际状况，找出差异的原因；其二检验计划指标是否合理、实际，是否需要修订。

(2) 历史。将本期实际数与上期、上年度或历史同期最高水平比较，看其增减之幅度，以反映经济活动的发展变化及趋势。

(3) 先进。将本期实际完成数与国内外同行业基本相似或相同的先进企业同期完成数对比，以考察本企业各项经济指标的高低层次，既能对本企业状况合理定位、准确评估，也可以学习先进，找出差距、扬长避短，明确经营方向。

二、因素分析法

因素分析法是探求影响某一经济指标完成情况的各种因素和影响力程度的分析方法，它要对造成差异、问题的各种主客观因素综合分析，在错综复杂的矛盾中找出最本质、最关键、起决定作用的因素。比较分析法着重于数据和情况的对比，因素分析法则侧重于事实的说明和特点、原因的剖析。

三、动态分析法

将不同时期经济活动的同类指标实际数值进行比较，求出比率，进而分析该项指标减增发展情况，此种方法即动态分析法。进行动态分析，需要定量的历史资料积累，将其依时间顺序排列，组成动态数列。数列中的指标数第一个为最初水平数据，最后一个为最新水平数据，每个数值均叫发展量，这个数列反映的是经济活动某个项目在不同时期的规模水平。

动态分析应先划定经济活动的起止时间，列出有关的所有数值，计算出增减速度、平均变化速度等，然后从这些比率的变动中研究某一个指标的变化情况，并推测其发展趋势。要注意，分析这些数值不能仅仅围绕抽象的数字，还应探讨不同时期的各种其他因素对数值变化直接或间接的作用和影响。

除了以上方法外，还有预测分析法、平衡分析法、时间分析法、指数分析法、差额分析法、线性规划法、相关分析法等，可分别从不同角度进行经济活动分析。在具体选择时，可依据资料内容、性质，分析的对象和目标，采用一种或几种分析方法。

第四节 经济活动分析报告的格式及写法

一、经济活动分析报告的格式

（一）标题

根据经济活动分析报告内容、目的不同，标题形式可多样化，一般由单位名称、分析时限、分析内容和文种类型四要素组成。其表现形式有：①完整性标题，如《××市××银行关于2017年度居民储蓄情况的分析》《××公司2017年上半年产成品质量分析报告》。这种题型四个要素齐全、表达完整。②不完整性标题，某些报告拟题时为了特别突出某方面的因素往往会省去某些次要要素，以突出标题的题旨的鲜明性。它大致有三种表现形式：突出分析对象，如《钢材产销分析》；突出分析的内容或范围，如《对当前工业生产资金和市场形势的分析》；突出文章的观点，如《要把产成品资金作为经济活动分析的重点》。

（二）导言

导言亦称前言、引言、开头、导语，主要概述分析报告的内容、范围、对象、目的、背景等。其一般写法有：①从简介经济情况入手，然后提出要分析的问题，纯属于一种开门提问式。如《对当前工业生产资金和市场形势的分析》一文,就是这样开头的。②有的分析报告,简介情况后,就提出观点,用一过渡句转入分析。纯属于开门见旨(山)式。如《工业产成品资金因何上升》一文,就是这样开头的。③有的开头只是一句过渡语,马上转入正文。如《××市财政局关于1月份财政收支情况的分析报告》一文的开头是:"现将1月份财政收支情况报告如下",就是这种形式。

(三)主体

主体是经济活动分析报告的主要部分。这部分的重点是分析原因、找到问题、得出结论。它一般由三部分组成。

(1)基本情况。运用对比、分解、综合的方法,以大量的数据(包括图表)介绍情况,找出差异。

(2)原因剖析。深入分析上述情况,找出主客观因素,给予恰当评价。

(3)意见建议。在科学分析的基础上提出正确的意见,有针对性地提出合理的措施、建议,以指导实践。

(四)结尾

分析报告有的有结尾,有的结尾不明显。有的以建议结尾;有的以分析结果结尾;有的结尾处展望未来,鼓舞斗志。总之,结尾要写得简明扼要、干净利落。

(五)落款

在正文的下方写上分析报告的单位名称和报告成文的时间。

二、经济活动分析报告的表达方式

经济活动分析报告重在分析,因此,必须有数据和情况的介绍,必须引用实例说明观点和看法,还必须从事实的分析中推断发展规律,所以主要采用叙述、说明、议论相结合的表达方式。

(一)叙述

叙述常用于对经济活动基本情况、经济效益和存在的问题的介绍。分析报告多用概括叙述手法,使叙述情况简明扼要、清晰明了、主次分明。

(二)说明

说明常用于对经济指标执行情况的说明。说明的文字要做到条理清楚、纲目分明。要对客观事物做客观的、冷静的、科学的解释。要把握分析报告的内容,抓住分析报告的特点。常用数字说明、图表说明、比较说明、诠释说明。

(三)议论

写作经济活动分析报告,常在概述基本情况、说明经济指标执行情况的基础上,分析问题产生的原因,对经济效益进行客观评价,从而来传达作者的观点和看法。因此,常用议论点明观点、分析原因、总结经验教训。运用议论评价经济活动的好坏优劣要恰如其分,对问题的分析要切中要害。分析判断必须准确,推理必须合乎客观事物的发展规律,不可主观臆断、随心所欲。

三、经济活动分析报告与经济预测报告的异同

经济活动分析报告与经济预测报告在写作对象、写作程序、写作目的等方面都有其相同或相似之处。它们反映的都是经济活动运转情况,都必须对已开展的经济活动进行客观的、全面的、科学的分析,并以数据为主要分析对象,都要寻找出经济活动的客观规律,为有关部门下一步的经济决策提供有效依据。具体而言,其相同点与不同点分别如下。

(一) 相同点

(1) 方法上相同。两者都要对经济活动进行全面、系统的分析,然后进行预测。

(2) 表述上相同。两者都要运用大量的数据进行定量分析,再作出定性的观点。

(3) 作用上相同。两者都要确立一定的研究目标,从而捕捉发现经济活动中的各种规律,为决策者提供有效决策依据。

(二) 不同点

(1) 内容侧重点不同。经济活动分析报告侧重于分析现阶段经济效益及影响经济效益的多种原因,并提出相应的对策,而经济预测报告则侧重于分析未来经济活动的动态变化及运用趋势。

(2) 写作目的的不同。经济活动分析报告的目的在于指导下一段经济活动,经济预测报告注重预测未来市场的发展变化,旨在帮助经营者及时调整现行的经济策略。

(3) 写作时间不同。经济活动分析报告写于经济活动之后,经济预测报告写于经济活动之前。

(4) 语言特点不同。经济活动分析报告多用肯定的判断性语句,而经济预测报告多用模糊的推测性语句。

(5) 调查的范围不同。经济预测报告比经济活动分析报告调查的范围要广。

第五节 写经济活动分析报告应注意的事项

写经济活动分析报告时应注意以下几个事项。

一、突出重点

经济活动分析不能写得面面俱到、不分主次。要抓住关键问题、深入分析,揭示潜在问题,提出有预见性的建议,就会给人以深刻印象,为经济经营者提供有力的决策依据。

二、善于发现问题

经济活动分析报告是加强企业管理、提高决策水平的重要手段,必须如实地反映市场中各经营主体的经济活动。分析和写作必须坚持原则,实事求是,肯定成绩,不回避矛盾,不掩盖矛盾,要有科学的态度、科学的勇气。要全面看待、分析各种指标,善于超前性地发现问题,防微杜渐,保证各经营主体在市场中健康良性地发展,并提高自身的竞争实力。

三、防止单纯罗列数据

经济活动分析报告是用指标来分析问题的,指标十分重要,在报告中占有重要地位。但是指标分析必须与因素情况分析相结合,只有数据才能反映问题的本质。一个企业的效益上去了,数据上很惊人,但还要看经营主体是否违反了国家的经济政策,是否损害了国家和人民的利益。书面报告切勿单纯依靠数据,使人不得要领。要重视分析叙述的角度,要注意数据与因素分析相结合。

四、注重科学性

首先,写经济活动分析报告要客观全面,既要肯定成绩,又要找出差距;既要说明有利因素,又要说明不利因素;既要分析客观因素,更要分析管理上的主观因素,切忌片面性。

其次,观点和依据要统一。观点是从依据中提炼出来的,又是分析依据的出发点。不能主观臆断、凭空推测;不能罗列现象,没有主观分析和意见。

第六节 阅读与评析

[例文]

2000年一季度国内生产总值与工业增长率分析

一季度,随着国家扩大内需各项综合性政策举措效应的进一步显现,国民经济整体开局良好,工业生产、固定资产投资、市场销售、出口等的增长均程度不同地有所加快。但经济回升的基础尚不牢固,经济增长的内在活力仍然不足。

一、一季度经济增长的基本情况

国民经济出现回暖趋向,增长速度有所加快。初步测算,一季度国内生产总值达到18173亿元,按可比价格计算,同比增长8.1%,比去年第四季度加快1.3个百分点。其中,第一产业增加值1542亿元,同比增长3%;第二产业增加值9930亿元,增长9.3%;第三产业增加值6701亿元,增长7.5%。

工业生产保持较快增长。一季度完成工业增加值5012亿元,同比增长10.7%,增幅比去年四季度加快3.4个百分点。各种经济成分的生产均有所加快,其中国有及国有控股企业增长8.6%,集体企业增长7.7%,股份制企业增长13.3%,三资企业增长14.4%。

二、一季度经济增长分析

一季度经济增长的回升,只是相对于去年二季度以来经济增长明显减速而言(去年一季度至四季度国内生产总值分别增长8.3%、7.1%、7%和6.8%),是一种恢复性的增长。从20世纪90年代中后期以来一季度同期经济增速对比情况看,今年除略高于1998年外,均低于其他年份。1995—1999年一季度国内生产总值分别增长11.2%、10.2%、9.4%、7.2%和8.3%。由于一季度中,增速较低的农业占国内生产总值的比重较低,约为10%,比全年20%左右的比重约低10个百分点;同期增速较高的工业占国内生产总值的比重较高,约为50%(全年为42%~43%)。因此,在一般情况下,一季度经济增速往往高于全年增速。1995—1999年(除1998年因特殊情况影响外)全年经济增速分别比同年一季度增速低1.0、0.5、0.6和1.2个百分点。由此可以推断,如果保持目前的调控力度不变,随着农业比重的逐渐提高,年内后几个季度的经济增速将低于第一季度。

从供给方面看,一季度农业增长有所放慢,第三产业基本保持平稳增长,工业生产的较快增长是经济增长主要的推动力量。一季度农业增长3%,增速低于去年同期1个百分点;所占比重为8.5%,比去年同期下降了0.9个百分点;第三产业中,房地产业明显升温(增速由去年一季度的3%加快到8%),批发零售业有所加快,但运输邮电业增长略有放慢,总体第三产业增速和其所占比重基本保持上年同期水平。工业的持续加快增长,使一季度工业所占份额达50.1%,比去年同期提高0.9个百分点。

进一步从工业内部结构分析,一季度工业增长加快主要受以下两个因素的拉动:一是新技术产业已成为促进工业生产增长的新动力。近年来,新技术产业快速发展,对经济的拉动作用日益显现出来。今年一季度,新技术产业仍然保持快速发展的势头。载波通信设备、光通信设备、程控交换机、电子计算机、微机以及集成电路等分别增长16.3%~73.1%;移动电话机增长1.4倍。据测算,今年一季度,仅电子通信类产品的增长,即拉动整个工业生产增长1.6个百分点。二是重工业生产加快的带动。国家增加投资、加强基础设施建设,推动了重工业生产增长加快。一季度重工业生产增长11.5%,增速比轻工业快1.7个百分点。重工业产品中,原油加工量比上年同期增长18.1%,成品钢材增长8.6%,十种有色金属增长17.5%。重工业占全部工业的比重达58.4%,比往年平均水平提高了8~10个百分点。

从需求方面看,国外需求对经济的拉动作用明显增强,这是今年一季度经济运行的一个突出特点。今年一季度固定资产投资增速明显低于上年同期水平(今年一季度增长8.5%,去年一季度增长22.7%),出口的大幅度回升是一季度经济增长的主要拉动力量。一季度出口增长39.1%,贸易顺差达52.2亿美元,比去年同期增长21.4%。另据测算,一季度工业出口交货值增长较快,拉动整个工业生产增长2.8个百分点。也就是说,一季度工业生产的增长,近1/4是由于出口的快速增长拉动的。此外,消费的稳中趋活也在一定程度上刺激了经济的增长。一季度社会消费品零售总额增长10.4%,考虑价格下降因素,实际增长12.5%,增幅比去年同期提高了1.9个百分点。

三、下阶段走势分析

上半年经济走势如何,从产业方面看,农业生产在稳定增长的同时其比重将比一季度平均提高3~4个百分点,第三产业总体上仍将基本保持一季度的态势,工业受去年同期对比基数的影响(去年一季度工业增长10.1%,二季度增长9%),总体增速有可能略高于一季度或基本保持一季度的水平。上半年经济能否继续保持一季度的增长态势,关键取决于工业增速能否加快,其加快的程度能否抵消农业比重上升对经济增速的不利影响。

　　从需求方面看,开局良好,生产与需求双双出现回升,结构调整取得新的进展,经济运行质量也有所提高,为实现全年目标奠定了良好的基础。下阶段经济发展还面临许多有利条件,推动一季度经济增长的各种有利因素将继续发挥积极的效应。但同时也应看到,一季度经济增长的加快,主要是由于国外需求快速增长和继续实施积极财政政策等短期性因素的影响,经济增长的内在活力和持久动力仍然不足,阻碍经济良性循环的一些深层次矛盾依然比较突出。受相当一部分企业生产经营困难、自我积累能力弱以及融资渠道、市场前景等多种因素的影响,微观主体自主投资的积极性依然不高,社会投资增长乏力问题仍比较突出。从消费领域看,一些促进消费增长的政策效应会逐步减弱,而制约消费增长的主要矛盾并未缓解,城镇住房、医疗、教育等的改革对居民支出预期的影响依然较强,农村市场受农民收入增长缓慢、农村消费环境差等因素的制约,开拓面临较大难度。经济生活中长期存在的一些深层次矛盾,如体制不顺、经济结构不合理、劳动就业压力大等依然没有得到很好的解决,改革、调整面临的任务依然十分艰巨。综合考虑上述有利与不利因素,我们认为,年内后几个季度经济仍可望继续保持较快增长,但增速将有所放慢,预计上半年经济增速为 7.6%～7.7%。

　　【评析】 这是一篇综合性的经济活动分析报告。文章概述了 2000 年一季度工业生产增长速度偏低的情况,分析了产生这种情况的原因,提出了保持经济持续稳步增长的措施。本文观点明确、分析准确、是一篇较好的经济活动分析报告。

　　作者通过对当前工业生产资金和市场形势的调查和分析,得出的观点是,2000 年一季度工业生产速度偏低,市场需求继续疲软,在贷款增加的情况下,企业资金继续紧张。这个观点无疑是很明确的。

　　一个明确观点的形成,首先是来自对分析对象的认真调查以及对材料做全面、深入而细致的分析;其次要正确使用分析方法。本文作者在分析 2000 年一季度的工业生产资金和市场形势时,使用了比较分析和因素分析这两种分析方法。因素比较分析,是指对同一基础上的材料进行比较,从而发现问题,找出原因,提出改进措施。这是经济活动分析报告经常使用的方法。

　　材料典型,叙述简要,判断准确,是本文写得较好的另一个原因。经济活动分析的目的是揭露矛盾、分析矛盾、找出原因、以利改进,因而材料必须典型。本文所选用的事例和数据都具有典型、精确的特点。例如,作者在论述 2000 年一季度工业生产"增长速度仍然偏低"这一分观点时,选用了两个方面的材料:一是企业生产能力没有充分发挥;二是出口增长要回到宏观调控前,目前企业面临的困难比较多,要实现上述目标还需要作出艰苦努力。这两个方面的材料,具有典型意义,不仅论证了观点的正确性,而且分析说明了增长速度仍然偏低的原因。

　　叙述简明扼要。本文在语言上做到既简明又扼要,如作者在叙述 2000 年一季度工业生产增长速度实现 7%～8% 的可能性时,仅用了不到 200 字的篇幅,抓住了能源、原材料一些与工业生产至关重要的内容,使用对比的方法加以叙述,这样就能既突出叙述的重点,做到扼要,又在语言上以简驭繁,做到简明。

思考与练习

一、填空题

1. 经济活动分析报告具有 _____、_____、_____、_____、_____、_____ 六个方面的特点。
2. 经济活动分析报告的主要作用有 _____、_____、_____、_____ 四个方面。
3. 经济活动分析报告按部门，可分为 _____、_____ 和 _____ 三种；按范围，可分为 _____、_____ 和 _____ 三种。
4. 经济活动分析报告所运用的比较分析法，主要是进行 _____、_____、_____ 三个方面的比较。

二、简答题

1. 什么是经济活动分析报告？它的具体含义包括哪几个方面？
2. 经济活动分析报告与经济预测报告的异同是什么？
3. 经济活动分析报告中运用议论的表达方式时应注意什么？
4. 经济活动分析报告的写作应注意哪些问题？

三、下列句子运用是否正确，如有错误请改正，并说明理由。

1. 振兴造纸厂去年亏损 18 万元，今年减少 1 倍，只亏损 9 万元。理由是_____。
2. 纺织厂大抓劳动纪律整顿，使上岗出勤率从原来的 80％提高了 94％。缺勤率比原来降低近 1 倍。理由是_____。
3. 兴亚汽车厂厂长在职工大会上宣布，今年 5 月起，凡超产 20％以上者，可得一等奖；凡超产 20％以下者，可得二等奖；凡超产 10％以上者，可得三等奖；凡超产 10％以下者，可得四等奖。理由是_____。

四、选择某个企业，进行深入调查后，就某一经济活动情况进行分析，写篇分析报告。

第十六章

财务分析报告

第一节 财务分析报告的概念和特点

一、财务分析报告的概念

财务分析报告是指企业以财务报表及其他相关资料为主要依据,对企业报告期内财务状况和经营成果进行分析后,反映企业在经营过程中生产、资金、效益等方面的优缺点及发展态势,为改进企业财务管理工作和优化经济决策提供重要财务信息而编写的结论性的书面文字报告。

财务分析报告是建立在财务分析的基础上,运用一定的分析方法,对企业的财务活动进行具体分析后得出的书面报告。它是单位过去一段时期生产经营业务的记录,是已完成的财务活动的总结,同时也为进一步生产经营而制定各项计划指标提供现实依据,还是分析、评价企业生产经营状况的既有客观性又有具体性的文字式报告。

在编写财务分析报告的过程中,由于所需专业知识水平比较高,同时又要对本企业的财务活动情况比较熟悉,因而一般由企业的总会计师或财务部门负责人执笔编写,对提高企业的经营管理水平和经济效益具有比较重要的参考价值。

二、财务分析报告的特点

(一)分析性

整篇财务分析报告是建立在财务分析的基础上,离开了科学的分析方法,编写出来的财务分析报告只能是一纸空文,对实际工作没有多大指导意义。

(二)检验性

通过对本企业的财务活动进行分析,可以检验本企业的日常财务活动是否遵守党和国家的方针、政策,是否遵守有关财经制度和财经纪律,从而为决策者调整经营方向和提高管理水平服务。

(三)参考性

政府主管部门、企业管理层及上级主管部门以及财税银行、投资者等相关单位或部门往往以企业财务分析报告中的有关指标和数字来评价企业的业绩,并以此为依据来调整各项指标或追加投资等,因而财务分析报告的目的是向这些相关单位或投资者报送、公布本企业财务状况的总体概况,为其提供有关参考信息。

(四) 剖析性

财务分析报告对本企业的财务活动应实事求是地进行分析,对本企业经营业绩、资金和效益等方面的优势进行重点突出说明的同时,也要科学地剖析企业目前所存在的问题或将要发展的不良态势以及需要面对的经营风险和财务风险程度,以便企业决策者及时商讨对策,调整经营策略,从而使企业的生产经营活动实现良性运行。

第二节　财务分析报告的作用和种类

一、财务分析报告的作用

财务分析报告是会计报表的必要补充,也是会计报表的重要组成部分。它全面地反映了单位的生产经营活动情况、资金情况以及成本利润情况,分析和总结了单位生产经营以及资金筹措、营运、回收过程中的成绩和缺点。它是单位向外界介绍自身实力状况的工具和手段,也是上级与社会有关方面了解该单位财务状况,以协调处理彼此关系的窗口与渠道。

企业在日常财务活动过程中,客观地存在许多矛盾,诸如经营与资金、成本与利润等矛盾。这些矛盾的客观存在,对于企业的理财工作提出了挑战。如何正确处理好这些矛盾,对于企业的发展具有相当重要的意义。认真地分析企业的日常财务活动,可以从中发现日常工作中存在的问题,从而具体地、有针对性地加以解决,为企业的进一步经营提供现实依据,为企业的发展提供科学决策。因此,写好财务分析报告具有重要意义。

(1) 通过数字分析和文字分析可以检验期初制定的各项生产经营计划指标的执行情况并据此作出评价,为进一步制定生产经营的各项计划指标提供现实依据。

(2) 通过分析,可以反映本单位的成本、利润情况,让单位领导和职工群众认识到生产经营环节存在的优点与缺点,为厉行节约、提高经济效益和管理水平及充分调动职工的积极性打下坚实的基础。

(3) 财务分析报告为单位领导者、投资者、政府主管部门以及有关业务部门等提供了有关财务信息资料,以便其据此作出经营管理、投资贷款、业务指导等的科学决策。

二、财务分析报告的种类

财务分析报告的种类比较多,根据不同的标准,可以得出不同的报告结果。

(1) 按报告的主从关系分,有主报告和辅助报告两类。主报告反映单位总体经济状况,包括资产、负债和所有者权益等方面情况;而辅助报告只是对主报告中某一项内容进行具体的阐述和反映,如资产减值、利润分配等表格及其财务情况说明书。

(2) 按报告所反映的资金运动方式分,有动态财务分析报告和静态财务分析报告两类。动态财务分析报告主要是系统地反映报告期内单位资金的运动情况,包括资金的筹措、营运、投放、回收;而静态财务分析报告主要是用以反映报告期末某一时点资金的分布情况,如年末或季末的资金结构和资金占用情况。

(3)按报告所反映的财务活动内容分,有资金变动情况报告、资产变动情况报告、利润及利润分配情况报告、负债变动情况报告、税务完成情况报告、股份变动情况报告等。

(4)按报告内容的作用对象分,有对内财务分析报告和对外财务分析报告两类。对内财务分析报告主要有管理费用明细表、单位成本表、债权债务明细表、利税完成情况表等,用以满足单位内部领导及有关人员经营管理的需要。对外财务分析报告则有资产负债表、利润及利润分配表、单位基本情况变动表、现金流量表等。

第三节 财务分析报告的格式及写法

一、财务分析报告的格式

财务分析报告一般由标题、前言、主体、结尾、落款和时间六部分组成。

(一)标题

标题一般包括企业名称、报告期和具体的分析内容,如《××公司××年财务状况分析》。但并不是所有的标题都由这三项要素组成,视财务分析报告的需要和当时的具体情况而定。有的标题可以以其中的某些要素组成,如《××年度企业效益情况分析》;有些标题为了突出重点,也可以以报告中的主要陈述观点作为标题,如《关于盘活企业流动资产的意见》《关于适度利用负债资金发展生产的建议》,但这种标题形式常用于专项财务分析报告。

(二)前言

前言包括报告概述、依据、原则、意义等内容。概述主要是分析对象的基本情况和财务活动情况,以及取得的主要成绩和存在的不足,对过去一年财务状况做简单的回顾。接着对报告所遵循的依据和原则作出说明,为报告期财务状况作出简单的评价并分析其意义所在。在前言的最后,会用恰当的方式和语言将前言过渡到主体,为主体展开分析做好铺垫。如"虽然我单位在本年度加强了对发生业务费用的控制,今年同期比去年节约了20万元,比计划降低了2%,为提高企业效益作出了贡献,但业务费用发生总额还处于比较高的状态,在管理方面还存在某些问题,应该制定出更具体的措施来加以控制"。

(三)主体

主体是报告的主要分析部分。它包括企业报告期的基本财务状况和经营成果、总结工作中取得的成绩和指标的完成情况及增减变动情况,抓住问题的主要方面分析其中存在的问题,并分析其成因。这一部分要用文字加以数据对比分析,分析要有力度、深度和说服力。要抓住问题的主要矛盾而不能偏离报告的主题。要用数据分析到问题的本质而不能高谈阔论。可从主要财务指标如资产及负债、收入及费用、利润及利润分配等方面加以叙述、分析,说明各项指标的完成情况及增减变动情况。

(四) 结尾

结尾部分包括:评价与建议,改进措施与未来展望。报告在评价主要成绩的同时要有针对性地提出具体的改进措施和建议,还可以从财务发展趋势方面提出预见性的意见,对未来做适当展望,以供领导及有关方面参考。这一部分内容应写得具体简洁,意见要中肯,建议和改进措施要符合实际并切实可行。展望要合理,不能自吹自夸。

(五) 落款

落款要在正文之后标示出分析报告的单位或部门全称,并加盖印章。

(六) 时间

最后标示成文的年月日。

二、财务分析报告的写法

(一) 财务分析报告的内容要全面、有针对性

财务分析报告所反映的内容要全面总括说明整个企业的总体财务状况及经营成果。全面反映的同时也要有针对性和侧重点。要从报告的作用对象出发,紧紧围绕报告的主题思想,有针对性地抓住关键问题,分析到本质,而不需要对企业的财务活动进行一一解剖。

(二) 充分运用数据进行论述,提高说服力

在报告中仅用文字难以分析到本质,而应通过对企业财务报表及其他相关资料进行整理分析后,提炼一些数据加以说明,利用数据进行比较和分析,可以提高说服力,将问题解释得更透彻、更深入。

(三) 数据及有关文字表述要符合报告的精神

报告中大量的数据主要来源于财务报表,不仅要用报表中有关正确和关联数据来比较分析,而且所采集的数据要能对报告的主要精神或论点起说明解释作用。同样地,文字表述也要对报告的主要精神或论点起说明解释作用,不能夸夸其谈而风马牛不相及。

(四) 行文流畅,条理清楚,排列有序

报告中文字表述要合乎语言逻辑,自然流畅,有条有理,观点明确,论据充分,论证有力,一条一条加以分析论证。

(五) 客观、真实、及时、准确

报告要建立在客观公正和实事求是的基础上,是通过调查研究后编写出来的,否则有

可能华而不实、偏而不全。此外,编写应该及时准确,不得拖延。只有为决策者提供客观、真实、及时、准确的财务分析报告,才能达到为决策的科学性、连续性和适时性提供智囊服务的目的。

第四节　写财务分析报告应注意的事项

写财务分析报告时应注意以下几个事项。

一、标题精练

财务分析报告的标题应突出重点,主题明确,经提炼而成,让人一看到标题便知整个报告的主题。如果标题冗长,容易造成误解或厌烦,但并不提倡标题越短越好,言不达意的标题同样不可取。

二、前言承前启后,开门见山,切入主题

有些财务分析报告需要对以前一段时期的生产经营状况进行回顾,对业绩进行评价,则宜简单。然后开门见山,直接切入主题。有些人喜欢在切入主题前套话连篇,如"在××领导下,在××决策下,在××配合下,在××支持下,在××努力下",力争不让任何有关组织及个人非议。这种套话没有任何实际意义,要尽量避免。

三、主体分析到本质而且分析结论要准确

分析报告是建立在分析的基础上,没有分析的报告没有说服力。同时分析要建立在调查研究的基础上,运用一定的分析方法,把事情分析到本质,把语言表达到"点"。

当然,分析离不开具体的数据。例如:通过对相关财务活动的数据进行比较,可以看出各项计划指标的执行情况;通过对本期(或本年)数与上年同期数的比较,可以看出本期(或本年)数与上年同期数的变化情况。但切忌滥用数字。有些单位或个人为了达到自己的目的,人为操纵利用数据进行粉饰,这种做法切不可取。

同时,分析还应注意结合以下几个方面考虑:①政策因素与企业内部管理因素;②主观因素与客观因素;③动态分析与静态分析;④定量分析与定性分析;⑤现状分析与态势分析;⑥偿债能力分析与营运能力分析;⑦盈利能力分析与发展能力分析。

四、结尾提出具体的意见或建议以供参考

结尾部分也比较重要。因为报告人要针对当时的实际情况提出合理化建议。在分析问题的基础上提出的合理化建议往往具有很强的针对性和科学性,对决策者来说具有比较重要的参考价值。但也不能有浮躁作风。有些报告只提笼统的建议,多半是缺乏分析,因而起不到分析报告应有的作用。例如,"我们企业在第三季度的成本状况不甚理想,为实现各项计划指标、圆满完成上级的任务,第四季度必须大力控制成本开支,振奋精神,团结一致,为实现各项计划指标、圆满完成上级的任务而作出自己的贡献",这类建议为决策者提供不了智囊作用。

五、写财务分析报告,同时要熟悉有关财务指标

有关财务指标包括偿债能力指标、营运能力指标、盈利能力指标和发展能力指标。

(一)偿债能力指标

偿绩能力指标主要包括流动比率、速动比率、资产负债率等。

1. 流动比率

流动比率反映企业用可在短期内转变为现金的流动资产偿还到期流动负债的能力,其运算公式为

$$流动比率 = 流动资产 \div 流动负债$$

式中:流动资产包括货币资金、短期投资、应收账款(净额)、应收票据、预付账款、存货、待摊费用。流动负债包括短期借款、应付账款、应付票据、预收账款、其他应付款、应交税金及费用以及一年内到期的其他流动负债。

一般情况下,流动比率越高,说明企业短期偿债能力越强,但西方企业传统经验认为,保持2:1的比例比较适宜。

2. 速动比率

速动比率是速动资产与流动负债的比率。速动资产一般指现金、应收账款、短期投资及预付款项。

一般情况下,该比率越大,债务偿还的安全性越高,但西方企业传统经验认为,速动比率为1时是安全标准。

3. 资产负债率

资产负债率是企业负债总额与资产总额的比率。其计算公式为

$$资产负债率 = 负债总额 \div 资产总额$$

该比率越小,表明企业的长期偿债能力越强。但企业可以根据实际情况,在经营及资金状况良好的情况下,适度利用财务杠杆作用,以期获得较多的投资利润。

(二)营运能力指标

营运能力指标主要包括劳动效率、流动资产周转率等。

1. 劳动效率

劳动效率是指企业主营业务收入净额或净产值与平均职工人数的比率。其计算公式为

$$劳动效率 = 主营业务收入净额或净产值 \div 平均职工人数$$

2. 流动资产周转率

流动资产周转率是指流动资产的平均占用额与流动资产在一定时期所完成的周转额(主营业务收入)之间的比率。

$$流动资产周转率(次数) = 主营业务收入净额 \div 平均流动资产总额$$

$$流动资产周转期(天数) = 平均流动资产总额 \times 360 \div 主营业务收入净额$$

在一定时期内,流动资产周转次数越多,表明以相同的流动资产完成的周转额越大,

流动资产利用效果越好。

(三) 盈利能力指标

盈利能力指标主要包括主营业务利润率、总资产报酬率、净资产收益率等。

1. 主营业务利润率

主营业务利润率是企业利润与主营业务收入净额的比率。其计算公式为

$$主营业务利润率 = 利润 \div 主营业务收入净额$$

通过主营业务利润率的变化,可以发现企业经营理财状况的变化,以及企业的产品适应市场需要的变化。

2. 总资产报酬率

总资产报酬率是企业一定时期内获得的报酬总额与企业平均资产总额的比率。其计算公式为

$$总资产报酬率 = (利润总额 + 利息支出) \div 平均资产总额$$

该比率越高,表明企业的资产利用效益越好,整个企业盈利能力越强,经营管理水平越高。

3. 净资产收益率

净资产收益率是指企业一定时期内的净利润同平均净资产的比率。其计算公式为

$$净资产收益率 = \frac{净利润}{平均净资产} \times 100\%$$

$$平均净资产 = (所有者权益年初数 + 所有者权益年末数) \div 2$$

该指标可反映企业资本运营的综合效益。其通用性强、适用范围广,不受行业局限。在我国上市公司业绩综合排序中,该指标居于首位。一般认为,企业净资产收益率越高,企业自有资本获取收益的能力越强,经营效益越好,对企业投资人、债权人的保证程度越高。

(四) 发展能力指标

发展能力指标包括销售(营业)增长率、3年资本平均增长率等。

1. 销售(营业)增长率

销售(营业)增长率是指企业本年销售(营业)收入增长额同上年销售(营业)收入总额的比率。其计算公式为

$$销售(营业)增长率 = \frac{本年销售(营业)收入增长额}{上年销售(营业)收入总额} \times 100\%$$

该指标是衡量企业经营状况和市场占有能力,预测企业经营业务拓展趋势的重要标志。该指标若大于0,表示企业本年的销售(营业)收入有所增长,指标越高,表明增长速度越快,市场前景越好。

2. 3年资本平均增长率

3年资本平均增长率表示企业资本连续3年的积累情况,体现企业的发展水平和发展趋势。其计算公式为

$$3年资本平均增长率 = \left(\sqrt[3]{\frac{年末所有者权益}{3年前年末所有者权益}} - 1\right) \times 100\%$$

假如需评价 2017 年企业效绩状况,3 年前所有者权益年末数是指 2014 年年末数。

该指标越高,表明企业所有者权益得到的保障程度越高,企业可以长期使用的资金越充足,抗风险和保持连续发展的能力越强。

第五节　阅读与评析

[例文]

《××建筑工程公司 2020 年度财务情况说明书》

本公司 2019 年度由于生产任务不足,导致公司未能完成总公司下达的产值、资金上交和利润等各项指标。今年年初,公司领导班子及时调整了经营策略,在进一步强化内部管理的同时狠抓承接生产任务工作,出现了可喜的变化。

一、产值情况

本年度实现施工产值 36 000 万元,占全年计划完成施工产值(30 000 万元)的 120%,比去年同期(25 000 万元)增长了 144%,并且今年尚有未完的跨年度工作量 4 000 万元。

二、成本情况

本年度实际成本为 31 500 万元,本年实际成本降低率为 9.51%,比年初计划成本降低 8.5%,比去年同期降低了 5.48%。

(一)人工费:此项费用全年为 4 441.50 万元,占总成本的 14.10%,比去年同期下降了 1.05%。此项费用下降主要是由于企业进行了职工及民工班组工资制度的改革,扩大计件面,以包干计件工资为主,提高了他们的积极性,从而也提高了劳动效率。

(二)材料费:此项费用全年为 19.782 万元,占总成本的 62.8%,比去年同期下降了 2.8%。此项费用下降是由于企业加强了对材料采购的管理。企业对项目部的材料采购价实行网上指导管理,一方面网上公布了当前主要材料采购的指导价;另一方面有利于材料价格在网上的查询和资源共享。

(三)机械使用费:此项费用全年为 2 961 万元,占总成本的 9.4%,比去年同期下降了 0.9%。此项费用下降主要是由于在大型混凝土浇筑方面应用先进的设备,采用了先进的技术,利用高科技节约成本。

(四)其他直接费:此项费用全年为 1 291.5 万元,占总成本的 4.1%,比去年同期下降了 0.3%。此项费用下降主要是由于加强了对各项目部现场的管理,如材料的合理堆放等。

(五)管理费用:此项费用全年为 3 024 万元,占总成本的 9.6%,比去年同期下降了 0.43%。此项费用下降幅度虽然不大,但企业在控制内部业务费用支出的同时,为了适应竞争以有利于工程中标而加大了对工程投标费用的开支,如加大投标预算编制的精确性而增加的开支等。

三、利润情况

本年度实现利润 3 312 万元,超额完成年初下达的计划利润(2 600 万元),达到本企业历史最好水平。(暂时扣除企业所得税)

四、资金情况

(一)全年收取建设单位工程款项共 32 600 万元。收款率达 90.56%,拖欠工程款为

3 400 万元。

（二）上缴增值税 1 188 万元，比去年同期多上缴 363 万元。

（三）全年职工工资已全部发放，其中上交社会保险费 205 万元。

（四）流动资金周转天数为 25 天一次，比去年快 2 天。造成流动资金周转不快的主要原因是工程款回收慢且力度不够。

（五）全年支付所购置的固定资产基金 660 万元，比去年增加 260 万元。

（六）公司的生产运转情况良好，虽然欠付部分材料款，但不影响生产施工。

建议：

(1) 本年度收取工程款率不高，建议加大资金收取力度，以免以后造成坏账、呆账。

(2) 流动资金周转速度较慢，建议公司灵活调度资金，加大对重点项目的支持力度。

(3) 建议加强对材料领料的管理工作，以免造成不必要的浪费。

××建筑工程公司
2021 年 2 月 1 日

【评析】 这是一篇分析具体、透彻的财务分析报告。这篇报告具备了财务分析报告所要求的基本要素。

整篇报告紧紧围绕主题，从产值、成本、利润、资金等方面进行具体的分析，并与上年同期进行了比较，把当期的财务状况切实地反映了出来。报告中特别是成本分析部分，找出了每项成本费用盈利的主要原因，突出了企业管理工作中的优点。报告的结尾部分提出了有针对性的建议，指出企业管理的薄弱环节，为管理层的决策和强化管理提供了现实依据。

该报告语言朴实，条理清楚，分析具体透彻，运用数据也较有说服力，是一篇好报告，但在资金分析部分还不够深入，只把部分重大事项列出，而对资金的主要用途及负债情况未加以说明。

思考与练习

一、填空题

1. 财务分析报告是对企业_____进行具体分析后得出的书面报告。

2. 财务分析报告具有_____、_____、_____、剖析性的特点。

3. 按报告所反映资金运动方式分，财务分析报告有_____和_____两类。

二、简答题

1. 财务分析报告写作重在分析，试结合例文，谈谈其分析的重要性体现在哪里。

2. 比较财务分析报告与经济活动分析报告的异同。

3. 谈谈本章例文的突出特点。

4. 财务分析报告包括哪几个部分？它的正文部分应该怎样写？

第十七章

审 计 报 告

第一节 审计报告的概念和特点

一、审计报告的概念

审计报告是审计人员根据独立审计准则的要求,在实施了必要的审计程序后出具的,用于对被审计单位年度报表发表审计意见的书面文件。审计报告是审计工作的最终成果,具有法定证明效力。

审计报告是审计中的最后环节,在对约定事项实施了必要的审计程序,确认作为发表审计意见根据的审计证据已得到充分的收集和鉴定后,审计人员根据对审计证据的综合和判断形成审计结论,并以书面形式向委托人就被审单位的财务状况和经营成果发表审计意见。

二、审计报告的特点

审计报告就其内容来说,类似揭露问题的调查报告;而就其形式来看,又很像公文中的报告。审计报告是兼具调查报告和报告二者特点的一种独特的应用文,是以第一人称的方式报告、用第三人称的方式写成的一种特殊的书面材料。

审计报告具有三个方面的特点。

(一) 总结性

审计报告是汇报审计任务完成情况及其结果的工作总结。审计小组完成一个单位(项目)的审计任务后,都要总结工作,向审计机关或授权单位书面汇报审计的对象、审计的范围、审计的重点、审计的方式、所用的时间和审计的结果等,也就是行业内俗称的"交账"。审计报告实际上就是审计工作的总结性材料,具有总结性质。

(二) 答复性

审计报告是递交给交办或委办单位的关于审计结果的答复,是说明审计结果及审计意见的书面文件。审计能把浩繁复杂的经济活动中的合法与违法分清,并据此作出恰如其分的结论。审计机关和授权单位便可以根据审计报告中的结论与意见,对有关问题进行必要和适当的处理。

（三）公正性

无论是国家审计机关的审计人员还是注册会计师，他们写出的审计报告都具有原来的会计人员以外的第三者身份所做的公正性质。审计报告不仅要对被审计单位负责，而且要对所有阅读审计报告的单位和个人负责。因此，写作审计报告必须十分慎重和认真。

第二节 审计报告的作用和种类

一、审计报告的作用

注册会计师签发的审计报告，主要具有鉴证、保护和证明三个方面的作用。

（一）鉴证

注册会计师签发的审计报告，不同于政府审计和内部审计的审计报告，是以超然独立的第三者身份，对被审计单位会计报表合法性、公众性及会计处理方法的一贯性发表意见。这种意见，具有鉴证作用，得到了政府及其各部门和社会各界的普遍认可。政府有关部门，如财政部门、税务部门等了解、掌握企业的财务状况和经营成果的主要依据是企业提供的会计报表。对于会计报表是否合法，公众主要依据注册会计师的审计报告作出判断。股份制企业的股东主要依据注册会计师的审计报告，来判断被投资企业的会计报表是否公允地反映了财务状况和经营成果，以进行投资决策等。

（二）保护

注册会计师通过审计，可以对被审计单位出具不同类型审计意见的审计报告，以提高或降低会计报表信息使用者对会计报表的信赖程度，能够在一定程度上对被审计单位的财产、债权人和股东及企业利害关系人的利益起到保护作用。如投资者为了减少投资风险，在进行投资之前，必须查阅被投资企业的会计报表和注册会计师的审计报告，了解被投资企业的经营情况和财务状况。投资者根据注册会计师的审计报告作出投资决策，可以减小其投资风险。

（三）证明

审计报告是对注册会计师审计任务完成情况及其结果所做的总结，它可以表明审计工作的质量并明确注册会计师的审计责任。因此，审计报告可以对审计工作质量和注册会计师的审计责任起证明作用。通过审计报告，可以证明注册会计师在审计过程中是否实施了必要的审计程序，是否以审计工作底稿为依据发表审计意见，发表的审计意见是否与被审单位的实际情况相一致，审计工作的质量是否符合要求。通过审计报告，可以证明注册会计师审计责任的履行情况。注册会计师的审计责任是指注册会计师应对其出具的审计报告的真实性、合法性负责。审计报告的真实性是指审计报告应如实反映注册会计师的审计范围、审计依据、已实施的审计程序和应发表的审计意见。审计报告的合法性是指审计报告的编制和出具必须符合注册会计师法和独立审计准则的规定。

二、审计报告的种类

审计报告按照不同的标准划分为不同的类型。

（一）按审计报告使用的目的划分

按审计报告使用的目的，审计报告可分为公布目的的审计报告和非公布目的的审计报告。

(1) 公布目的的审计报告，一般是用于对企业股东、投资者、债权人等非特定利益关系者公布的附送会计报表的审计报告。

(2) 非公布目的的审计报告，一般是用于经营管理、合并或业务转让、融通资金等特定目的而实施审计的审计报告。这类审计报告是分发给特定使用者，如经营者、合并或业务转让的关系人、提供信用的金融机构等。

（二）按审计报告的格式划分

按审计报告的格式，审计报告可分为标准审计报告和非标准审计报告。

(1) 标准审计报告是指格式和措辞基本统一的审计报告。审计职业界认为，为了避免混乱，有必要统一报告的格式和措辞。因为，如果每个审计报告的格式和措辞不一，使用者势必难以理解其准确含义。标准审计报告一般适用于对外公布的审计报告。

(2) 非标准审计报告是指格式和措辞不统一，可以根据具体审计项目的问题来决定的审计报告。它包括：一般审计报告和对以综合审计为基础编制的会计报表的审计报告，对会计报表中某些特定项目、账户等发表意见的审计报告，对是否符合契约规定或管理法规规定发表意见的审计报告等特殊审计报告。非标准审计报告一般适用于非公布的审计报告。

（三）按审计报告的详略程度划分

按审计报告的详略程度，审计报告可分为简式审计报告和详式审计报告。

(1) 简式审计报告，又称短式审计报告。它是指审计人员对应公布的会计报表进行审计后所编制的简明扼要的审计报告。简式审计报告反映的内容是非特定多数的利害关系人共同认为的必要审计事项，它具有记载事项为法令或审计准则所规定的特征，具有标准格式，因而，它具有标准审计报告的特点。

(2) 详式审计报告，又称长式审计报告。它是指对审计对象所有重要的经济业务和情况都要做详细说明和分析的审计报告。详式审计报告主要用于帮助企业改善经营管理，故其内容要较简式审计报告丰富、详细得多。详式审计报告一般适用于非公布目的的审计报告，具有非标准审计报告的特点。

此外，审计报告还可按审查的会计报表的不同，分为年度审计报告、中期审计报告和清算查账报告；按审计内容和范围的不同，分为财政财务审计报告、财经法纪审计报告和经济效益审计报告;按审计工作性质和要求不同,分为标准审计报告、一般审计报告和特殊审计报告。

第三节 审计报告的格式及写法

一、审计报告的格式

(一)国家审计报告的格式

1. 标题

标题一般由审计对象、时间、范围、内容和文种构成,如《关于×××公司 2021 年度财务收支情况的审计报告》《关于×××公司 2021 年财务决算的审计报告》。

2. 主送单位

主送单位即给审计报告的受文单位,要写全称或规范简称,如×××市审计局、×××进口公司等。

3. 正文

正文主要包括导言、被审单位的基本情况、审计中查明的问题、处理意见和建议。①导言。导言也即审计报告的开头部分,一般包括以下内容:审计的依据、对象、时间、内容、范围、方式等。这部分结束往往用"现将审计情况(结果)报告如下"或"现将该厂的评估结果报告如下"等语句过渡下文。②被审单位的基本情况。它是对审计范围内的基本情况进行概要的说明或评价,一般包括被审单位的性质、规模、经营范围、相关项目的财务经济情况及规定指标完成的情况等。如在流通企业的利润审计中,有主营业务收入、支出的情况,其他业务利润收支的情况,营业外收支的情况等。③审计中查明的问题。对于指明存在问题的审计报告,这部分内容是审计报告最重要的部分,其中主要写明查证核实了哪些问题、这些问题的性质、造成的不良影响、经济损失程度及后果等。这部分内容由于事关重要,所以在查证反映问题时一定要实事求是、慎之又慎,材料要充分,证据要确凿,引用的法规制度等文件要准确,这样才能使审计报告更具客观性、公正性。④处理意见和建议。在查明问题的基础上,引证有关法律、法规、规章和具有普遍约束力的决定、命令的条款,同时根据其问题的性质,作出具体、明确的处理意见,如调整有关账目、没收非法所得、补交税金、处以罚款等。对严重违反财经纪律甚至触犯国家法律的人,应追究其经济责任,或建议行政管理部门进行处理,或建议提交有关司法部门审理。在作出处理决定后,审计人员还可就如何帮助被审单位从中吸取教训、提高思想认识、加强制度的管理、改进工作、提高经济效益等提出合理化建议,供被审单位及其主管部门领导参考和决策。

4. 附件

附件主要是将查证出问题的证明材料如有关凭证、账表、证据的影印件等,作为审计报告文字说明部分的补充和佐证,附在正文之后,这也是审计报告结论的依据。

5. 落款

落款应写明审计机构的名称、审计人员的姓名以及审计报告的写作日期,年、月、日必须写全。

（二）独立审计报告的格式

1. 标题

标题，统一规范为"审计报告"。

2. 收件人

收件人指审计业务的委托人。审计报告应当载明收件人的全称。

3. 范围段

范围段应当说明以下内容：①已审计会计报表的名称，反映的日期或时间；②会计责任与审计责任；③审计的依据，即中国注册会计师独立审计准则；④已实施的主要审计程序。

4. 意见段

意见段应当说明以下内容：①会计报表编制是否符合《企业会计准则》和国家其他有关财务会计法规的规定；②会计报表在所有重大方面是否公允地反映了被审计单位资产负债表的财务状况和审计期间的经营成果、资金变动情况；③会计处理方法的选用是否遵循了一贯性原则。

当注册会计师出具保留意见、否定意见或拒绝表示意见的审计报告时，应当在范围段与意见段之间增加说明段。在说明段中，应当清楚地说明所持意见的理由。

当注册会计师出具无保留意见的审计报告时，如果认为必要，可以在意见段之后增加对重要事项的说明。

5. 签章和会计师事务所地址

应由注册会计师签名、盖章且加盖会计师事务所公章，并标明会计师事务所的地址。

6. 报告日期

报告日期指注册会计师完成外勤审计工作的日期。

注册会计师在出具审计报告时，应同时附送已审计的被审计单位的会计报表。

二、审计报告的写作要求

（一）表达方法

审计报告的表达方法主要是议论和说明。议论主要用于审计结论和建议的写作，说明主要用于审计概况、审计过程、审计结果的写作。

审计报告运用议论的表达技法，有证明性的议论，常用归纳法和演绎法等。

审计报告运用说明的表达技法，有文字说明、图表说明、数字说明等。无论运用哪一种方式进行说明，都必须真实、准确、具体、细致，不得有任何虚假和粗疏。

在审计报告中，说明是议论的前提和基础，议论是说明的发展和深化，二者相辅相成、缺一不可。

（二）语言特色

审计报告的语言应该准确、严密、庄重、得体。凡属确凿无疑的事实，写作时就要选用准确、严密的词句,不要用"据称""据悉""据说",以免被认为不负责任;凡属批评建议的地方,写作时就要选用庄重、得体的词句,不要用偏激甚至谩骂讥讽的词句,以免使人产生厌恶感。要正确使用反映数量的词,如全部、绝大部分、大部分、一部分、一小部分、多数、少数、极少数、个别、唯一等;要正确使用反映程度的词,如性质恶劣,情节严重、十分严重、一般、轻微、较轻、很轻等;要正确使用判断性的词,如符合、完全符合、基本符合、比较符合、不符合、违反等词。对于这些词,都要慎重斟酌,掌握分寸,使用得体。

第四节 写审计报告应注意的事项

写审计报告时应注意以下几个事项。

一、评价意见客观公正

评价意见的客观公正是审计报告的价值所在。要做到这一点,在审计报告中,对任何评价、提出的意见都应以法规政策和事实为依据。尤其是对于存在的问题,必须找到其违背的法规政策条文规定加以明确。对一些暂无法规政策规定的问题,应当在认真研究问题实质的基础上,请示上级或有关职能部门,作出既不违背国家政策又能符合事实的客观评价意见,而不能自作主张、自以为是地评价,更不能为某种利益驱动,或趋附某些权势之人,隐瞒事实真相、徇私枉法,作出不符合事实的评价意见。注册会计师应以诚信为本,不弄虚作假,形成良好的行业之风。

二、报告内容重点突出

在审计中,有些单位或个人可能问题较多,这些问题有大有小、有主有次。在撰写报告时必须抓住主要事实、重大的问题着重反映,充分揭示;对于一些次要的、影响并不大的、问题较轻的事实则可简要带过,或略而不提。而不必事无巨细、有"事"必录;或者次要问题写得多,主要问题写得少,这样会掩盖主要问题,从而影响整篇审计报告的质量。

三、事实数据真实准确

确凿无误的事实和数据资料是审计人员作出正确评价、出示意见的依据,也是审计报告真实有效的保证,故在撰写报告时,必须反复计算、认真核实有关的数据资料,做到准确无误,没有疑义。对于未经查实或证据不足的数据和事实,不能轻率地写入审计报告中;否则,一旦有误,便会对被审单位或相关人员造成不良影响,甚至对有关投资者产生误导,使其作出错误决策、造成经济损失。

四、语言表达简明严密

审计报告在写作表达方面,一是要注重行文简明和直截了当。要善于归纳概括事实,而不必对事实做周到详尽的阐述,更不能涉及与内容无甚联系的话题。二是要注重行文条理清晰、内在联系严密。尤其是详式审计报告,涉及内容较多,范围较大,写作时,互相间的内容不能杂糅或指代不清。三是注重措辞的慎重和严密,不要有语言漏洞。审计报告是一种十分严肃的文种,故其写作措辞一定要谨严慎重、字斟句酌、考虑详尽、表意准确、褒贬客观,以对他人负责。任何过激、过甚、过大、过虚的语言词都不能用,所以在审计报告中一般不采用比喻、夸张的修辞手法,也不讲究辞藻的华丽,而多用些规范的、得体易懂的专业术语。

第五节　阅读与评析

[例文]

关于×××××股份有限公司
前次募集资金使用情况专项审核报告

××审字〔2017〕××号

×××××股份有限公司董事会:

我们接受委托,对×××××股份有限公司(以下简称"贵公司")募集资金截至2016年12月31日的投入情况进行专项审核。公司董事会的责任是提供真实、合法、完整的原始书面材料、副本材料、口头证言等;我们的责任是根据《中国证券监督管理委员会关于上市公司配股工作有关问题的通知》要求,对公司董事会提供的资料发表审核意见。在审核过程中,我们结合贵公司实际情况进行了审慎调查,实施了包括实地观察、抽查会计记录、查阅有关资料等我们认为必要的审核程序。我们所发表的意见是根据审核过程中所取得的材料作出的职业判断。

一、前次募集资金的数额和资金到位时间

贵公司经中国证券监督管理委员会证监发字〔2014〕××号文批准,于2015年3月27日通过深圳证券交易所交易系统采用上网定价发行方式,向社会公众发行7 200万股人民币普通股,同时向公司职工发行公司职工股800万股,每股发行价格为14.77元,扣除发行费用2 224.30万元,实际募集资金115 935.69万元,该项募集资金于2015年4月2日全部到位,经××会计师事务所(现四川××会计师事务所)××验股〔2015〕第××号验资报告确认。

二、前次募集资金实际使用情况

1. 前次募集资金实际使用情况(见附表)。

2. 前次募集资金实际使用情况与招股说明书承诺投资的比较说明:

贵公司在招股说明书中承诺技改建设总投资52 654万元,收购并技改投资22 855万元,投入配套流动资金40 936万元。实际投入技改资金55 377万元,与技改项目有关的配套流动资金已于2015—2016年逐步投入;实际支付收购项目资金11 855万元,支付被收购企业技改垫付资金11 000万元。

在募集资金使用进度上,招股说明书披露2017年投入技改资金409万元,现已提前投入工程建设;招股说明书披露2015年支付收购项目资金及技改资金18 855万元,因交接手续方面的原因,于2016年支付完毕。

3. 募集资金实际使用情况与贵公司年报及其他信息披露的比较说明:

2015年年度报告中披露的技改资金投入54 517万元,实际支付数为53 994万元,差异523万元,系根据有关结算资料进行了调整;除此之外无差异。

4.募集资金实际使用情况与此次配股申报材料中董事会《关于前次募集资金使用情况的说明》相符。

三、募集资金节余情况

公司募集资金无节余,实际使用资金超过募集资金部分,贵公司用自有资金开支。

四、审核结论

经审核,我们认为贵公司募集资金截至2016年12月31日的实际运用情况与贵公司董事会《关于前次募集资金使用情况的说明》及有关信息披露文件基本相符。

本专项报告仅供贵公司为本次配股之目的使用,不得用作任何其他目的,我们同意将本专项报告作为贵公司申报配股所必行的文件,随同其他申报材料一起上报,附:前次募集资金使用情况汇总表。

四川××会计师事务所 中国注册会计师×××

中国注册会计师×××

中国·成都

2017年1月27日

附表:前次募集资金使用情况汇总表(略)

【评析】 这是一篇根据中国证券监督管理委员会指示要求,由会计师事务所的注册会计师对××××股份有限公司募集资金使用情况的外部审计报告。由于其是募集资金的单一方面的情况,从审计内容和时间来看又是专项审计报告和事后审计报告。全文共分三部分:一是说明审计缘由和审计的材料范围;二是该股份公司募集资金的到位时间、使用情况和资金节余情况;三是对该公司募集资金使用情况的客观评价。报告全文以中国证监会的相关规定为依据,以上市公司相应的规章制度为准绳,对该公司发行股票募集的资金的使用情况做了详尽具体的说明和评价,材料详尽,说明清晰,数字表达清楚,观点突出鲜明,可让管理者和投资者对该公司资金使用情况、资金结余、资金的投向有一个较全面清楚的把握,层次清楚,行文简洁明了,语言使用得体。其不足之处是对资金使用的潜在的风险提示没有体现出来。

思考与练习

一、填空题

1. 审计报告是审计工作的_____,具有_____效力。
2. 审计报告是兼具_____和_____二者特点的一种独特的应用文,是以第_____人称的方式报告、用第_____人称的方式写成的一种特殊的书面材料。
3. 审计报告的主要特点包括_____、_____、_____三个方面。
4. 审计报告按使用的目的可分为_____和_____两种;按其格式又可分为_____和_____两种。

二、简答题

1. 审计报告的主要作用有哪些?

2. 审计报告在语言上有何特色？
3. 简述国家审计报告的格式内容。
4. 独立审计报告意见段的主要内容是什么？
5. 在审计报告的表达中说明和议论之间有什么联系？

三、下面句子有什么毛病？试指出并加以改正。
1. 经过这次审计，对大家触动很大。
2. 局领导同意你们转产，望立即制订并抓紧此项计划。
3. 今后我们厂一定要把连年亏损的帽子摘掉，这是最丢人的事。
4. 建议你们要减少不必要的报表，少开又空又长的会议。
5. 现经详细核查张某所有的在此期的原始凭证和记账凭证。

四、试用表格的形式，画出审计报告的结构图及撰写审计报告的步骤。

第十八章

资产评估报告

第一节 资产评估报告的概念和特点

一、资产评估报告的概念

资产评估报告是由资产评估机构(如审计师事务所、资产评估事务所、会计师事务所)受权对被评估单位的资产(包括固定资产、流动资产、无形资产及其他资产)按照有关法规、制度、规定,运用科学的评估方法,遵循独立、客观和科学的原则,依据统一尺度对特定的资产进行公正、合理、真实的价值评估,并就其评估结果写成的书面报告。资产评估报告也是对资产评估工作的全面总结。民间审计机构应对所提交的评估报告承担法律责任。

二、资产评估报告的特点

资产评估是商品经济的产物,也是我国经济生活中一项新兴的经济管理工作,对建立市场经济体制具有重要的作用。按照国家的规定,凡是占用国家资产的单位,在发生下列情况时都必须进行资产评估:①资产出租、出售、拍卖、转让;②企业兼并、联营、股份经营;③与外国公司、企业和其他组织或个人共同开办中外合资经营企业或中外合作经营企业;④企业清算;⑤经营性资产与非经营性资产之间相互转换。

上述所列情况,之所以要进行资产评估,主要目的是如实地反映资产价值及其变动,保障资产足额补偿,维护资产所有者、经营者的合法权益,推动资产的合理流动和优化组合,促进社会主义市场经济的发展。这就决定了资产评估报告具有自身的鲜明特点。

(一) 公正性

资产评估工作是由委托方和被委托方签订资产评估委托协议后,由资产评估机构指派评估小组或工作人员,对被评估资产进行调查、核实、评定。评估人员要遵守国家的法律,以1991年11月实施、2020年11月修订的《国有资产评估管理办法》为准则。另外,资产评估人员都是通过考试获得了政府认可的执业资格。这就决定了资产评估机构出具的资产评估报告具有公正作用和法律效力。资产评估机构不仅要对委托方被评估的资产负责,而且要对涉及产权交易等经济活动的各方面负责。

(二) 真实性

资产评估牵涉到各方面的切身利益,来不得半点马虎,这就要求评估报告所依据的数据资料必须客观可靠,对数据资料的分析应当实事求是,评估结论要经得起检验。这就要求被评估的单位在评估开始前,进行财产清查盘点,做到账实相符,资产、负债清楚,不得隐瞒亏损和夸大盈余。评估人员在评估过程中,必须进行核实、调查,不能只见账面、不看实物,以求客观、真实地反映资产的实际情况。因此,真实性特点也就是要求资产评估从实际出发、实事求是。

(三)科学性

所谓科学性,就是指资产评估中,应根据不同评估对象的特性,选用恰当的评估方法和标准,以获得准确、合理的评估结果。资产评估是一个评判、估算和推测资产现值的过程,具有较强的预测性,评估人员的知识、经验和能力以及环境,对评估结果有很大的影响,这就要求评估过程中必须采用科学的评估规范、标准、程序和方法,以保证评估结论的准确和合理,能经得起不同评估机构的检验。

(四)独立性

所谓独立性,就是指为了保证资产评估的公正、客观,资产评估机构和评估人员,对被评估资产的价值,应以独立的立场,作出完全独立的评定。资产评估报告的独立性,关键是评估机构和评估人员的社会性。评估机构和评估人员要依据国家制定的法规、政策和可靠的数据资料独立行使权力,不受任何外部因素的干扰,对被评估的资产作出完全独立的评定。为保证资产评估的独立性,资产评估的收益不应与被评估资产的价值大小挂钩,而应以评估工作所花费的劳动和实际支出为依据,以防止人为地高估资产价值。

(五)有效性

所谓有效性,就是指评估结论应当是可行、可信的,具有法律效力。这就要求评估机构具有合法的资格,评估人员具有合格的身份、条件,评估中所运用的数据资料真实可靠,评估的规范、程序和方法也合乎法律要求。资产评估报告的有效性,还体现在报告中所形成的结论能经得起国有资产管理部门或其他监督机构的审核、验证。

第二节 资产评估报告的作用和种类

一、资产评估报告的作用

任何一项资产评估工作结束后,都必须提交资产评估报告。资产评估报告也是审计机构和审计人员表明完成评估工作、计算评估费用的依据。资产评估报告的具体作用表现在以下几方面。

(一)是考核审计机构和审计人员业绩和责任的依据

资产评估报告是评估工作的全面总结,在一定程度上反映了审计人员进行资产评估工作的质量好坏和工作水平的高低。对评估报告的分析,有助于评估管理机关加强对资产评估工作的管理,严格资格审查,实行日常监督;资产评估报告也有助于审计机构考核评估小组的工作成绩,并根据存在的问题,加强对审计人员的培训。在发生纠纷或其他诉讼时,评估报告及其所附录的资料能够证明审计机构的工作条件、程序和方法,为评估结论的可靠性提供充分的理由,审计机构和审计人员可以以评估报告为依据,为自己的评估结果进行辩护。

(二)是委托人验证和确认评估结果的书面依据

资产评估的结果,要经委托人验证。对于国有资产的评估结果,还要经国有资产行政主管部门确认,并下达确认通知书;未经确认的资产评估结果不具有法律效力。资产评估报告为验证和确认资产评估结果提供了依据。

(三)是进行资产交易和账务处理的依据

经确认的资产评估报告是委托人据以进行资产交易的证明资料。委托人对照评估结果要调整有关账项,评估报告也是进行账务处理的合法凭据。

二、资产评估报告的种类

按资产评估报告的内容,其可分为单一型资产评估报告和综合型资产评估报告。

(一)单一型资产评估报告

单一型资产评估报告是资产评估机构向委托单位报告单项资产评估工作结果的一种报告。它是对每个具有可确定存在的形态的资产一项一项地进行评估,其评估的范围包括固定资产、流动资产、房地产、无形资产、整体资产评估等。

(二)综合型资产评估报告

综合型资产评估报告是评估机构向委托单位报告综合资产评估工作和结果的一种报告。综合资产评估是根据评估单位整体资产盈利能力和投资环境等因素,对资产进行综合评估。

第三节 资产评估报告的编制程序和要求

一、资产评估报告的编制程序

编制资产评估报告是完成评估工作的一个重要环节。为了使评估报告准确地反映评估工作情况和结果,应当有步骤地对评估资料进行整理、分析,在充分酝酿的基础上,编写出符合要求的评估报告。编制资产评估报告的基本程序如下。

(一)分类、整理评估资料

评估资料是编制资产评估报告的基础。一个较复杂的评估项目,会形成大量的有关评估对象的背景资料、技术鉴定资料、分析计算资料。对于评估资料,应由评估小组按工作的分工情况进行分类和整理,包括对评估资料的审核、评估依据的说明、评估的结果和意见,最后形成分类的有关评估材料。

(二)分析、讨论评估资料

在对评估资料进行分类整理的基础上,评估小组及有关人员应对评估的情况和初步的结论进行讨论、分析,纠正可能存在的计算差错或不合理的估价,进行必要的调整。在充分讨论的基础上形成正确的评估结论。

(三)编写评估报告草案

评估小组负责人应总结评估资料的分析、讨论意见,汇总各类评估资料,按要求编写评估报告草案。应对评估报告草案进行复核,并征求委托人的意见,然后进行修改补充。

(四)编制正式评估报告

评估报告草案经修改后应提交给审计机构的基础负责人审核,必要时应组织有关专家会审,然后提出正式评估报告,并由审计机构签署。

二、资产评估报告的编制要求

凡列入资产评估报告的事项,必须事实充分、数据准确,所做的结论应明白无误,不得含糊不清。编写资产评估报告时,应遵循以下各项要求。

(一)结论客观公正

评估人员应站在客观公正的第三者立场上。编写资产评估报告时,应实事求是,真实地反映资产评估工作的情况。评估结论要以充分、客观的数据资料为依据,不能主观臆断,无根据地高估或低估资产价值,也不能偏袒资产交易中的任何一方或迁就委托人的要求随意修改评估结论。因此,提出评估结论时,应当有有关的附件资料支持,如有关市场价格的信息资料、评估工作的明细表和其他财务资料。

(二)内容全面完整

评估报告应全面、准确地反映评估工作的全貌,说明与评估结论相关的材料、评估工作的对象、目的、范围、依据、过程、结论。报告中的陈述应当全面完整,不能遗漏。

(三)报告及时准确

评估报告应按委托协议书中约定的时间及时完成,并交付给委托人,以满足委托人的需要,不得无故延误而影响委托人的交易活动。如果因客观原因无法按期提出评估报告,应预先向委托人说明情况,并取得委托人的谅解。评估报告中的措辞要简练、准确,表述清楚肯定,不得用模棱两可、含糊不清的语言。所有的数据必须经过反复核实、验算。

第四节 资产评估报告的格式及写法

资产评估报告的结构和内容应根据委托方的要求、工作情况和所采用的评估方法来确定,但不论什么情况,资产评估报告一般由以下五个部分组成。

一、标题

标题一般由被评估单位的名称、资产评估的内容范围和文种三部分组成。如《关于××× 公司固定资产实有情况的评估报告》。

二、委托单位的名称

一般要列明详细的委托人名称,不能用简称。

三、正文

正文包括前言、主体和结尾三部分。

(一) 前言

前言部分通常包括如下内容:一是进行评估的依据。如接受谁的委托,对谁的资产进行评估;同时说明依据什么法律、法规和规定进行评估,作价的依据和资料来源是什么。二是评估的目的。说明评估的目的是股份制改造、资产抵押、拍卖,还是进行中外合资、国内联营、承包、租赁。评估目的影响着评估准确性和评估方法的选择。三是评估的基准日和评估的资产项目名称。评估的基准日即根据资产业务情况所选定的评估计价日期。如对××资产的评估,评估的基准日期为何日,何时起作为计价的开始。另外,有的前言部分还将对资产评估总的情况作简要的说明。前言部分结束,常用"现将评估结果报告如下"等语承上启下,过渡下文。

(二) 主体

主体部分是对资产评估具体情况的说明。其主要写明各类资产的分布、实有情况、原有的账面净值、评估后的各项价值、增值或减值数额、增值率或减值的百分比、增值或减值的原因、评估后资产负债情况、评估使用的方法、计算公式等内容。在写作中,项目繁多的可用表格式列出,再用文字做简要说明;内容多的还可以根据各类资产分成若干部分来写,每一部分用小标题加以说明。

(三) 结尾

结尾是对全文做概要的评估结论(有的结论如在主体中陈述,则无须再做重复),并请被评估单位在无异议的情况下,送有关国有资产管理部门或其他主管部门审核确认。

四、附件

附件的基本内容有以下几项。
(1) 作为评估依据的主要文件,如合同、协议、法律条文的复制件。
(2) 财产清单及各类资产评估明细表。
(3) 委托单位提供的有关财务会计报表及有关资料。
(4) 评估后资产价格情况增减说明等。

五、署名和日期

正文结束,在附件的右下方署上评估机构负责人、评估项目负责人、参加评估人员的姓名,并加盖印章。姓名之下写上评估机构名称并加盖公章。最后署上具体的年月日。

第五节　写资产评估报告应注意的事项

资产评估报告是资产评估机构就资产评估工作及其结果,向委托人提交的公正性文件。它是进行资产交易和账务处理的依据,也是对委托人所经营资产的书面确认,所以在资产评估报告写作中要特别慎重,应注意以下几点。

一、反映内容全面具体

资产评估报告要全面反映整个评估过程,对资产的分布、数量、原有价值、评估原则、评估方法、计算标准等都应做全面、具体的反映。切忌马虎了事、疏漏相关内容,让人不能清楚了解评估工作的来龙去脉,引起不必要的怀疑和争执。更不能故意断章取义、隐瞒事实、混淆内容,贬损资产评估报告的完整性和详尽性。

二、表述内容真实、客观、准确

对资产价值的评估要真实、客观、准确,做到评估有原则、计算有依据、方法合理、数据准确、写作规范、评价客观,这样的资产评估报告才具有真实性、公正性。切忌从主观出发,凭个人感情去夸大或缩小某些内容,在作出评价时模棱两可、含糊不清。而应不唯上、不唯权、不唯钱、不唯性、只唯实,维护评估报告的公正性和诚信性。

三、内容组织详略得当

在评估时,对一些大的项目、重要的项目应做具体的文字说明,对一些小的项目如流动资产下的各项内容则可用表格将具体的数额、金额填入其中,做到简洁明了、有详有略、主次分明。切忌头尾相同、轻重一致,让读者把不住中心,从而影响评估报告的质量。

第六节 阅读与评析

[例文]

对××公司的资产评估报告

×××会计师事务所接受××公司委托,对公司及所属单位的全部资产:厂房、装修、机器、设备以及流动资产和负债进行重估价值的评估工作。×××事务所当即于2016年5月10日上报××省国有资产管理局,并开始进行准备工作,现将评估工作分述如下:

一、评估目的

为配合股份制改制工作的需要。

二、评估范围

××公司及所属××水下工程公司、××艺术工程公司、动力机械工程公司、制冷工程公司等15个公司、2个中心及××附属工厂、特种材料厂等4家工厂原有厂房、装修、机械设备、各种仪器以及全部资产和负债的重估价值。

三、基准日期

为配合股份制改制工作需要,评估基准日期为2016年6月30日到2016年12月31日,半年内有效。

四、评估方法

机器设备和大部分旧房屋、低值易耗品采用重置成本法,新房屋采用现行市价法,无形资产采用收益现值法。

固定资产重估价值计算表随附,表中各栏内容说明如下:

第1~5栏为每项固定资产的序号、编号、名称、规格型号、数量。

第6栏为始用年,系指这一项固定资产的开始使用年月,这是估算该项固定资产新旧程度的基准。

第7~8栏是资产账面原值与净值。这两栏数据,属被评估单位保密范围。

第9栏为现行市场价格,根据估价时该项固定资产的市场价格,加上第10、11栏的安装费、运输费即等于第12栏的重置完全成本。

第13栏为折旧年限,因该公司股份制改制后,先发行A股以后发行B股股票,故暂按合资企业所得税法有关规定:房屋折旧年限为20年,机器设备折旧年限为10年,电子设备、仪器设备及汽车运输设备等的折旧年限为5年。

第14栏为残值,以10%计算。

第15栏为年折旧额,采用直线折旧法。

第16栏为成新率,系指该项设备的新旧程度。

第17栏为折合尚可使用年限,采用比例法,并考虑功能变化因素,使用环境及维护保养条件,适当调整评估。

第18栏为应提折旧金额,按16~17栏成新率折合尚可使用年限,与第13栏折旧年限的差额为已使用年限乘以第15栏的年折旧额,得出第18栏的应提折旧额。

第 19 栏重估价值(净值)是第 12 栏重置完全成本减去第 18 栏的应提折旧金额后的余额,即为我们所要求评估资产的重估净值。

五、评估依据

遵照××省财政厅×财国资〔2009〕×号文转发国家国有资产管理局国资工字〔2009〕第×号文件资产评估若干暂行规定,进行评估工作,并按照第七条(2)的重置成本法,对委托方原有机器设备、房屋等进行资产评估工作。

1. 机器设备评估

将估价时(2016 年 6 月)各项机械设备的市场价格加上安装运输费后作为重置完全成本。先估出设备的新旧程度,再按照折旧年限折合成尚可使用年限,减去重置成本计算的已使用年限的累计折旧额,并考虑资产功能变化及维护保养因素,评定重估价值。

市场价格根据 2016 年 6 月市场有关厂商供应单位的价格目录或当面询价,按同型号设备市场价为准。

2. 房产评估

(1) ××公司附属工厂分厂,占地 9 000 m^3,内有三幢框架结构厂房,主要有金工、热处理、翻砂、锻造车间,总建筑面积 7 048 m^3,分别为单层排架、二、三层框架均为钢筋砼现浇,由于与其他建筑同时施工,三幢房在财务账上无法分开,因此参照××区标准商品厂房的销售价格,采用现行市价法,结合三幢房的实际结构,按单价 1 200 元/m^3 计算。

(2) 家具教具厂,共有建筑面积 2 411.4 m^3,大部分加工工场为砖墙、型钢屋架、石棉瓦屋面和黏土瓦屋面,均系单屋建筑。

(3) ××附属工厂,有最早于 1958 年建造的老厂房及陆续兴建的新厂房,有些老厂房表面虽较陈旧,但结构尚完好,仍可使用多年。办公大楼为三层砖混结构,按目前多层砖混房屋单价直接费 320 元/m^2,考虑差率 2.6 系数,另加内部装修 88 元/m^2,则现行单价为 320×2.6+88=920 元/m^2。

(4) 其余公司的房屋均为房管部门房屋,仅有使用权,原值费用均为装修费,分摊年限定为 5 年。

固定资产重估价计算表中,关于建筑物现行价格,根据××省 2006 年定额,按规定进行调整后计算。

六、评估过程

本项目接受公司的委托,按照国有资产管理局〔2009〕第×号文件规定,进行委托方资产评估工作,首先编制机器设备、房屋等清单,再逐一核查市场价格,没有市场价格的,则与类似设备比较后,确定价格,继之委派高级专业工程师、高级会计师到现场清点,评估成新,将资料输入计算机存储测算,经过研究调整、考虑设备功能变化因素,最后得出评估结果。

七、评估结果

1. 固定资产

经过评估,房屋及设备重估总价值(净值)为 39 332 826 元(人民币),比账面净值 22 354 904 元增值 16 977 922 元,增值率为 75.95%。

2. 低值易耗品

在用低值易耗品的重置完全成本为 11 363 856 元。

经专业人员评估一般按50%成新度,但在1992年新购的按90%到100%成新度,计算重估净值总金额为5 800 738元,平均成新率为51%。

3. 无形资产

近年来公司有许多高新技术已转化为生产力,开发出多种高技术产品,原公司改制为股份公司以后,其中原来已投入市场的高新技术产品均划归股份公司继续生产,并不断开发新的技术,更新换代,继续向市场供应节能、高效的新科技产品。

经分析研究,计有下列六大类产品与同类产品比较,有超出一般收益能力的经济效益:

(1) 液力耦合器。

(2) 青铜工艺品。

(3) 新型医疗器械。

(4) 新型复合材料。

(5) 特种材料。

(6) 密封电池。

根据未来5年(2017—2022年)比较保守的预测产销量,并参照各类高新技术产品的销售成本率,通过测算并与一般产品的销售成本率80%比较,超收益率为4%～18%不等,先计算出每年的超收益额(现金流入量),再按贴现率12%,采用收益现值法折算成现值。

测算结果:上述六大类高新技术产品的超收益额,折合成现值为14 260 500元。作为××股份有限公司的无形资产评估价值。

4. 坏账准备

对应收账款账龄超过两年的按80%计算,其中20%作为坏账准备,比较稳妥。其中超两年账龄的应收账款有23笔,应收账款金额为1 230 853元×(1－80%)=246 170.60元,因此评估价值中扣去246 170.60元。

综上所述,××公司的全部资产评估结果如下:

资产重估总额	77 052 877元
账面资产净值	40 259 888元
增值	36 792 989元
增值率	91.39%

八、评估小组负责人

×××　高级会计师　评估资格证第×××号

评估小组成员

×××　高级会计师　评估资格证第×××号

×××　副总工程师(设备)　评估资格证第×××号

×××　高级工程师(建筑)　评估资格证第×××号

特做评估报告如上,请予审定。

附件:(略)

会计师事务所(盖章)

2016年7月15日

【评析】 本评估报告属于一篇综合性的评估报告,对××公司的固定资产、流动资产和负债进行了全面的重估价值的评估。从牵涉到的评估内容来讲,可以说项目繁多,关联到公司的方方面面,千头万绪,令人不知所措。但细看报告全文给人最大的感受是结构清晰、内容层次明而不乱。全文主要由两大部分构成,即正文部分和附件部分。正文部分是评估报告的核心,其内容的标示非常明晰,主要由评估目的、评估范围、基准日期、评估方法、评估依据、评估过程和评估结果七块内容组成。然而在这七块内容上作者又有所侧重,并不是平均使用力量,把评估方法、评估依据、评估结果作为重点,依据扎实、方法科学、结果客观准确,不存在虚估、妄估、错估的情况,这对企业实体在市场中树立良好的资产形象具有决定性的作用,从而以防资产流失、给企业带来损失。

本报告的另外一个特色是,在语言表达上平实、客观、准确,具有很强的逻辑严密性。由于其用语毫无含糊,概念界定清楚,具有很强的说服力。

思考与练习

一、填空题

1. 资产评估机构主要有_____、_____、_____。
2. 资产评估报告的特点主要有_____、_____、_____、_____、_____。
3. 按资产评估报告的内容,其可分为_____和_____两种。
4. 编制资产评估报告的基本程序主要包括_____、_____、_____、_____。

二、简答题

1. 资产评估报告的作用是什么?
2. 资产评估报告的编制具有什么要求?
3. 资产评估报告前言部分一般包括哪些内容?

三、实践题

1. 针对某公司的实际情况,通过深入的调查,写一篇评估报告。
2. 研究某一评估材料,整理成规范的评估报告。

第十九章

企业管理咨询报告

第一节 企业管理咨询报告的概念和特点

一、企业管理咨询报告的概念

咨询业属于现代服务业,在我国起步较晚。进入 21 世纪以后,社会的信息化、经济的全球化的趋势不可阻挡,加之我国已成为世界贸易组织的重要一员,我国的各类企业、政府投资者、民间投资者及社会中的每一个消费者,都面临着国际、国内的广阔复杂多变的市场,都面临着如潮如涌的各类信息,都面临着各种各样的新业务、新的技术。这给我国的各类咨询公司带来前所未有的发展机遇。

企业管理咨询是咨询服务的一种形式,它是一项针对企业现状,运用各种科学方法进行调查分析,然后作出切实评价,提供具体有效的改善方案并指导其实施,以提高企业管理水平和经济效益的服务活动。企业管理咨询报告,就是专业咨询人员根据企业的具体要求,对企业的某类问题进行咨询后,为企业提出解决问题的具体措施、方法、方案而撰写的书面报告。

二、企业管理咨询报告的特点

(一)超前性

在复杂多变的市场格局中,在扑朔迷离的经济运行态势中,谁能看准未来,谁就拥有了未来,谁就是胜者。这就决定了企业管理咨询报告要能结合企业的现状和问题超前性地提供某种方略。超前性是企业管理咨询报告的价值所在。超前性是指咨询人员针对企业存在的问题,运用科学的手段,充分发挥人的想象力,对未来影响企业发展的各种因素作出准确的超前预测;超前性也指能结合企业的现状超前性地提出各种应对不同问题的新办法和新措施,把企业的市场风险降到最低。

(二)针对性

企业管理咨询报告的写作内容具有鲜明的针对性,它要有的放矢地根据咨询者的具体问题、实际情况、委托要求提供具体咨询答复。企业管理咨询报告的针对性主要表现在两个方面:一是答复内容的针对性,报告要完全针对企业的要求来写,企业咨询哪一方面的问题，咨询报告便提供哪一方面的咨询服务；二是方法与措施的针对性，咨询报告中提供的方法和措施要与企业某一方面的问题具有一致性，即"对症下药"才能真正解决问题。

（三）科学性

要实现企业咨询报告的超前性，就必须使咨询报告的写作建立在科学性的基础上。企业管理咨询报告的科学性主要体现在三个方面：一是要有科学态度，实事求是，一切从实际出发，报告所反映的咨询结果要符合客观实际，在形成某种见解时，不受内外因素的干扰，也不迁就任何个人和集体的片面要求，更不追求远离实际、标新立异。二是要讲究科学的方法。深入实际去调查研究，获取第一手资料，并运用统计、数学计算、模型分析等方法对企业现状和存在的问题进行科学分析，为提供准确的咨询结果奠定基础。三是要用科学的方法去分析判断调查获取的材料，对材料判别、选用、概括结论时，应运用分析与综合、定性与定量、动态与静态、宏观与微观相结合的科学分析方法，去进行判断分析，得出结论。

（四）有效性

有效性主要表现在报告所提出的改良方案确实能解决企业存在的问题，这是企业管理咨询报告的价值所在。咨询报告中的改善方案一般以挖潜为主，适合企业的财力、人力和管理水平，因而能被大多数企业所接受。如果企业管理咨询报告在制作过程中能以科学的态度，创造性、超前性地去设计它的内容，充分调动咨询者的智慧，咨询报告付诸实施之后就能取得相应的效果。

（五）营利性

专业的咨询人员为企业提供某个方向某类问题的咨询报告，这实际上是一种中介服务，为企业提供了某一智能服务，企业也应付给咨询者相应的报酬，这就使企业管理咨询报告的写作具有一定的营利性。正因为咨询服务是一种有偿服务，这就将促使咨询机构不断地去提高自己的咨询水平，维护自己良好的咨询信誉，以提高自己在咨询服务业中的竞争力。

第二节 企业管理咨询报告的作用和种类

一、企业管理咨询报告的作用

（一）依据

企业管理咨询报告是对企业经营管理中人、财、物等资源的合理配置和使用，对企业的产、供、销、运各环节的合理组织和调控进行针对性咨询并提出相应的应对措施与办法。虽然不同企业碰到的具体问题和侧重点不尽一致，但咨询的目的是一致的，都是改善企业的现状，提高企业的经营管理水平，提高企业的经济效益。因此，咨询报告必然是企业经营者决策的一个重要依据，企业决策者会按咨询方案的具体内容来改进和完善自身的经营管理水平,提高企业的竞争优势,使企业的经营管理走上良性循环、健康发展的道路,从而保证企业的经济效益稳定持续地增长。

(二)规范

企业管理咨询报告最终反映的成果,是通过懂专业知识、有丰富经验、熟悉市场相应业务的专门化咨询人员就企业某种问题进行深入的调查研究,并运用科学的方法进行分析比较得来的,它的创造性和科学性都比较强,把这种方案投入企业的管理中,有利于规范企业的经营管理行为,规范企业管理层的决策行为,防止在企业管理层对不熟悉甚至陌生的经营领域开展业务和处置问题时产生决策的随意性与盲目性,使企业经营管理、经营决策朝着规模化、科学化、专业化方面发展,为企业的健康成长与发展以及建立现代企业制度奠定基础。

(三)服务

市场经济体制下的企业分工越来越细,任何企业的成长与发展都将面临各种复杂多样的矛盾和问题,都将在市场中同不同行业、不同背景、不同国度、不同性质的企业进行业务交往,都要在市场中面对不同地域、不同国家政策环境、文化环境、法律制度环境、科技变革发展等多种因素对企业经营的影响。企业在现代经营中靠自身单打独斗是很难应对和解决管理中的各种问题的。由专门咨询机构和咨询人员给企业提供的咨询报告,可为企业在市场经营中化解难题、提高效益提供贴身服务。

二、企业管理咨询报告的种类

(一)按咨询问题性质划分

按咨询问题性质,企业管理咨询报告可分为专题咨询报告和综合咨询报告。

1. 专题咨询报告

专题咨询报告是就企业某一问题进行咨询后所写的报告,如经营策略咨询报告、产品开发咨询报告等。专题咨询报告的特征是篇幅较短、咨询问题单一、内容集中。它往往针对企业管理过程中某一个问题的处理、某一环节的对策进行咨询。单一咨询采用专题咨询的形式较多。

2. 综合咨询报告

综合咨询报告则是对企业的经营方针、发展目标、生产技术、组织管理、人才战略等各个方面进行全面咨询后所形成的报告。因为咨询问题具有方向性和战略性,这就要求报告对企业的经营具有较长时间的指导作用。所以综合咨询报告的内容都比较全面,会对企业的内部环境和外部环境进行综合调查分析,并针对具体战略性问题提供翔实的指导方案,在时间跨度上也较专题咨询报告要长。

(二)按咨询者的构成划分

按咨询者的构成,企业管理咨询报告可分为内部咨询报告和外部咨询报告。

1. 内部咨询报告

内部咨询报告是由企业内部人员进行咨询后所形成的咨询报告。内部咨询报告由于咨询者对情况比较清楚,提出的咨询方案可能较切合企业自身的实际,产生咨询效果较快。内部人员提供的咨询报告的不足之处,主要是惯性管理思维对其的影响,提供报告的咨询者比较难跳出企业原有的风格、已有的经营格局之外看自己的企业,有时很难看到问题的实质;其次是企业内部的咨询人员提供的咨询方案往往很容易受到企业决策者左右或影响,导致咨询报告有欠客观性,从而影响咨询报告撰写的创造性发挥。

2. 外部咨询报告

外部咨询报告是由企业聘请或委托社会咨询机构进行咨询后所形成的报告。随着现代服务业的不断发展,社会咨询服务已成为企业经营管理咨询的重要内容。一些非常重视科学决策、借脑决策(智能决策)的大小企业,都非常重视来自企业自身以外的咨询服务。外部咨询报告最大的优势是,咨询者专业化程度较高,都是某一方面的行家里手,而又是以第三者的身份去透视企业的具体问题,所以报告分析论证过程更具有客观性,并且能从专业角度、战略角度两方面保证咨询报告的先进性和可行性。

第三节 企业管理咨询报告的格式及写法

企业管理咨询报告在写作格式上通常包括标题、正文、日期和具名三部分。

一、标题

标题一般由咨询的对象、内容和文种名称组成,如《××厂生产管理咨询报告》《××厂市场营销诊断报告》《××公司质量管理咨询报告》;也可以用主旨式标题,即标题直接揭示报告的主题措施,如《要把"三包"纳入时、量、质的管理系统》。

二、正文

正文一般包括以下三个部分。

(一)现状

现状即咨询报告的前言,也是咨询报告的开头语,一般介绍被咨询企业的现状,如企业的性质、规模、职工人数、行业技术特征、生产经营的产品名称、产量、产值、利润。可根据不同的咨询对象、不同的咨询问题,而有所侧重,不需面面俱到。有的咨询报告在这一部分还会写明查实的主要问题。如果是外部人员进行咨询,还会在报告的首段写明咨询的目的和咨询工作开展的简要情况。

(二)问题说明及原因分析

一般先写存在的问题,然后分析原因,二者的详略程度依写作目的、写作角度的不同而不相同。咨询者在说明问题时,除了能对已出现的问题作出说明外,还要能对潜在的问题和相关问题作出预见性的介绍。这样有利于更准确地探寻问题产生的真正原因。

（三）改善方案及效果

改善方案及效果即提出具体的建议和实施方案，这是报告的重点内容，是报告最有价值的部分，也是委托方最为关注的部分。这部分主要表达两个方面的内容：一是针对问题和原因而提出的解决方案；二是如果采用此方案将产生的经济效益及相应的预测数据。改善方案的提出要注意三点：一是要对症下药，不能游离企业存在的问题来生发对策，且方案提出具有针对性强的特点；二是要切合实际，切合企业实际，切合企业外部市场环境，切合国家的法律法规、政策，不纸上谈兵，具有可行性的特点；三是要有具体数据，有效果测量的数字表现，不能只泛泛地定性表达，具有可操作性特点。

三、日期和具名

日期和具名一般写撰稿年月日和执笔者。由于咨询报告是集体研究的成果，故报告只写执笔者姓名。有的报告不写执笔者，只写咨询机构名称。

第四节　写企业管理咨询报告应注意的事项

写企业管理咨询报告时应注意以下几个事项。

一、注重调查研究

咨询报告是受企业委托，针对某种问题，提供具体解决方案。这就决定了查明问题、弄清问题的严重程度是咨询的起点。搞清问题唯一的办法就是围绕问题开展调查研究。咨询者深入实际进行调查研究，要根据企业的具体问题，找出调查要点，掌握科学的调查方法、选择好调查对象，去收集各种资料，通过对第一手或间接资料的分析，判定问题性质、确定咨询目标，达到预期的咨询效果。切忌闭门造车，不调查、不研究，想当然地从书本出发、从概念出发。

二、讲究思维方法

正确的思维方法往往是分析问题和解决问题的重要条件。咨询报告的根本目的就是要为企业解决具体问题。问题实际上就是客观存在的某种事态发展的结果。所以咨询报告的写作思维最直接表现为一种因果思维。结果是一个，但造成的原因却不尽相同。同因同果、同因异果、异因同果、一因一果、多因一果。咨询者在分析问题的成因时就应有这种多极性的因果思维的思路。在这种思路带动下去揭示问题内部的因与果的关系、必然与偶然的关系、现象与本质的关系、定性和定量的关系，以保证分析所得结论的正确性。讲究思维方法的另一方面是指要大胆地采用各种各样科学的思维方式，如缺点列举法、"BS 法"（头脑风暴法）等，发挥集体力量，协同合作，形成专家团队精神，求得解决问题的"思维共振点"。

三、注重方案的可行性

提出改善方案是写作咨询报告的关键，也是咨询报告的价值所在。咨询者在提供具体方案时一定要实事求是、有理有据,使方案切实可行。其具体表现为:一是必须合乎厂情、国情;二是必须是创新的产物,方案中必须具有解决问题的基本方法,如思维方法、决策方法等,必须具有实施效果的承诺。切忌人为地、不切实际地任意夸大其效用,或出于其种商业行为不正当炒作,放大报告的效用,从而诱导企业接受咨询服务,给企业经营带来损失。

思考与练习

一、填空题

1. 企业管理咨询报告,按咨询问题性质可分为_____、_____。
2. 企业管理咨询报告的写作,应坚持_____、_____原则。
3. 企业管理咨询报告写作常用的表达方式是_____和_____。

二、简答题

1. 企业管理咨询报告有哪些特点?
2. 如何理解企业管理咨询报告的科学性特点?
3. 为什么企业管理咨询报告的写作要强调其思维方法?
4. 企业管理咨询报告提出对策方案时应注意些什么?

三、实践题

选择一家熟悉的企业,深入调查研究,针对其存在的问题,撰写一份企业管理咨询报告。

第二十章

策 划 报 告

第一节 策划报告的概念和特点

一、策划报告的概念

策划是对未来将要发生的事情所做的当前决策,具体表现为一种借助脑力进行操作的理性行为,即对未来活动出主意、想办法、制订行动方案等。策划报告是策划成果或策划方案的文字化形态,是一种具有很强的目的性的应用性文书。

策划普遍存在于人类社会行为中,应用于各个领域,无论是国家行政管理、企业经营还是个人发展都需要精心的设计策划。从经济领域来看,策划报告就有多种:营销策划报告、新产品开发策划报告、投资可行性策划报告、年度经营策划报告、企业长期发展策划报告等。

二、策划报告的特点

(一) 目的性

策划本身就是一种有目的的行为:于什么时间、在什么地方、由什么人做什么样的工作、最终将可能收获何种利益等。策划可以使人们正确地把握事物发展变化的趋势及可能带来的结果,从而确定能够实现的工作目标和需要依次解决的问题。

(二) 前瞻性

策划者在撰写策划报告时,要尽可能多地掌握各种现实情况,全面地了解形成客观实际的各种因素及其信息,包括有利与不利的因素并分析研究收集到的材料,寻找出问题的实质和主要矛盾,再进行策划。策划不仅应着眼现实,更应着眼未来。因此,策划是在一定思考以及调查的基础之上进行的科学的预测,具有前瞻性的特点。

(三) 创意性

创意是策划的核心。创意的基本特点是它的独特性,它为策划提供了一个新的思路,在整个策划中起着核心作用,是成功策划的生命所在。

(四) 动态性

针对某一个目标,策划者可以拟出多个策划方案。决策者对多个策划方案可以权衡比较，扬长避短，选择最合适、最科学的一种。同时，策划也不是一成不变的，应在保持一定稳定性的同时，根据环境的变化，不断对策划进行调整和变动，以保持策划对现实的最佳适应状态。

（五）可操作性

可操作性是策划方案的前提，策划报告不能只是一种假设，必须能够实施。如果一个策划连最基本的可操作性也没有，那么这个策划方案再有创意、再好也是一个失败的策划方案。

第二节 策划报告的作用和种类

一、策划报告的作用

（一）战略指导

策划报告是对策划活动的整体策划，提供总体指导思想，它指导活动中各个环节的工作以及各个环节的关系处理问题。

（二）决策保证

决策保证作用就是为策划主体的决策谋划、探索，设计多种备选方案，使读者或委托者以策划方案为基础，进行选择和决断，从而保证决策的理智化、程序化和科学化。

（三）预测未来

预测未来作用就是策划者注意策划主体发展的长远问题或本质问题。针对社会的未来变化或市场未来发展，进行超前研究，预测发展趋势，思考未来发展问题，提高策划主体适应未来和创造未来的主动性。

（四）管理创新

管理创新作用就是策划者遵循科学的策划程序，从寻求策划主体的问题或缺陷入手，并在探索存在管理问题的原因中确立目标，从而谋划构思，设计解决管理问题的有效途径。这实质上是一个管理创新的过程，一个好的策划方案本身就是一个管理创新方案。

二、策划报告的种类

策划报告从不同的角度可以分为不同的类型。

（1）按内容，策划报告可分为产品策划报告、营销策划报告、公关策划报告、品牌策划报告、项目策划报告、活动策划报告、会展品牌策划报告、项目策划报告等。

（2）按层次，策划报告可分为战略策划报告、策略策划报告、部门工作企划报告等。

（3）按范围，策划报告可分为政治军事策划报告、企业策划报告、社会策划报告和其他策划报告等。

① 政治军事策划报告包括国家形象策划报告、外交策划报告、军事策划报告等。

② 企业策划报告包括价格策划报告、渠道策划报告、促销策划报告、广告策划报告、公共关系策划报告等。

③ 社会策划报告包括筹资策划报告、新闻传播策划报告、社会公益策划报告等。

④ 其他策划报告包括节日庆典策划报告、体育赛事策划报告、文艺演出策划报告、大型会议策划报告等。

策划报告也可以根据涉及时间的长短分为长期策划报告和短期策划报告；还可以根据内容涉及面的宽窄分为专项性策划报告和综合性策划报告。

第三节 策划报告的构成和写作格式

一、策划报告的构成

尽管策划报告的内容和表现形式各有不同，但所有策划报告都是由导入部分、问题分析部分、策略设计部分几个基本部分构成的，这些构成了策划报告的整体。

(一) 导入

导入包括摘要、前言和策划背景。

1. 摘要

摘要的目的，是对于策划解决问题的基本策略进行简要的描述。读者通过阅读摘要，能够基本了解策划的概要，明确解决问题的主要策略。

摘要字数一般较少，语言要简练、准确，传达策划的基本策略。

2. 前言

前言是策划报告的开篇。简要说明制定本策划报告的缘由及意义，或点出现在的处境或面临的问题点，希望通过策划能解决什么问题。

策划报告的前言是读者首先接触的内容，简练、生动、吸引读者，引导读者阅读正文，是其主要的任务。

3. 策划背景

这部分内容应根据策划报告的特点在以下项目中选取内容重点阐述：基本情况简介、主要执行对象、近期状况、组织部门、活动开展原因、社会影响以及相关目的动机。应说明问题的环境特征，主要考虑环境的内在优势、弱点、机会及威胁等因素，对其做全面的分析，将内容重点放在环境分析的各项因素上，对过去、现在的情况进行详细的描述，并通过对情况的预测制订计划。如环境不明，则应该通过调查研究等方式进行分析加以补充。

在策划背景中，要通过对环境和背景的分析，为下文的论述做好铺垫、打下基础。

(二) 问题分析

问题分析是对问题的界定和对问题结构、问题成因进行层层深入的探索，以求找到问题的关键，然后针对问题的关键，提出合理有效的解决途径。

1. 问题提出

问题提出是对策划任务的明确和确认,可以对问题和任务进行简要回顾。

2. 目标与任务

目标与任务是承接问题提出的。有时候,目标与任务看似已经明确了,实际上却可能由于没有确认,仍然模糊不清。为此,明确目标与任务是必需的。

在这一部分的写作中,要注意提出的目标必须是有效的,同时目标要具体化,有明确的量化指标。

3. 问题界定和关键点

问题界定是策划报告写作的关键,为此,要进行深入的分析,在层层分析之后,要有一个结论性的东西,也就是问题的关键点。这样在进行写作时,就能够找到真正需要解决的问题,从而正确有效地组织材料。

(三)策略设计

策略设计是策划报告的中心。策划报告实际上是对策略进行的阐述和说明。策略设计部分包括以下内容。

1. 策划主题

主题是灵魂,是行动的标准和方向。只有确定了策划主题,才有真正意义上的方案构思。在确定策划主题时要思路开阔,提出多种可能性,最后经过论证,确定最为合适的主题。

2. 策略构想

策略构想是运用策略思考寻求问题的解决途径的过程。策划者运用专业能力,采用灵活有效的策略思考,就所面临的问题,寻求解答,进行构思。

策略构想是读者或委托方甚为关注的部分,写作时,要努力将这个复杂的思考过程用浅显的手法表现出来,但表述时要力求详尽,写出每一点能设想到的东西,没有遗漏。在此部分中,不仅仅局限于用文字表述,也可适当加入统计图表等。

3. 策略方案

策略方案是策划报告中最重要的部分,也是最吸引人的部分,从某种意义讲,上面的部分都是这个部分的准备和辅助。

策略方案大体上要说明客户应当如何进行操作和实施、资源如何配置、行动如何安排、组织如何协调等。读者(委托方)在拿到提案后,会对策略的来源、过程,策略的针对性和有效性,以及策略实施的可行性进行慎重的研究。因此,在写作时,要细心、周密地根据策划背景中自身资源能力条件的分析进行策略设计,使之显得既大胆独创,又严谨审慎,步骤稳妥,富有操作性。

在策划报告写作中,有时也需要提供一个基本的项目预算。在对各项费用根据实际情况进行具体、周密的计算后,用清晰明了的形式在策略方案后面列出一个经费预算表,有时还需要提供一个现金流量表。

4. 应急措施与备用方案

内外环境的变化,不可避免地会给方案的执行带来一些不确定性因素,因此,根据可能的变化,设计相应的应急备用方案是周密的策划报告所必需的。

应急措施与备用方案是针对策略方案在具体实施过程中可能出现的重大偏差,从策略控制的角度,就策略设计中的关键环节,设计备用和替代的行动方案。在实际环境中,应急措施与备用方案可能是没有付诸实施的,在写作时,可以简略,但不可以敷衍了事。

5. 附录

在正文中不便纳入的材料,都可以收录在附录里。如各种原始数据和材料、各种背景资料以及相应的调研报告等。这些材料应当依据一定的标准,分门别类地归在一起,以方便读者查阅。

总之,一份完整的策划报告具体包括摘要、前言(引言)、策划背景、策划目标与任务、环境分析、问题点分析、策略设计等要件。根据策划内容和要求的不同,其还可能包括经费预算、效果测定、应急方案等内容。不同的策划报告在具体的项目名称上有所不同,但本质上是一样的。在写作时要灵活处理,以能解决实际问题为原则。

二、策划报告的写作格式

策划报告的种类很多,写法也很灵活。提出策划报告的写作格式,只是一种笼统的要求,并不一定要把策划报告限制在一种一成不变的樊笼中。这里提出的策划报告写作格式仅供参考。

(一) 封面

策划报告的封面可以提供以下信息。
(1)策划报告标题。标题应反映本策划报告的主要内容,一般由策划对象名称和文种构成,如校园文化建设策划方案。
(2)策划机构或策划人的名称。
(3)策划完成的日期。
(4)策划书的编号。
此外,还可以用简明扼要的文字对策划报告做简要提示。

(二) 策划小组名单

在策划报告中提供策划小组名单,是为了表明策划的正规化运作和策划小组的负责态度。在名单中,应包括所有成员的姓名、职责、所属部门和策划报告的执笔人。

(三) 目录

在目录中应列出策划报告各个部分内容的标题。

(四) 摘要

摘要是对策划解决问题的基本策略进行简要的描述。读者通过阅读摘要,能够基本了解策划的基本概要,明确解决问题的主要策略。

（五）前言

前言通常简要说明制定本策划报告的缘由、企业概况、希望通过策划解决的问题；或者简单提示策划的总体构想。

（六）正文

正文是策划报告的核心内容，下面以广告策划报告为例，其正文主要包括以下几方面内容。

（1）环境分析。环境分析是通过对营销环境、消费者、企业产品或服务竞争对手的经营状况的分析来阐述企业产品或服务在市场营销及广告宣传过程中所面临的机会与威胁、优势与劣势等重要问题。

（2）传播策略。传播策略是详细说明广告传播的目标、对象、诉求重点、创意表现及在广告运作过程中采取的媒介策略。

（3）实施计划。实施计划是详细说明广告的投放频率、媒介排期、广告费用预算及广告计划实施的日程安排。

（4）监督与调控。这一部分主要说明如何对广告发布情况实时监控和对广告传播的效果进行评估。

（七）附录

在策划报告的附录中，应该包括为策划而进行的市场调查的应用性文本和其他需要提供给读者或委托方的资料。

（八）封底（略）

策划报告的写作不论在结构上还是在内容上，都应根据具体情况灵活安排。

第四节　写策划报告应注意的事项

写策划报告时应注意以下几个事项。

一、体现良好的逻辑性

策划报告是对解决问题的逻辑过程的阐述，必须清楚、明确、逻辑严密、论证有力。策划报告对问题的理解和界定，对问题解决途径的探索，对解决问题方案的评估，以及对行动方案的制订，都是在明确的逻辑指导下进行严密的思考和行动的过程。策划报告的主要任务就是将解决问题的过程呈现给读者。

二、注意表达的层次

策划报告写作必须在章法上注意表达的层次，使读者顺利地理解和认同策划报告的内容。这主要体现为两点：第一，层次要清楚，不能混乱而没有条理；第二，要按照读者的习惯,进行合理安排。例如,在进行背景和环境分析时,可以先从宏观环境,再到产业环境,再到竞争环境,按照这样的层次,进行逐一分析。如果打乱了层次,就显得混乱、不清楚。

三、讲究一定的语言风格

策划报告中,语言表达的风格也要前后统一,不可随意更改、变动跳跃,影响到文案的整体感。体现策划报告风格的语言,不单是指文字表达,还指图片、图表的内容与形式、排版样式和装帧设计。要使报告的语言表达服务于策略沟通的目标,手段不同,目标一致,各得其所。

四、切忌主观言论

在进行策划的前期,市场分析和调查是十分必要的,只有通过对整个市场局势的分析,才能够更清晰地认识到企业或者产品面对的问题,找到了问题才能够有针对性地寻找解决之道,主观臆断的策划者是不可能作出成功的策划的。同样,在策划报告的写作过程中,也应该避免主观想法,切忌出现主观类字眼,因为策划案没有付诸实施,任何结果都可能出现,策划者的主观臆断将直接导致执行者对事件和形式产生模糊的分析,而且,读者或客户如果看到策划书上的主观字眼,会觉得整个策划案都没有经过实在的市场分析,只是主观臆断的结果。

思考与练习

一、填空题
1. 策划报告的特点有_____、_____、_____、_____和_____。
2. 策划报告的作用主要有_____、_____、_____、_____四个方面。
3. 大体上讲,策划报告是由三个部分构成的:_____、_____、_____。

二、简答题
1. 策划报告最主要的构成要素有哪些?
2. 策划报告中"应急措施与备用方案"具有什么作用?
3. 试述策划报告的一般格式。
4. 为什么策划报告要讲究一定的语言风格?

三、小组讨论题
阅读下面两段文字,讨论后面提出的问题。

1. SWOT分析法又称为态势分析法,它是由旧金山大学的管理学教授于20世纪80年代初提出来的,是一种能够较客观而准确地分析和研究一个单位现实情况的方法。SWOT四个英文字母分别代表:优势(strength)、劣势(weakness)、机会(opportunity)、威胁(threat)。

从整体上看,SWOT可以分为两部分:第一部分为SW,主要用来分析内部条件;第二部分为OT,主要用来分析外部条件。将调查得出的各种因素根据轻重缓急或影响程度等排序方式,构造SWOT矩阵。在完成环境因素分析和SWOT矩阵的构造后,便可以制订出相应的行动计划。制订计划的基本思路是:发挥优势因素,克服弱点因素,利用机会因素,化解威胁因素;考虑过去,立足当前,着眼未来。运用系统分析的综合分析方法,将排列与考虑的各种环境因素相互匹配起来加以组合,得出一系列公司未来发展的可选择对策。

2."二八法则"

意大利经济学家帕累托提出:

80%的收入来源于20%的客户;

80%的财富掌握在20%的人手中;

公司里80%的业绩是20%的员工完成的;

20%的强势品牌占据着80%的市场;

……

"二八法则"要求管理者在工作中不能"胡子眉毛一把抓",而是要抓关键人员、关键环节、关键用户、关键项目、关键岗位。

"二八法则"之所以得到业界的推崇,就在于其提倡的"有所为,有所不为"的经营方略,确定了传媒业的视野。

(1)你赞同上述两个理论在策划报告中的运用吗?你认为它们有什么好处?

(2)你还知道哪些与策划相关的理论?请举例说出来。

(3)你认为策划人需要哪些门类的知识?策划人需要具有哪些能力?

四、写作题

实地采访一家企业的产品,为该产品写一份广告策划文案。要求:结构完整,语言简洁,条理清楚,操作性强。

第二十一章

经济纠纷诉状

第一节 经济纠纷诉状的概念和特点

一、经济纠纷诉状的概念

经济纠纷诉状是指在法人之间、法人与公民之间、法人或公民与国家行政机关之间，发生关于经济权益方面的争议时，公民、法人和非法人团体依据法律规定和要求向人民法院提出起诉或应诉的各种诉讼文书。

经济纠纷诉状一般是书面形式，写起诉状有困难的公民，也可以口头起诉，由人民法院作出笔录，并告知对方当事人。

二、经济纠纷诉状的特点

(一)制作的合法性

经济纠纷诉状总是和一定的法律程序相联系，在制作上有着严格的规定。什么情况下依据什么法律，应制作什么文书，制作的主体是谁，制作的内容和要求是什么，如何提交送达等，都必须有法律依据。任何单位和个人都不能随心所欲地进行制作。

(二)格式的规范性

经济纠纷诉状有规范化的形式，大体上都由首部、正文、尾部几个部分构成。首部是对原告、被告基本情况的介绍。正文部分是对案由、诉讼要求及理由的说明与阐述。尾部主要包括署名、日期、用印、附注事项等。

经济纠纷诉状不仅有规范的结构，而且有习惯用语和句式。例如，起诉书正文部分的最后一般写"为此，特向你院起诉，请依法判决"。

此外，经济纠纷诉状还使用一些专门术语，如原告、被告、当事人、债务人、债权人、过失、过错、违约、侵权、调节、仲裁等，每个词语的含义在有关法规上一般都有规定，这就要求诉状作者懂得法律常识，写作时使用准确法律术语，为司法机关审理案件提供条件。

(三)语言文字的准确性

经济纠纷诉状的语言表述必须与法律的精神相一致，必须与法律规定的提法相同。语言风格力求朴实简练、通俗易懂，不用或少用各种修辞手法，不能滥用文言文，造句多用肯定、陈述、判断句式,少用或不用反问、设问、疑问、感叹等加强语气和感情色彩的句式。

第二节 经济纠纷诉状的作用和种类

一、经济纠纷诉状的作用

经济纠纷诉状的作用在于向人民法院提经济纠纷诉讼。因此,必须通过经济纠纷诉状,把案件的事实(纠纷事实)记叙清楚,把起诉的理由和法律根据讲明白,把诉讼的目的和请求告诉人民法院,让法院了解原告对案件的看法、意见和要求,以便对案件进行审理。写好经济纠纷诉状对于人民法院了解情况和处理案件、解决经济纠纷都具有十分重要的作用。

二、经济纠纷诉状的种类

按内容,经济纠纷诉状可分为起诉状、反诉状、上诉状、答辩状和申诉状。

(一)起诉状

经济纠纷起诉状是指经济纠纷案件的当事人一方,在自己合法权益受到损害或与当事人的另一方对有关权利和义务问题发生争执而未能协商解决时,向人民法院起诉,要求依法审理、裁决的诉讼文书。

起诉状中的当事人,起诉的一方称为原告,被诉的一方称为被告。原告或被告可以是企事业单位、机关、团体或个人。根据需要,各自都可以授权委托一人至两人作为诉讼代理人。经济纠纷起诉状具有如下主要特点。

(1) 必须是由与本案有直接利害关系的人提出。
(2) 必须是向应当作为第一审受理本案的人民法院提出。
(3) 争执的焦点是经济权益纠纷。

在经济纠纷案件的诉讼过程中,起诉有重要意义,它既是原告用以陈述产生纠纷的事实,表明诉讼的请求和理由,以维护自己合法权益的手段,又是人民法院对案件进行审理的依据和基础。没有起诉状,一审程序就无从开始。

(二)反诉状

反诉状是经济纠纷案件的被告为维护自身的合法经济权益,用与本诉直接有关的事实和理由,反过来向原告提出独立诉讼请求的诉讼文书。

反诉状具有如下主要特点。

(1) 它必须是由经济纠纷案件的被告提出。
(2) 反诉内容必须与本诉的诉讼请求有直接关系,并另有独立的诉讼请求,不但抵消本诉的诉讼请求,甚至超过。
(3) 反诉状的事实和理由具有一定的驳辩性。
(4) 反诉状的作用在于抵消、排斥、并吞原告所主张的权利,也可使本诉原告的请求部分或全部失去实际意义,甚至超出本诉原告所主张的权利范围。

(三) 上诉状

上诉状是指原审当事人,因不服第一审人民法院作出的尚未发生法律效力的裁判,在法定期间请求上一级法院变更原审裁判的诉讼文书。

上诉状中的当事人双方称为上诉人和被上诉人,可以是一审程序中的原告或被告。上诉人如为一审原告,被上诉人则为一审被告;相反,上诉人如为一审被告,被上诉人则为一审原告,均宜在上诉状中注明。

诉讼当事人行使上诉权,也是受到法律保护的,但须受以下两方面的限制。

(1) 上诉范围是针对尚未发生法律效力的第一审判决或裁定,在一审判决或裁定生效之后,就不能提起上诉。二审判决或裁定依法为终审裁决,一经宣判就发生法律效力,不能提起上诉。

(2) 上诉时间有严格限制。根据《中华人民共和国民事诉讼法》第一百七十一条的规定,当事人不服一审法院判决而提起上诉的期限为15日,对一审裁定不服而提起上诉的期限为10日。

上诉状的作用主要在于引起第二审程序的发生。上一级人民法院只有在收到符合条件的上诉状后,才组织合议庭开始二审程序的审理,对一审的裁决做进一步审查;而后根据实际情况,分别作出二审裁决:原审正确的,就驳回上诉;原审有错判,则予以改判或发回原审法院重审,从而保证审判的质量,使当事人的合法权益得到切实的保障。

(四) 答辩状

答辩状是经济纠纷案件中的被告人或被上诉人,对起诉状或上诉状陈述的事实、理由和请求进行答复、辩驳的应诉性诉讼文书。

在答辩状中,提出答辩的一方称为答辩人,另一方称为被答辩人,或者在诉状中可以省略。

答辩状分一审程序上的答辩状和二审程序上的答辩状两种,前者指被告针对起诉状而提出的答辩;后者指被上诉人针对上诉状而提出的答辩。区别两种程序的答辩状,有助于明确答辩的针对性和答辩内容的重点。答辩状首先必须是经济诉讼中的被告提出的。其次必须在法定期限内提出。《中华人民共和国民事诉讼法》第一百二十八条第一款规定:"人民法院应当在立案之日起五日内将起诉状副本发送被告,被告应当在收到之日起十五日内提出答辩状。"最后,答辩状必须针对起诉状的内容进行答辩。这是答辩状的三个基本特征。

答辩状在经济诉讼中有着重要意义:一是有利于维护被告人或被上诉人的合法权益,在答辩状中,他们可以运用摆事实、讲道理的方法,有针对性地反驳起诉状或上诉状中不实之词和无理要求,正面提出自己的请求和理由,力求在诉讼中成为胜诉的一方;二是有助于法院兼听则明、客观公正地办案,通过起诉状(包括上诉状)和相应的答辩状,法院得以了解当事人双方的不同意见,便于全面查明案情,分清是非,从而作出正确的判决或裁定。

(五) 申诉状

申诉状是指诉讼当事人对已经发生法律效力的判决或裁定认为确有错误，要求法院重新审理的诉讼文书。

申诉状中的当事人，提出申诉的一方称为申诉人，另一方称为被申诉人。后者在诉讼中也可略去不写。

申诉状和上诉状的区别在于以下几方面。

一是范围不同。申诉的范围不仅包括已经发生法律效力的一审判决或裁定，还包括二审的终审判决或裁定，以及正在执行和已经执行完毕的判决或裁定。上诉状则不然，上诉状只限于尚未发生法律效力的一审判决或裁定。

二是时限不同。申诉无时限规定，只要在判决或裁定已经生效以后，无论什么时间都可以提出申诉。上诉则有时限规定。

三是条件不同。申诉的提出和能否引起审判监督程序的发生，是有条件的。原审的判决和裁定确有错误，才可以提出申诉；经法院审查确有理由的，才予以受理，无理由的则不受理。换言之，它可以引起审判监督程序的发生，对案件进行复审；也可以不引起审判监督程序的发生，对案件不进行复审。而上诉的提出和能否引起二审程序的发生则是无条件的。只要申请人对原审的判决或裁定不服，在上诉期限内提交上诉状，不论其理由正确与否，法院都应受理。

申诉状在经济诉讼中有其特殊作用，主要在于它是引起审判监督程序发生的依据。如果申诉确属合法合理，法院可以进行再审，本着有错必纠的原则，纠正或撤销原审的判决或裁定，使案件得到实事求是的处理。这对于提高审判工作的质量，维护法律的尊严和当事人的合法权益，都有着重要的意义。

第三节　起诉状的格式和写法

一、起诉状的格式

经济纠纷起诉状

原告：
单位全称＿＿＿＿＿＿＿＿＿＿＿＿、地址＿＿＿＿＿＿＿＿＿＿（如系公民个人，则写明姓名、性别、年龄、工作单位、职业、住址）
企业性质：＿＿＿＿＿＿＿＿＿＿＿＿＿＿＿＿
统一社会信用代码：＿＿＿＿＿＿＿＿＿＿＿＿＿
经营范围：＿＿＿＿＿＿＿＿＿＿＿＿＿
法定代表人（或主要负责人）：姓名＿＿＿＿＿、性别＿＿＿＿、年龄＿＿＿＿、职务＿＿＿＿＿
诉讼代理人：姓名＿＿＿＿＿、性别＿＿＿＿＿、年龄＿＿＿＿、职业＿＿＿＿、住址＿＿＿＿＿（如系律师，应写明所属律师事务所）

被告：
　　单位全称_____、地址_____（如系公民个人，则写明姓名、性别、年龄、工作单位、职业、住址）
　　诉讼请求：_____
_____
_____
　　事实和理由：_____
_____
_____
　　此致
　　_____人民法院

　　　　　　　　　　　　　　　　具　状　人：_____（签名盖章）
　　　　　　　　　　　　　　　　法定代表人（或主要负责人）：
　　　　　　　　　　　　　　　　（签名盖章）
　　　　　　　　　　　　　　　　诉讼代理人：_____（签名盖章）
　　　　　　　　　　　　　　　　____年____月____日

附项：
1. 本状副本____份；
2. 物证_____（名称）____份；
3. 书证_____（名称）____份。

二、起诉状的写法

依照法律规定，经济纠纷起诉状的内容由五部分组成，包括首部、诉讼请求、事实和理由、结尾、附项。

（一）首部

首先写明标题，这是诉讼文书的特定名称，要根据具体的类别确定标题，如"经济纠纷起诉状"。

然后写明当事人的基本情况。一般要先写明原告和被告的姓名、性别、年龄、民族、籍贯、职业、地址七项。顺序为先原告，后被告，最后是诉讼第三人。如有代理人，写在被代理人之后。凡法人、非法人团体起诉时，应写明自己的名称、所在地、法定代表人姓名。由诉讼代理人起诉时，应记明代理人姓名、所在单位和代理权限。如有若干原告、被告，应依他们在案中的地位与作用，逐次说明其个人的基本情况。

（二）诉讼请求

本部分是原告为达到起诉的目的而向人民法院所提出的请求，主要写明请求人民法院依法解决原告要求的有关经济效益争议的具体问题，或要求继续履行合同，或要求赔偿经济损失，或要求归还产权，或要求清偿债务等。请求目的要具体明确，不要笼统含糊。请求事项要合理合法,不能随意提出请求。请求事项要明确、固定,不可随意更换。

(三) 事实和理由

事实和理由是起诉状的核心部分,是证明自己诉讼请求成立的重要依据。一般是先写事实,后列证据,再讲理由。

1. 事实方面

此部分主要叙述经济纠纷的具体事实(包括当事人之间纠纷的由来和发生争执的时间、地点、原因和事实经过),写明当事人双方争执的焦点和实质性的分歧,并就侵权行为造成的后果和应承担的法律责任写清楚,要与正文相互呼应,要交代清楚下列问题。

(1) 当事人之间是什么关系,双方争执的是什么事情。

(2) 双方纠纷的时间、地点、原因和经过等。

(3) 结果和被告应承担的法律责任。

诉讼的事实在诉讼中居于核心地位,是提起诉讼的主要内容。为了使人民法院全面了解案情真相,分清是非曲直,依法裁判,原告在叙述事实时,要实事求是,如果自己在纠纷中有一定的过错,也应如实写清楚。

2. 证据方面

事实写清楚后,就要向法院提供可供证明事实的证据,如人证、物证、书证及其他有关的证据材料,同时要交代证据的来源,证人的姓名、单位等。证据是认定事实、辨别真伪的基础,它直接关系到诉讼理由的成立和诉讼的进程,是诉讼成败的关键。因此,要求证据可靠,不能提供虚假证据。

3. 理由方面

理由的篇幅通常所占不大,但却十分重要,它是提出诉讼请求的依据。阐述理由主要应写明以下几点。

(1) 根据事实和证据,认定被告侵权或违法行为所造成的后果以及应承担的责任。

(2) 论证为什么被告应承担法律责任。

(3) 援引法律条文,写明提出诉讼请求的法律依据是什么。

4. 结语

用一两句话结束全文,如:"据上所述,请依法判决。"或扼要概括全文,重申诉讼理由。

(四) 结尾

结尾的主要内容有:呈文对象,写"此致××人民法院";具状人签名、盖章;具状年月日。

(五) 附项

附项要写明本状副本×份;物证×份;书证×份。

第四节　答辩状的格式和写法

一、答辩状的格式

经济纠纷答辩状

答辩人：
　　单位全称_____、地址_____（如系公民个人，则写明姓名、性别、年龄、民族、籍贯、职业、工作单位、住址）
　　法定代表人：姓名_____、性别_____、年龄_____、职务_____
　　企业性质：_____
　　统一社会信用代码：_____
　　经营范围：_____
　　开户银行：_____
　　账　　号：_____
　　委托代理人：姓名_____、职务_____
（答辩理由）
　　因_____一案，现提出答辩如下：
（答辩理由：具体表达）_____
_____
　　此致
_____人民法院

答辩人：单位名称（公章）
法定代表人（或主要负责人）：
（签名或盖章）
委托代理人：_____（签名或盖章）
____年____月____日

附项：
1. 本状副本____份；
2. 书证____（名称）____份；
3. 物证____（名称）____份。

二、答辩状的写法

答辩状的结构包括首部、答辩案由和理由、答辩意见、结尾和附项五个部分。

（一）首部

先写标题，如"经济纠纷答辩状"。
再写答辩状人的基本情况，包括姓名、性别、年龄、民族、籍贯、职业和地址七项，被答辩人的情况可在答辩案由中指明。

(二) 答辩案由和理由

答辩案由需写明针对何人起诉(或申诉)的何案而提出的答辩。一般案由可写作："答辩人于×年×月×日收到××人民法院交来原告(或上诉人)××因××一案的起诉状(或上诉状)副本一份,现答辩如下:"或"关于×××诉答辩人×××(事)一案,特提出以下答辩:"。

答辩理由是状文的核心内容,在这部分中,应根据起诉状或上诉状的内容,有针对性地提出相反的事实、理由和证据、法律依据来证明自己的要求和观点的正确性。

(三) 答辩意见

在充分阐明答辩理由的基础上,为了清晰地说明答辩观点和主张,应当经过综合归纳,简单明了地就所答辩的问题提出自己的意见和反诉请求。其内容包括以下几个方面。

(1) 依据有关法律文件,说明自己行为的正确性。
(2) 根据确凿的事实,说明自己行为的合理性。
(3) 揭示对方诉讼请求的谬误性。
(4) 请求人民法院合理裁判或提出反诉请求。

(四) 结尾

结尾包括三项内容:一是呈文对象,写"此致××人民法院";二是答辩人签名、盖章;三是书写答辩状的年月日。如系律师代书,应注明。

(五) 附项

写法与起诉状相同。

第五节　写起诉状、答辩状应注意的事项

写起诉状、答辩状时应注意以下几个事项。

一、突出重点,详略得当

这是在材料裁剪选择方面必须做到的。经济案件的案情重点与该案发生、发展的全过程,是点与面的关系。在叙述上,必须突出重点,抓住主线,该详则详,该略则略。务求能够显主干、少枝叶、去芜杂、见全貌,不能主次不分、平均着墨。要在"写清楚"三个字上下功夫,使人看起来明白易懂。所谓"诉状"者,乃诉说事物的形状也。要把讼争的事物,通过诉状描绘出"形状"来,如果写不清楚,则变成"无以名状",当然也就不能真正起到诉状应有的作用。

二、脉络清楚,层次分明

这是在材料的组织方面必须做到的。案情事实材料好像一堆零部件,必须合理组装,把这些零部件放到应有的位置上去,才能使它变成一部转动的机器,变成有用的诉状。怎样合理组织材料呢？一是把主要问题和次要问题有机地联系起来叙述,使它们既不致相互脱节,又不致主次不明。这就是抓住主要问题,顺着案情的主线进行叙述。在叙述发展到与某一必须说明的次要问题相联系的时候,简要地交代一下这个枝节问题,然后回到主线上来,继续叙述,再遇到与次要问题有联系的时候,再做一个简要的交代……使它形成一个枝干相通、线条清楚的脉络系统。二是要根据案情事实本身的条理,把它划分成若干层次进行叙述,做到有条不紊。既可以按照案情发展的时间顺序来划分层次,也可以按照问题的主次来划分层次。如果是共同诉讼,原告或被告不止一人的,还可以按照各组当事人之间不同的民事法律关系来划分层次。

三、言之有物,切忌空谈

这是指在书写诉状的内容上,要着眼于说明案情事实,罗列必要的认证理由,反对假、大、空。对于理论问题以及对法律条文的认识与理解问题,在诉状中要尽量少讲或不讲。有些诉状,在叙事论理的前面,往往山高水远地先说上一大堆空头道理,然后才转入正文,显然是不必要的。力求开门见山,着眼于案情,不必先务虚、后务实,切忌洋洋洒洒、落笔数千言。

四、语言简练,文字通顺

这是指在诉状书写上的语法修饰问题。在法律文书中,不采用积极修辞方法,而采用消极修辞方法,即不允许形容刻画,只要求用简练庄重的语言把意思准确地表达出来。所谓"语言简练",也是有条件的：一是显得庄重。二是对法律名称、机关单位的名称,一律要用全称,不能用简称,不能随意简化。例如,不应把《中华人民共和国民事诉讼法》简称为"民诉法"。三是要求准确、完整地把意思表达出来,不能简练到产生歧义,甚至使人不知所云。

第六节 阅读与评析

[例文一]

起 诉 状

原告人：××市××区××公司
地址：××市××区××路×号
法人代表：×××,系公司经理
被告人：××市××区××商店
地址：××市××区××大街×号
法人代表：×××,系商店经理

案由:追索货款,赔偿损失

诉讼请求:

一、责令被告偿还原告货款3万元。

二、责令被告赔偿拖欠原告货款3个月的利息损失。

三、责令被告赔偿原告提起诉讼而产生的一切损失,包括诉讼费、律师费等。

诉讼事实和理由:

原告和被告20××年10月18日商定,被告从原告处购进西凤酒200箱,价值人民币3万元。原告于当年10月19日将200箱西凤酒用车送至被告处,被告立即开出3万元的转账支票交付原告,原告在收到支票的第二天去银行转账时,被告开户银行告知原告,被告账户上存款只有1.2万余元,不足清偿货款。由于被告透支,支票被银行退回。当原告再次找被告索要货款时,被告无理拒付。后来原告多次找被告交涉,均被被告以经理不在为由拒之门外。

根据《中华人民共和国民法典》的规定,被告应当承担民事责任,原告有权要求被告偿付货款,并赔偿由于被告拖欠货款而给原告带来的一切经济损失。

证据和证据来源:

一、被告收到货后签收的收条1份。

二、银行退回的被告方开的支票1张。

三、法院和律师事务所的收费收据×张。

此致

××区人民法院

起诉人:××市××区××公司(公章)
二○××年一月二十日

附:

1. 本状副本1份;

2. 书证×份。

【评析】 这是一份经济纠纷起诉状。首部介绍了当事人的基本情况。案由明确,诉讼请求具体明确,交代事实简洁清楚,陈述理由合情合理,引用法规明确、具体,人称前后一致。总之,该起诉状格式正确,要素齐备,可供参考。

[例文二]

答 辩 状

答辩人:B县××银行

地址:××省B县××街×号

法定代表人:×××行长

委托代表人:××××市××律师事务所律师

A县××银行某信用社因不服××地区中级人民法院××年×月×日×字第×号经济纠纷判决提出上诉,我方就其上诉理由答辩如下:

1. 上诉人A县××银行某信用社在收贷时,明知借贷人于某在短时间内不可能合法取得220万元用来还贷,但上诉人仍然收贷,这种做法实际上默认了借贷人以不法手段筹措还贷资金的行为。上诉人明知道借贷人一时无力还贷,仍胁迫借贷人迅速还贷,从而诱发了借贷人诈骗的动机。因此,对于我方被骗的贷款,上诉人负有不可推卸的责任。根据《中华人民共和国民法典》的规定,以胁迫手段使对方在违背真实意思的情况下所为的恶意串通,损坏国家、集体或者第三人利益的行为,属于无效的民事行为。所以,一审法院判决A县××银行某信用社全数返还贷款是符合法律规定的。

  2. 我方向个体户于某贷款是为了让他办公司,搞合法经营,但他却把这部分钱用来还贷,违反了贷款专款专用的原则。因此,个体户于某的还贷行为属于无效的民事行为,A县××银行某信用社的收贷行为也是无效的民事行为,它们之间的收还贷行为不受法律保护。

  3. 个体户于某在A县办公司时,其不法经营行为已触犯了刑法,早该绳之以法。但A县××银行某信用社为了收回贷款,不到法院控告个体户于某,害怕他一进监狱,就无力还贷,因此放纵了罪犯,为他到我县进行诈骗行为提供了时机,使不法分子得以继续进行买空卖空的诈骗行为,给我方造成了巨大损失。

  我们认为一审法院的判决是公正的,上诉人的上诉理由是没有法律根据的,恳请二审人民法院公正审理,维持原判。

  此致

××省高级人民法院

  附:本答辩状副本1份

答辩人:B县××银行(盖章)
××××年×月×日

【评析】 这是一份二审程序上的答辩状。首部写答辩人的情况,内容详细清楚。答辩部分采用条目式阐述答辩理由,表述简洁、清楚。对申诉的三个理由逐一针锋相对地进行了反驳与分析,有理有据,合情合理,最后明确提出对本案的处理意见,即要求二审人民法院维持原判。此份答辩状针对性强,格式正确,理据兼具,语言准确精练,具有较强的说服力。

思考与练习

一、填空题

1. 经济纠纷诉状的特点包括_____、_____和_____。
2. 起诉状中起诉的一方称为_____,被诉的一方称为_____。
3. 申诉状和上诉状的区别在于_____、_____、_____。

二、判断改错题

下面一些语句的写法是否正确,它们分别适用于哪种诉状?应该写在什么位置?

1. 因××诉我××一案,提出答复如下:
2. ……为此,特向你院上诉,要求依法撤销原判,予以重审。

此致

××人民法院,转送××人民法院

3. 上诉人因不服××一案的判决,在此提出上诉。

4. ……

特此起诉,请予受理。

此致

××人民法院

三、简答题

1. 简述经济纠纷诉讼文书的特点。
2. 简要说明经济纠纷起诉状的结构。
3. 经济纠纷答辩状的答辩意见一般包括哪些内容?
4. 经济纠纷答辩状的写作有哪些注意事项?
5. 起诉状与答辩状、上诉状、申诉状三种诉状的"事实与理由"部分在写法上最主要的不同是什么?

四、病文析评

答辩状要适当交代清楚事实,抓住对方所陈述的错误事实或所引用法律上的错误,针锋相对地辩驳。

下面是一则病文,试分析其存在的毛病。

经济纠纷答辩状

答辩人:永耀灯饰有限公司,地址:某市人民路48号,邮政编码:××××××

法定代表人:李××,经理

委托代理人:张××,天平律师事务所律师

答辩人因华天灯饰制造厂(以下简称"华天")诉新颖灯饰有限公司(以下简称"新颖公司")还款一案,现提出答辩如下:

华天与新颖公司曾签订3万元灯饰的购销合同,由答辩人对有关的款项进行担保,答辩人也在合同上确认了这一点。但是,这种担保只是一般担保,而不是连带担保,按照我国《民法典》的规定,被告新颖公司是有还款能力的,不应由答辩人承担担保责任。而且原、被告曾就还款事项修改过合同内容,又没有通知答辩人,因此答辩人不应承担担保责任。请法院考虑上述原因,作出公正的判决。

此致

××区人民法院

答辩人:永耀灯饰有限公司

法定代表人:李××

××××年×月×日

第二十二章

申 论

第一节 申论的概念和特点

一、申论的概念

国家公务员考试于2000年2月增加了"申论"这一新的考试科目,在考生中和社会上产生了较大的反响。在此基础上,中央组织部、人事部将"申论"正式列为国家公务员考试科目,并将其作为2001年参加国家公务员考试的高等院校毕业生的必考科目。

所谓申论,取自孔子"申而论之"之意,"申"有"引申""申述"之意;"论"有"议论""论证"之意。它是根据试题给定的资料引申出论点,并展开论述的一种考试形式。申论这种考试形式,既能反映考生的阅读水平,又能体现其分析问题、概括问题的能力;既能反映考生文字表达水平,又能体现其解决问题的能力。因此,申论突破了传统的写作模式,有利于考查考生的真正水平。

申论不同于策论。策论是我国古代选拔考试中论证某项政策或对策的考试方式,考生就某项政策或者对策阐述自己的意见或主张,侧重考核考生的文字功底,考生可以根据自己的主观好恶立论选材,可以张扬个性,但却很难体现考生解决问题的能力;申论是就试卷提供的资料概括出主要问题,并针对主要问题提出对策,展开论述,主要考查考生发现问题和解决问题的实际能力,具有较强的综合性和现实针对性。申论考试的内容范围比策论广泛,考试难度比策论高,对考生的要求比策论高,因此,申论更能全面地测试考生的综合素质,真正选拔高素质的人才。

申论不同于议论文。议论文是就某一个特定的论点展开议论,从而证明论点的正确性;申论既要概括主要问题,又要提出对策,同时还要从主要问题中引申出论点,然后展开议论。因此,从申论考试的形式看,它比议论文要复杂得多,议论文是单一的,申论是灵活多样的。

二、申论的特点

申论作为国家公务员考试的一门科目,在社会上引起了人们的关注。但仍有一些人对此很陌生,提出一系列的问题:申论考什么?申论题型怎样?申论考试的目的又是什么?这些问题不仅是社会上的人想知道的,更是所有想参加国家公务员考试的考生所密切关注的。那么,申论的特点有哪些呢?

（一）材料的广泛性

作为国家公务员,应该具有较高的综合素质,才能适应政府机关工作的需要。而要选拔高素质的人才,就必须改变传统的考试模式,选择一种能够体现考生综合素质的考试形式。所以,申论考试所提供的背景材料范围非常广泛,内容涉及政治、经济、法律、文化等多方面,如网络、环境污染、手机短信、传染病防治等。了解国家方方面面的国计民生问题,是对公务员管理国家事务的基本要求。由于申论考试内容的广泛性,因此,考生必须具备较为全面的能力,尤其是阅读能力,分析、概括和解决问题的能力以及文字表达能力,才能考出好的成绩。

（二）题目的针对性

申论考试具有明显的针对性,主要问题必须根据试卷提供的资料中存在的主要问题进行概括;对策必须针对主要问题提出;论文也必须针对主要问题进行阐述。申论考试所给材料尽管涉及面广、内容复杂,但其现实针对性强,一般是人们所熟悉的,社会中存在的,人们可能遇之的,需要解决但又不是轻而易举就能解决的问题。

（三）内容的非专业性

由于国家公务员考试选拔不分专业领域,因此申论试题充分体现非专业性与普遍性,不存在专业侧重。为此,所有不同专业考生,对试题都能有感而发、有论可述。尽管在试题材料中会出现专业术语,但在实际作答中并不涉及专业知识。

（四）鲜明的政治性

申论写作要根据试卷的要求提出对策和写作论文。无论是提出对策还是写作论文,都要针对具体材料、问题提出自己的主张或见解。而这种主张或见解都必须旗帜鲜明地支持什么、反对什么,也就是说必须表明自己坚定的政治立场。因此,强烈的政治性也是申论一个十分重要的特点。

第二节　申论考试的试题结构

申论考试的试题一般由如下三部分组成。

一、注意事项

注意事项是针对考生应试作答提出的指导性建议。其主要是扼要地说明考试的目的、答题的时限和答题的方法。

(1) 申论考试与传统的考试不同,是分析驾驭材料能力与表达能力并重的考试。

(2) 作答参考时限:阅读时间40分钟,作答时间110分钟。

(3) 仔细阅读给定的材料,按照后面提出的申论要求依次作答。

二、材料

申论考试所给定的材料大多是经过一定加工后的带有新闻性质的一组现实社会现象，集中反映社会日常生活中存在的大家普遍关注的热点问题，很少涉及重大理论问题、历史性问题或专业性很强的问题。

所给定的材料，一般篇幅总字数为1 500字左右，但也可能根据应试对象及应试时间的不同发生变化，少至千字，多则三四千字。内容一般涉及政治、经济、法律、教育等社会现象。

三、要求

一般申论考试要求考生在阅读材料的基础上完成三道题。

(1) 对所给材料的理解、分析、整理、归纳、概括、综合。一般要求为："请用150字的篇幅，概括出给定材料所反映的主要问题。"或"有条理地概括这些材料的主要内容，字数不超过200字。"

(2) 对主要问题提出见解、对策或具有可行性的解决方案。一般要求为："请用不超过300字的篇幅，提出给定材料所反映问题的解决方案。要有条理地说明，体现出针对性和可操作性。"

(3) 对(2)中提出的见解或方案进行论证。一般要求为："就给定材料所反映的问题，用1 200字左右的篇幅，自拟题目进行论述。要求中心明确，论述深刻，有说服力。"

从现阶段的申论考试情况来看，随着公务员考试的逐步完善，各地对要求部分也有所变化，有的合并为两道题，有的扩展至四道题。变化主要体现在如下几个方面。

(1) 无须概括给定材料所反映的主要问题。

(2) 论文写作题目给定副标题，正标题由考生根据副标题所限定的内容自拟。

(3) 字数有所减少，有些要求写800字。

第三节　申论写作的相关文体

一、议论文

申论考试中的写作部分主要以议论文的形式考查，从中央、国家机关公务员考试历年真题分析可以得出，申论考试中的最后一道题多是议论文写作。议论文的结构大致可以分成三个部分：引论、本论和结论。引论就是文章的开头，有领起全文的作用，或者提出论题，或者点明论点，或者概述议论范围，或者交代写作目的，或者摆出反驳的错误观点等。本论是文章的主要部分，对提出的论点进行分析和论证，往往需要用较大的篇幅，内容复杂的还要分成几节或者几个部分分别论述。结论作为文章的结尾，或者归纳论点，或者总结全文，或者明确任务，或者提出希望等，根据表达的需要，内容可详可略，但一般要与引论相呼应。议论文的写作可以分为三种类型：一是立论型；二是驳论型；三是立论与驳论兼而有之。

二、事务性应用文

近年来,地方公务员考试申论写作部分出现了事务性应用文写作,常见的有开幕词、讲话稿、调查报告、述评等。

开幕词写作分为三个部分:开头部分,主要涉及宣布大会开幕,对大会的规模和参加大会人员的身份进行介绍,对大会表示祝贺,对来宾表示欢迎;主体部分,主要涉及阐明会议的重要意义、说明会议的主要议程、向与会者提出希望和要求;结尾部分,一般用祝颂语结束全文。

讲话稿的正文包括开头、主体和结尾三部分。开头部分,首先根据与会人员的情况和会议性质来确定适当的称谓,要求庄重、严肃、得体,然后用极简洁的文字把要讲的内容概述一下,说明讲话的缘由或者所要讲的内容重点,接着转入正文。主体部分,根据会议的内容和发表讲话的目的,可以重点阐述如何领会文件、指示、会议精神;可以通过分析形势和明确任务,提出搞好工作的几点意见;可以结合实际情况,提出贯彻上级指示的意见;可以围绕会议的中心议题,结合自己的实际工作谈几点建议等。结尾部分,可以用总结全篇、照应开头、发出号召或者征询对讲话内容的意见或建议等方式收束全篇。

对于调查报告、述评写作要求,可参照本书有关章节学习把握,在此不一一阐述。

三、公文性应用文

近几年来,申论写作部分出现公文性应用文写作的频率相对增加。常见的公文性应用文有报告、意见、决定、通报、通知、请示、会议纪要等。可参照本书有关章节学习把握,在此不一一阐述。

第四节 申论应试

一、申论应试能力

申论考试作为能力测试,针对给定材料主要考查考生的四种能力。

(一)阅读理解能力

阅读理解能力,是指分析事物和概括问题的敏捷性与准确度。阅读理解能力强,就是善于把握事物的本质,而不是简单地就事论事,善于从各类材料中把握事物之间的联系,区分问题的类别、性质、主次、轻重、缓急,发现同中之异,捕捉异中之同,分析问题、研究问题,并恰当地解决问题。

阅读理解能力是对考生最基本的、首要的考核。考生首先要读懂所给材料的意义,这是解决后面题目的基础。由于试卷中提供的材料多是杂乱的半成品,考生要做的,首先就是对这些材料的再加工。也就是说,要把一堆零散的材料划分为几类材料,把表面分散的事物综合为具有一定内在联系的事物,由所给材料中的事物联系至材料之外的事物,既要理解字词句的含义,又要统揽全局,把握整个材料。因此考生在平时要多下功夫,多读文章,培养自己的阅读理解能力。

(二) 综合分析能力

在正确理解给定材料的基础之上,运用概念、判断、推理、分析、综合等逻辑思维的方法进行分门别类的筛选、加工,理出逻辑思路,提炼材料所反映的主题思想。这种能力是公务员完成日常管理工作所必备的,通过试卷第二、三部分设置的问题可以比较成功地测试出考生的这种能力。

(三) 提出问题和解决问题的能力

针对问题能够提出行之有效的措施、方法和方案,这是考生能力测试的关键方面。公务员在管理活动中总会遇到各种各样的问题,而许多问题是没有现成的解决方法的,必须由管理人员针对随机出现的现实问题,及时快捷地找到解决办法。因此在申论考试中测试考生提出问题和解决问题的能力就成为其核心的目标。通常在回答试卷第二部分提出对策和第三部分进行论证的过程中,这种能力将得到集中全面的体现。

(四) 语言表达能力

借助语言文字将考生的思想、意见和看法等表达出来。语言表达能力是阅读理解能力、综合分析能力、提出问题和解决问题能力的综合表现。没有语言表达能力,即使前面三种能力再强,也无法让阅卷者了解和知晓。良好的语言表达能力能够将考生的思维活动过程再现出来,使之逻辑清楚、层次分明、用词准确、结构严谨,并能够深入浅出地说明问题,及时中肯地提出问题和解决问题。这种能力始终贯穿在整个申论试卷的回答过程中。

二、申论应试要领

(一) 把握好申论答题的"四个环节"

申论考试的阅读资料、概括要点、提出对策、进行论证四个环节环环相扣,任何一个环节都要认真对待,马虎不得。在阅读资料方面下的功夫不够,就不可能正确地概括出主题,当然也就不可能提出确切的对策方案。如果在这样的情况下忙着去进行论证,那一定是"无源之水""无本之木",其成绩就可想而知了。

(二) 重视答题的限制性要求

申论考试的限制性体现在以下几个方面。

(1) 题目指令的限制。例如,有的是"概括主要问题",有的是"概括要点"。前一个要求抓住给定资料所反映的情况,把主要问题是什么概括出来;后一个则要求把给定资料所反映的情况梳理清楚,予以概述说明。这些答题要求一定要认真遵循,否则答题时就会指向不明。

(2) 背景资料的限制。无论是概括主题、陈述看法,还是提出对策、进行论证,都应局限于试卷上给定的资料,不得离开给定资料反映的问题随意去写联想、发感触。

(3) 字数的限制。在申论考试中,概括主题、提出对策、进行论证都有具体的字数限制,考生切不可随意增减字数,否则会影响成绩。

(三) 对策有针对性与可操作性

申论考试对策的提出,要针对给定资料,审视遴选,弄清这些材料究竟反映了哪些问题,并根据考生的"虚拟身份",抓住关键问题,进行深入分析,提出具有可操作性的对策。构思可操作性对策,应该注意三点:一是问题要有明确的归口,即有直接解决问题的政府部门或职能机构去处理与落实;二是要有解决这些问题的具体步骤办法;三是要考虑解决问题的时效性与必备条件。在构想对策时,切忌脱离实际地坐而论道。要通盘考虑,尽力克服与之相悖的因素,使对策合理、具体,便于落实。

(四) 对重点对策进行充分论证

要对所提出的对策进行科学论证。如果提出了多项对策,则要把论证的重点放在关键的、你最熟悉的对策上,多花笔墨,切不可视各项对策为"半斤八两",均衡对待。要明白,千字左右的论述文是不可能做到面面俱到的。

(五) 提出方案符合个人定位

申论应试时,要看清题目为你设定的"虚拟身份",然后再作答。一个方案与对策的提出,与对策人的身份、地位密切相关。对策人的身份不同、地位不同,所提出问题的角度乃至语气表达自然就不相同。忽视了试卷上的这项具体条件,把自己的身份定位搞错了,解决问题的任务就无法完成。不过,"虚拟身份"要从应试者的实际情况出发,做到扬长避短,不说外行话。

(六) 文章以说明、叙述、议论等为主体

申论写作应充分表现自己概括、分析的能力和提出问题、解决问题的能力,文风力求质朴。抒情、描写的表达方式在申论写作中应少用或不用,不能抛却材料和题目要求将论证性的议论文写成抒情散文或者记叙文。

(七) 语言朴实、简明、规范,戒除套话、空话

文章应当条理清晰,理据相谐,时间、地点、人员、范围、性质、程度等数据项目必须表达明确,范围应限定;用词肯定,避免歧义,剔除一切多余信息;使用的词语符合身份,语出有据,做到庄重得体;语句、段落和篇章结构都要体现合理的逻辑关系。

(八) 卷面书写工整,无错别字

书写质量直接影响到应试者思想意图的表达,即使在答卷中有精练的概括、中肯的对策、精彩的论述,但潦草的字迹无法让人了解文中的内容,让阅卷人进行艰苦的"考订"工作,会造成阅卷人视觉和心理上的疲劳,从而产生"质量较差"的先入为主的印象。而错别

字更容易使应试者思想表达变异,甚至与原意相反。因此,字迹工整、规范用字是申论写作的一个重要条件。

第五节　申论写作应注意的事项

申论写作时应注意以下几个事项。

一、阅读材料

由于申论考试所提供的材料字数较多,做题时间又较长,因此,考生在阅读时一定要注意一些常用的阅读方法与技巧,以便更快、更准确地完成阅读任务。考生在阅读时应注意如下几点:速读与精读相结合;对材料的整体把握;阅读的详略结合。切忌阅读时:只见现象,不见实质;抓住一点,不及其余;泛论关系,不见重点;刻意求异,忽视集中;错用逆向,全盘否定。

二、归纳概括

申论考试中,归纳概括分为两种类型:一是概括主要内容;二是概括主要问题。考生在概括主要内容时要注意:概括的内容要点全面;对表达相同内容的材料进行合并;语言简练、字迹工整。在概括主要问题时要注意:主要问题一般只有一个;主要问题的概括一定准确;语言文字表述完整。切忌概括时:概括分类混乱;概括不够深入;材料驾驭不好;综合分析能力不强;概括表述不畅。

三、提出对策

提出对策是申论的关键环节,它重点考查考生思维的开阔度、探索创新意识、应变能力和解决问题的能力。考生在提出对策时要注意:对策方案必须具有针对性;对策方案必须具有可行性;对策方案必须全面;对策方案的用语应符合"模拟身份"。

四、论证写作

申论的最后一个环节是论证写作,从一定意义来说,这个环节才算是申论的真正开始,因为论证写作是申论考试的核心。考生在论证写作时应注意:逻辑严密,标新立异;用词精准,拟好标题;紧扣主题,精选素材;综合思考,布局合理。切忌论证写作时:丢掉主旨,偏离题意;立意陈旧,思路单一;标题不准,表述套路;思路不清,逻辑混乱;断章取义,胡乱引用。

思考与练习

公务员《申论》考试模拟题

一、注意事项

1. 本试卷由给定资料与作答要求两部分构成。考试时限为150分钟。其中,阅读给定资料参考时限为40分钟,作答参考时限为110分钟。满分100分。

2. 请在答题卡上指定的位置填写自己的姓名、报考部门,填涂准考证号。考生应在答题卡指定的位置作答,未在指定位置作答的,不得分。

3. 监考人员宣布考试结束后,考生应立即停止作答,将试卷、答题卡和草稿纸都留在桌上,待监考人员允许离开后,方可离开。

二、给定资料

1. 2009年4月,中共中央政治局委员、国务院副总理回良玉先后来到湖北省咸宁、赤壁等地,深入田间地头察看农业生产和农田水利建设情况。回良玉指出,今年国家较大幅度地提高了粮食最低收购价水平,一定要把支持粮食生产的政策宣传好、落实好,鼓励和引导农民积极发展粮食生产,同时要积极推进农业结构调整,搞活农产品流通,加强进出口调控,扶持农业产业化龙头企业发展。他强调,要不折不扣地落实国家扶持政策,支持生猪、奶牛等产业发展,特别要注意加强市场调控,防止价格过度下跌;要强化农产品质量安全,科学宣传有关知识,正确引导消费,促进畜牧业稳定发展。

中央财经领导小组办公室副主任、中央农村工作领导小组办公室主任陈锡文表示,中国的农业要坚定不移地对外开放,但是要有度,尤其是关系到一个产业的发展,关系到产业安全问题时更应如此。改革开放30年来,中国农业的对外开放力度也在不断加大,这对中国的农业发展起到了很大的推动作用。他指出,外资的进入,对中国的产业安全到底会有一些什么影响,现在还不能说。他介绍,目前中国的农产品进出口,主要是进口一些土地密集型农产品,这也相当于进口土地和水,补充国内的不足,使得国内有更大的余地,而出口的大部分都是劳动密集型的产品。陈锡文认为这种做法应该长期坚持下去。

陈锡文强调,农业对外开放不能改变,但是当某些个别产品外资控制比重过高的倾向显现出来时,应该进入一个认真研究和应对这类问题的时候。但并不是说要关上国门,不让人家来。

2. 2009年8月,简阳市坛罐乡南堰村猪业合作社社长钟子敏卖出了50头肥猪,"售价是12元6角钱1公斤,这个价比起一两个月前相当可以了,每头猪能赚上200元。"他说。

现在钟子敏还有60多头猪,他说今年大概将出栏150头猪。"上半年卖了40多头,行情不好,很多散户养猪都亏。我们合作社依靠川娇公司保护价收购,每头猪还有几十元利润。现在行情好了,大家都松了口气,今年我养猪的纯收入应有3万元以上。"钟子敏毫无保留地告诉记者。

钟子敏的儿子、媳妇却不想重复前辈的日子,双双到广东打工,留下钟子敏与老伴在家守着3亩多土地。

"靠着合作社和资阳'六方合作+保险'的方式,这几年养猪业大发展,我们也不光靠土地挣钱了。"钟子敏说。2007年猪价发飙,钟子敏一年下来的盈余在4万元以上。去年下半年起猪价持续低迷,但钟子敏他们靠着合作社"还过得去"。现猪价回升,钟子敏他们又乐了。

改革开放30年,农民的收入水平不断提高。特别是党的十六大以来,国家强农惠农政策力度明显加大,农民收入增速连续5年保持在6%以上,成为农民增收最快的时期之一。2003—2008年,5年间农民年人均纯收入增加了2 139元,年均增加427.8元。但农民增收的基础还比较脆弱,农业经营收入受成本上升、效益下滑的影响,工资性收入受就业形势严峻、就业制度不平等的制约,财产性收入还缺乏有力的法律保障,稳定增收的长效机制并没有建立。2009年上半年,农村居民人均现金收入2733元,实际增长8.1%,增速较去年同期下滑2.2个百分点。

1998年以来,农民收入增幅连续低于城镇居民收入增幅,城乡居民收入差距呈逐年扩大的趋势。2008年,城乡居民收入绝对差额首次突破万元大关,达到11020元,城乡居民收入比达到3.31∶1,远远超过1983年我国城乡居民收入1.70∶1的历史最低点。如果考虑农村居民可支配的货币收入和城镇居民所享受的福利补贴,城乡居民收入差距更大。

3. 家住蕉城区三都镇的陈以新在没有参加就业培训前,靠四处打工谋生。"有时一个月领1000元,有时500元,生活过得很不稳定。现在在公司上班,每个月的收入都比较稳定,生活也越过越好了。"陈以新介绍说。1997年,他得知劳动部门将举办免费电焊工培训,抱着试试看的态度,报名参加了培训班。正所谓"一技在手,就业不愁",培训结束后,陈以新和另外两名学员顺利进入了闽东宏宇冶金备件有限公司,而这一干就是10多年。

陈以新的就业顺应了我国改革开放和社会经济发展的大趋势。改革开放以前,绝大多数的农村劳动力都集中在农业生产中,只有极少数的劳动力在乡镇企业从事简单的生产工作。实行家庭联产承包责任制,极大地解放了农村的劳动力,终结了过去集体出工、挣工分的劳动制度,农村劳动力自由支配的时间增多。在改革开放初期,随着农村政策的放宽,少部分农民开始利用农闲时间从事一些小商业和以家庭作坊为基础的简单农产品加工和服务行业。20世纪90年代初期,乡镇企业异军突起,一部分剩余劳动力以"离土不离乡"的形式在本地乡镇企业务工,这是农村剩余劳动力转移的最初形式。20世纪90年代中后期开始,市场经济的确立和改革开放的进一步深入,彻底打破了区域和行业之间的限制,农民种地、工人做工的观念被打破,广大农民纷纷离开祖祖辈辈劳作的那块土地,走上进城务工的道路。随着农村经济体制改革的深化,农村剩余劳动力的转移趋势日益明显。

4. 9月10日,记者来到哈尔滨市哈达果菜批发市场时,正值进菜、批菜的高峰期,市场院内聚集了很多来自省内外的运输果菜车辆。

记者以单位职工食堂购买蔬菜为由,与菜商们聊了起来。批发黄瓜的当地农民张师傅告诉记者,他所销售的菜都是自家大棚产的,吃着肯定安全。而记者表示想看一下产地证明和农产品质量检测证明时,张师傅说:"你在这里挨家问问,谁都没有那玩意儿。"而另一位蔬菜经纪人的回答更是令人惊讶:"啥是检测证明?从来没听说过,整个哈达的批发商都没有啊!"随后,记者又询问了多家外地来哈的果蔬批发商,他们都不能出具相应的证明。

哈市平房区周家镇的一个卖冬瓜的男子告诉记者,他每年夏季都来哈达卖菜,但哈达从来不要产地证明和农产品质量检测证明。哈达只按照车辆大小、占地大小收取不等的"进场费",他那辆农用小卡车只需要交100元钱,就可以随便卖。

据了解,哈达果菜批发市场于2005年成立了无公害蔬菜质量检测中心,主要对进场的果品、蔬菜、水产品三大类产品进行质量安全检测。该中心一位负责人告诉记者,2007年3月1日以来,哈达主要依据《关于黑龙江省实施主要农产品市场准入制度的通告》对蔬菜安全进行管理。根据要求,哈达在市场门口设置结算中心,进入哈达的外埠和本地运送蔬菜的车辆,要向设在大门口的结算中心出具"产地证明"和国家认可的检测机构出具的"农产品质量安全检验检测报告单","每到一车必索证"。平时该中心会通过随机抽检、定期抽检、例行抽检三种形式对蔬菜进行检查。

同时,该负责人表示,虽然哈达的目标是争取做到"每到一车必检",但就目前情况来讲,很难做到。因为,由于资金投入有限,目前,检测中心只有4名工作人员和两台检测设备,而哈达果菜批发市场每天的进货量达100多吨,根本忙不过来,因而现阶段检测率不到40%。而当记者问及,近年来,有多少蔬菜因为检测不合格而被退市时,该负责人称,没有超标的肯定是不可能的,但这些数据不方便对外公开。

随后,记者来到哈达果菜批发市场门口的结算中心观察,进入该市场的车辆,仅缴纳一定的进场费,就可以在市场内销售。监测中心负责人提及的"每到一车必索证"显然无法做到。

哈达果菜批发市场是黑龙江省目前最大的农产品集散中心,其中果品、蔬菜市场占有率达到98%以上,可以说这里就是哈市蔬菜安全的最核心处、最险要处。然而,哈达果菜批发市场在蔬菜安全把关方面暴露出来的问题,令人担忧。

针对哈达果菜批发市场对于"两证"疏于管理和农产品检测率低的问题,哈市农委农产品质量安全监察大队相关工作人员告诉记者,目前,哈市对于农产品的监管主要遵循《中华人民共和国农产品质量安全法》和《哈尔滨市蔬菜质量安全管理暂行办法》等相关的法律法规,而在这些法律法规中,对于没有严格执行"两证"规定的企业,并没有相关处罚措施。

2007年9月,农业部副部长高鸿宾在新闻发布会上表示,农业部牵头成立了由8个部门参加的农产品专项整治组,同时农业部成立了由部长担任组长的农产品质量安全专项整治领导小组,专门负责统筹协调农产品专项整治工作,统一部署各项重大活动。农业部明确了四个目标、三个重点和六项行动,提出了12个100%具体工作指标、20个阶段性目标。

5. 改革开放以来,大批农民走出乡村进城就业,形成具有中国特色的"民工潮"。随着时间的推移,进城务工群体开始代际更替,新生代进城务工人员登上历史舞台。2008年发布的《第二次全国农业普查主要数据公报(第5号)》显示,全国外出从业劳动力中,初中文化程度的占70.1%,高中文化程度的占8.7%,分别比上一代进城务工人员高出8.5个百分点和2个百分点。这个数字尽管有了提高,但同样显示出新生代进城务工人员的文化水平仍然较低,他们中大多数外出前没掌握必要的专业技能,不了解工业生产或现代化服务业的基本规范。

20岁的陕西省乾县关头乡南庄村进城务工人员石茂社,过去在广东、河南等地打过工,去年年底回村,没过完年就揣了100多元钱到西安找工作。他说:"既然出来了,就再也不会回农村了。"石茂社坦言:"我是农民,可又不会种地,连犁把都没有摸过。在外面待惯了,觉着农村生活太单调了。"因为没有技术,他求职屡屡碰壁。

19岁的进城务工人员黄勇说:"去年我在西安一家火锅店打工,每月给900块,一天下来要干12个小时,有时候要干15个小时,实在太累了就不干了。可现在能找到的工作,比原来的工作待遇还差,待遇好的咱又不符合条件。"

西安市未央区张家堡人力资源市场副主任武登超说:"现在这些小青年都有这个毛病,高不成低不就。一方面企业招的技术工干不了,市场有30多家企业在大屏幕上打广告招工,还老是招不上;另一方面服务类的岗位年轻人也不愿意去。他们白天在市场等活,晚上到附近村子里打通铺,过得很艰苦,但就是硬撑着也不愿回去。"

记者调查发现,年龄较大的回乡进城务工人员心态比较稳定,他们一般选择回乡务农,或者在近处打打零工,活累、工资低也能接受。而"80后""90后"新生代进城务工人员很少愿意留在农村,即使没有把握,也是漫无目标地奔向城里。工资低、活累他们不想干,好工作又找不到,于是处在一个被农村和城市双重边缘化的尴尬状态。

黄勇给记者算账说,他每月上网至少要花200多块,手机费也得百十块,再加上吃穿住等,每月工资也就刚够自己在城市里生活,几乎没有往家里寄过钱。尽管现在工作没着落,但他也绝不想回村里。村里啥都没有,一到晚上就黑乎乎的。

因长期滞留城市找不到工作,一些青年进城务工人员对社会的不满情绪开始上升,进城务工人员犯罪问题在不少城市已经显得较为突出。据上海政法学院社会学与社会工作系教授吴鹏森调查,上海市青浦区近些年未成年人犯罪案件中,不满16岁的外来务工人员子弟参与刑事作案的人数已占到六成。从上海市闵行区涉案人员调查数据看,第二代进城务工人员的犯罪率要大大高于第一代进城务工人员。在近些年天津市外来人口犯罪案件中,年龄在18~35岁的犯罪人数占到七成以上。

一些专家分析认为,相当一部分新生代进城务工人员处于失业或半失业状态,即使偶尔能找到临时工作,其收入也都相当低,无法维持基本生活需要。另外,他们离开原籍后基本脱离了其户籍所在地基层组织的管理,而在城市又没有组织起临时的管理机制,这种制度的缺失和管理的缺位使进城务工人员缺乏外部保障和约束,容易走向犯罪。

记者近日在北京、江苏等地采访时发现,尽管新生代进城务工人员的受教育程度已经远高于上一代,但仍存在较大缺失空间,他们与城市劳动力差距正越拉越大。专家发出警告:当这个群体在城市达到一定规模,又不能顺利融入城市生活时,就容易引发社会问题。因此,新生代进城务工人员的教育培训工作应作为一项国家战略来抓。受访专家建议,针对新生代进城务工人员受教育现状,首先应建立完善的统计跟踪制度,充分了解青年特别是未成年进城务工人员的流动情况,然后进行相应灵活的教育资源分配。

6. 2008年,我国进一步深化农村改革,农村土地承包经营权流转被赋予合法的地位。实际上,在此之前,在经济发达省份,农村土地承包经营权的流转早已存在,并且出现上升的趋势。经济大省广东在农村土地流转方面走在了前面。数据显示,截至2007年12月底,广东省农村土地承包经营权流转面积已达422万亩,占农村家庭承包面积的14.4%。农村土地承包经营权流转合法地位的确定,推动了农村土地承包经营权流转的发展。

"以前我也包过地,没承包这么久,包个地十年八年的合同我也不敢做,地全都扔了,桃长得也没法吃。现在30年合同定了,定了我就敢想敢干,多买粪、苗,让树、桃长好一点,一年也不少卖钱,一年收入2万多元。"2002年8月29日,北京平谷区一位农户在接受采访时说了上面这些话。

对于农民来讲,农村土地承包经营权的流转,让农民有了更多的选择。然而,在看到农村土地承包经营权的流转带来的众多利好的同时,我们也发现,农村土地承包经营权的流转还有很多问题需要解决。

农民的"后顾之忧"尚未解除。专家表示:"由于我国社会保障制度的不完善,特别是农民社会保障覆盖面较小,农民的养老、医疗等问题没有保障,这制约了许多农民对土地流转的积极性。"目前,大多数农民缺乏养老、医疗保障,农民的生活支出主要还是靠土地收入来解决,土地成为农民最基本的生活保障,尤其对一些缺乏谋生技能的农民来讲,土地意味着全部收入,自然对流转土地的积极性不高。

长期存在的区域发展不平衡以及城乡二元结构,造成农民自发转移就业空间小,也制约了农村土地的流转。尤其是当前就业形势的紧张,再加上进城务工、创业的农民还存在事实上的户籍、保险、就业、子女上学等方面的问题,影响了农民转移就业的意愿,从而反映在农村土地的流转上面。

党的十七大报告提出,要健全土地承包经营权流转市场。有条件的地方可以发展多种形式的适度规模经营。十七届三中全会《中共中央关于推进农村改革发展若干重大问题的决定》强调:"加强土地承包经营权流转管理和服务,建立健全土地承包经营权流转市场,按照依法自愿有偿原则,允许农民以转包、出租、互换、转让、股份合作等形式流转土地承包经营权,发展多种形式的适度规模经营。"

7. 经过20多年的发展,我国正在成为一个对世界市场具有重要影响的农产品贸易大国。我国农产品出口由1992年的113亿美元增长到2003年的212.4亿美元,年均增长率5.8%;农产品进口由53亿美元增加到189亿美元,年均增长率达12.3%。

尽管我国农产品贸易增长较快,但农产品出口在外贸出口总额中的份额呈下降趋势,由1992年的13.3%下降到2003年的4.8%,进口份额由6.6%下降到4.6%。比较而言,在许多国家的贸易结构中,农产品出口则居重要地位,我国已经成为这些国家重要的农产品出口市场。

据不完全统计,截至2007年年底,我国农业利用外国政府和国际组织优惠贷款近70亿美元。在无偿援助方面,仅世界粮食计划署从1979—2005年就向我国提供了74个无偿粮食援助项目,价值10亿多美元,直接受益人口达3 000多万。这些贷款和援助资金以及与之相配套的国内建设资金,成为当时农业筹措资金的重要来源,为弥补国内农业建设资金不足,推动我国农产品供给由长期短缺向供求总量基本平衡、丰年有余的历史性转变作出了重要贡献。

贸易增长的实绩显示,我国农业正在分享经济全球化的巨大利益,对促进我国经济增长具有重要意义。

然而,应该看到,我国的农业竞争力总体还不强,农产品质量有待提高,农业生产和流通组织化程度较低,农产品进口管理亟待改善,农业政策有待调整等。我们要利用加入世界贸易组织的过渡期,抓紧做好准备工作,尽快清理调整相关农业法规和政策,完善农产品进出口管理,加大对外合作力度,把农业对外开放提高到一个新的水平。

8. 据农业部监测,2009年8月第4周(8月24—30日),活猪价格为每千克11.72元,虽然已连续13周上涨,累计涨幅为27.5%,但与2009年最高价格水平相比,仍然低12.7%,与2008年同期相比下降18.9%。同期,鸡蛋价格为每千克8.02元,月环比上涨1.1%,同比降低0.6%。

多年的数据表明,受消费的季节性影响,生猪和鸡蛋价格波动呈现明显的季节性。春节和国庆是价格高峰,5月是价格由降到升的转折点,7、8月是猪肉价格回升的时期。目前生猪、鸡蛋市场价格的上涨符合季节波动规律和周期波动规律;当然,也与饲料价格变化、宏观经济形势变化有关。

据分析,2007年人均猪肉消费支出为342.35元,占总消费支出的比例为3.42%;人均鸡蛋消费支出为80.16元,占总消费支出的比例为0.80%,这两个比例均不高。现在,城镇居民的收入和消费水平比2007年有大幅度提高,猪肉、鸡蛋消费支出比例更低。所以,从指数权重看,猪肉、鸡蛋价格变动对CPI的影响非常有限。

根据农业部监测,8月生猪存栏为4.58亿头,能繁母猪占存栏比例为10.5%,略高于常规水平。这表明,未来生猪供应是有保障的。8月末后备鸡存栏达到3.12亿只,同比增长4.35%,种鸡供应同比持平,今后一个时期蛋鸡生产种源充足,鸡蛋市场供应将稳步增加,鸡蛋产品价格上涨空间有限。这些数据表明,未来一段时间,生猪、鸡蛋产品供应充足,不会出现短缺现象,农业部门将努力抓好粮食和主要"菜篮子"产品生产,保证有效供给。

9. 芬兰地处北欧,1/4的国土在北极圈内。由于地理位置和气候条件等不利因素,芬兰农业生产一直是高投入低产出,而且是以家庭农场形式从事生产和经营活动。1995年芬兰加入欧盟后,芬兰的农产品在欧盟内部大市场及国际市场的激烈竞争中明显处于劣势,导致每年数以千计的农场特别是小农场因难以维持生计而破产。同时,芬兰的农业收入以及农民的个人收入明显下降,为此,政府采取各种措施不断为农业的生存与发展寻找新的出路。

为了保障农民的收入和不使农民加入城市的失业大军,同时使本国的农业在国际市场及欧盟内部大市场激烈竞争中立稳脚跟,芬兰政府采取诸如向农村地区进行政策倾斜、鼓励农村发展多种经营、鼓励家庭农场加强联合、鼓励农民扩大生态食品生产等各种措施,不断为农业的生存与发展寻找新的出路。

目前,芬兰在农业方面采取的多种政策已初显端倪。有关方面2005年5月对芬兰农业发展前景进行的一次调查显示,芬兰农村发展最快并最具发展前景的项目是乡村旅游、木材加工、能源生产、产品直销和农业机械出租。今后,芬兰农村多种经营的规模将进一步扩大,到2012年芬兰全国一半以上的农场除进行基本农业生产外,还将从事其他多种经营活动。

三、作答要求

(一)改革开放30多年来,我国农业现代化建设取得了巨大成绩,但也面临许多问题。试概述给定资料反映的我国当前农业发展面临的主要问题。(20分)

要求:紧扣给定资料,全面、有条理,不必写成文章,不超过200字。

(二)近期,生猪和鸡蛋等部分农产品价格恢复性上涨,有人据此断言,这种涨价必然导致我国明显的通货膨胀。试根据给定资料相关内容对此进行驳斥。(15分)

要求:观点明确,分析恰当,条理清楚,不超过250字。

(三)近年来,随着中国农业的对外开放力度不断加大,也有人担心,过于开放会导致对外的依存度过高,影响中国农业产业安全。这种看法是从什么角度出发的?有没有道理?谈谈你的见解。(25分)

要求:观点明确,分析恰当,条理清楚,不超过300字。

(四)联系给定资料,自选角度,自拟题目,写一篇视野开阔、见解深刻的文章。(40分)

要求:观点明确,内容充实。

参 考 文 献

[1]　盛明华.常用经济应用文写作教程[M].上海：立信会计出版社,2009.
[2]　寿静心.应用写作教程[M].北京：中国言实出版社,2007.
[3]　杨文丰.应用写作[M].北京：高等教育出版社,2015.
[4]　何永康.写作学[M].南京：江苏古籍出版社,2002.
[5]　洪文明.财经应用写作教程[M].北京：经济科学出版社,2008.
[6]　邵龙青.财经应用写作[M].大连：东北财经大学出版社,2010.
[7]　霍唤民.财经写作教程[M].北京：高等教育出版社,2009.
[8]　程道才.专业新闻写作概论[M].北京：中国广播电视出版社,2002.
[9]　苑立新.现代经济新闻教程[M].北京：中国广播电视出版社,2001.
[10]　刘明华.新闻写作教程[M].北京：中国人民大学出版社,2002.
[11]　尹德刚.当代新闻写作[M].上海：复旦大学出版社,1997.
[12]　常秀英.消息写作教程[M].北京：中国广播电视出版社,1995.
[13]　童兵.理论新闻传播学导论[M].北京：中国人民大学出版社,2000.
[14]　郑敬东.现代应用文导写[M].重庆：重庆出版社,2001.
[15]　贾智德.商务写作大全[M].成都：天地出版社,2001.
[16]　张创新.最新公文写作教程[M].长春：吉林科学技术出版社,2012.
[17]　杨润辉.财经写作[M].北京：高等教育出版社,2006.
[18]　刘春丹.财经应用写作教程[M].上海：上海交通大学出版社,2010.
[19]　杨德慧,彭英.商务策划文案写作[M].北京：首都经济贸易大学出版社,2009.
[20]　陈华平.现代公文写作与处理教程[M].武汉：华中科技大学出版社,2007.
[21]　张元忠.新编公务应用文写作与办理[M].长沙：中南大学出版社,2007.
[22]　王桂清.经济应用文写作[M].北京：机械工业出版社,2005.
[23]　张耀辉.简明财经写作[M].北京：高等教育出版社,2010.

教师服务

感谢您选用清华大学出版社的教材！为了更好地服务教学，我们为授课教师提供本书的教学辅助资源，以及本学科重点教材信息。请您扫码获取。

» 教辅获取

本书教辅资源，授课教师扫码获取

» 样书赠送

公共基础课类重点教材，教师扫码获取样书

 清华大学出版社

E-mail: tupfuwu@163.com
电话：010-83470332 / 83470142
地址：北京市海淀区双清路学研大厦 B 座 509
网址：http://www.tup.com.cn/
传真：8610-83470107
邮编：100084